明通鑑

第五册

明世宗嘉靖元年起
明世宗嘉靖三十三年止

卷五十至
卷六十

中華書局

明通鑑卷五十

江西永寧知縣當塗夏　燮編輯

紀五十起玄黓敦牂（壬午），盡昭陽協洽（癸未），凡二年。

世宗欽天履道英毅神聖宣文廣武洪仁大孝肅皇帝

嘉靖元年（壬午、一五二二）

1 春，正月，癸丑，享太廟。

2 己未，大祀天地于南郊。

是日，清寧宮後殿災。

壬戌，尚書毛澄等言：「陛下郊祀甫畢，禁中失火，密邇青宮，變不虛生，宜應之以實。法成湯之自責，效周宣之側身；思禮樂教化之或愆，念慶賞刑威之有失；充其懼災憂患之心，以致夫順天悦親之實。」上曰：「上天示戒，朕心兢惕，當與卿等同加修省以回天意。」

先是上手敕加興獻帝、后皇號，楊廷和等偕禮官執奏，一時廷臣諍者百餘人，皆言稱「皇」非是，且請斥張璁等邪說，俱不報。至是殿災，廷和等因言：「興聖帝、后加稱，列聖神靈容有未安，今大災示戒，昭然可見。」

給事中鄧繼曾亦言：「天有五行，火實主禮；人有五事，火實主言。名不正則言不順，言不順則禮不興。今之火災，廢禮失言之所致也。」上不得已乃勉從衆議，諭：「稱孝宗爲『皇考』，慈壽皇太后爲『聖母』，興獻帝、后爲『本生父母』，不稱『皇』。」【考異】據明史本紀：因清寧宮災牽連書之，即三月頒詔之文也。證之實録，並無此語，蓋傳諭之言，後始行之。

方科、道官之論諫也，給事中安磐謂：「興爲藩國，不可加于帝號之上；獻爲謚法，不可加于生存之母。本生、所後，勢不俱尊；大義、私恩，自有輕重。」會廷臣多力爭，俱下所司知之。

3 己巳，甘州軍亂，殺巡撫都御史許銘，焚其屍。

銘之死也，實總兵官李隆以私憾嗾部卒殺之，而以「銘酷刻激變軍士」報聞。尋擢陝西按察使陳九疇爲僉都御史，巡撫甘肅。

4 庚午，以火災風霾，遣官祭告天地宗廟社稷，敕百官修省。

5 二月，己卯，耕藉田。【考異】據明史本紀：「是月己卯耕藉田。」證之實録，「戊寅，遣官祭先農」，亦不載己卯親耕藉田事。而明書則系之三月乙卯。今據本紀。

6 丁酉，召何孟春爲吏部右侍郎。

孟春巡撫雲南，平叛苗有功。上即位，遷南京兵部右侍郎，半道，復被召佐吏部。

先是孟春在雲南，聞大禮議起，馳疏奏曰：「臣惟前世帝王，自旁支入奉大統，推尊本生，得失之迹，具載史册。宣帝不敢加號于史皇孫，光武不敢加號于南頓君，晉元帝不敢加號于恭王，抑情守禮，宋司馬光所謂『當時歸美，後世頌聖』者也。哀、安、桓、靈乃追尊其父祖，犯義侵禮，司馬光所謂『取譏當時，見非後世』者也。儀禮喪服：『爲人後者』，傳曰：『何以三年也？受重者必以尊服服之。』『爲人後者爲其父母報。』傳曰：『何以期也？不二斬也。重大宗者，降其小宗也。』夫爲人後者爲之子，不敢復顧私親，聖人制禮，尊無二上，若恭敬之心分于彼，則不得專于此故也。今者廷臣詳議，事猶未決，豈非『皇叔考』之稱有未當者乎？抑臣愚亦不能無疑。禮：『生曰父母，死曰考妣。』有『世父母』、『叔父母』之文，而無『世叔考』、『世叔妣』之説。今欲稱興獻王爲『皇叔考』，古典何據？宋英宗時有請加濮王『皇伯考』者，宋敏求力斥其謬。然則『皇叔考』之稱，豈可加于興獻王乎？即稱『皇叔父』，於義亦未安也。經書稱『伯父、叔父』，皆生時相呼，及其既没，從無通親屬冠於爵位之上者。然則『皇叔父』之稱，其可復加先朝已謚之親王乎？且天下者，太祖之天下也。自太祖傳至孝宗，孝宗傳之先皇帝，特簡陛下，授之大業。獻王雖陛下天性至親，然而所以光臨九重，富有四海，子子孫孫萬世南面者，皆先皇帝之德，孝宗之所貽也。臣故願以漢宣、光武、晉元三帝爲法。若非古之名，不正之號，非臣所願于陛下也。」及孟春官吏部，則已稱興獻帝、后及本生父母，遂中寢。

7 壬寅，以巡撫湖廣、副都御史席書爲南京兵部右侍郎。

初，書自户部員外陞外任，武宗時，歷河南僉事、貴州提學副使。時王守仁謫龍場驛丞，書擇州縣子弟，延守仁教之，士始知學。屢遷福建左布政使，擢右副都御史，巡撫湖廣。上改元，改南京兵部右侍郎，江南、北大饑，奉命振江北，令州縣十里一廠，煮糜哺之，全活無算。

方書在湖廣，見中朝議大禮未定，揣上向張璁、霍韜，因獻議言：「昔宋英以濮王第十三子出爲人後，今上以興獻王長子入承大統。英宗入嗣，在衮衣臨御之時，今上入繼，在宫車晏駕之後。議者以陛下繼統武宗，仍爲興獻帝之子，别立廟祀，張璁、霍韜之議，未爲非也。爲今日議，宜定號曰『皇考興獻帝』，别立廟大内，歲時祀太廟畢，仍祭以天子之禮，似或一道也。蓋别以廟祀，則大統正而昭穆不紊，隆以殊稱，則至愛篤而本支不淪，尊尊親親，並行不悖。至慈聖宜稱『皇母某后』，不可以『興獻』加之。獻，謚也，豈宜加于今日？」議既具，會中朝競詆張璁爲邪説，書懼，不敢上，而密以示桂萼，萼然其議。

8 三月，辛亥，弗提衞獻生豹，却之。

9 甲寅，上幸太學，釋奠于先師孔子。

10 丁巳，上慈壽皇太后尊號曰昭聖慈壽皇太后，武宗皇后曰莊肅皇后。戊午，上皇太后尊號曰壽安皇太后，興獻后曰興國太后。【考異】明史本紀所載尊號年月，皆據實録。而是時稱母后曰興國太后，蓋以廷臣言興獻謚法不可加于生存之母。據此，則去年十月之稱之爲興獻后明矣。明史毛澄傳于去年十月下書興國太后，蓋紀載之誤也，今刊正。壬戌，頒詔天下。

論曰：考孝宗，遂不得不以武宗爲皇兄；而以武宗爲皇兄，遂爲稱莊肅皇嫂張本。楊廷和等之初誤于草遺詔「兄終弟及」一語，及草即位詔直稱「奉皇兄遺命，入奉宗祧」，于是考孝宗、兄武宗之議起矣。

不知世宗所承之統，在武宗不在孝宗，今舍武宗而考孝宗，是滅武宗世次也。成帝無子，故以哀帝爲嗣而考成帝，仁宗無子，故以英宗爲嗣而考仁宗。今孝宗自有子，武宗既考之于前，而世宗復考之于後，是使孝宗有子而無子也。

況兄終弟及，爲同父者言之耳。而遺詔中以爲「倫序當立」，則喪服小記「宗子爲殤而死，庶子弗爲後」之例也。故鄭注云：「族人以其倫代之明，不序昭穆，立之廟祭之，就其祖而已。」據此，則宗子孤爲殤者，不得爲之立後，故族人以其兄弟之倫序相當者來爲殤之父後，不爲殤後，此即春秋「子般卒」之例也。子般乃爲殤未踰年而死者，故閔公嗣位，爲莊公後，不爲子般後。若僖公之繼閔公，則成君也，成君則宜爲之後，不得仍後莊公，春秋之義亦如此。

今武宗身爲天子十有六年，一旦以無後而傳之世宗，何至楊廷和、毛澄等夷之于宗子爲殤之列，使世宗但以其倫代而不爲之後，又于孝宗之宜入祖廟者而禰之。于是考孝宗，而「皇兄」「皇嫂」之稱遂不得不出于此，自此爲有明一代故實。而莊烈尊熹宗后爲懿安皇后，稱之曰「皇嫂」，實自廷和等兄武宗一議啓之。而徵之于禮，實未見其然也。

11 甲子，廣西荔浦縣賊流劫桂林、陽朔等處，殺臨桂縣主簿曹時、古田縣典史陳祚，命鎮、巡官督兵捕之。

12 戊辰，遣官詣安陸，上興獻帝尊號。

時命禮部侍郎賈詠題神主，詠題神主曰「興獻帝神主」，不稱「考」及「叔」，亦不敘子名。朝論是之。

13 壬申，論定策功，封大學士楊廷和、蔣冕、毛紀皆爲伯，費弘廕一子錦衣衛指揮，皆世襲。禮部尚書毛澄加太子太傅，廕一子錦衣衛。廷和等五人各累疏懇辭，皆温旨褒答，不允。已，復力辭，至以去就決之，始命改廕錦衣衛等官，廷和等仍堅辭不受。給事中許復禮、張九功等，御史汪良貴、秦武等及兵部主事霍韜各交章奏：「封爵武廕，非諸臣所安，宜聽辭免」，尋許改廕文階。廷和、澄以議大禮不合上意，數求去。而御史張鵬請罷蔣冕、趙永亨，又詆石珤不可掌銓衡，二人亦求去。朝議不平，乃復以温旨諭留。以是諸臣竟不敢拜命云。

14 初，詔罷額外貢獻。是月，中都鎮守中官張陽復貢新茶。給事中張翀言：「陛下詔墨未乾，旋即反汗，人將窺測朝廷，玩侮政令。且陽名貢茶，實雜致他物，四方效尤，何所底極！請守前詔，一切罷之。」報可。

15 夏，四月，癸未，禁廣東看守珠池及市舶太監不許干預地方事務。

16 壬辰，命「各邊巡按御史三年一閱視軍馬器械。著爲令」。

17 丙申，罷甘肅總兵官李隆。

隆以私憾戕害撫臣許銘，時陳九疇尚未至陝西，巡按御史喻茂堅發隆罪狀，乃褫職，命逮勘以聞。

18 戊戌，上御經筵。

19 己亥，南京兵部尚書王守仁疏辭封爵。

初，守仁以功爲内閣所忌，受封之日，諸同事有功者，惟吉安守伍文定當上賞，擢至大官，其他皆名示遷而陰黜之，廢斥無存者，守仁憤甚。比歸，丁父憂，乃疏辭封爵，乞録諸臣功，且言：「殃莫大于貪天之功，罪莫大于掩人之善，惡莫深于襲下之能，辱莫重于忘己之恥，四者備而禍全。臣之不敢爵，非以辭榮也，求避禍耳。」不允，所録功亦不報。

【考異】據年譜，文成以正月辭封爵，二月丁父憂，七月再疏辭封爵，此據其在越上書之月也。實録載守仁辭封于是月己亥，蓋即年譜正月所上疏也。惟實録但載辭封不允，而明史本傳則並載乞録諸臣功于丁父憂之下。證之年譜，乞録不允，乃在七月訟冤之疏。今分書之。

20 是月，起致仕都御史林俊爲工部尚書。未至，會刑尚張子麟致仕，乃改俊代之。以副都御史陶琰爲工部尚書。

21 五月，己酉，以迎立功，封駙馬都尉崔元爲侯，外戚邵喜、蔣輪皆爲伯。時元等因閣臣皆辭封爵，亦疏辭。科、道官及吏部均請「宜聽辭免，以慎重名器，保全戚里」，不允。

22 六月，丁丑，大學士楊廷和等上言：「近以暑日，傳旨，『經筵日講俱暫免，又免午奏』，臣等職司輔導，實有未安。伏乞宫中無事不廢讀書，其大學、尚書，容臣等接續前日所講讀者，量進起止。仍不時御文華殿，召見臣等，俯賜訪問。」上是之。已而編修湛若水亦以爲言，俱報聞。

23 是月，南京禮部尚書章懋卒。

懋告歸後，屢起爲南京太常卿及南禮部侍郎，皆不就。言者屢陳懋德望，詔有司歲時存問。上嗣位，即家擢是職，仍致仕。方遣行人存問，而懋已卒，年八十六。贈太子少保，謚文懿。

懋爲學，恪守先儒訓。或諷爲文章，曰：「小技耳，予弗暇。」有勸之著述者，曰：「先儒之言至矣，芟其繁者可也。」通籍五十餘年，歷俸僅滿三考，難進易退，世皆高之。

24 禁内官弟姪毋得官錦衣衛世襲。著爲令。

25 是夏，吏部員外郎方獻夫自家還朝，道聞大禮議未定，乃上疏，略曰：「先王制禮，本緣人情；君子論事，當究名實。竊見近日禮官所議，有未合乎人情，未當乎名實，一則守禮經之言，一則循宋儒之説也。臣獨以爲不然。

據禮經喪服傳曰：『何如而可以爲人後，支子可也。』又曰：『爲人後者孰後？後大宗也。大宗者，尊之統也，不可以絶。故族人以支子後大宗也。適子不得後大宗。』爲是禮者，蓋謂有支子而後可以爲人後，未有絶人之後以爲人後者也。今興獻帝止生陛下一人，別無支庶，乃使絶其後而後孝宗，豈人情哉！且爲人後者，父嘗立之爲子，子嘗事之爲父，故卒而服其服。今孝宗嘗有武宗矣，未嘗以陛下爲子；陛下于孝宗未嘗服三年之服，是實未嘗後孝宗，而强稱之爲『考』，豈名實哉！爲是議者，未見其合于禮經之言也。

又按程頤濮議，謂『英宗既以仁宗爲父，不當以濮王爲親』，此非宋儒之説不善，實今日之事不同。蓋仁宗嘗育英宗於宮中，其不同者一；孝宗有武宗爲子，仁宗未嘗有子也，其不同者二；濮王別有子，可以不絶，興獻帝無別子也，其不同者三；豈得以濮王之事比今日之事哉？爲是議者，未見其善述宋儒之説也。

若謂孝宗不可無後，故必欲陛下爲子，此尤不達于大道者也。推孝宗之心所以必欲有後者，在不絶祖宗之祀，不失天下社稷之重而已，豈必拘拘父子之稱而後爲有後哉？孝宗有武宗，武宗有陛下，是不絶祖宗之祀，不失天下社稷之重矣，是實爲有後也。且武宗君天下十有六年，不忍孝宗之無後，獨忍武宗之無後乎？此尤不通之説也。夫興獻帝當父也而不得父，孝宗不當父也而强稱爲父，武宗當繼也而不得繼，是一舉而三失焉，臣未見其可也。

且天下未有無父之國也，瞽瞍殺人，舜竊負而逃。今使陛下舍其父而有天下，陛下何以爲心哉！臣知陛下純孝之心，寧不有天下，決不忍不父其父也。孟子曰：『孝子之至，莫大乎尊親。』豈有子爲天子而父不得稱帝者！

今日之事，臣嘗爲之説曰：『陛下之繼二宗，當繼統而不繼嗣；興獻之異群廟，在稱帝而不稱宗。』得稱帝者，以陛下爲天子也；不得稱宗者，以實未嘗在位也。伏乞宣示朝廷，復稱孝宗曰『皇伯』，稱興獻帝曰『皇考』，別立廟祀之。夫然後合于人情，當乎名實，非唯得先王制禮之義，抑亦遂陛下純孝之心矣。」

報聞。【考異】獻夫上疏在是年之夏，見明史本傳，而傳中以爲草疏未上，辨見後。

26 秋，七月，丙午，免江西去年被災稅糧。

27 戊申，御史汪珊疏陳十漸。其略言：「陛下初即位，天下忻然望治，邇來漸不如初。初每事獨斷，今戚里左右或潛移陰奪；初每事咨訪大臣，今禮貌雖隆而實意日疏；初罷諸不經淫祠，今稍稍議復；初屏絶玩好，今教坊諸司或以新聲巧伎進；初日覽奏章，今或置不省，輒令左右可否；初釐革冗食冗費，今騰驤勇士不行覈實，御馬監數亦無稽察；初裁革錦衣冒濫，今大臣近侍以迎立授世蔭，舊邸旗校悉補親軍；初中官有罪，懲以成法，今犯者多貸死，舉朝爭之不得；初中官有過不復任用，今鎮守、守備營求易置，倖門復啓；初納諫如流，今政事不便者，言官論奏，直曰有旨，訑訑拒人。」疏入，上頗納之。未幾，出爲河南副備。【考異】汪珊事附明史余珊傳中，特書云「元年七月」，蓋本實録也。今據實録日分。

28 己酉，以南直隸、江西、浙江、湖廣、四川旱災，詔各撫、按官講求荒政積穀預備事宜。

29 逮濟寧管閘主事陳嘉言下獄。

先是太監温祥，賚册寶詣安陸，還，訴嘉言欺侮，上震怒，遂命錦衣官校逮問。尋御史沈灼陳四漸，末言嘉言不宜逮，上怒其黨護，奪俸。

30 辛亥，兩廣盜起，命總督都御史張嵿討之。

31 丙辰，甘肅巡按御史奏：「正德中，寇入蘭州，指揮張瀛與所部總旗施二俱力戰死，請追賜贈卹。」兵部議從之，仍令有司祠祀。

32 甲子，大同軍士以告餉率衆讙譟，欲爲（辭）〔亂〕。提督侍郎臧鳳，巡按御史張欽，捕首惡張的祥等，請置之法。户、兵二部議，「以宣、大二鎮，糧餉久缺，以致軍士争呼，宜且撫之。」

上命法司會議，謂：「近年主將因循，驕兵脅制，在福建則犯守臣，在陝西則犯巡撫。大同兵素獷悍，自逆彬擅調後，轉加狂悖。若非重懲，恐益長亂。」詔「戮其首禍者五人以徇。」

33 己巳，南京暴風雨，江水涌溢，郊社、陵寢、宮闕、城垣、吻脊、欄楯皆壞，拔樹至萬餘株。大江船隻漂没甚衆。直隸鳳陽、揚州、廬州、淮安等府，同日大風雨雹，河水泛漲，壞官民廬舍樹株，溺死人畜無算。【考異】明史五行志系之七月，實録則己巳也。二申録書七月二十四日戊辰，至次日己巳，蓋是月乙巳朔，與實録合。

34 庚午，刑部尚書林俊言：「宫中府中，俱爲一體。近年各内臣犯法，屢詔免逮問，惟下司禮監勘治，非祖宗法也。請自今，内臣所犯，悉下法司明正其罪。如所論不當，自可明正法司之罪。」疏入，報聞而已。

俊起用，年已七十，寄止朝房，示無久居意。數爲上言「親大臣，勤聖學，辨異端，節財用。」朝有大政，必侃侃陳論，中外想望其風采。

35 是月，王守仁再疏辭封爵，爲諸臣訟冤，其略曰：「宸濠變初起，勢焰猖熾，人心疑懼退阻。當時首從義師，自伍文定、邢珣、徐璉、戴德孺諸人外，又有知府陳槐、曾璵、胡堯元等，知縣劉源清、馬津、傅南喬、李美、李楫及楊材、王冕、顧佖、劉守緒、王軾等，鄉官都御史王懋中，編修鄒守益，御史張鰲山、伍希儒、謝源等，或摧鋒陷陣，或遮邀伏擊，或贊畫謀議，監録經紀，所謂同功一體者也。帳下之士，若聽選官雷濟、已故義官蕭禹、致仕縣丞龍光、指揮高睿、千户王佐等，或詐爲兵檄以撓其進止，壞其事機，或僞書反間以離其心腹，散其黨與。今聞紀功文册，改造者多所删削。舉人冀元亨，爲臣勸説寧王，反爲奸人搆陷，竟死獄中，尤傷心慘目，負之冥冥之中者。今臣獨崇封爵，而此同事諸人者，或賞不行而并削其績，或賞未及而罰已先行，或虚受陞職之名而因使退閒，或冒蒙不忠之號而隨以廢斥。臣竊痛之！」奏入，卒寢不行。

初，上嗣位，言者交白冀元亨冤，出獄五日卒，故守仁及之。元亨在獄，善待諸囚若兄弟，囚皆感泣。其被逮也，所司繫其妻李，李無怖色，曰：「吾夫尊師樂善，豈他慮哉！」獄中與二女治麻枲不輟。事且白，守者欲出之，曰：「未見吾夫，出安往！」按察諸僚聞其賢，召之，辭不赴。已，就見，則仍囚服，手不釋麻枲。問其夫學，曰：「吾夫之學，不出閨門衽席間。」聞者爲之悚然。

36 八月，己亥，釋李夢陽于獄。

初，夢陽罷歸，益跅弛負氣，治園池，招賓客，射獵爲娱，自號空同子，名震海内。宸濠反誅，御史周宣劾夢陽黨逆，遂被逮。坐前作陽春書院記削籍，頃之卒。

37 庚子，以南京災異，敕群臣修省。

38 九月，丙午，巡按江西、御史程啓充得逆濠通蕭敬、陸完等私書，内有「守仁可任江西巡撫」語，因極論蕭敬、張鋭等，並劾「守仁陰謀黨惡，素與交通，請追奪封爵」。户科給事中汪應軫，上書明守仁功，而刑部主事陸澄亦上疏爲六辨以折之。然上知守仁功，不問。

【考異】年譜系之是年七月，蓋因文成再上疏辭封爵類記之也。今據實録在九月丙午，而實録但有汪應軫上書論守仁功，其下文「向信再劾，稱應軫與守仁同府，澄係其門生」，即陸澄也。是實録上文漏去「刑部主事陸澄」六字，今據年譜增。

39 戊申，刑部尚書林俊，以災變奉諭修省，因上言：「今日之最急者，惟取法祖宗，躬行節儉。茲大婚届期，六禮之儀，固不可缺，中外賞犒，爲費尤多，時絀舉贏，其何能濟！臣願一切罷省，務崇儉以爲天下先。」詔褒納之。

40 己巳，吏部聽選監生何淵上言：「請權以禮制量立世室于太廟東北之地，奉興獻帝之神，如周祀文王于世室遺意，則陛下四時躬祭，而事生事存之心始得以自盡，太后千秋萬歲後，亦得配食太廟于無窮，不必遠祔安陸矣。」上然之，命所司會議以聞。

41 辛未，立皇后陳氏。

先是昭聖太后爲上選婚，臺官言「大名有佳氣」，乃求得大名府元城縣學諸生陳萬言女，迎入宮，至是遂册立之。

萬言先授鴻臚寺卿，尋陞爲中軍都督同知。后母翼氏，封夫人，給誥命。

42 冬，十月，辛卯，以南畿、湖廣、江西、廣西災傷重大，命所司發倉粟並户部發帑銀二十萬兩分道振之。仍各蠲免税糧有差。

壬辰，敕群臣修省。

43 甲午，刑科給事中張翀言：「中官出鎮，非太祖、太宗舊制。景帝遭國家多故，偶一行之，謂内臣是朝廷家人，但有急事，令其來奏。乃往歲宸濠謀叛，鎮守太監王弘反助爲逆，内臣果足恃邪？時平則坐享尊榮，肆毒百姓，遇變則心懷顧望，不恤封疆，不可不亟罷之。」上是其言。

後張孚敬爲相，竟罷諸鎮守内官，其論實自翀發之云。

44 乙未，禮科給事中章僑言：「三代以下，論正學莫如朱熹。近有倡爲異學者，樂陸九淵爲簡捷，而以朱子爲支離。宜嚴禁以端士習。」御史梁世驃亦以爲言。上是之，詔「禮部國子監及各提學官申其禁。」

45 丙申，免山西被災州衛税糧。

46 十一月，辛亥，總督兩廣軍務張嵿討廣西賊，平之。

47 丁巳，刑科都給事中劉濟請定行刑時限。

時太監廖鵬父子及錢寧黨王欽等皆以從逆論斬，鵬等夤緣中人冀脱死。濟因言：

「自來死囚臨斬，鼓下猶受訴詞。奏上得報，已及日旰，再請而後行刑，則已薄暮，殊非與衆棄之之義。乞自三請後，鼓下不得受詞。鵬、欽等罪甚當，幸陛下勿疑。」詔：「自今以申酉行刑。」鵬等竟緩決，欽復以中旨免死，濟力爭，不聽。

48 戊午，陞修撰舒芬、員外夏良勝等十五人官，及編修費寀、王思等皆加陞俸，以旌忠直，從吏部之請也。

49 庚申，壽安皇太后邵氏崩。

初，興獻之藩，太后時已進封貴妃，留京師。及上嗣位，太后已老，目眚矣，喜孫爲皇帝，撫之自頂至踵。

至是崩。上尊謚曰孝惠皇太后，別祀奉慈殿。七年，七月，改稱太皇太后。

50 壽安太后之崩也，大學士楊廷和等謂上爲孝宗後，不宜爲孝宗之庶母持祖母承重服，因摘大明律令「孫爲祖服齊衰期年」之文以示同官。禮部如其議上之，上不從，令喪制二十七日而除。然以廷和等言，不頒遺誥，僅行二十七日之服于宮中。【考異】楊廷和議期服事，明史本傳不載，此據徐氏讀禮通考引廷和自記中語。今證之實録，禮部所上儀則十三日而除，其二十七日，則世宗自改，見之制中。然(注)〔記〕廷和之議期服，與其自記之文合。而明史紀事本末亦云，「廷和定制，哭臨一日，喪服十三日而除，文移兩京，不以詔天下。」則是廷和此議，雖經禮部據奏，而上不從。至于不頒遺誥，僅行二十七日之服于宮中，則仍從廷和議也。今據徐氏讀禮通考增入。

論曰：楊廷和等之議本生，但議興獻帝后可耳；而至于壽安皇太后，則憲宗之妃，孝宗之庶母，而世宗所生之祖母，此與本生之祖母無涉也。春秋之義，母以子貴。故僖公之母成風薨于文公二年，春秋書之曰「我小君」，是于文公爲祖母，故文公有三年之服。其後漢文帝母薄太后薨于景帝前二年，天子朝臣，並居重服斬衰三年，見杜佑通典。此庶祖母承重之例也。況明之孝肅周太后者，英宗之妃而憲宗之生母，故憲宗嗣位，稱之曰聖慈仁壽皇太后，孝宗嗣位，又加尊曰太皇太后，此正壽安太后今日之比例。然則興獻不可稱帝，章聖不可稱太后，而至于壽安，則準孝肅周太后之例，尊之以太皇太后無嫌也。況天子諸侯無斬衰以下之服，而孫爲祖父母期，乃大夫士父在之服，而爲祖母期，又祖父在之服，祖母承重，在父卒後，亦須在祖父卒以後。故云祖父卒而後爲祖母後者三年。此豈可以例天子諸侯乎？宜其說之卒不能行也。

51 甲子，山東青州礦盜王堂等起顔神鎮，流劫東兖，轉入萊蕪、新泰、臨城間，都指揮楊紀等追及于泰安州之龜山。賊據山爲固，紀進攻不克，臨清指揮僉事楊浩死之。賊大掠魯橋，勢張甚。

事聞，兵部議：「魯橋諸閘，近連曹、濮及河南封邱、延津界，賊若踰河，則河南州縣當之。今宜亟遏賊使不得奔突，請敕河道侍郎李瓚督率管河、管閘等官，發瀕河丁夫晝夜防守。」給事中陳時明，「請以山東京操官軍暫留其地，別遣大臣將保定等官兵趨山東會剿。」乃敕保定巡撫周季鳳、副總兵楊鋭選集漢、達官兵以備調遣。

于是山東兵備等官分道逐賊，賊不敢屯聚，往來行劫魚臺、金鄉間。官軍追至寨里集，賊且鬥且行。會諸道兵大集，就圍之，俘斬數百，賊乃敗散，東土稍寧。

而餘賊突至曹州者，欲渡河不得，乃轉掠考城，循河西岸至東明、長垣。餘黨王友賢等，流入祥符、封邱。于是河南及保定巡撫皆告警。

而御史盧瓊言：「河冰且合，漕舟聯絡以千數。宜于要地嚴兵防守，無使害及漕河，禍延鄰省。」兵部議：「以諸道巡撫權位相埒，請敕漕運總督俞諫與都督魯綱並提督兩畿、山東、河南軍務，節制諸道軍。」從之。

52 丁卯，冬至，以壽安皇太后新喪，停止慶賀。辛未，御西角門視事。

53 大理寺卿鄭岳言：「内臣賈金等侵盜倉庫，宜置之法而曲貸之，將使左右效尤，恣意侵盜，及至敗露，又圖倖免，其害何可勝言！且法者，人主所與天下共者也。事干近倖，輒有輕重，是法不信于天下矣。古人言『法行自近始』，又曰『宮中府中俱爲一體』。故申屠嘉辱鄧通而文帝不以爲忤，韓琦安置任守忠而英宗不以爲專，前史書之以爲美事。陛下宜遠鑒前代之規，近守祖宗之法，自今内官有犯，悉聽法司問擬，本寺審録，以昭聖世平明之治。」得報，有旨。

54 十二月，戊寅，振陝西、山東被寇之民。

先是陝西數被套寇，深入固靖、環慶間，殺傷以萬計。復有陝西流賊百餘人，寇掠綏德、米脂、葭州、吴堡等處，殺傷指揮瞿相等。而山東青州之賊，流入東兖二府，並及河南、直隸地方。于是兵部議：「遣科、道官分部閲視，其被寇地方，請量發太倉庫銀振濟。」詔「遣科、道官各二員，户部發太倉銀十萬兩，以六萬給陝西三邊，四萬給山東等處，不足則以各司府州縣庫銀佐之。」

55 癸未，命廷臣議擇壽安皇太后葬地。

時文武大臣皆言「橡子嶺地形高敞，可以卜葬」，而上意欲附近茂陵，命興工擇日。大學士楊廷和等言：「宋寧宗欲祔孝宗于裕、思諸陵之旁，朱熹累疏謂『祖塋之側，不宜數興工作，驚動神靈』。今欲祔壽安皇太后于茂陵左右，將開金井，興大工，在天之靈恐有未安。且其襟抱疏洩，利害所關非細。臣等不言，是爲負國。請如原議。」不納。

56 戊子，陞任山東僉事史道，劾大學士楊廷和昔年曾交通逆濠及諂附錢寧、江彬等事。且言：「先帝自稱『威武大將軍』，廷和未嘗力争，今于興獻帝一『皇』字、一『考』字，乃欲以去就争之，實爲欺罔。」

廷和自議禮執奏至數十上，上忽忽若有所恨。左右因乘間言「廷和恣無人臣禮」，而道以給事中出外，謂爲廷和所搆。于是尚書喬宇、彭澤等，言「廷和定策討逆，忘身盡忠。乃爲奸黨所誣陷，不可不治」。上乃下道于獄以安廷和。御史曹嘉論救道，並劾澤等阻塞言路。上置不問，然于廷和眷亦衰矣。

57 戊戌，南京十三道御史方鳳等上疏，辯論「吏部員外郎方獻夫與張璁、霍韜議禮非是，及欲爲興獻帝立廟京師尤不可」，因請「黜浮言，早定大禮，爲獻帝立後，祀于安陸」。章下所司。

58 辛丑，刑科都給事中劉濟言：「故事，廠衛有所逮，必取原奏情事送刑科簽發駕帖。今千户白壽賫帖至，並無原奏，索之不與，未便簽發。而壽堅執自來駕帖送科，皆開寫事略，會同署名，實不係御批原本。」兩人列詞並上，而上先入壽言，竟绌濟議。

濟在諫垣久，言論侃侃，多與權倖相枝梧。中官崔文僕李陽鳳坐罪，已下刑部，上受文愬，移之鎮撫。濟率六科争之，不聽。

都督劉暉，以奸黨論戍，有詔復官。甘肅李隆，以殺許銘逮入都營，免赴鞫。濟皆力陳不可，上從其言，暉奪職，隆受訊伏辜。

后父陳萬言奴何璽，毆人至死，上命釋之，濟執奏曰：「萬言縱奴殺人，得不坐爲幸。今並釋璽等，是法不行于戚畹奴也。」自是濟直聲愈著，上亦頗憚之。

59 是月，工部尚書陶琰改南京工部，以侍郎趙璜代之。

60 是冬，户科給事中張漢卿偕同官上言：「陛下軫念畿輔莊田之害，遣官會勘，勅『自正德以後投獻及額外侵占者，盡以給民』。王言一布，天下孰不誦陛下之仁！乃者給事中夏言、御史樊繼祖、主事張希尹勘上涿州薫皮廠、安州鷹房草場，詔旨留用，所司執奏不從，非所以全大信，昭至公也。皮廠起于馬永成，鷹房剏于谷大用，皆奪民業爲之。今馬俊、趙霦、侍藩邸舊恩，妄求免革，是復蹈永成、大用故轍也。乞盡還之民而嚴罪俊、霦，以爲欺罔者戒。」不納。【考異】勘莊田事，據實録皆在是年。明史漢卿本傳記其上疏，特書之于是年之冬。實録系之明年正月，今據本傳。

61 是歲，安南武臣莫登庸自稱安興王。

初，安南黎譓立，登庸專政，潛蓄異志。黎氏臣鄭綏，以譓徒擁虚位，别立其族子酉榜，發兵攻都城，譓出走。登庸擊破綏兵，捕酉榜，殺之，益恃功專恣。逼妻譓母，迎譓歸，（目）〔自〕爲太傅、仁國公。正德之末，率兵攻陳暠，暠敗走死。至是登庸遂自立，謀殺譓，譓母以告，乃與其臣杜温潤間行以免，居于清華。登庸立其庶弟廮，遷居海東長慶府。方上即位之初，命編修孫承恩、給事中俞敦詔諭其國，至龍州，聞其國大亂，道不通，乃却還。

二年（癸未、一五二三）

1 春，正月，己酉，山東流賊三千餘人至考城縣，副使李珏、都指揮凌備等合擊之，斬首數十，賊勢少沮，退聚歸德堰，中都留守顔愷等「顔」，三編作「顧」。禦之。會河南守備廖涇等兵亦至，俱次郭村，涇退縮不進。河南新募降賊張進父子引三百騎馳至，愷令與賊對壘，進請俟河南兵至，不聽。麾兵擊賊，賊見我師無後援，殊死鬥；進隊中忽搖旗者三，遂先却，賊乘之。官軍大潰，指揮趙太等三十餘員，官軍八百人死之。

巡按御史任洛以聞，詔逮愷、涇下法司，敕「巡撫都御史周季鳳、陳鳳梧、何天衢等督兵平賊自贖，仍敕提督軍務都御史俞諫申明軍法以肅士心，重懸賞格以購賊首」。

給事中汪應軫上言：「弭盜與馭夷不同。馭夷之法，逐之境外而已；弭盜而縱之出境，是以鄰國爲壑也。請爲定例：凡一方盜起，彼此玩視，不即撲滅，以致出境流劫，則兩處鎮、巡以下官俱坐罪。」兵部議從之。

2 乙卯，大祀南郊。

3 丁卯，小王子以萬餘騎入沙河堡，總兵官杭雄禦却之。

4 是月，大學士楊廷和，以史道、曹嘉論劾，累疏乞休，不許。

上三遣中使至第宣諭慰留，而嘉等攻之不已，語侵内閣，並及喬宇、彭澤等。于是閣臣毛紀、蔣冕、尚書毛澄、林俊、孫交及宇、澤等先後乞休，俱不允。

5 二月，乙亥，給事中夏言等，以查勘莊田事竣，因陳四事，其一「請改後宫負郭莊田爲親蠶廠，公桑園」；〔其〕一「請禁戚里一切求請及河南、山東奸民獻民田王府者」。下禮部議：「以皇城西苑隙地宜桑，且合唐苑中之制，請設蠶室。」于此詔「姑已之，餘如奏行」。

6 癸未，振遼東旱災。

7 壬辰，提督軍務俞諫討山東賊，與總兵官魯綱連營進兵，遂會河南、山東、保定巡撫及總理河道侍郎李瓚平之。

時有司多誣良民爲賊，諫審釋無辜，並宥其脅從者，皆感泣而去。

8 丙申，葬孝惠皇太后于茂陵。

先是楊廷和等請别擇葬地，不從。禮官集議，侍郎賈詠等乃請定葬地于茂陵元宫之右，至是遂祔焉。

9 庚子，禮部尚書毛澄致仕。

先是澄屢疏乞歸，上遣使賜藥，優詔諭留。至是以衰年久疾，辭疏懇至，乃許之，仍賜敕馳驛，並歲給廩隸如例。

澄端亮有學行，論事侃侃不撓。上欲推尊所生，嘗遣中官諭意，至長跽稽首，澄駭愕，急扶之起，其人曰：「上意也。上言：『人孰無父母，奈何使我不獲伸？必祈公易議。』」因出囊金畀澄。澄奮然曰：「老臣悖耄，不能隳典禮，獨有一去不與議已耳。」自是抗疏引疾至五六上。既得請，力疾就道，舟至興濟而卒。

上雅敬憚澄，雖數忤旨而恩禮不衰。其卒也，深悼惜之。贈少傅，謚文簡。【考異】澄致仕及卒見明史本傳。實録系致仕于是月庚子，其卒以閏四月，今彙書之。

10 三月，壬寅，給事中安磐上言：「頃御史曹嘉，陳公議，辯邪正，至以廷臣五十人列爲四等，過矣。夫以一人之議衆人，如唐王珪之論房玄齡等，本朝解縉之論黃福等，皆承上命而品藻之，未有出自己意，舉在廷縉紳而肆其口吻者也。」已而户科給事中毛玉復以爲言。

先是以閣部乞休，降史道爲河南通判。至是復出嘉于外，謫昌邑知縣。

11 乙巳，諳達寇大同。舊作俺荅。諳達者，韃靼之別部也。時小王子最富强，徙幕東方，分諸部落在西北邊甚衆。曰濟農，舊作吉囊。曰諳達者，于小王子爲從父行，據河套，雄黠喜兵，爲諸部長。

至是諳達大舉入，總兵杭雄不能禦，降旨切責。雄自劾，乞解兵柄，不許。

12 甲寅，奉武宗神主祔太廟。

13 戊午，賜姚淶等進士及第、出身有差。

14 癸亥，御經筵，仍以次日日講。

時以久旱風霾，禮臣疏請修省。于是給事中章僑上言：「陛下高拱清穆之上，而付萬幾于章奏之間，空文太多，未必盡經睿覽。臣下得接清光，不過早朝頃刻間耳。奉天門奏事，徒爲觀聽之具；文華殿講讀，略無問難之言。乞舉祖宗故事，早朝退班，許百官以次啓事。經筵日講，時賜清問；密勿大臣，時勤召對。仍簡儒臣數十人，更番入直便殿，以備咨訪，則君臣之間，情意交孚，災沴自弭矣。」上嘉納之。

15 辛未，歲星、太白同晝見。

16 是月，召南京禮部尚書羅欽順爲禮部尚書，辭不赴。

17 夏，四月，壬申朔，以災異，敕群臣修省。

時兩畿、山東、河南、湖廣、江西、及嘉興、大同、成都皆旱，赤地千里，殍殣載道，故有是敕。

18 癸未，以宋朱熹裔孫墅爲五經博士，奉祀婺源。

初，正德中，給事中戴銑、汪元錫、御史王完等先後言：「朱子上繼孔子。孔子之後有曲阜、西安，朱子之後亦有建安、婺源。今建安已置博士，其子孫在婺源者，宜如衢州孔廟例，官其嫡長一人以奉祀。」詔從之，至是乃以授墅。尋以西安訓導席端言，令世襲。

19 癸巳，命「兩京三品以上及撫、按官各舉堪任守令者以聞。」

20 給事中張嵩，以天戒上言三事：「一保聖躬；一崇正學；一務實惠。」其論崇正學，言：「太監崔文等以左道惑陛下，修齋醮，奏青詞。宜斥其人，毁其書，日臨講讀，親近儒臣。加以聖躬之調護有節，蠲租之實惠在民，庶人心悦而天意回矣。」章下所司。

21 乙未，始命興獻帝家廟享祀，樂用八佾。

初，中官蔣榮，以上命奉祀安陸，請祭器樂舞。禮部議「如鳳陽例，用籩豆十二，無樂」。奏凡再上，不允。御史黎貫言：「陛下信一諛臣之說，委祭祀于署官，神必不享。請選宗室近屬者主之。」沈灼言：「古有九世之廟，無墓祭之文。廟祭宜隆，陵祭宜殺。今陵祀不用樂，鳳陽諸陵皆然，何獨安陸！」給事中底蘊等亦請如前議。

而是時監生何淵方上言「請立世室于太廟東北」，給事中章僑、周瑯，皆極言其不可。

于是詔以先後疏下廷臣會議。

至是議言：「帝后尊稱，原于聖母之懿旨；安陸立祠，成于陛下之獨斷；情孝已兩盡矣。然正統、本生，義宜有間。八佾既用于太廟，則安陸廟祀自宜有辨，以避二統之嫌。」時廷臣集議者數四，疏留中十餘日，特旨竟用八佾。

22 是月，廣西思州土官岑猛，率兵攻泗城州，土舍岑接拔其六寨，進薄州城，克之。接告急軍門，言「猛無故興兵」，猛言「接非岑氏後，據其祖業，欲得所侵地」。詔總督張嵿勘處以聞。

23 給事中張翀，以災異，偕六科諸臣上疏曰：「昔成湯以六事自責：曰政不節與？民失職與？宮壼崇與？女謁盛與？苞苴行與？讒夫昌與？今誠以近事較之：快船方減而輒允戴保奏添；鎮戍方裁而更聽趙榮分守；詔核馬房矣，隨格于閻洪之一言；詔汰軍匠矣，尋奪于監門之群咻。是政不可謂節也。末作競于奇巧；游手偏于閭閻；耕桑時廢，缺俯仰之資；教化未聞，成偷薄之習。是民不可謂不失職也。

兩宮營建，採運艱辛，或一木而役夫萬千，或一椽而廢財十百，死亡枕藉之狀，呻吟號嘆之聲，陛下不得而見聞。是宮壼不可謂不崇也。

奉聖、保聖之封，莊奉、肅奉之號，或承恩漸鄰于飛燕，或黠慧不下于婉兒。內以移主上之性情，外以開近習之負倚。是女謁不可謂不盛也。窮奸之鋭、雄，公肆賂遺而逃籍没之律；極惡之鵬、鎧，密行請託而逋三載之誅；錢神靈而王英改問于錦衣；關節通而于喜竟漏于禁網。是苞苴不可謂不行也。獻廟主祀，屈府部之議而用諛佞之謀；重臣批答，乏體貌之宜而入群小之間。上以汨朝廷之是非，下以淆人物之邪正。是讒夫不可謂不昌也。凡此皆成湯之所無而今日之所有，是以不憚斧鉞之誅，用效責難之義。願陛下采納。」【考異】張翀言事，事見明史本傳，特書云「嘉靖二年四月」，蓋正修省求言時也。實録系之是月庚辰，而疏文不具，但云「引成湯六事以責時政，言甚剴切」而已。三編亦遺之，今據本傳增。

時上用太監崔文言，建齋醮于宮中。翀方遷禮科，上言：「頃聞紫禁之内，禱祀繁興。乾清宮内官十數輩，究習經典，講誦科儀，賞賚踰涯，寵倖日密。此由先朝罪人遺黨若太監崔文輩，挾邪術爲嘗試計，愚弄陛下，而己得肆其奸欺，干撓政事，牽引群邪。傷太平之業，失四海之望。陛下悦之，以爲可延年已疾耳。側聞頃來嬪御女謁充塞宮幃，致令怠日講，疎召對，政令多僻，起居愆度，小人窺見間隙，遂以左道蠱惑。夫以齋醮爲足恃而恣欲宮壼之間，以荒淫爲無傷而邀福邪妄之術，甚非古帝王求福不回之道也。」

給事中安磐亦抗疏言：「曩武宗爲左右所蠱，命番僧鎖南輩出入豹房，又命内官劉允迎佛西域。陛下登極，放允，囚鎖南，奈何甫及二年，遽襲前轍，不齋則醮，月無虚日。此豈陛下本意？實太監崔文等爲之。文，鐘鼓廝役，夤緣冒遷，既經降革，乃營求還職，導陛下至此，使貽譏天下後世。且其嘗試陛下，欲行香則從之，欲登壇則從之，欲拜疏則又從之。無已，則導以游幸、土木，導以征伐，方且連類以進，伺間以逞。臣以爲文可斬也。」

疏入，俱報聞。【考異】張翀、安磐諫齋醮事，見明史本傳。傳中敘次皆在二年之前。若廷和等上疏，在是年閏四月。而是時建齋醮已久，諸臣先後上疏皆見實録，其不始于閏四月明矣。今類書于翀因災異言事之下，爲廷和復諫張本。

24 閏月，乙巳，大學士楊廷和上慎始修德十二事，而于建齋醮一事首力言之。謂：「祈禱之事，帝王弗尚。何況僧道邪妄之書，豈可輕信！今乃無故修設齋醮，日費不貲，至屈萬乘之尊，親蒞壇場。此皆先朝亂政之徒芟鋤未盡，妄引番漢僧道嘗試上心。夫齋醮之事，乃異端誑惑，藉以爲衣食計者。佛家三寶，道家三清，名雖不同，同一虚誕。昔梁武帝、宋徽宗，崇信尊奉，無所不至，一則餓死臺城，一則纍爲金虜，求福未得，反以召禍。又如近日劉瑾、錢寧輩，崇信佛道，建造寺宇，皆殺身亡家，略不蒙祐。則其無益有損，不待辨矣。然則行香拜跪之勞，莫如移之以御講筵；設醮修齋之費，何不移之以周窮困！臣等職任輔導，不敢不盡其愚。惟陛下采納，斥遠左右奸人及遠方僧道，罷停齋醮及一切冒濫恩賞，天下幸甚！」

九卿喬宇等亦言：「陛下登極詔書，首正法王、佛子、國師、禪師之罪，榜禁内府宫觀出入引誘之人，裁革世善、真人爵號，及新建寺宇概行拆毁。邪正之辨，了然甚明。今一旦信用妖幻，九重之内，建立壇場，媟瀆神明，煩勞聖體，不可之大者也。夫天生聖人，以爲天地神人之主，心和則氣和，氣和則天地神人之和應之。即如往者禱雨祈雪之事，陛下一念精神，隨感隨應，何必藉佛力以禳災，誦道經以修福邪！」

疏入，皆報曰：「覽卿等所言，具見忠愛，朕已知之。」已而給事中鄭一鵬、御史張珩皆以爲言，下所司知之。

25 丙午，録囚。

26 己未，太監崔文家人李陽鳳等，求賄于工部匠頭宋鈺不獲，因以他事嗾文杖鈺幾死，下法司問，未決。文訴于上，得旨，「改令鎮撫司訊理」，尚書林俊等執留不遣，力争不納。明日又奏，上怒，責令陳狀。俊言：「祖宗以刑獄付法司，以緝獲奸盜付鎮撫司，訊鞫既得，猶必付法司擬罪。未有奪取未定之囚，反付推問者。文乃先朝之漏奸而左道之作俑，罪不容誅，茲復干内降。臣不忍朝廷百五十年紀綱，爲此輩壞亂也。」上憚其言直，置之。

已而都御史金獻民等，六科給事中劉濟等，十三道御史王約等，交章論諫，前後章凡十四，署名者八十人，皆下其章于所司。

27 己巳，以亢旱，諭禮部禱雨。

28 五月，庚午，小王子犯密雲，入石塘嶺，殺指揮殷隆等四人。詔逮治參將霍如忠等。

29 庚辰，翰林院編修湛若水上疏言：「陛下初政，漸不克終。左右近侍，爭以聲色異教蠱惑上心，大臣林俊、孫交等不得守法，多自引去，可爲寒心！亟請親賢遠奸，窮理講學，以隆太平之業。」又疏言日講不宜停止，修撰呂柟亦以爲言，俱報聞。

30 壬午，詔修宋臣韓琦、范仲淹祠于延州，建故吏部尚書王恕祠于三原，命翰林院各擬祠額，有司歲時致祭，從都御史姚鏌、給事中張原請也。

31 丁亥，御馬監太監閻洪乞外豹房永安莊地，户部尚書孫交言：「先帝以豹房故貽禍無窮，今洪等欲修復以開游獵之端，非臣等所敢聞。」詔「以地十頃給豹房，餘令百户趙愷等佃如故」。

32 己丑，額布訥犯甘涼。

33 六月，辛亥，以旱災，免直隸廣平府所屬州縣税糧。

34 癸丑，以災傷，免嘉靖元年天下税糧之半。

35 甲寅，日本貢使宗設抵寧波。未幾，宋素卿偕瑞佐復至，素卿來貢，見正德五年。互争真僞。素卿賄市舶太監賴恩，宴時坐素卿于宗設上，船後至者先爲驗發。宗設怒，與鬥，殺瑞佐，焚其舟，追素卿至紹興城下。素卿竄匿他所免。凶黨還寧波，所過焚掠，執指揮袁璡，奪船出海，都指揮劉錦追至海上，戰没。

事聞，禮部察「素卿勘合係弘治朝，素卿訴稱『正德朝勘合爲宗設等奪去』，請敕素卿還國移咨其王，令察勘以聞。」——素卿者，即正德間通夷事覺，以賂劉瑾免究問者也。並見正德五年。于是給事中張翀、御史熊蘭，言「素卿罪重不可貸，請並治賴恩交通罪」。乃下素卿于獄。【考異】事見明史外國傳，特書是年五月，據其在寧波争殺時也。實録系之六月甲寅，據奏至之月日耳。惟據傳，則執殺袁璡、劉錦等似係宗設，故下云「奪船出海去」。實録言「素卿竄至慈谿，放火大掠」，遂有執殺璡、錦之事，與明史小異，仍據傳書之。

36 是月，兩畿大名、順德、鳳陽、廬州、徽州、安慶，浙江嘉興，河南開封，江西吉安、袁州、廣信等府州縣旱。

37 秋，七月，辛未，已革錦衣衛旗校王邦奇，屢求復職，安磐言：「邦奇在正德時，貪饕搏噬，有若虎狼。其捕奸盜也，株連鍛鍊，謂之『鑄銅板』；其緝妖言也，誘民從教，掩捕無遺，謂之『種妖言』。此輩奸黨敗露，得保首領亦已幸矣，尚敢肆然無忌，屢瀆天聽耶？宜嚴究治以絕禍源。」上不能從。其後邦奇爲大厲如磐言。

38 壬午，賜后父都督同知陳萬言第于西安門，命工部營造。工部言「其地逼近宸居，閎廣踰制，宜裁其半」。旨未下，萬言恐不全給，佯具疏辭，且言「丈量規畫，皆營繕司郎中葉寬、員外翟璘主之」。上怒，乃下寬、璘詔獄。工部尚書趙璜引罪，論救寬、璘等，章下所司。

39 庚寅，刑部尚書林俊致仕。

俊以耆德重望，遇事屢格，疏請骸骨凡數上，皆不許。至是復以老請，且上疏曰：「自古未有不親大臣而能治者。我孝宗皇帝，天啓其衷，大臣劉健、謝遷、李東陽、劉大夏等，時賜宣召，幄前咨議，移時方退。乃嘆曰：『豈知軍民貧至是』！又問：『安得太平如帝王時』？大夏對言：『但事事皆如近日與內閣議當而行，久之自治。』孝宗信用其言，是以大治。今大臣如健、大夏者不少，陛下宣召果如孝宗，事事悉與內閣議之，未有不如孝宗者。若徒取文具，何裨政理！伏望陛下用臣之言，遂臣之去。」上曰：「覽奏懇切忠愛，特允所請。」給驛以歸，仍加太子太保，有司給廩隸如例。

40 以旱災，免山東濟南等府稅糧。

41 甲午，調禮科給事中劉最爲廣德州判官。先是最劾「太監崔文以齋醮蠱惑聖心，糜費内帑」，文「請敕最查明侵帑數目」。至是最言：「帑銀屬内府，司計之臣不能知，臣何由知之？文欲假難稽之事以掩己過，投可乘之隙以搆臣罪，此風不可長也。」上以最「不諳事體，率意妄言」，遂有是謫。

42 先是南京應天等府旱災，御史陶儼「請大發内帑及餘鹽贓罰銀兩以備振恤」，從之。是月，南畿復大水，江、淮河並溢，漂没人畜田廬無算。吏部侍郎何孟春復條恤災八事：曰「禁奢靡」；曰「慎賞罰」；曰「減百官俸薪」；曰「革冗費」；曰「廣聽納」；曰「安撫江淮百姓」；曰「不許鄰近州縣遏糴」；曰「免來歲被災税糧」。上命「文武官俸如故，餘悉依議」。

43 以吏部侍郎汪俊爲禮部尚書，以羅欽順不至也。

44 八月，庚子，進外戚壽寧侯張鶴齡爲昌國公，陳萬言爲泰和伯。吏部尚書喬宇等言：「累朝皇太后戚屬，無生前封公者。且昌國公乃鶴齡父張巒没後所贈，今以父之贈而封子，非制也。若萬言之封伯，比之于巒，亦太驟矣。」不納。

45 南京禮部尚書秦金等，言上政不如初者八事，因言：「初政所以清明者，政出公朝而左右不能預也；今政不能如初者，政在左右，公朝或不知也。夫政不可一日不在朝廷，權不可一日逮于左右。所謂政在朝廷者，非必其獨運也；設公卿以代理之，立臺諫以糾察之，股肱有託，耳目有寄，即主威重于九鼎，國勢安于泰山矣。不然，則內廷外朝之勢隔而信任有所偏，宦寺女謁之情親而聽受有不察。名曰一日萬幾而權已移于下矣。」上嘉納之，仍敕群臣交儆焉。

46 辛酉，小王子犯遼東丁字堡，殺虜軍士男女五千餘口。都指揮王綱追襲出境，死之。

47 是月，遷左都御史金獻民爲刑部尚書，召總督漕運、都御史俞諫回掌院事。

48 九月，癸酉，敕「南京户部侍郎吳廷舉兼僉都御史，振濟徽、寧、池、太、安慶五府地方。」

49 丙子，復命户部清查畿輔莊田。尚書孫交等言：「舊數多者，以奏乞投獻，虛開妄報也；新數少者，以奉旨清查，退給除豁也。短少之數，請俟年豐，將原報低窪地土查有水利可耕者，召民佃種，量徵子粒以補之。」得旨，「令查成化、弘治間原數以聞」。

50 振遼東饑，仍停徵子粒。

51 己卯，命以故贈江西按察使周憲配享孫燧、許逵旌忠祠。憲討華林賊死難，見正德七年。

時御史鄧顯言「黄弘、馬思聰死節不明，請罷配享」，從之。未幾，給事中毛玉復請表章，並及承奉周儀。會弘子紹武訴于朝，巡按御史穆相列上二人死事狀甚悉，遂無異議。

【考異】此據實録，參明史黄弘傳書之。蓋實録因請配祀周憲，並及罷黄弘、馬思聰事也。據本傳，言穆相列上二人死節狀甚悉，是罷後尋復明矣。傳言：「弘之死，賊義而斂之。子紹文奔赴，求得其棺，以僞命治斂非父志，亟易之，扶歸。而思聰繫獄中，絶食六日死。」意即相所上死事狀也。今附識之。

52 初，正德末，以南京户科給事中樂護、工部主事華湘通曆法，俱推光禄少卿，管欽天監事。是月，湘上言：「古今善治曆者三家：漢太初以鍾律，唐大衍以蓍策，元授時以晷景爲近。今欲正曆而不登臺測景，皆空言臆見也。望許臣暫罷朝參，督中官正周濂等，及冬至前詣觀象臺晝夜推測，日記月書，至來年冬至，以驗二十四氣、分至、合朔、日躔、月離、黄赤二道、昏旦、中星、七政、四餘之度，視元辛巳所測離合何如，差次録聞。更敕禮部延訪精通理數者，徵赴京師，令詳定歲差，以成一代之制。」下禮部集議。

而護謂曆不可改，與湘頗異。禮部言：「湘欲自行測候，不爲無識，請令二臣各盡所見，窮極異同以協天道」，從之。【考異】語見明史曆志。皇明通紀、從信録皆書于是年之末。證之實録，華湘、樂護兩奏皆在是月，而志中亦系之嘉靖二年，但無月分耳。今據實録系之是月之末。

53 冬，十月，庚子，灤州民趙紀，以田被土豪侵占，訐前任永平知府郭九皐，又賄太監芮景賢，訴之東廠。御史劉翀言：「細民事應告撫按，而越訴東廠，此必有主之者。」給事中劉濟言：「定國公徐光祚，其先祖徐達曾有欽賜田土坐落彼處，業于洪武之末辭退，已經順天撫、按官查覆，給與軍民佃種。今光祚欲規復之，故嗾紀捏奏，以爲將來請討地，請並逮光祚鞫究。」詔下其事于所司。

54 戊申，以旱雹災，免直隸大名府各州縣及大同衛所稅糧。

55 庚申，以災傷，免山東各府衛稅糧。

56 是月，户部尚書孫交、兵部尚書彭澤俱致仕。交年已七十，連章乞罷，上輒慰留，遣醫視療；至是請益力，許之，加太子太保。澤以史道之劾，言官復交章論之，澤不自安，累疏乞休。詔加少保。均賜敕乘傳歸，給廩隸如例。

57 十一月，丁卯，免南畿被災稅糧。

58 己卯，下前謫任廣德州判官劉最及巡鹽御史黄國用于獄。初，最既外謫，中官銜之不已。東廠太監芮景賢，奏其「在途仍用禮科舊銜，乘坐船，索夫役，御史黄國用復遣牌送之。」遂並逮詔獄，尋戍最而謫國用。法司争之不能得。

給事中劉濟率同官上言：「國家置三法司，專理刑獄，或主質實，或主平反，權臣不得以恩怨爲出入，天子不得以喜怒爲重輕。自錦衣鎮、撫之官專理詔獄，而法司幾成虚設。最等小過耳，羅織于告密之門，鍛錬于詔獄之手，旨從内降，大臣初不預知，其爲聖政之累非淺。且李洪、陳宣，罪至殺人，降級而已；王欽兄弟，黨奸亂政，謫戍而已；以最等視之，奚翅天淵！而罪顧一律，何以示天下？」上怒，奪濟俸一月。

59 己丑，振河南饑。

60 庚寅，大學士楊廷和等，以直隸、江北水災異常，疏「請集議振救，並蠲一應歲派及額辦錢糧」，上曰：「仍當議所以振救之法。」户部集廷臣條陳救荒八事，又言「江北傷重，振之非二十萬不可。請將淮、揚折糧及運司餘鹽銀兩分派振濟」，從之，仍敕「將存留起運糧米及歲辦等項錢糧悉予停免」，復命「南京兵部侍郎席書兼僉都御史，振濟江北地方。」

61 是月，改南京兵部尚書秦金爲户部尚書，改金獻民爲兵部尚書，以南京刑部尚書趙鑑爲刑部尚書代之。

62 十二月，庚子，以災傷，免南直隸江北等府嘉靖元年、二年未徵稅糧。

63 甲辰，南京兵部侍郎席書言：「南畿旱潦相仍，饑民甚多，錢穀甚少。考古荒政可行于今日者，惟作粥一法，不煩審户，不待防奸，至簡至要，可以舉行。」因條振粥活民事宜上之，詔許以便宜舉行。

64 都察院右都御史俞諫言：「罪人王欽兄弟，既宥其死，不宜復免追贓。近户部會議振災，太倉之儲僅七十萬，難以動支，而欽一家應没贓銀至八十餘萬兩。與其庇此一二奸人以市私恩，孰若追以備振，用活數十百萬饑民之爲德乎？乞將各犯贓銀，照數追完三分之二而後發遣，庶國法不廢而奸貪亦懲。」科、道諸臣亦以爲言，報聞而已。

65 庚戌，敕：「依成化、弘治年間例，遣内織染局官二員，前往蘇、杭等五府提督織造事宜。」

先是禮科給事中章僑言：「道路傳聞，鎮守浙江太監梁瑶，遣人挾貲營管織造，事之有無雖不可知，竊爲朝廷慮此舉動也。蓋自兩浙等處添設内臣，官民受害，不可勝言。幸明詔停革，與天下更始，甫及二年，豈宜復有此舉？矧四方災饑，報無虚日，窮民九死一生，何堪重困？乞敕下司禮監移文梁瑶，戒無生事。」疏入，下所司知之。

已而内織染局太監刁永等果以上用袍服及兩宫等服御爲言，遂有是命。事下工部，覆言不可，而吏科給事中曹淮、兵科給事中楊元亦以爲言。于是工部議「以上用袍服宣示花樣，令鎮、巡、三司官如式織造，無煩内臣提督」，不允。

大學士楊廷和因上疏曰：「今年直隸、浙江等府，水旱異常，額徵税糧尚冀蠲免，若更遣官織造，一切物料工役，何從措辦？非惟逼勒逃亡，尤恐激成他變。近聞淮、揚、邳、徐諸府，軍民房屋田土渰没殆盡，百里之内，斷絶炊煙，賣子鬻女，輒以斤計，至于相視痛哭，投水而死。又傳聞鳳陽、泗州、洪澤，饑民嘯聚成群，白晝劫掠商船過客，莫敢誰何，未知何日剿平。況將來事勢，尚有不可預料者。」疏入，上以累朝舊例，業已差遣，趣内閣撰敕施行，廷和等不奉命。

一時九卿尚書喬宇等，六科給事中解一貫等，十三道御史彭占祺等，皆極陳其不可。于是廷和復上疏言：「臣等與舉朝大臣言官言之不聽，顧二三邪佞之言是從，陛下能獨與二三邪佞共治祖宗天下哉？且陛下以織造爲累朝舊制，不知洪武以來何嘗有之！創自成化、弘治耳。憲宗、孝宗，愛民節財，美政非一，陛下不取法，獨法其不美者，何也？」因請「究擬旨者何人，疑有假御批以行其私者」。上爲謝不審，復以草敕命蔣冕。冕亦具疏請止，不從，敕亦久不進；上責其違慢，冕引罪，卒不奉命。給事中張翀等、御史謝汝意等、主事黄一道等各疏言「宜信任大臣，停止織造」，而上俱以「有旨」報之，但戒所遣官毋縱肆而已，不能止也。于是廷和求去之志益決。【考異】明書系之十月下，三編彙系之明年正月罷廷和目中，惟通紀書十二月，證之實録，蓋是月庚戌，章僑之論梁瑶又在其前，今連類記之。

66 初，興獻帝稱號已定，霍韜既歸，張璁亦除南京刑部主事。而是時刑部主事桂萼，與璁同官南京，日夜私詆朝議，不宜稱「本生」。會南京兵部侍郎席書、吏部員外郎方獻夫，先以大禮未定，各草疏請追崇所生，意與璁合，而是時中朝競詆璁爲邪説，遂中寢。

是冬，萼窺上雖勉從廷臣，意未慊，遂上疏，並録書、獻夫二疏上之。其略言：「禮官失考典章，納陛下于與爲人後之非，而滅武宗之統，奪獻帝之宗。且使興國太后壓于慈壽太后，禮莫之盡，三綱頓廢，非常之變也。

乃自張璁獻議，論者指爲干進，逆箝人口，致達禮者不敢駁議。竊念陛下侍興國太后，慨興獻帝弗祀，已三年矣，拊心出涕，不知其幾。願速發明詔，稱孝宗曰『皇伯考』，興獻帝『皇考』，別立廟大内，正興國太后之禮，定稱『聖母』，庶協事天事地之道。

至廷臣所執，不過宋濮議耳。按范純仁告英宗曰：『陛下受仁宗詔爲之子，封爵悉用皇子，與入繼之主不同。』則宋臣之論亦自有別。今陛下奉祖訓入繼大統，未嘗受孝宗詔爲之子，則陛下非爲人後而爲入繼之主也明甚，考興獻帝，母興國太后，又何疑！

臣久欲以請，乃者復得席書、方獻夫二疏，伏望並付禮官，令臣等面質。」上得疏，爲之心動。【考異】明史席書、方獻夫傳，皆云：「疏具，見廷臣方詆排異議，懼不敢上。後爲桂萼所見，並上之。」按書與獻夫上疏，皆在元年，而證之實録，則書之疏未上，而獻夫疏已報聞，故元年十二月南京御史方鳳等劾之，並及張璁、霍韜，蓋是時興獻帝、后稱號已定，「本生」二字，史以爲尊崇，議且寢者是也。萼同官于南京，故並上二人疏，且云：「至今未奉宸斷，豈陛下偶未詳覽耶？抑二臣疏上而中止耶？」所謂「未經詳覽」者，似即指獻夫疏也。至萼所上疏，諸書皆系之是年之冬，實録則書于三年正月丙戌。惟明史桂萼本傳，敘次詳明，其言「萼以二年十一月上疏，明年正月手批議行」。據此，則三年正月丙戌實録所記，據下廷議之日也，所以遲遲得旨者，實以廷和在朝格之。迨三年正月，廷和乞休，尋下此議。今據本傳書于是年之冬，爲明年下廷議張本。

明通鑑卷五十一

紀五十一 閼逢涒灘（甲申），盡一年。

江西永寧知縣當塗夏燮編輯

世宗肅皇帝

嘉靖三年（甲申、一五二四）

1 春，正月，丙寅朔，南京地震有聲。直隸之開州、濬縣、東明，陝西之西安，河南之開封、許州，同日地震。丙子，山東曹州地震。【考異】明史本紀，兩畿、河南、山東、陝西同時地震。據實録，山東之震在丙子，非同時也，今分書之。

2 丁丑，大祀南郊。禮畢，行慶成禮。

先是上以災傷，欲罷宴，修撰唐皋等言「郊丘大禮不可廢」，乃詔行之。

3 庚辰，免上元節宴。

4 乙酉，以災傷，免浙江嘉興等十四縣稅糧。

5 丙戌，下主事桂萼疏，令「禮部會文武群臣集前後章疏詳議尊稱典禮以聞。」

6 丁亥，户部主事唐胄上言：「織造之害，莫大于遣中官之提督。此輩貪緣干請，欲以自便其私，故成湯自責，必以女謁、讒夫爲言。自古人君養德，左右僕從，罔非正人，宜亟去之以彰憲典。況已奉明詔裁革，此端一開，則凡條内所稱如監督燒造及鎮守守備之等，能保其不再干乎？臣恐正德諸弊政種種相因，遂復不可救藥矣。」御史王杲亦以爲言，章並下所司。

7 是月，朵顏都督花當子把兒孫擁衆犯邊，敕撥團營兵三千備之。

8 南畿大饑，詔亟發太倉銀十五萬兩，遣官分振。南京侍郎席書，復「請撥淮、徐二倉及南京續到糧米」，詔「發二倉粟各五萬石及南京户部截留漕糧十萬石，命書隨宜給振。」

9 二月，丁酉，下給事中鄧繼曾于獄。

繼曾言：「祖宗以來，凡有批答，必下内閣擬議而行。頃者中旨，事不考經，文不會理，左右群小竊權希寵，以至于此。陛下不與大臣共政而容若輩干之，臣恐大器不安也。」

疏入，上震怒，遂下詔獄掠治，謫金壇縣丞。給事中張逵、韓楷、鄭一鵬、御史林有乎、馬明衡、季本皆論救，不報。

上初踐阼，言路大開，言者過于切直，亦優容之。自劉最及繼曾得罪後，厭薄言官，自此廢黜相繼矣。

10 庚子，侍讀湛若水言：「臣以經術事陛下，嘗讀易至屯、否二卦，屯者陰陽始交而難生，君臣欲有爲而難遂，此陛下登極下詔時也；否則陰陽隔而不通，内外離而不孚，陛下自視，今日于此卦何如哉？夫屯而不濟，必至于否；否而不濟，則將來有不可勝言者。一二年間，天變地震，山川崩涌，人饑相食，報無虚月。夫屯、否之時，元氣之消復繫焉。今元氣之急，莫如親賢，願與一二賢大臣講明先王之道，以轉屯、否之幾。」疏入，下所司知之。

11 丙午，大學士楊廷和致仕。

廷和以議禮不合，累疏乞休，語露不平；又以諫織造忤旨，力求去。而上方得桂萼諸人疏，慮爲所持，勉留至再，遂許之，賜敕、馳驛，給廩隸如例，仍敕吏、兵二部擬論功世蔭以聞。言官交章請留，不報。廷和既去而大禮議復起。

12 先是上下廷臣集議大禮，禮部尚書汪俊集廷臣七十有三人上議曰：「祖訓『兄終弟及』，指同產言，今陛下爲武宗親弟，自宜考孝宗明矣，孰謂與爲人後而滅武宗之統也？

儀禮傳曰：『爲人後者孰後？後大宗也。』漢宣起民間，猶祀孝昭；光武中興，猶考孝元；魏明帝詔皇后無子，擇建支子以繼大宗；孰謂入繼之主與爲人後者異也？宋范純仁謂『英宗親受詔爲子，與入繼不同』，蓋言恩誼尤篤，尤當不顧私親，非以生前爲子與身後入繼者有異也。

萼言『孝宗既有武宗爲之子，安得復爲立後』，臣等謂陛下自後武宗而上考孝宗，非爲孝宗立後也。

又謂『武宗全以神器授陛下，何忍不繼其統』，臣等謂陛下既稱武宗『皇兄』矣，豈必改孝宗稱『伯』，乃爲繼其統乎？

又言『今禮官所執不過宋濮議』，臣等愚昧，所執實不出此。蓋宋程頤之議曰：『雖當專意于正統，豈得盡絶于私恩！故所繼主于大義，所生存乎至情。至于名稱，統緒所繫，若其無別，斯亂大倫。』殆爲今日發也。

謹集諸章奏，惟進士張璁、主事霍韜、給事中熊浹與萼議同。其南京尚書喬宇、楊廉等，侍郎何孟春、汪俊、汪偉等，給事中朱鳴、陳江等，御史周宣、方鳳等，郎中余材、林達等，員外郎夏良勝、郁浩等，主事鄭佐、徐浩等，進士侯廷訓等，凡八十餘疏，二百五十餘人，皆如臣等議。」議上，留中。

尋有旨召張璁、桂萼于南京，又召霍韜。越旬有五日戊申，下詔曰：「朕奉承宗廟正統，大義不敢有違，第本生恩情，亦當兼盡。其再集議以聞。」【考異】汪俊集廷臣上議，諸書及明史本傳皆書正月。實録系之二月戊申者，乃再下廷議之月日也。其言「俊等議上俱留中，越旬有五日乃下諭」云云，然則俊之集議上疏，在正月二十九日。是年二月丙申朔，戊申十三日，上溯正月大建之月日，正所謂「越旬有五日」者也。今據實録統系之戊申下，而書俊等上議于前，系以「先是」二字，則于下文「旬有五日」之語相應矣。惟實録言「召張璁、桂萼、霍韜于南京」，時韜謝病歸粵東，不在南京也。明書言「召張璁、桂萼于南京，召席書、霍韜于家」，而書時在南京兵部任中，亦非召之于家。今分書之。至明史桂萼傳同時上疏諸人，姓名不具，今據實録增入喬宇等十六人，中有明史傳中所不見者，並類書之。

13 庚戌夜，南京地震。辛亥，蘇、常、鎮三府地震。【考異】蘇、常、鎮三府地震，明史五行志作正月辛巳。今據實録。

14 庚申，以各處水旱相仍及連月地震，敕「群臣修省，並利弊當興當革者，條具以聞。」

15 乙丑，下御史朱淛、馬明衡于獄。

先是昭聖皇太后生辰，有旨免命婦朝賀。淛言：「皇太后親挈神器以授陛下，母子至情，天日昭鑒。若傳免朝賀，何以慰親心而隆孝治？」明衡亦言：「暫免朝賀，在恒時則可，在議禮紛更之時則不可。且前者興國太后令節，朝賀如儀；今相去不過數旬，而彼此情文互異。詔旨一出，臣民駭疑。萬一因禮儀末節，稍成嫌隙，即陛下貽譏天下，匪細故也。」

時上亟欲尊崇所生，而群臣必欲上母昭聖，相持未決；二人疏入，上恚且怒，立捕至内廷，責以「離間宫幃，歸過于上」，趣下詔獄拷訊。

修撰舒芬言：「昭聖皇太后聖旦，乃陛下愛日承歡之會，而諸命婦朝賀，則又得天下之懽心以事其親者也。今遽傳免，恐失輕重。況陛下于所生有加稱之議，此報一出，人心驚疑。伏乞別降諭旨以彰至孝。」詔以芬出位妄言，奪俸三月。

已，御史蕭一中言：「朝廷設臺諫爲耳目之官，所以防天下之壅蔽。今御史馬明衡、朱淛，言涉狂直，遽下詔獄，臣恐中外聞之，將謂陛下以言爲諱，雖有奸邪欺罔之情，何由上聞！乞賜矜宥以彰聖德。」章下所司。

于是御史季本、陳逅，户部員外郎林應璁，相繼論救，上怒，並下詔獄，皆論謫。

時上必欲殺淛、明衡二人，變色謂閣臣蔣冕曰：「此曹誣朕不孝，罪當死！」冕膝行頓首請曰：「陛下方興堯、舜之治，奈何有殺諫臣名？」良久，色稍解，欲戍之。冕又固請，繼以泣，乃杖八十，除名爲民。二人遂廢。

明衡，故主事思聰子也。

16 先是汪俊等再集廷臣議，以上尊崇意切，不敢違，乃請于「本生考」、「本生母」上，加

「皇」字以全徽稱。議上，復留十餘日。

三月，丙寅朔，諭禮官「擇日加尊號，祭告郊廟，頒詔天下」，又諭「別建室奉先殿側，恭祀獻皇。」

于是俊等復上疏爭之，略言：「陛下入奉大宗不得祭小宗，猶小宗之不得祭大宗也。昔興獻帝奉藩安陸，則不得祭憲宗；今陛下入繼大統，亦不得祭興獻帝；是皆以禮抑情者也。然興獻帝不得迎養壽安皇太后于藩邸，而陛下得迎興國太后于大內，受天下之養而尊祀獻帝以天子之禮樂，則人子之情獲自盡矣。乃今聖心無窮，臣等敢不將順，但于正統無嫌，乃爲合禮。」報曰：「朕但欲別建一室于奉先殿側以伸追慕之情耳，迎養藩邸，祖宗朝無此例，何容飾以爲詞！」令陳狀。俊具疏引罪，奉旨切責。【考異】俊等再議之上亦在二月，實録系之三月朔者，據下詔之日，故于俊等再議仍系以「先是」二字，下文言「留中十餘日」。明史汪俊傳，亦言「議上復留十餘日，至三月朔，乃詔禮官」云云，據實録也。今同系之三月。

17 己巳，吏部尚書喬宇等疏言：「必以孝宗爲考，而後憲廟之大宗始不絕。若名稱之間，則大明律乃太祖所定，考其所稱，則所後、所生同名父母，而于所生者冠以『本生』二字，則於所後有別。伏願陛下遵聖訓律文定擬名稱，于孝宗稱『皇考』，于興獻帝稱『本生考』，則隆殺輕重，釐然自別。」報曰：「朕尊奉正統，未嘗偏厚本生。」

而是時議于「本生皇考」上去「興獻」二字，上尊謚曰「恭穆獻皇帝」，于是修撰唐皋、編修鄒守益等，給事中張翀、御史鄭本公等，交章抗言，大略謂：「本生之恩，特加帝后之號，則于私親不可謂不隆矣。乃又以『皇考』之稱，去其始封之號，則于正統毫無分別。」翀及本公等復極以立廟大内爲不經。疏入，上不悅，以「守益出位妄言，姑置不問，餘皆奪俸三月。」

18 庚午，總督兩廣、都御史張嵿討廣東賊，平之。初，廣東新寧恩平賊蔡猛三等剽掠，衆至數萬。嵿合兵三萬餘人擊新寧諸賊，破巢二百，禽斬一萬四千餘人，俘賊屬五千九百餘人，猛三等皆授首。嶺南用兵，以寡勝衆，未有若是役者。尋又平程鄉歸善賊。捷聞，賜敕獎賚。

19 壬申，振淮、揚饑。御史朱衣往勘，言「淮、揚諸郡，父子相食，殍殣載道」，復命發帑截漕振之。

20 己卯，禮部尚書汪俊復上疏論大禮。先是上不從廷議，趣立廟甚急，俊以有干正統，不奉詔，復下廷議。至是俊等集諸臣議曰：「謹按先朝奉慈别殿，蓋孝宗皇帝爲孝穆皇太后設，仿周特祀姜嫄制也。至爲本生立廟大内，則從古未聞；惟漢哀帝爲定陶恭王立廟京師，師丹以爲不可，哀帝不聽，卒貽後世之譏。臣等不敢以衰世之事導陛下，請于安陸特建獻帝百世不遷之廟，俟他日襲封興王，子孫世世獻饗，陛下遣官持節奉祀，亦足伸孝思于無窮矣。」命「仍遵前旨再議。」

21 辛巳，振河南饑。

22 丙戌，張璁、桂萼復自南京各上疏爭大禮。

璁言：「陛下以入繼大統之君，而禮官强比與爲人後之例，絶獻帝天性之恩。伏讀聖諭云：『興獻王獨生朕一人，既不得承緒，又不得徽稱，罔極之恩，何由得報！』執政窺測上心，有見于推尊之重，不察于父子之親，故今日爭一『帝』字，明日爭一『皇』字。而陛下之心亦日以不帝不皇爲憾。既而加稱爲『帝』，謂陛下心已慰矣，故留一『皇』字以覘陛下將來未盡之心，遂敢稱孝宗爲『皇考』，興獻帝爲『本生父』。父子之名既更，推崇之義安在？禮曰：『君子不奪人之親。亦不可奪親也。』陛下尊爲萬乘，父子之親，人可得而奪之，又可容人之奪之乎？故今日之禮，不在『皇』與不『皇』，惟在『考』與不『考』。若徒爭一『皇』字，則執政姑以是塞今日之議，陛下亦姑以是滿今日之心，臣恐天下知禮者必將非笑無已也。」

萼亦言：「執政窺伺陛下至情不已，則加一『皇』字。不知陛下之孝其親，不在于『皇』而在于『考』。使考獻帝之心可奪，雖加千百字徽稱，何益于孝！陛下不將終其身爲無父人乎？」

二議並上，上益大喜，趣召益急，仍下禮部會議以聞。

23 禮部尚書汪俊罷。

俊以議禮不協，再疏引疾求退。上責以肆慢，聽之去。廷推吏部侍郎賈詠、禮部侍郎吴一鵬代之。

特旨召南京兵部侍郎席書爲禮部尚書。書未至，命一鵬代管部事。

24 夏，四月，乙未，給事中張嵩、曹懷、章僑、安磐等，各疏論「主事張璁、霍韜，首爲厲階，侍郎席書、員外方獻夫，私相附和，而主事桂萼，竊衆議以濟己私，攘臂不顧，熒惑聖聰，請並斥之以謝天下。」而磐疏謂：「今欲别建一廟于大内，則是明知恭穆萬萬不可入太廟矣。孝宗既不得考，恭穆又不得入，是無考也。世豈有無考之太廟哉？此其説之自相矛盾者也。」疏並下所司。

25 戊戌，九卿、吏部喬宇等合疏「請留汪俊，罷召張璁、桂萼等」，又言：「前論事黜謫之馬明衡、季本、陳逅等，先後效忠，不宜坐以離間。至席書不與廷推，特由内降，乃百數十年所未有者。請收回成命，令書仍守故職。」疏入，報聞。

26 張璁、桂萼聞召，復自南京偕刑部郎中黄宗明、都察院經歷黄綰合疏論曰：「今日尊崇之議，以陛下與爲人後者，禮官附和之私也；以陛下爲入繼大統者，臣等考經之論也。兩議相持，有大小衆寡不敵之勢，臣等則曰惟理而已。舜視天下猶草芥，惟不順于父母，如窮人無所歸。今言者徇私植黨，奪天子之父母而不顧，在陛下能一日安乎？臣等大懼欺蔽因循，不克贊成大孝。請陛下親御朝堂，明詔百官，示以入承大統，非與爲人後之例，前此典禮，未及詳稽，深用悔艾。今當明父子大倫，繼統大義，改稱孝宗爲『皇伯考』，昭聖爲『皇伯母』，而去『本生』之稱爲『皇考恭穆獻皇帝』、『聖母章聖皇太后』。如此，則在朝百工，有不感泣而奉詔者乎？更以此告之天下，此即周禮詢群臣詢萬民之意也。」上得疏，大悦。而是時「本生」之稱已從廷議，遂報聞。【考異】據實録：前後詔諭，但欲于「本生父母」加「皇」字而已。自桂萼疏上，乃有稱孝宗「皇伯考」，興獻「皇考」之議。洎璁、萼自南京聞召，乃請去「本生」二字，而是時頒詔，仍從「本生」之稱，蓋蔣冕、毛紀等格之也。故明史紀事本末言「璁至東昌，讀詔書嘆曰：『兩考並稱，綱常紊矣。』」據此，則璁等此疏，乃欲于未頒詔之前奏請更正，而是時徽稱已定，故實録但書「報聞」二字，然已爲稱孝宗爲「皇伯考」張本矣。諸書皆系之四月頒詔之後，今據實録月日。

27 己亥，吏部員外郎方獻夫以病請告，不允。

獻夫疏上，廷臣目之爲邪説，至不與往還，獻夫乃杜門乞假。既不得請，則進大禮上、下二論，其説益詳。卒以此嚮用。

28 禮部侍郎吴一鵬既署尚書，會上趣建獻帝廟甚急，壬寅，一鵬復集廷臣上議曰：「前世入繼之君，間有爲本生立廟園陵及京師者，第歲時遣官致祀，尋亦奏罷，然猶見非當時，取議後代。若立廟大内而親享之，從古以來未有也。臣等寧得罪陛下，不欲陛下失禮于天下後世。今張璁、桂萼之言曰：『繼統公，立後私。』又曰：『統爲重，嗣爲輕。』竊惟正統所傳之謂宗，故立宗所以繼統，立嗣所以承宗，統之與宗，初無輕重。況當我朝傳子之世，而欲仿堯、舜傳賢之例，擬非其倫。又謂『孝不在「皇」不「皇」，惟在「考」不「考」』，遂欲改孝宗爲『皇伯考』。臣等歷稽前古，未有神主稱『皇伯考』者，惟天子稱諸王曰伯叔父則有之，非可加于宗廟也。前此稱『本生皇考』，實裁自聖心，乃謂臣等『留一「皇」字以覘陛下』，又謂百「皇」字不足當父子之名』，何肆言無忌至此！乞速罷建室之議，立廟安陸，下璁、萼等法司按治。」報曰：「朕起親藩，奉宗祀，豈敢違越！但本生皇考寢園，遠在安陸，于卿等安乎？命下再四，爾等欺朕沖歲，黨同執議，敗父子之情，傷君臣之義，往且勿問，其奉先殿西室亟修葺，盡朕歲時追遠之情。禮官即擇日具儀，仍執違者無赦。」【考異】據實録書「禮部會文武群臣不書名」，蓋是時正一鵬署部事也。明史一鵬本傳書之，並云「時嘉靖三年四月也」。今據之。

29 己酉，上昭聖皇太后尊號曰「昭聖康惠慈壽皇太后」。庚戌，上興國太后尊號曰「本生聖母章聖皇太后」。癸丑，追尊興獻帝爲「本生皇考恭穆獻皇帝」。大赦，頒詔天下。

30 丙辰，都給事中李學曾等、御史胡瓊等各疏言「秩宗重任，非席書所能堪。」吏部尚書喬宇，因言「書等以曲學邪説妄議典章，而璁、萼尤很愎。宜罷二人，書仍故職，並聽方獻夫致仕去。」時張漢卿亦劾「書振濟乖方，乞遣官往勘。」書亦屢辭新命，並録上大禮考議，且請遣官勘振荒狀，從之。

31 丁巳，以旱災風霾，罷端陽宴。

京師自正月不雨至于是月，並敕群臣修省。

32 辛酉，編修鄒守益復上疏曰：「陛下欲隆本生之恩，屢下廷臣會議，諸臣據禮正言，致蒙詰責。昔曾元以父寢疾，憚于易簀，愛之至也，而曾子責之曰『姑息』。魯公受天子禮樂以祀周公，尊之至也，而孔子傷之曰『周公其衰矣』。臣願陛下勿以『姑息』事獻帝，而使後世有『其衰』之嘆。且群臣欲專意正統，此皆爲陛下忠謀，乃不察而督過之，以爲忤慢。臣歷觀前史，如冷褒、段猶之徒，當時所謂忠愛，後世所斥以爲邪媚也；師丹、司馬光之徒，當時所謂欺慢，後世所仰以爲正直也；後之視今，猶今之視古。望陛下不吝改過，察群臣之忠愛，信而用之，復召其去國者，無使奸人動摇國是，離間宫闈。」

疏入，上大怒，下詔獄拷掠，謫廣德州判官。

33 是月，户部侍郎胡瓚等言：「大禮已定，席書督振江、淮，實關民命，不必徵取來京。」上從之，並止璁等勿來。

時璁、蕚已抵鳳陽，見邸報敕加尊號，復馳疏論曰：「臣知『本生』二字，決非皇上之心所自裁定，特出禮官之陰術。皇上不察，以爲親之之詞，而禮官正以此二字爲外之之詞也。且禮官懼臣等面質，故先爲此術，求遂其私。若不亟去此二字，天下後世將終以陛下爲孝宗子，墮其欺蔽中矣。」于是上益心動，趣復召之。【考異】胡瓚以大禮已定，請止席書及璁、蕚等，實録不具。證之明史璁傳，言「閣臣以尊稱既定，請停召命，上不得已從之。二人已在道，復馳疏」云云，與明史紀事本末合，惟胡瓚佚其名，今據紀事增入。

34 五月，乙丑，大學士蔣冕致仕。

自楊廷和罷，冕以首輔當國。上愈欲尊崇所生，逐禮尚汪俊以怵冕，而用席書代之，且召張璁、桂蕚。物情甚沸。

冕乃抗疏極諫曰：「陛下嗣承丕基，固因倫序素定，然非聖母昭聖皇太后懿旨與武宗皇帝遺詔，則將無所受命。今既受命于武宗，自當爲武宗之後。特兄弟之名不容紊，故兄武宗，考孝宗，母昭聖，而于孝廟武廟皆稱『嗣皇帝』，稱『臣』，稱『御名』，以示繼統承祀之義。今乃欲爲本生父母立廟奉先殿側，臣雖至愚，斷斷知其不可。夫情既偏重于所生，義必不專于所後，將孝、武二廟之靈安所託乎？邇者復允汪俊之去，趣張璁、桂萼之來，人心益駭。方廷臣議建廟之日，天本晴明，忽變陰晦，至暮風雷大作。天意如此，陛下可不思變計哉！」因力求去。上不悅，猶以大臣故，優詔答之。冕再疏請罷建廟議，且乞休，疏中復以天變爲言。上益不悅，遂令馳傳歸，給月廩、歲夫如制。

冕爲首輔僅兩閱月，卒齟齬以去，論者謂有古大臣風云。

35 修撰呂柟，以修省自劾不職十三事，內以「聖學少怠，聖孝未廣，大禮未正，諂祀日崇，忠諫受禍，元惡失刑，貴倖濫澤及軍民利病數事，皆災變所由致」，而引以爲己不能獻納之罪，言甚切直。上謂「大禮已定，柟摭拾妄言，事涉忤慢，下鎮撫司獄拷訊。」

于是尚書喬宇言：「邇當天變修省之時，求言正切；而柟與鄒守益皆以言事下獄，人心皇皇，以言爲諱。況翰林侍從之官，尤宜待以優禮，未可以非罪見辱。」給事中張翀、章僑、御史張鵬翰等交章論救，俱下所司。尋有旨，謫柟山西解州判官。

36 壬申，上手敕：「以奉先殿西室爲觀德殿，奉安獻皇帝神主，命禮官具儀以聞。」

丁丑，命署禮部尚書吳一鵬，偕中官賴義、京山侯崔元迎獻帝神主于安陸。一鵬上言：「歷考前史，並無自寢園迎主入大內者，此天下後世觀瞻所係，非細故也。且安陸爲恭穆啓封之疆，神靈所戀；又陛下龍興之地，王氣所鍾。故我太祖重中都，太宗重留都，皆以王業所基，永修世祀。伏乞陛下俯納群言，改題神主，奉安故宮，爲百世不遷。其觀德殿中，别設神位香几以展孝思，則本生之情既隆，正統之義亦盡矣。」奏入，不納，趣即治行。

一鵬慮中使爲道途患，疏請禁約，上善其言而戒飭之。

37 己卯，以吏部尚書石珤兼文淵閣大學士，預機務。

珤既改掌詹事府，遣祀闕里及東嶽，事竣還里，屢乞致仕。言官交章請留，乃起赴官。至是入閣，亦以祀獻帝于奉先殿側爲非禮，不報。

38 辛卯，中官谷大用既謫孝陵司香，奏乞留京調理。禮科給事中章僑言：「先帝初政清明，未幾爲大用等所誤，内連瑾賊，外引寧、彬，樹八黨之凶，釀十六年之禍，遂使先帝不克正其終。陛下知之，節奉詔旨列其罪狀，死有餘辜。一旦何所窺瞷，敢違前旨爲干進地！若不早痛遏，恐乘間復起，不至擾亂天下不已也。」章下所司知之。

39 六月，張璁、桂萼至京，復條上七事，極論兩考之非，以伯孝宗而考興獻爲正。

時廷臣方側目于二人，萼稱疾不敢出，璁數日後始朝，而恣肆論列不已。戊戌，禮科給事中張翀等三十餘人，御史鄭本公等四十餘人，連章論劾。

翀等言：「兩人賦性奸邪，立心險佞，變亂宗廟，離間宮闈，詆毀詔書，中傷善類，宜亟出之，爲人臣不忠者戒。」

本公等言：「璁、萼首肆欺罔；黄綰爲其鷹犬；宗明有如走隸，方獻夫居中内應以成夾攻之勢，席書陰行間諜以伺漁人之功。尚書之命，由中而下；行取之旨，罷而再頒；大臣因此而被逐，言官因此而得罪。雖當日瑾、寧之奸，其流禍亦不至此。」同時御史戴金言：「萼等既被召命而從容道途，詔令已布，奏瀆不休。」御史章衮言：「璁、萼等敢以新詔爲誤，定禮爲非，妄肆更張，務爲欺誕。」御史張曰韜言：「席書等乘間獻諛，陽竊禮經之文，陰懷干進之路。」給事中謝蕡、御史郭希愈、沈教、涂相等交章累上，俱下所司。

40 辛丑，上以觀德殿將成，命太常寺協律郎崔元初，集樂舞生二十餘人，肆于大内，太常寺卿汪舉，以其未奉明詔，請治元初等擅入罪，上命寺官一員導之。于是禮部侍郎朱希周言：「太常樂舞有定數，不當更設」，不從。舉復争之，奉旨詰責。【考異】事見明史希周本傳。月日則據實録。惟「元初」實録作「元祈」。今據明史。

41 丙午，擢桂萼、張璁爲翰林學士，方獻夫爲侍講學士。

時廷臣交章劾璁等，上獨是其言，將考興獻而伯孝宗，給事中張翀等憂之。會席書以振濟爲言官所劾，翀乃乘間取廷臣劾萼、璁等章疏送刑部令上請，且私相語曰：「倘上亦云是者，即撲殺之。」璁等以其語上聞，上因留疏不下，而責刑部尚書趙鑑等朋邪害正，遂特進璁等三人官。于是學士豐熙、修撰楊維聰、舒芬、編修王思疏請罷斥。

已而修撰楊慎復偕同列三十六人上言：「臣等與萼輩學術不同，議論亦異。臣等所執者，程頤、朱熹之説也；萼等所執者，冷褒、段猶之餘也。今陛下既超擢萼輩，不以臣等言爲是，臣等不能與同列，願賜罷歸。」上怒，俱切責停俸有差。自是而大禮之訟興，伏門之獄起矣。

42 辛亥，桂萼、張璁、方獻夫上疏辭學士。

萼請「令召對大廷，與璁面折諸臣之非，正兩考之謬。」璁言「兩考之失不更，萬世之笑未已」，優詔答之。

于是尚書喬宇言：「内降恩澤，施于倖佞之人；若士大夫一與其列，即不爲清議所齒。今言官論劾萼等，前後十二疏矣。夫聖朝養士，當以名節自愛。以翰林清望之選，而使干進者得之内降，則凡儲材翰苑者，誰復與之共列班行哉！」上以宇違忤，切責之。

已而吏科給事中李學曾等二十九人，河南道御史吉棠等四十五人，並疏言：「萼等曲學偏見，紊亂典章，爲聖世所必誅。乃以一言之合，驟遷美秩，又以傳奉得之，其爲聖德之累不小。」御史段續、陳相又特疏極論席書及璁、萼等罪狀，請正典刑。上怒，詰責學曾等，令對狀。已而學曾上疏伏罪，宥之；而以續、相欺罔妬賢，下鎮撫司拷訊。已，俱降二級，調外任。

43 吏部員外郎亳州薛蕙上爲人後解二篇，爲人後辨一篇，其略言：「陛下繼祖體而承適統，正合于爲人後之義，而二三臣詭經畔禮，謂陛下爲獻帝不可奪之適嗣。按漢石渠議曰：『大宗無後，族無庶子，已有一適子，當絕父嗣以後大宗不？』戴聖云：『大宗不可絕，族無庶子，則當絕父以後大宗。』晉范汪曰：『廢小宗昭穆不亂，廢大宗昭穆亂矣。先王所以重大宗也，』豈得不廢小宗以繼大宗乎？

禮言『繼祖繼禰』，今之言者，不知推本祖禰，惟及其父母而止，此弗忍薄其親，忍遺其祖也。公羊傳言『爲人後者爲之子』，故儀禮『爲人後者斬衰三年，服之以父母之服。』傳言『爲所後者之祖父母、妻，妻之父母、昆弟，昆弟之子若子。』『若子』者，由爲之子故耳。今但服以父母之服而不爲之子，則稱謂之間，將不曰父而仍曰伯父叔父乎？又立後而不爲之子，則是聖人僞教人以立後而實未嘗子之，所後既不得而子，則祖考亦不得而孫矣，豈可以入其廟而奉其祀乎？何其言之悖禮若是也！

爲是言者，亦自度其説之必窮，于是又爲遁詞以倡之曰：『夫統與嗣不同，陛下之繼二宗，當繼統而不繼嗣。』不知禮爲大宗立後者，重其統也。統不可絕，乃爲之立後，是繼嗣即所以繼統，統與嗣非有二也。自古帝王入繼者，必明爲人後之義而後可以繼統。蓋不爲後，則不成子也，若不成子，夫安所得統而繼之？故爲後也者，成子也，成子而後繼統，又將以絶同宗之覬覦焉。聖人之制禮也，不亦善乎！

春秋重授受之義，以爲爲子受之父，猶爲臣受之君。故穀梁子曰：『臣子必受君父之命。』斯義也，蓋尊其君父，亦將使人之尊己也。如此，則義禮明而禍亂亡。今説者謂『倫序當立斯立已』，是惡知禮與春秋之意哉！

若夫前代之君，固有兄終而弟繼，姪終而伯叔父繼者，此遭變不正者也，然多先君之嗣。先君於己則考也，己于先君則子也，故不可考後君，而亦無兩統二父之嫌，若晉之哀帝、唐之宣宗是也。其或諸王入嗣，則未有仍考諸王而不考天子者也。陛下天倫不先于武宗，正統不屬于獻帝，是非予奪，至爲易辨。而二三臣者，猥欲比于遭變不正之舉，是悖禮之尤者也。」其他所辨七事，亦多仿此。

疏入，上以蕙出位妄言，下鎮撫司拷訊。于是張璁、桂萼復列欺罔十三事，力折廷臣。疏奏，留中。

44 戊午，鴻臚寺少卿胡侍劾「璁、萼二人越禮背經」，因據所條奏反復辨論，凡千餘言。上怒，命逮治。尋以言官論救，謫潞州同知。【考異】段續、陳相、胡侍三人劾張璁等及薛蕙上爲人後解，明史本紀俱系之是年六月，無日。明史稿系段、陳二人及薛蕙于辛亥，系胡侍于戊午，皆據實録日分。而李學曾二十九人，吉棠等四十五人，皆在辛亥之前後間。學曾等以請罪而宥之，故但下段、陳二人于獄也。今悉據實録增入。

45 辛酉，順天、保定、河間及南直隸徐州蝗，敕有司捕之，且覈實災傷之處，量予蠲免。

46 是月，以蔣冕去，進毛紀吏部尚書、謹身殿大學士。都御史俞諫以疾告，改南京刑部尚書邊憲代之。

47 秋，七月，己巳，吏部尚書喬宇致仕。

上即位之初，鋭意求治，宇以選郎擢長吏部，與林俊、孫交、彭澤並召，皆海内人望也。俊等相繼去，獨宇在位，所執漸不見聽。又以屢争大禮請罷張璁、桂萼等忤旨，遂以微疾乞休，許之。賜驛、給廩隸如例。

48 御史王時柯言：「桂萼等以議禮迎合，傳陞美官，薛蕙、陳相、段續、胡侍等，連章論劾，實出公論。今諸臣超遷而言者獲罪，恐海内聞之，以陛下乏包荒之量也。」疏入，奉旨切責。

49 壬申，免南畿十府、二州被災夏税。

50 乙亥，諭禮部更定章聖皇太后尊號，去「本生」之稱，趣令具儀。侍郎朱希周乃率郎中余才、汪必東等上言：「陛下考孝宗，母昭聖，三年矣，而更定之論，忽從中出，則明詔爲虚文不足信，天下祭告爲瀆禮，何以感神祇？且『本生』非貶詞也，不妨正統而親親之義寓焉，何嫌于此而必欲去之，以滋天下之議！」

于是翰林學士豐熙等疏言：「陛下頒詔三年，乃以一二人妄言，欲去『本生』之稱，專隆鞠育之報。臣等聞命驚皇，罔知攸措。竊惟陛下爲宗廟神人主，必宗廟之禮加隆，斯繼統之義不失。若乖先王之禮，貽後世之譏，豈不爲聖德累哉！」

同時六科給事中張翀等，十三道御史余翱等，吏部郎中余寬等，户部郎中黄待顯等，兵部郎中陶滋等，刑部郎中相世芳等，大理寺丞毋德純等，俱率同官上疏諫。上怒甚，命逮其爲首者熙、翀等八人于詔獄。【考異】諸書及明史何孟春傳，皆言八人下詔獄即伏哭左順門之事。證之實録，此八人論諫皆書之乙亥，在戊寅伏哭之前。蓋是時各衙門先後執奏，上以八人爲臺諫、府、部之首，特旨下之詔獄。迨伏哭左順門，則此八人尚未入獄，故追論時牽連並記也。且八人姓名，皆與明史傳合，惟紀事本末漏去余翱。又，諸書所記大禮上疏諸人，先後參差，今悉據實録月日。

51 初，上用桂萼等議，欲亟去「本生」二字，屢遣司禮監至内閣諭大學士毛紀等，皆力言不可。乃御平臺，召紀等責之曰：「爾輩無君，欲使朕亦無父乎！」紀等惶懼退，乃集廷臣左順門宣敕，「以後四日恭上册寶。」

于是翰林、臺、諫諸臣，前後章凡十三上，紀復與石珤合疏争之，並請「頒諭臣民，示以宗廟之禮，決不改稱，亦不更詔天下，則九廟神靈皆安，即獻帝之心亦安矣。」得報，已有旨。

52 戊寅，下議禮諸臣員外郎馬理等一百三十四人于錦衣衛獄。

先是張璁以欺罔十三事斥廷臣爲朋黨，侍郎何孟春偕九卿秦金等具疏發十三難以折璁等，疏入，留中，一時先後具疏争者皆留不下，群情益洶洶。

會朝方罷，孟春倡言于衆曰：「憲宗朝，百官哭文華門争慈懿皇太后葬禮，帝卒從之，此本朝故事也。」修撰楊慎攘袂起曰：「國家養士百五十年，仗節死義，正在今日！」于是編修王元正，給事中張翀等，遮留群臣于金水橋南，謂「今日有不力争者，必共擊之！」孟春、金獻民、徐文華轉相號召。

于是九卿則尚書獻民及秦金、趙鑑、趙璜、俞琳，侍郎孟春及朱希周、劉玉，都御史王時中、張潤，寺卿汪舉、潘希曾、張九敘、吴祺，通政張瓚、陳霑，少卿徐文華及張縉、蘇民、金瓚，府丞張仲賢，通政參議葛檜，寺丞袁宗儒，凡二十有三人；翰林則掌詹事府侍郎賈詠，學士豐熙，侍講張璧，修撰舒芬、楊維聰、姚淶、張衍慶，編修許成名、劉棟、張潮、崔桐、葉桂章、王三錫、余承勳、陸釴、王相、應良、王思，檢討金皋、林時及慎、元正，凡二十有二人；給事中則張翀、劉濟、安磐、張漢卿、張原、謝蕡、毛玉、曹懷、張嵩、王瑄、張珽、鄭一鵬、黃重、李錫、趙漢、陳時明、鄭自璧、裴紹宗、韓楷、黃臣、胡納，凡二十有一人；御史則王時柯、余翱、葉奇、鄭本公、楊樞、劉潁、祁杲、杜民表、楊瑞、張英、劉謙亨、許中、陳克宅、譚纘、劉翀、張録、郭希愈、蕭一中、張恂、倪宗嶽、王璜、沈教、鍾卿密、胡瓊、張濂、何鰲、張曰韜、藍田、張鵬翰、林有孚，凡三十人；諸司郎官，吏部則郎中余寬、黨承志、劉天民，員外郎馬理、徐一鳴、劉勳，主事應大猷、李舜臣、馬冕、彭澤、張鵾，司務洪伊，凡十有二人；户部則郎中黃待顯、唐昇、賈繼之、楊易、楊淮、胡宗明、栗登、黨以平、何巖、馬朝卿，員外郎申良、鄭漳、顧可久、婁志德，主事徐嵩、張庠、高奎、安璽、王尚志、朱藻、黃一道、陳儒、陳騰鸞、高登、程旦、尹嗣忠、郭日休、李録、周詔、戴亢、繆宗周、邱其仁、俎琚、張希尹，司務金中夫，檢校丁律，凡三十有六人；禮部則郎中余才、汪必東、張聰、張懷，員外郎翁磐、李文中、張澯，主事張鏜、豐坊、仵瑜、丁汝夔、臧應奎，凡十有二人；兵部則郎中陶滋、賀縉、姚汝皋、劉淑相、萬潮，員外郎劉漳、楊儀、王德明，主事汪溱、黃嘉賓、李春芳、盧襄、華鑰、鄭曉、劉一正、郭持平、余禎、陳賞，司務李可登、劉從學，凡二十人；刑部則郎中相世芳、張峩、詹潮、胡璉、范録、陳力、張大輪、葉應驄、白輶、許路，員外郎戴欽、張儉、劉士奇，主事祁敕、趙廷松、熊宇、何鰲、楊濂、劉仕、蕭樟，顧鐸、王國光、汪嘉會、殷承敘、陸銓、錢鐸、方一蘭，凡二十有七人；工部則郎中趙儒、葉寬、張子衷、汪登、劉璣、江珊，員外郎金廷瑞、范鏓、龐淳，主事伍餘福、張鳳來、張羽、車純、蔣珙、鄭騶，凡十有五人；大理之屬則寺正毋德純、蔣同仁，寺副王暐、劉道，評事陳大綱、鍾雲瑞、王光濟、張徽、王天民、鄭重、杜鸞，凡十有一人；俱跪伏左順門。上令司禮中官諭退，衆皆曰：「必得俞旨乃敢退。」自辰至午，凡再傳諭，猶跪伏不起。上大怒，遣錦衣先執爲首者。于是楊慎、王元正乃撼門大哭，衆皆哭，聲震闕廷。上益怒，命收繫四品以下馬理等凡一百三十有四人，而令孟春等二十一人，洪伊等六十五人俱待罪。【考異】明史本紀，下馬理等一百三十四人錦衣衛獄在七月戊寅。明史稿系之丁丑，並書逮其爲首者之豐熙、張翀等，即下獄之八人者是也。惟實録則但于乙亥書下熙等八人于詔獄，而以後廷臣伏闕及同哭左順門之事，一概漏脱。證之明史何孟春傳，所載伏闕之二百二十餘人皆著其官及其姓名，核之明史紀事本末，徐氏典彙諸書皆同，蓋當時國史，非野史也。翰林二十二人，連楊慎、王元正數之，諸書作二十人者，以慎與元正倡議在先，受杖在後也。給事中二十一人，諸書作十六人者，劉濟、安磐、張漢卿、張原、王時柯五人受杖在後，而時柯非給事，明史改入御史中，又增入爲首之張翀爲二十一人也。御史三十人，諸書作二十九人，蓋明史連王時柯數之也。自諸司郎官以下，人數姓名皆同。惟繫獄之馬理等一百三十四人，紀事本末諸書所載，與明史同。而三編目中所載，則云「楊慎等撼門大哭，上益怒，命盡録諸臣姓名。時有不在列者，其親故以不預義舉爲嫌，多爲代書，遂繫馬理等一百九十人于獄。」據此，則似馬理等一百三十四人之外，仍有五十餘人，而續繫之姓名皆不可考矣。今所敘次，悉據明史何孟春傳。餘詳考證中。

53 己卯，上章聖皇太后尊號曰「章聖慈仁皇太后」。

是日，尚書秦金、金獻民、趙鑑、趙璜，侍郎何孟春、朱希周，都御史王時中，大理少卿張縉、徐文華，皆不赴行禮。上怒，責陳狀。希周等伏罪，復嚴旨切責。

而是時庶僚盡繫獄中，希周上言：「諸臣狂率，固不可宥。但今獻皇帝神主將至，必百官齋迎，乃克成禮。乞早寬縲絏，用襄大典。」不納。

54 癸未，杖馬理等于廷。編修王相、王思，給事中毛玉、裴紹宗，御史張曰韜、胡瓊，郎中楊淮、胡璉，員外郎申良，張澯，主事安璽、仵瑜、臧應奎、余禎、殷承敘，司務李可登，凡十六人，皆病創先後卒。【考異】三編質實云：「廷臣受杖死者，明史世宗本紀、明實録以爲十六人，何孟春傳以爲十八人，王思傳以爲十七人。證之明實録，不載張原，故止十六人。然考明史張原傳云：『原再被杖，創重卒』，則王思傳稱十七人者爲得其實」云。按十七人姓名，皆見明史王思傳中，俱云「病創先後卒」。證之張原傳，言「原再被杖，創重卒。」據此，則原以二次受杖死，蓋在楊慎等再杖七人之列，故明史本紀，系王相等十六人于癸未，別系張原于辛卯，是張原以辛卯再被杖而卒，本紀分書之，合之則仍十七人，與傳合。明史之謹嚴周密如此，今據書之。其何孟春傳言「十八人」，疑「八」字轉寫誤耳。

55 甲申，奉安獻皇帝神主于觀德殿，上尊號曰「皇考恭穆獻皇帝」。

56 丙戌，免河南開封府被災夏税。

57 己丑，大學士毛紀致仕。

紀請宥伏闕諸臣，上怒，傳旨責紀「要結朋奸，背君報私。」紀乃上疏曰：「曩蒙聖諭，『國家政事，商榷可否，然後施行。』此誠内閣職業也，臣愚不能仰副明命。邇者大禮之議，平臺召對，司禮傳諭，不知其幾，似乎商榷矣，而皆斷自聖心，不蒙允納，何可否之有？至于笞罰廷臣，動至數百，乃祖宗來所未有者，亦皆出自中旨，臣等不得預聞。宣召徒勤，扞格如故，慰留雖切，詰責隨加，臣雖有匡救之心，不能自盡。夫『要結朋奸，背君報私』，正臣平日所痛憤而深嫉者。有一于此，罪何止罷黜，今陛下以之疑臣，尚可一日靦顏朝宁間哉！乞賜骸骨歸鄉里，以全終始。尤望陛下法祖典學，任賢納諫，審是非，辨忠邪，以養和平之福。」上銜紀亢直，聽之去，馳驛、給夫廩如故事。

紀有學識，居官廉静簡重，與楊廷和、蔣冕正色立朝，並爲縉紳所倚賴。其代冕爲首輔，亦僅三月，遂相繼去，論者惜之。

58 辛卯，復杖修撰楊慎，檢討王元正，給事中劉濟、安磐、張漢卿、張原，御史王時柯七人于廷。

慎等前已被杖，越數日，有言「前此朝罷，群臣已散，糾衆伏哭，乃慎等七人倡之也。」上怒，命再杖。原受傷創重卒。【考異】明史本紀及列傳（者）〔皆〕言再杖七人，而張原以再被杖死亦互見紀、傳中。明史列傳于再受杖而死之七人，皆散見傳中。而據王思傳，則云「初繫之詔獄杖三十，踰旬再杖之，思與同官王相等凡十有七人，皆病創先後卒。」據此，則十七人死之先後雖不可考，而思以再被杖而卒，與張原同。是辛卯所杖，不止慎等七人，而核之癸未杖死者，除去王思又止十五人，蓋紀載之異詞。然十七人之數，具見後來諸臣請卹疏中，似不誤也。

是時諸臣受杖死者，先後相繼，後軍都督府經歷俞敬言：「翰林學士豐熙及部、寺、科、道，以言下獄拷訊者，迹似狂悖，心實忠誠。今聞給事中裴紹宗、編修王相、主事余禎等，俱已故矣；熙等在獄者，亦垂亡矣；而呻吟衽席，病不能起者，又不知凡幾。伏惟獻帝神主已奉迎入廟，願陛下推大孝于天下，霽雷霆之威，施雨露之澤，已故者優恤其後，垂亡者宥釋其身。使爲臣者無復以言爲諱，宗社幸甚！」章下所司。

已而原死，貧不能歸葬，久之，都御史陳洪謨備陳原與毛玉、裴紹宗、王思、王相、胡瓊等妻子流離狀，請卹于朝，不許。

59 大禮既定，上始下何孟春等前疏，責曰：「朕嗣承大統，祇奉宗廟，尊崇大禮，自出朕心。孟春等毀君害政，淆亂是非。且張璁等所上十三條，留中未發，安得先知？其以實對。」于是孟春等具疏伏罪，言：「璁等所條，于未進之日先以私稿示人，且有副本存通政司，故臣等知之。臣等忝從大臣後，得預議禮之末。竊以璁等欺罔，故昌言論辯以瀆天聰，罪當萬死。惟望聖明加察，辨其孰正孰邪，則臣等雖死亦幸！」上怒不已，責孟春「倡衆逞忿，非大臣事君之道，法宜重治，姑從輕奪俸一月。楊慎、豐熙等謫戍有差。」

已而復出孟春爲南京工部左侍郎。故事，南部止侍郎一人，時已有右侍郎張琮，孟春居左，蓋賸員也。

60 八月，癸巳，謫南京太僕寺少卿夏良勝爲茶陵知州。

初，上即位，以良勝曾諫武宗南巡被黜，召復故官。尚書喬宇賢之，奏爲文選郎中，公廉多所振拔。大禮議起，數偕寮長力争，及席書、張璁、桂萼、方獻夫用中旨超擢，又執不可，由是爲議禮者所切齒。以久次遷官南卿未赴。

先是給事中陳洸，奉使回籍，居二年始復命。在道，聞外轉湖廣僉事，仍以舊銜上疏，傅會張璁等議，並力詆「良勝與尚書喬宇等群結朋黨，任意擠排，以致史道、曹嘉等或調外任，或擯邊方，請斥罷良勝，召還道、嘉等，以作敢言之氣。」章下吏部，侍郎何孟春言：「洸已外補，猶冒舊銜，假建言以亂國典，宜行究問。」不納，竟出良勝于外，而命道等俱復舊職。

61 大同兵亂，殺巡撫、都御史張文錦。

初，文錦以拒宸濠得重名，既擢巡撫，鋭意整飭邊政。大同北四望平衍，寇至無可禦，乃議于城北九十里外，增築水口、宣寧等五堡，參將賈鑑，督卒嚴致怨。及堡成，欲徙鎮卒二千五百家戍之，衆憚行，請募新丁，僚吏咸以爲言。文錦怒曰：「如此則令不行矣。鎮中親兵先往，孰敢後！」親兵素游惰，有室，聞當發大恐，文錦嚴趣之行，鑑承風杖其隊長。諸邊卒自甘州之役殺巡撫許銘，朝廷處之輕，頗無忌。至是鎮卒郭鑑、柳忠等遂倡亂，殺賈鑑，裂其尸，走屯塞外。文錦恐結外寇，亟令副將時陳等招之入城，即索治首亂者。郭鑑等乃復聚爲亂，焚大同府門，入行都司縱獄囚，又焚都御史府門。文錦踰垣走，匿博野王府第。亂卒欲焚王宫，王懼，出文錦，郭鑑等殺之，亦裂其尸。遂焚鎮守總兵署，出故總兵朱振于獄，脅爲帥。

事聞，上命兵部侍郎李昆宣敕往，欲撫定之。改宣府都御史李鐸巡撫大同，陞都指揮桂勇署都督僉事。

62 己亥，禮部尚書席書，奉趣入朝，行至德州，聞廷臣伏闕哭争，盡繫詔獄，因馳疏言：「議禮之家，名爲聚訟。兩議相持，必有一是，陛下擇其是者，而非者不必深較，乞宥其愆俾自新。」不允。

未幾，書至京師，大禮議遂定。

63 通政司經歷李繼光言：「今日大同之變，由朝廷處置甘州叛卒之少寬，故敢于縱逆如此。邇遣侍郎李昆往撫，未見别有措置。臣愚謂驕將悍卒，法不容貸，剿撫二事，未可少偏。乞敕兵部大會廷臣，妙選時望，假以事權，簡練兵卒，討除逆黨，以正國法。」

又言：「追崇尊號，乃人子至情之不容已者。群臣一時冒拂，陛下悉從重處治。大臣紛紛去位，小臣苟嘿自容。今日兵變，曾無一人進一疏畫一策者，則大小臣工志之不固，氣之不揚可見矣。乞將去位謫戍者追復賜赦，在位者委任寬假，令各陳邊計，採擇施行。」

64 辛丑，霍韜復馳疏論大禮兩考之失。

先是韜聞召，辭疾不赴，至是聞考獻帝，母章聖，已去「本生」之稱，意猶未慊，復馳疏言：「今日大禮之義，正統、天倫二者而已。徒尊正統，其弊至于利天下而棄父母；徒重天倫，其弊至于小加大而卑踰尊。故臣竊謂陛下宜稱孝宗曰『皇伯考』，獻帝曰『皇考』，此天倫之當辨者也；尊崇之議，則姑在所緩，此大統之當崇者也。乃廷議欲陛下上考孝宗，又兼考獻帝，此漢人兩統之失也。本原既差，則愈議愈失。臣之愚慮，則願陛下預防未然之失，毋重將來之悔而已。」上深嘉其忠義，趣令趨朝。自是改孝宗爲「皇伯考」之議復起。

65 先是陳洸之上疏也，禮部侍郎吴一鵬自安陸還朝，見朝事大變，而洸復踵之，譸張尤甚，乃抗疏曰：「大禮之議，斷自聖心，正統、本生，昭然不紊。而洸妄謂『陛下誕生于孝宗没後三年，嗣位于武宗没後二月，無從授受』，其説尤爲不經。謹按春秋以受命爲正始，故魯隱公上無所承，内無所受，則不書即位。今陛下承武宗之遺詔，奉昭聖之懿旨，正合春秋之義。而洸謂執從授受，是以陛下爲不得正始也。洸本小人，不痛加懲艾，無以杜效尤之漸。」疏入，留中。

久之，庚戌，始得旨，以席書、方獻夫、張璁、桂萼前後奏疏及論議悉下禮部，令集廷臣博考倫理再議以聞。

66 辛亥，南京國子祭酒崔銑，以災異自陳請罷，因言：「近日主事張璁等，以獻議超遷，而内閣蔣冕，尚書汪俊，以執議見忤，修撰吕柟，編修鄒守益，御史馬明衡、段續、陳相，員外郎薛蕙，俱以議禮，或擯斥，或下獄，非聖朝美事。」上不悦，令致仕去。

67 甲寅，給事中陳洸，復上疏指斥議禮諸臣吴一鵬、金獻民、朱希周、薛蕙、汪俊、汪偉等，並及大學士費弘。于是弘等皆上疏乞致仕，得旨慰留。

68 乙卯，以吏部侍郎兼翰林學士賈詠爲禮部尚書兼文淵閣大學士，預機務。詠爲人長者，在政府無所建白，充位而已。

69 是月，改南京吏部尚書楊旦爲吏部尚書，代喬宇也。

會旦自南京上書，言：「璁、萼學識頗僻，心術奸回，徒以一言偶合，躐陞清秩，非所以示大公于天下。方獻夫屢陳有疾，臣等未暇論之。望將璁、蕚放歸田里，獻夫准令養病。」疏奏，上方嚮用璁、蕚、獻夫，不悦。未幾，陳洸希旨劾旦，未任而免。【考異】明史七卿表，吏部尚書楊旦，是年八月命，未任，免。考之實録則旦以未命前上疏劾璁、蕚、獻夫，迨九月更定大禮，十月爲陳洸所劾，令致仕。諸書皆不載，今據增。

70 九月，甲子，錦衣衛革職百户隨全，光禄孝革職録事錢子勳，希旨言「獻皇帝梓宫宜改葬天壽山。」事下工部，尚書趙璜以爲「改葬不可者三：皇考體魄所安，不可輕犯，一也；山川靈秀所萃，不可輕泄，二也；國家根本所在，不可輕動，三也。昔高皇帝定鼎南京，而仁祖之陵遠在鳳陽；文皇帝遷都北京，而孝陵遠在鍾山；皆不敢遷改。陛下之視顯陵，猶太祖之視仁祖，太宗之視孝陵也。」時五官靈臺郎吴昇嘗與事顯陵，亦上言以爲不可，乃下禮官集議。

71 丙寅，更定大禮，稱孝宗曰「皇伯考」，昭聖皇太后曰「皇伯母」，獻皇帝曰「皇考」，章聖皇太后曰「聖母」。

先是上下諸司大禮疏之留中者，令禮部與張璁、桂蕚、方獻夫會議。會席書亦至，乃大集廷臣于闕左門。議既定，大理少卿徐文華及侍郎汪偉、鄭岳，猶力争于武定侯郭勳家。初，璁、蕚至京師，數日始朝。退班，聞朝臣有伺擊者，乃出東華門，走入勳家。勳喜，約爲內助。至是倡言曰：「祖訓如是，古禮如是，璁等言當。書曰：『大臣事君，當將順其美』」乃定議。

越日，大學士石珤復諫曰：「大禮一事，已奉宸斷，無可言矣。但臣反覆思之，終有不安于心者。心所不安而不以言，言恐觸忤而不敢盡，則陛下將焉用臣，臣亦何以仰報君父哉！夫孝宗皇帝與昭聖皇太后，乃陛下骨肉至親也。今使疏賤讒佞之小人輒行離間，但知希合取寵，不復爲陛下體察。茲孟冬時享在邇，陛下如在之誠，能毋少動于中乎？」上得奏不悅，戒勿復言。而奪文華等俸各二月。

已而改題廟主，文華諫曰：「孝宗有祖道焉，不可以『伯考』稱，武宗有父道焉，不可以『兄』稱。不若直書曰『孝宗敬皇帝』，『武宗毅皇帝』，猶爲兩全而無害也。」疏入，再奪俸。【考異】徐文華等三人力争，得郭勛言之乃定，語見明史文華本傳。實録不載，惟于石珤疏中言「請如鄭岳、徐文華所擬，上戒珤勿復言，而奪文華、岳俸各二月」云云，即文華等力争之證也。郭勛之倡言定議，據明史紀事本末，言「璁等至京師，已預結勛爲內助」者是也。石珤上疏，實録在丙寅之次日，類書之。

72 丙子，以上尊號頒詔天下。

論曰：大統之干，在帝與不帝之分，非皇與不皇之異也；帝則未有不皇，而皇則容有不帝者。自古三皇稱「皇」，五帝稱「帝」，秦始合二字稱之。故加「皇」于「帝」

之上，則「皇」爲專稱。殊「皇」于「帝」之外，則「皇」爲通稱，考、妣之等是也。然則皇考、皇妣，可以通于所生之父母，若以「帝」「后」尊號而追崇其不爲天子之父母，則自開創之天子外，無此例也。追王太王、王季、文王，此即開創追尊之始。蔡邕獨斷言「漢高得天下而父在，上尊號曰『太上皇』，不言『帝』，非天子也。」宣帝、光武皆不敢加尊號于祖父，至殤帝追尊所生父清和王曰「孝德皇」，桓帝追尊所生父蠡吾侯曰「孝崇皇」，獻帝追尊所生辟犢亭侯曰「孝仁皇」，凡此皆稱皇不敢稱「帝」之明證。

廷和等舍其稱「帝」稱「后」者不敢争，而徒較量于「皇」字之有無，迨至争「考」争「皇」不得，乃議加「本生」二字。而「本生」者，亦添足續脛之贅文，因之希旨進諛者，反以爲自外其親之詞，于是激而稱「皇考」、「皇帝」，與繼體之禰先君無異矣。又激而去「本生」二字，于是竟考興獻，不考孝宗，而黜孝宗爲「皇伯」矣。

夫以孝宗爲伯父，是臣之也。非但臣之，向也以考孝宗而兄武宗，遂使武宗無後。今又以考興獻而伯孝宗，遂使孝宗亦無後。何者？世宗而後興獻，則將使興獻上爲憲宗後，而孝、武兩朝之世次俱滅，此則議禮之大變，國家之奇禍。一時楊慎等三百餘人，大呼高孝皇帝而哭于左順門者，誠以有明一代之統至此幾絶，而世宗入爲天子，若漢、晉之分爲東西，宋之分爲南北，所謂統絶而復續者，豈不可爲痛哭哉！

73 丙戌，土爾番寇肅州。

初，正德之末，土爾番求通貢，許之，自是朝廷待之如故，亦不問巴爾濟事。即拜牙即，見上卷。至是莽爾蘇即滿速兒，見上卷。忽以三萬騎圍肅州，巡撫都御史陳九疇聞之，自甘州晝夜馳至，入城守禦，而告警于朝。詔尚書金獻民總制軍務，都督僉事杭雄充總兵官，率師西討。未至，九疇及總兵官姜奭等力戰，敗之，斬塔實鼎，即他只丁，見前卷。賊乃引去。獻民至蘭州，賊已退，乃以捷聞，請班師。九疇因言：「賊不可撫，乞閉關絶貢，專固邊防」，報可。【考異】明史本紀，「獻民總制軍務，杭雄充總兵官，太監張忠提督軍務」據實録也。三編目中云，「獻民總制軍務，充總兵官。」疑脱去「都督僉事杭雄」六字。

74 冬，十月，壬寅，陳洸上疏薦致仕大學士謝遷、尚書廖紀，起復吏部侍郎胡世寧、南京吏部文選司郎中姜清，而劾汪偉、吴一鵬及新陞尚書之楊旦等。吏部言：「洸所薦四臣宜推用，而至如旦、偉、一鵬，皆一時人望，此必有奸邪欲得其位，故嗾洸言之。」又劾「洸譸張大言，欲以微曖風聞變置大臣，援立私黨，不宜居言官任。」上不從。卒如洸言，趣召紀、世寧、清而黜偉，且令致仕。

初，世寧丁憂歸，既免喪，家居，聞朝廷方議大禮，異議者多得罪，世寧獨是張璁等言，乞早定追崇大禮，未上。語聞京師，故洸並薦之。

75 甲辰，應天巡撫、都御史吴廷舉言：「内官監監收漕運白熟粳米，額外科索，大率正糧一石加費二石，方獲批單，屢奉禁革，科索如故。請令提督太倉中官一員，與倉場侍郎會同監收。」户部議：「總督倉場官與内府不相統攝。」詔：「内官監收，悉如故事，每石加耗一斗，不得分外多收，違者究〔名〕〔治〕。不必别遣巡視科道官。」

76 禮部尚書席書會廷臣上言：「顯陵，先帝體魄所藏，不可輕動。昔高皇帝不遷祖陵，文皇帝不遷孝陵。隨全等諂諛小人，妄論山陵，宜下法司按問。」報曰：「先帝陵寢在遠，朕朝夕思念，其再詳議以聞。」書復集衆議，極言不可，乃已。

77 壬子，大學士費弘等言：「邇者户部奏徵逋賦，自正德元年以後，俱限三月内徵完。竊恐查催之年分太遠，比併之期限太迫，民不能堪，必生嗟怨。蓋十餘年拖欠錢糧，迭經赦免，即有二三應徵之數，或里長已更换而非經手之人，或官吏已陞遷而無可查之案，或原欠人户今已丁糧盡絶，或原僉解人今已家産破蕩，雖欲盡法追併，勢必不行，徒爲仁政之累。請令查催止于正德十年以後，比併則以五月、十月爲期。仍戒諭差官，毋得徇情寬縱，亦不得過事苛擾。」疏入，上嘉納，行之。

78 是月，起原任南京兵部尚書廖紀爲吏部尚書。都御史邊憲卒，以總督漕運、右都御史李鉞代之。

79 十一月，壬戌，禮部尚書席書言：「伏讀詔書所裁革錦衣官校及勇士匠役人等至十餘萬，歲省京儲米百五十萬石。今夤緣求復者日衆，請捕治一二以示警。」且言：「中外貴臣，自今毋再陞錦衣諸秩，以杜倖門。」上以書言窒礙難行，不允。

80 癸亥，巡按、御史朱寔昌言：「太監吴勳、張志聰，以私恨劾奏浙江布政使馬卿、杭州知府查仲道，奉旨逮問。竊惟二臣節省愛民，觸忤權貴。浙省連歲災傷，死者過半，志聰科擾不已，乞召還，而以浙江織造專委本省鎮守太監，並宥卿、仲道復職。」疏入，上以爲妄言狂率，切責之。

81 甲子，侍郎胡世寧以疾在告，聞大禮之議，諸臣有廷杖死者，馳疏言：「陛下踐阼之初，臣以仁、明、武三言進，竊謂三者尤以仁爲本。仁者生成之德，明者日月之臨，皆不可一日無。武則雷霆之威，但可一震而已，震之久或震之過，皆足以干造物之和。今廷臣忤旨，辱以箠楚，體羸弱者輒斃。傳之天下，書之史册，謂鞭撲行殿陛，刑辱及士夫，非所以光聖德。新進一言偶合，後難保必當；舊德老成，一事偶忤，後未必皆非。望陛下以三無私之心照臨于上，無先存適莫于中。」

時世寧方上疏諫遷顯陵，遂並前議禮疏上之，上深嘉嘆。至是疏入，上雖不能從，亦不忤。尋召爲兵部左侍郎。

82 乙丑，陳洸復訐郎中薛蕙交通前亳州知州顏木陷參將石璽父子事，請下河南撫、按官勘問，蕙宜回籍聽勘，詔蕙解任。

既而事白，蕙南歸，吏部數移文促蕙起，蕙以璁、萼等方用事，堅不赴。

83 己卯，命户部左侍郎胡瓚提督宣大軍務，都督魯綱充總兵官，討大同叛卒。

先是大同之亂，上命李昆往，曲赦叛卒，擢蔡天祐爲僉都御史，巡撫大同。天祐從數騎馳入城，諭獻首惡，衆心稍定。會尚書金獻民、總兵杭雄出師甘肅，過大同，亂卒疑見討，復鼓譟，天祐懼，亟請再赦。兵部言：「元惡不除，無以警後，請特遣大臣總督軍務以制其變。」遂有是命。

瓚及綱統京軍三千人往，未發，而進士李枝解餉銀至，亂卒曰：「此承密詔盡殺大同人爲軍犒也。」夜中火起，圍枝館，枝出牒示之，乃散。

時大同城門皆叛卒守之，晝夜持兵呼嘯，勢乃益張。【考異】明史本紀書命胡瓚提督宣大軍務于十月己卯。十月無己卯，己卯乃十一月十九日也。明史稿作「十一月己卯」，與實録合，蓋明史脱去「一」字耳。

84 初，張璁之議禮也，南京禮部主事侯廷訓，與璁同舉進士，而持論不合，即上疏請考孝宗，且言不當私藩邸舊臣，語頗切直。迨官南京，復據宗法爲大禮辨。時汪俊方遷禮部，遂主之。

及尊稱已定，廷訓心非之，乃撰刻前書疏，潛寄京師，被訪得之，並及樂護、華湘。是月，逮至京師，下鎮撫司拷訊。廷訓子一元，方十三歲，上書訟冤，竟得釋。護、湘並謫外任。

85 十二月，辛卯，大理寺評事韋商臣上言：「臣以廷平庶獄爲職，請得以獄之大者爲陛下評之。今廷臣以議大禮忤旨調任者，侍郎何孟春爲首，謫戍者豐熙等八人，杖死者王思等十七人；以拂中使而逮訊者，副使劉秉鑑，布政馬卿，知府羅玉、查仲道等若干人；以失儀就繫者，御史葉奇，主事蔡乾，前後五人；以京堂官爲所屬小民訐奏下獄者，少卿樂護、華湘，御史任洛，副使任忠，凡四人。此皆國家大獄，關係非輕。臣妄議以爲諸臣皆所當宥者也。乞陛下大奮乾斷，録死者之後，復戍者之官，釋逮繫者而正妄訐者之罪。」疏入，以「商臣賣直沽名，率意瀆奏，令降二級調外任。」

86 癸巳，寇犯遼東寧遠等堡，守備閻振與戰，敗之。

87 乙未，巡按御史王官奏：「大同叛卒于十一月十一日聚衆格殺知縣王文昌，其勢方熾。今胡瓚等大兵壓境，人心動摇，是趣之叛也。請亟止禁軍，容臣與鎮、巡等官密計圖之。」乃命瓚等暫駐兵宣府。

尋叛卒復聚衆圍代王府，脅王具奏請赦，王急攜二郡王走宣府避之。而巡撫蔡天祐，奏「總兵官桂勇已捕五十四人，請止京軍勿遣。」上責以阻撓衆心，必獲首惡郭鑑等。

時天祐所報罪人姓名，乃叛卒詭以昔日行劫已死之岳世美等具上，與中官王覲所報之郭鑑等不同，故奉旨切責，令「嚴限追捕，以功贖罪。」

88 戊戌，遼東賊作亂，主事王冕死之。

冕初爲萬安知縣，佐王守仁平宸濠。守仁既封，冕未及敘，坐他事落職；已，録前功，擢爲兵部主事，巡視山海關。會妖賊陸雄、李真等作亂，突入關，侍吏欲扶冕趨避，冕不可，曰：「吾奉命巡視，且有親在。」亟趨母所，執兵以衛。賊至，母被傷，冕奮前救之。被執，脅以刃，大罵，遂見害。

事聞，贈光禄少卿，命有司祠祀之。

89 丁未，以甘涼寇進，召兵部尚書金獻民還。【考異】召金獻民還，明史稿系之丁未，據奏捷之日也；明史本紀系之壬子，據論功班師之日也。今並書之于丁未。

90 己酉，總督宣大侍郎胡瓚，奏「禽首惡郭鑑等十一人」，得旨，「斬首梟示」。

先是瓚承敕，駐師陽和，移交總兵桂勇，密令千户苗登等以計禽鑑等。既誅，撫定五堡軍士，人心稱快。

越二日，鑑父郭巴子，復糾徐氈兒等夜殺勇家口十餘人，又燬登等家。瓚言「非盡殲不可」。上乃切責天祐，召勇還京，以故總兵朱振代之。敕瓚仍駐宣府。無何，天祐捕戮氈兒等，瓚等遂請班師。

91 戊午，起致仕大學士楊一清爲兵部尚書，總制三邊。

初，大禮議起，一清方家居，見張璁疏，寓書門人喬宇曰：「張生此疏，聖人復起，不能易也。」又勸璁等早赴召以定大議。

璁等既驟顯，頗引一清，上亦以一清老臣，特起用之。——故相行邊，自一清始。至是三爲總制，温詔褒美，比之郭子儀云。

明通鑑卷五十二

江西永寧知縣當塗夏燮編輯

紀五十二起旃蒙作噩（乙酉），盡柔兆掩茂（丙戌），凡二年。

世宗肅皇帝

嘉靖四年（乙酉、一五二五）

1 春，正月，丙寅，小王子别部之駐西海者，以萬騎寇甘肅，總兵官姜奭禦之于苦水墩，斬其魁，寇乃引去。【考異】明史本紀：「是月丙寅，西海卜兒孩犯甘肅」，證之韃靼傳，駐西海之卜兒孩，乃小王子之别部，正德中與亦卜剌以内難奔西海者。亦卜剌，譯改額布訥，卜兒孩，譯改卜爾噶。

2 丁卯，兵部侍郎李昆言：「大同叛卒僅獲其四，而巴子潛逃塞外，必爲後患。比聞胡瓚班師，宜敕止之。」上方遣使往勘，會瓚及魯綱至京師，言：「臣等肅奉天討，首惡已除，二三逋逃，無足爲患。」從之，乃罷勘官勿遣。

3 辛未，大祀南郊。

4 丙子，贈卹冀北道僉事田美。

初，胡瓚用兵大同，遣美往渾源、應州等處預備芻糧。會（伏）〔北〕虜二百騎掠大同縣之瓜園，美遂遇害。至是巡按御史王官以聞，贈美光祿寺少卿。

5 二月，辛卯，禮部尚書席書，初薦楊一清、王守仁可大用。至是一清總制三邊，書因薦守仁可入閣，且曰：「今諸大臣皆中材，無足與計天下事。定亂濟時，非守仁不可。」報曰：「書爲大臣，當抒猷略，共濟時艱。何以中材自諉！」于是守仁迄不獲柄用。

6 安慶衛指揮方欽，以捕逐江寇遇害，操江御史伍文定奏請賜卹，並録其子。

7 丙申，蠲蘇、松、常三府逋賦。

8 丁未，發團營卒五千人修都城。

9 乙卯，監察御史王鼎言：「禮月令：『仲春，命有司省囹圄，去桎梏。』今所犯笞杖徒流罪，業已在獄淹繫經年，不即遣釋，多以禁死，足以干天地之和。」上是之，詔内外理刑官：「凡獄成者，各即放遣，毋得久禁。違者罪之。」

10 三月，甲子，逮雲南巡按御史郭楠。

先是大禮既成，楠自雲南馳疏言：「人臣事君，阿意者未必忠，犯顏者未必悖。今群臣伏闕呼號，似悖而實忠。乃或搒掠隕身，或間關謫戍，不意聖明之朝而忠良獲罪若此！乞復生者之職，卹死者之家，庶以收納人心，號召忠義。」

先是御史王懋，亦以廷杖死者十七人爲言，請賜優卹，上怒，謫四川典史。至是見楠疏，怒益甚，遣緹騎逮治，言官論救，皆不納。卒下鎮撫獄搒掠，復廷杖之，削其籍。

11 壬申，巡撫蔡天祐捕獲郭巴子等四人，助逆之焦啞雲等三十四人。

先是巴子既逃，復糾黨夜潛入城，焚總兵朱振第。明旦，天祐閉城大索，遂就禽，悉斬以徇。捷聞，賜敕獎勞天祐、振及巡按王官，皆錫之銀幣。【考異】據從信録，系獲郭巴子等于是月庚午。實録系之壬申，據奏報之日也，今據之。

12 甲戌，詔修獻皇帝實録。

13 壬午夜，仁壽宮災，昭聖皇太后所居宮也。敕群臣修省。

14 是月，給事中柯維熊言：「陛下親君子而君子不容，如林俊、孫交、彭澤之去是也；遠小人而小人尚在，如張璁、桂萼之用是也。且今伏闕諸臣多死徙，而御史王懋、郭楠又謫譴，竊以爲罰過重矣。宜欽恤寬有以來言者。」章下所司。

于是張璁、桂萼各上疏乞休，得旨，仍慰留之。

15 初，大同之亂，上以張文錦築堡激變，不予贈恤；文錦妻李氏上疏辯雪，上怒，命執抱疏者治之。

至是巡撫江西都御史陳洪謨言：「文錦邊圉重臣，措置乖方，誠宜加譴。若謂其假手士卒，又從而慫恿之，傳之四方，群小藉口，浸生陵替之階，其于國家法紀，所損非小。乞矜其哀籲，量賜優恤，庶名分全而國紀以振。」上以洪謨出位妄言，降旨詰責。

16 初，國子監生何淵，以請建世室除平涼縣主簿。既之官，屢爲上官所笞辱，遂自陳請改內職，許之，尋授光禄寺署丞。至是復「請建世室，祀皇考于太廟」，下廷臣議。

夏，四月，戊申，禮部尚書席書等上議曰：「王制：『天子七廟，三昭三穆。』周以文、武有大功德，乃立世室與后稷廟，皆百世不遷。我太祖立四親廟，德祖居北，後改同堂異室，議祧則以太祖擬文世室，太宗擬武世室。今獻皇帝以藩王追崇帝號，淵乃欲比之太祖、太宗，立世室于太廟，甚無據也。」不報。

已而張璁特奏言：「漢哀帝追尊定陶共王，立廟京師，與孝元序昭穆，干紀亂統，貽譏萬世。今淵請入獻皇帝主于太廟，不知序于武宗之上歟？抑武宗之下歟？孝宗之統傳之武宗，序獻皇帝于武宗之上，是爲干統無疑；武宗之統傳之陛下，序獻皇帝于武宗之下，又于繼統無謂。昔漢宣帝嗣昭帝，昭則宣叔祖也，而史皇孫別爲立廟，未聞有議漢宗廟無禰者。今觀德殿爲陛下禰廟，猶史皇孫之別爲禰廟也。私親之廟，親盡則遷，追夫孝廟祧，則獻皇帝之親亦盡，古之禮也。先儒謂孝子之心無窮而分則有限，得爲而不爲與不得爲而爲之，皆不足爲孝。今陛下爲獻皇帝別立一廟，禮之得爲者也，此臣所以昧死勸陛下爲之也；若請入獻皇帝于太廟，禮之不得爲者也，此臣所以昧死勸陛下勿爲也。乞賜廷臣罷議，無滋多口。」

于是書連上三疏，皆如璁議。報曰：「俟會議上，朕自能審處。」會禮科給事中楊言、南京員外林益各上言：「何淵瀆禮不經，宜正其罪，以爲妄言者戒。」章俱下所司。【考異】諸書皆系何淵請建世室于四月。證之實録，淵授光禄寺署丞在二月，上疏在三月。是月戊申，乃禮部集議之月日。今統系之四月，而書淵上疏于其上，爲下文集議張本。

17 戊午，禮部會廷臣集議世室，上疏曰：「禮莫嚴于宗廟，分莫大于君臣，故承正統爲天子者，得祔太廟。今獻皇帝分封安陸，稱藩爲臣二十餘年，廟祀安陸又三年矣。當時議尊崇者，其論有三：曰別立嗣王使之主祭者，廷臣之初議也；曰歲時遣官致祭安陸者，廷臣之後議也；曰別祀大内者，張璁、桂萼等先後之論也。皇上斷自聖衷，建室奉先殿側，朝夕瞻拜，歲時享祀，上不干祖廟，下不拂人心，此誠足爲萬世法矣。今何淵乃欲祔祀太廟，何不經之甚也！考自唐、虞至今五千年，未聞有以藩王祔祭太廟者。萬一爲此，將置主于武宗上歟？則武宗君也；以臣先君，分不可僭。置主于武宗下歟？則獻皇叔也；以叔後侄，神將不安。在廷諸臣，于稱『考』稱『伯』異同相半，今祔廟之舉，無一人以爲可者。伏望俯納群言，毋爲憸人邪説所惑。」疏入，仍命更議以聞。

18 五月，己巳，禮部尚書席書言：「頃者奉旨集廷臣再議世室祔廟事。乃部臣如吏部尚書廖紀等，勳臣武定侯郭勛等，六科給事中楊言等，十三道御史葉忠等，凡數十百人，咸謂大禮已定，不宜再更。陛下孝心無窮，禮制有限，臣等萬死，不敢以非禮誤陛下。」

初，廟祀之再議也，上遣中官傳諭書曰：「必祔廟乃已。」書既上議，復密疏陳其不可，上不悦，責以「畏衆飾奸」，令仍會議，久而不定。

庚午，吏部尚書廖紀復上疏請罷議，于是廷議爲獻帝別立一廟，而祔廟之議始寢。

19 甲戌，賜廬州知府龍誥加秩一級。

誥在任，修義倉，置義田，行和糴貸振之法，又條積蓄便民八事。上特嘉之，敕「撫、按官勘其便利者，通行各府州縣仿誥所行，有成效者具奏如例。」

20 庚辰，作世廟，祀獻皇帝。

時禮部會議，言：「世室祔廟之事，臣等萬死不敢奉詔。至于立廟京師，別爲祭享，此則禮之得爲者。稽之漢宣帝爲史皇孫別立一廟，不序昭穆，正與今日事體相似。及考之中庸，言追王太王、王季，上祀先公以天子之禮，葬用死者之爵，祭用生者之禄。喪服小記言父爲士，子爲天子、諸侯，祭以天子、諸侯。皇上統御萬方，四時有事獻皇，自宜祭以天子之禮。謹准漢宣故事，于皇城内别立一廟，前後寢如文華殿制。出入不與太廟同門，坐位不與太廟相並，祭用次日，廟欲稍遠，庶以成禰廟獨尊之體，避兩廟二統之嫌。」制曰：「可。」乃令于太廟左右相度營建，上親定名曰世廟。

既而上覽疏内有「獻皇親盡與孝廟同」之語，復令禮部查議。于是禮官言：「禮，天子九廟，親盡則祧。獻皇與孝宗兄弟同爲一世，孝宗祧遷則獻皇亦然。但孝宗神主藏于太祖寢殿之後，獻皇别自一廟，雖無左昭右穆，亦有前殿後寢。請于祧遷之期，藏于夾室，不享時祭，止于歲暮合祭太廟一出主焉。請于獻廟寢殿後置一龕室，爲異日藏主地。」報曰：「皇考止生朕一人，入繼大統，别無奉祀適嗣。今既特立一廟，宜世世獻享，同于不遷之祖，以伸朕之孝思。」【考異】據實録，議立世廟在是月庚辰，明史本紀據之。至議獻帝當與孝宗同祧，帝卒不從，仍定爲百世不遷，明史禮志及諸書皆遺之。今據實録增，爲異日稱宗張本。○又按，禮部所上别立一廟之議，援漢宣帝爲史皇孫立廟京師，載之實録，此飾説也。漢宣爲皇考立廟，立之園陵耳，非京師也。證之漢書戾太子傳，云「帝即位，謚悼皇、悼后，比諸侯王園，置奉邑三百家。後八歲，有司言：『禮，父爲士，子爲天子，祭以天子。』悼園宜稱尊號曰皇考，立廟，因園爲寢，以時薦享焉。益奉園户千六百家以爲奉明縣。」據此，則史皇孫昔稱悼皇、悼園，至後始改稱皇考，立廟不名園而因園爲寢，寢在廟後，其爲立廟于奉明明矣。立廟京師，始于漢哀，故師丹以爲于古未聞。若果宣帝立史皇孫廟于京師，則冷褒、段猶之徒，豈得不援以爲證哉？　嘉靖議禮諸臣，徒以漢哀衰世，不敢擬于世宗，故假漢宣之立廟京師以爲證，而不知宣帝之立廟實不在京師也。　今刪去「京師」字。

21 是月，復傳奉官。

初，上即位，盡革先朝傳奉之例。　已，太監潘傑、邱福等死，詔官其弟姪爲錦衣司禮太監。　張欽死，其家人李賢承蔭，兵部尚書金獻民等先後執奏，皆不納。　然間有傳奉不至，累數十人。

錦衣千户王邦奇，初在武宗朝夤緣得官，挾勢構害甚衆，既以冒濫汰去，復與其黨李全等詭詞奏辯。　下兵部議，獻民言：「全、邦奇等足不履行陣而坐論首功，身不隸公家而躐躋顯秩。　陛下登極，汰去者三百餘人，人心稱快。　萬一倖門再啓，則前詔皆爲虛文，瀆奏何所紀極！」上竟授全等試百户。

獻民復奏曰：「令出惟行弗惟反。　今以小人奏辯，一旦復官九十餘人，徇左右私，壞祖宗法，竊爲陛下惜之！　乞仍斥全、邦奇等以息人言。」卒不聽。

22 六月，庚寅，赦高牆庶人家屬二百餘人，聽自便，從御史葉忠議也。

23 辛卯，命于環碧殿舊址創建禰廟，制如太廟，而高廣稍減之。

24 庚子，武宗毅皇帝實録成，大學士費弘等奏上之。

25 是月，以武宗實録成，進大學士費弘少師兼太子太師，石珤、賈詠皆太子太保、武英殿大學士。

26 兵部尚書金獻民致仕，以都御史李鉞代之。改南京吏部尚書顔頤壽爲左都御史。

27 秋，七月，庚午，擢翰林院檢討席春爲修撰。

春，尚書書弟也，預修武宗實録成，春及同官劉夔，俱已外除官職，内閣擬旨，就陞春按察司僉事。書因憾首輔費弘，上疏言，「累朝實録進官，未有調陞外任者。」上方嚮用書，遂有是擢，並擢夔編修。

于是給事中張翀、御史徐岱等，劾「書爲其弟春陳乞改官，有玷清議。」會給事中鄭一鵬，御史聶豹等亦以爲言，皆奉旨切責。

28 戊寅，免河南開封等府被災稅糧。

29 庚辰，兵部尚書李鉞言：「織染局軍匠二千一百六十餘名，内官監則七千八百五十餘名，今又新收一千五百名，計一萬一千五百有奇。一監局一歲之支，計米十五萬二百四十石，其他監局食糧人役，難以數計。見今京通二倉無三年之積，若使弊端復開，冗食不節，其何能繼？請敕該監將見在人役以次裁減，毋得濫收。」詔從宜處之。

30 八月，戊子，工部會廷臣議修仁壽宮，會世廟大工方興，四川、湖廣、貴州山林空竭，所在災傷，「請發内帑銀兩及户部鈔關、兵部馬價、工部料價各銀兩以佐工費」，上不許。

先是御史葉忠以災變陳十事，其一言「修造仁壽宮，宜稍損舊制以紓財力」，上頗然之，仍敕四川巡撫王軏爲工部侍郎兼僉都御史，督採大木。

31 己丑，四川副使余珊應詔陳十漸。其略曰：「陛下有堯、舜、湯、武之資，而無稷、契、伊、周之佐，致時事漸不克終者有十：

正德間，逆瑾專權，假子亂政，不知紀綱爲何物，陛下起而振之。未幾而事習因循，政多苟簡，名實乖謬，宫府異同，遂至朝廷宫省，各自爲心。此紀綱之頽，其漸一也。

正德間，士大夫寡廉鮮恥，趨附權門，幸陛下起而作之。乃未幾而去者復來，來者不去，自夫浮沈一世之人擢掌銓衡，首取軟美脂韋之徒列之有位，致使諛佞成風，廉恥道薄，倖門日開，賈販如舊。此風俗之壞，其漸二也。

正德間，國柄下移，王靈不振，是以有安化、南昌之變，賴陛下起而整肅之。乃塞上戍卒，近益驕恣，連殺二巡撫，縛參將，致榆關妖賊效之而戕主事，北邊庫吏仿之而賊縣官，惑于姑息之言，欲爲權宜之計，遂使二三戍卒，脅制朝廷。此國勢之衰，其漸三也。

自逆瑾以來，以苞苴易將帥，故邊防日壞，賴陛下起而申嚴之，而積弊已久，未能驟復。今朵顔蹢躅于遼海，羌、戎跳梁于西川，北寇蹂躪于沙漠。二三食肉之徒，乃假鎮静之虚名，掩無能之實跡，甚至詐飾捷功，濫邀陞賞，官秩日增，而塞上日以多事。此外裔之强，其漸四也。

逆瑾以來，盡天下之脂膏輸入權貴之室，是以有劉、趙、藍、鄢之亂，賴陛下起而保護之。乃近年以來，黄紙蠲放，白紙催徵，致江、淮母子相食，兗、豫盜賊横行，川、陜、湖、貴疲于供餉，民不聊生。此邦本之摇，其漸五也。

正德朝，衣冠蒙禍，家國幾空，幸陛下起而收録之。乃未幾而狂瞽之言，一鳴輒斥，謫配遐荒，箠死殿陛，自吕柟、鄒守益去而殿、閣空，顧清、汪俊等去而部、寺空，張原、胡瓊等死而言路空。此人才之凋，其漸六也。

正德朝，奸邪迭進，忠諫不聞，幸陛下起而開通之。乃閱時未久，愎諫頻聞，非剿説而折人以言，即臆度而虞人以詐，朝進一封，暮投千里，甚至三木囊頭，九泉含泣。此言路之塞，其漸七也。

正德間，忠賢排斥，天下幾危，賴陛下起而主持之。豈意一轉瞬間，憸邪投隙，飾六藝以文奸言，假周官而奪漢政，堅白異同，模棱兩可，王莽匿情于下士之日，安石垢面于入相之時，大奸似忠，大詐似信，致使群陰日盛，正不敵邪。此邪正之淆，其漸八也。

正德之世，大臣日疎，小人日親，賴陛下紹統，堂廉復近。乃自大禮議起，凡偶失聖意者，譴謫鞭笞，幾一網而盡之，自是大臣顧望，小臣畏懼，上下乖戾，寖至睽孤，而泰交之風息矣。此君臣之睽，其漸九也。正德間，天鳴地震，物怪人妖，曾無虛日，陛下紹統，災異稍息。乃頃歲以來，雨雹雷風，晝晦如夜，四方旱潦，奏報頻聞。此災異之臻，其漸十也。」又言：「獻皇帝好賢下士，容物恕人，天下所共知也。今議禮諸臣，一言不合，輒以悖逆加之，謫配死徙，朝宁爲空，此豈獻皇帝意？苟非其意，雖尊以天下無當也。陛下何不起而用之，使駿奔清廟，以慰獻皇帝在天之靈哉！」疏反覆萬四千言，最爲剴切。下其章于所司。【考異】余珊疏見明史本傳。惟傳書四年二月，證之實録，則八月己丑。蓋珊疏上于二月，留中久之，至八月乃下也。實録但書十漸之目及起用謫降諸臣等語，今月日據之，其十漸大略，仍據本傳。

32 乙未，禮部言：「天方等國使臣來貢方物，由陝西都司具奏，而其玉石疵惡，其使臣所私貨者皆良。請下巡撫勘明都司有無弊端。其伴送千户陳欽及通事人等，請下法司論治。」報可。【考異】天方等國貢玉，據實録貢在去年，禮部所奏在本年八月，今據增，爲六年費弘因貢玉受譖張本。

33 丁未，上以歲災民困，欲暫停仁壽宮工役。大學士費弘言：「昭聖皇太后久處仁智殿，意或未安。請以漸修復，庶足彰陛下之孝。」上曰：「皇伯母孝奉不可缺，小民亦當愛念。」自是仁壽宮之建遂不果。

34 甲寅，免順天、保定、河間三府被災州縣稅糧。

35 是月，南畿地震，河南懷慶、開封二府俱震聲如雷。

36 廣西田州土官岑猛，自改流後頗怨望；泗城之役，自恃兵力，數侵奪鄰境。會總督張嵿征上思州，徵猛兵不至，以狀聞。

詔巡撫盛應期、巡按謝汝儀調官軍討之。屬應期以他事去，命都御史姚鏌往代。汝儀與鏌隙，乃誣「鏌之子淶納猛萬金，力勸其父議撫，且詭爲淶家書獻之。」鏌惶恐，再疏請征，剋期進剿，從之。【考異】據明史土司傳，姚鏌請討岑猛在四年。實録系之十一月，據兵部議覆時也。三編書之是年八月，因彙記後年平田州事。今據三編，仍分書之。

37 九月，己未，免鳳陽、淮安、揚州及徐、滁二州被災稅糧。

38 乙亥，免江西南昌、新建、進賢、豐城、餘干五縣被災秋糧。

39 戊寅，户部尚書秦金等言：「錢糧爲國家之命脈，其盈縮係安危；輸供爲小民之脂膏，其緩急係休戚。今内府各監局軍匠食糧之數，亦已不少，若復收充濫役，冗食莫此爲甚。」時內府各監請收軍匠，俱有旨聽許，多者數千，少亦數百，故户部以此爲言。不聽。兵部尚書李鉞等亦言：「內府人匠，先朝本有定額。自正德間政權不一，招收過度，耗太倉之粟。幸賴皇上龍飛一詔，通行裁革，誠千載一時也。今若復行收選，聽其紛紛奏討，宿弊復滋，政體漸壞。乞將諸臣前後章疏少賜省覽，收回成命，仍戒諭諸內臣勿復紛紛奏擾。」俱報有旨。

40 甲申，河南河陰縣盜殺致仕都御史許廷光，事聞，敕鎮巡官嚴督所屬責限捕賊。廷光得旨恤録。

41 是月，致仕尚書林俊家居，從病中上書言：「古者鞭扑之刑，辱之而已，非欲糜爛其體膚而致之死也，又非所以加于士大夫也。成化時，臣及見廷杖二三臣，卒容厚棉底衣，重氈疊裹，然且沈卧，久乃得痊。正德朝，逆瑾竊權，始令去衣，致末年多杖死。臣又見成化、弘治時，惟叛逆妖言劫盜下詔獄，始命打問，他犯但言送問而已。今一概打問，亦非故事。自去歲舊臣斥逐，朝署幾空，乞聖明留念，既去者禮致，未去者慰留。碩德重望如羅欽順、王守仁、吕柟、魯鐸輩，宜列置左右。臣衰病殆盡，復何他望！敢效古人遺表之意，敬布犬馬之心。」章下所司。

明年，俊疾革，復上書請「懋學隆孝，任賢納諫，保躬導和。」且預辭身後卹典。遂卒，年七十六。

俊歷事四朝，抗辭敢諫，以禮進退，始終一節。卒後一年，以明倫大典成，追論俊附和楊廷和削官。隆慶初，始復贈少保，謚貞肅。

42 是秋，土爾番復犯肅州，分兵圍參將雲冒而以大衆抵南山。時陳九疇已引疾去，命總制楊一清遣兵援之。

43 冬，十月，丁亥，作玉德殿，景福、安喜二宫。工部尚書趙璜等，以「歲饑財匱，請暫停，俟仁壽宫完徐議營建」，不許。乙未，璜等復請停罷玉德殿等工，大學士費弘亦以爲言，乃罷之，遂併罷仁壽宫，召採木侍郎王軏還京。

于是給事中黄臣、御史楊彝俱上疏言：「昭聖暫居别殿，陛下必有所不安。臣知陛下事孝宗之心無異于獻帝，而仁壽宫之建亦豈緩于世廟哉！竊以爲他工可罷，仁壽宫不可罷。」下其章于所司。竟罷之。

44 辛丑，清寧宫後殿成，太監崔文等爲各匠役乞官，陞授順天府經歷、知事等職者百五十人。給事中黄臣等切諫，以爲不可，不聽。

未幾，又陞管工馮鐸爲錦衣衛副千户，兵部執奏，謂「錦衣非軍功不陞。且陛下登極詔書，一切裁革，今復踵先朝弊政，非所以示後。」亦不聽。

45 初，世廟之建，禮部議，「于環碧殿舊址出入，不與太廟同門。乘輿及從祀官宜從闕左門入，別開神路以抵廟所。」於是何淵奏稱：「經太廟殿後，折北而南，復折南而北，乃達廟所，神路迂遠未便。臣以爲宜與廟街同門，直開一路以達世廟爲當。」——廟街者，端門之外，左題廟街門，以識太廟由此而入也。上是之。

癸丑，下禮部會廷臣議。尚書席書言：「獻皇帝廟議已定，不預太廟而君臣之分嚴，獨尊禰廟而父子之恩篤。雖神路稍遠，其一節耳。若通此街，須毀垣、伐木、撤神宮監而後可，未免有礙。」上不允，仍令廷議。

于是給事中韓楷等、御史楊秦等皆言：「垣木宮監俱太廟舊物。一旦拆毀斬伐，神靈不安。」御史葉忠亦言：「獻皇帝別立一廟，尊崇已極，又何必同出廟街門然後爲尊耶？」上怒，責忠對狀，遂與楷等俱奪俸二月。

席書、璁、萼等因持兩端議上，上卒如淵議，「量拆神宮監北房，取路東行，循溝北入，但僅容板輿通行，不必寬廣。」議遂定。【考異】世廟與太廟同門，明史禮志及諸書皆不具，今據實録增，爲獻皇帝異日入祀太廟張本。

46 是月，改應天巡撫、右都御史吴廷舉爲南京工部尚書，辭不拜，稱疾乞休，詔慰留。已，復辭，且引白居易、張詠詩，語多恢諧，中復用「嗚呼」字，上怒，以廷舉怨望無人臣禮，勒令致仕。【考異】此據明史廷舉本傳。證之實録及弇州史考所引白居易、張詠詩，而詠詩中有「獨幸太平無一事，江南閒煞老尚書。」野史因言張詠詩已改「恨」爲「幸」，而廷舉不知，宜其爲上所怒也。弇州謂廷舉原疏，實作「幸」字，證之實録不誤。

47 十一月，丙寅，免徐州淮安及杭州等府被災稅糧。

48 己巳，學士張璁言「今日有君無臣，有治法無治人」，因薦「致仕大學士謝遷，雖垂老之年，實台輔之器。昔宋哲宗時，太師文彦博年八十一，猶六日一朝，一月再赴經筵。有益于國，雖老何害。陛下有願治之心，顧斯人而不用耶？倘有以老爲言者，皆忌嫉之徒也。」時桂萼亦以爲言，雖以薦遷，實以攻内閣諸臣。章下所司，于是大學士石珤引疾求去，優詔留之。

49 乙亥，浙江市舶提舉司太監賴恩，請換敕諭兼提督海道，遇警得調官軍，得旨許之。兵部執奏：「太監原無提督沿海職任，成化間，太監林槐係出一時創例，尋復更正。今援此以爲故事，不過欲藉爲招權罔利階耳。」

給事中鄭自璧亦言：「市舶提舉建于太祖之初年，而提督沿海之敕乃頒于憲宗之末歲，准行之後，朝廷旋覺其非，即爲釐正。雖以正德年間政體紛更，而市舶一敕不敢輕議請換。何意聖明之世，而有貪佞狡詐如恩者，顧可徇其請以壞國法耶！乞收回成命，別選老成以代之。」章下所司。

50 辛巳，免順天府被災州縣税糧。

51 召總制三邊楊一清還。

初，御史吉棠，以閣臣費弘與席書有隙，因薦「一清宜召還内閣，以護聖躬，消朋比」，詔許之。

給事中章僑言：「棠輕視三邊，危視朝廷，其言若有爲而發者。獨不聞一清昔年自三邊而吏部而内閣乎？迹其所爲，幾致狼狽，豈云今日克蓋前愆？况左右前後，延頸抵掌，豈無誤一清以誤朝廷者，安在其護聖躬而消朋比也！臣謂今内閣可無一清，而三邊不可無一清。」

給事中鄭一鵬、御史侯秩相繼争之，秩言：「西陲有事之秋，征剿西番及處置土爾番，事皆未定，一清未可輕動。」上以秩妄言撓瀆，謫降外任，卒用棠言召之。【考異】章僑諫召一清，明史本傳不見，惟見一清傳中，並及侯秩謫官事。至一清以十一月召還，見七卿表，明年五月始拜也。今據實録參本傳書之。

52 十二月，丁酉，起致仕兵部尚書王憲提督陝西三邊軍務。

初，一清既召，廷臣首推彭澤、王守仁，不允，復推前户部尚書鄧璋及憲。會給事中鄭一鵬劾「璋甘肅壞事，憲夤緣權倖，請更擇有才望者」，吏部復推數人名上。上竟用憲，趣令赴代。

吏部尚書廖紀言：「臣等請留一清不允，復會推數員，爲邊方得人計耳。而禮部尚書席書，謂臣等『內則柔順于相臣，外則牽制于科、道，含糊展轉，曲爲兩請之詞。』書爲此言，必有所主。今當考察之期，乞罷臣用書，必能用舍得宜，黜陟咸當。」得旨慰留。

于是科、道交章劾奏「書搆結是非，陰行箝制，無大臣體」，上責其妄言，宥之。

53 辛丑，大禮集議成。

初，侍講學士方獻夫言：「大禮之議，仰賴聖明獨斷，天倫已明。惟臣等所議未經傳佈，朝端學士，未睹其說之始終，閭巷小民，何知大事之曲折？臣爲是纂集學士張璁等五臣所奏，首以禮官之初議，終以近日之會章，編爲上下二卷，顛末既明，是非自見。不必家諭户曉，而聖孝光四海，傳後世矣。」得旨，令刊行之。

已而上命席書輯大禮集議。書言：「近題請刊布，多係建言于三年以前。若臣書及璁、萼、獻夫、韜，所正取者不過五人；給事中熊浹、郎中黄宗明、經歷黄綰、金述、監生陳雲章、儒士張少連及楚王、棗陽王二宗室外，所附取者不過六人；有同時建議，若監生何淵、主事王國光、同知馬時中、巡檢房濬，言或未純，義多未正，亦在不取；其他罷職投閒之夫，建言于璁、萼召用後者，皆望風希旨，有所覬覦，亦一切不録。其錦衣百户聶能遷，昌平致仕教諭王价，建言在三年二三月，未經采入，今二臣奏乞附名，應如其請。」從之。

于是以獻夫所輯上下二卷，增入侍郎胡世寧等所奏爲第三卷，世室建議爲第四卷。已，張璁復依編年法爲纂要上、下二卷，通爲六卷，上之。詔頒布中外，並詔：「大禮已定，自今有假言陳奏者，必罪不宥。」【考異】大禮集議所采正、附諸人，見明史黄綰傳，其卷數具載實録中。以獻夫所輯上、下二卷冠其首，即正取者是也。三卷係附取，四卷則世室，五、六兩卷則璁所輯纂要上、下篇是也。證之明史藝文志，大禮集議四卷，纂要二卷，與實録合。今參明史黄綰傳書之。

54 庚戌，罷給事中陳洸爲民。

初，洸家居無賴，與潮陽知縣宋元翰不相能，令其子柱訐元翰，謫戍。元翰摭洸罪及帷薄事刊布之，名辨冤録，洸由是不齒于清議。及張璁、桂萼以議禮驟顯，洸方調外，因上書附和，得還給事中職，璁、萼遂引以擊異己者。

于是言官交章劾之，御史藍田並封上元翰辨冤録，都御史王時中請罷洸聽勘。洸奏：「群奸恨臣抗議大禮，將令撫按殺臣，請遣一錦衣往。」——洸意錦衣可利誘也。得旨，「遣刑部郎中葉應驄及錦衣千户李經往。」應驄與焚香誓天，會御史熊蘭、涂相等雜治，具上洸罪狀至百七十二條，「除赦前及曖昧者勿論，當論者十三條，罪極惡，宜斬，妻離異，子柱絞。」洸懼，復亡詣闕申訴，上持應驄奏不下。尚書趙鑑、副都御史張潤、給事中解一貫、御史鄭本公等，連章執奏，上不得已始命覆覈。

郎中黄綰力持應驄議。蕚爲居間，不能得，邀璁共奏，謂「洸以議禮爲法官所中。」上入其言，特宥其死，得罷歸。大理寺卿湯沐争之，不能得。已，尚書趙鑑及一貫連章請治洸罪，皆不納。

55 閏月，乙卯朔，日有食之。

56 戊辰，奸商逯俊等，夤緣近倖，以增價爲名，奏買殘鹽開中宣府。户部奏金言：「淮、浙，長蘆等處引鹽，均爲供邊之用，必邊臣奏討，本部覆奏，方許開中，各司通融搭配，未有商人擅自奏討及專開淮鹽者。又必挨年報開，不許預先透派，故弘治間各處鹽課，多有餘積。至正德間，權奸用事，奏開殘鹽，遂使鹽法大壞；皇上登極，詔首裁革，鹽法疏通。今以奸商之奏，復開兩淮額鹽三十萬引于宣府，臣恐奸人占中淮鹽，賣窩罔利，使山東、長蘆等鹽别無搭配，積之無用。虧國用，誤邊儲，莫此爲甚！」御史高世魁亦争之。

詔「減淮引十萬，分兩浙、長蘆鹽給之。」金復執奏：「宣、大俱重鎮，不宜令奸商自擇便利，但中宣府，致大同緩急無備。」上然之。已而俊等「請以十六人中宣府，十一人中大同」，竟從其請。

57 乙亥，振遼東饑。

58 是月，以大禮集議成，加席書太子太保，張璁進詹事兼翰林學士。又詔「禮部録諸嘗上議未加恩賞者」，書彙奏上之，于是楚王榮減、棗陽王祐楒，降敕慰勞，其餘附議之六人以下皆陞賞有差。

初，張璁上疏踰月，而襄府棗陽王奏至。自是希寵干進之徒，紛然而起，下至失職武夫，罷閒小吏，亦皆攘臂努目，抗論廟謨。即璁、萼輩亦羞稱之，不與爲伍，故自正取、附取外，率無殊擢。若聶能遷、王价之等，則以黨璁等附名。

而是時有南京刑部主事陸澄，初極言追尊之非；逮服闋入都，大禮已定，璁、萼方用事，澄乃言「初爲人誤，質之臣師王守仁，乃大悔恨」，萼悦其言，請除禮部主事。而上見澄前疏，惡之，謫高州通判以去，時論鄙之。

59 是歲，禮部彙奏四方災異：「天鼓鳴五，地震六十三，星隕八，冰雹十一，火六，氣二，雪寒二，雷擊者三，山崩三，水溢八，産妖二，疫一。」

詔曰：「災變非常，朕心憂懼。事關治體者，朕自圖之。中外群臣，其同加修省，以弭天變。」

五年（丙戌、一五二六）

1 春，正月，乙酉，以京師饑，命發郡縣倉粟及太倉錢穀振之。

2 乙未，大祀南郊。

3 丙午，南京給事中林士元言：「陳洸犯重辟，而學士桂萼曲庇之，至與刑部尚書趙鑑爭論，攘臂相加，殊失大臣之體。」

初，張璁以大禮集議成，欲爲洸開釋，至是萼復爭之，故爲士元復劾。然上已先入萼等言，不問。

4 是月，陝西道御史張衮，以「禮定廟成，請宥昔年議禮諸臣以光孝治。」下吏部看詳具奏。福建道御史喻茂堅因上言：「陛下幸念得罪諸臣，下之吏部，堯、舜之仁，不是過也。」

于是尚書廖紀等列名疏上，自大臣楊旦、汪偉等宜起用外，諸降調者自修撰吕柟以下十二人，爲民者給事中張漢卿以下六人，謫戍者學士豐熙以下十一人，行勘者薛蕙一人，已死者編修王思以下十七人，凡宜復職、赦罪及優恤者，共四十七人，其給事中劉最及鴻臚少卿胡侍，以他事坐黨繫獄者不預焉。疏上，仍報罷。【考異】四十七人事俱見前。其姓名具見者：降調吕柟以下，郎中劉天明，編修鄒守益，給事中鄧繼曾，御史季本、陳相、陳逅、段續、王懋，主事侯廷訓、林應驄，評事韋商臣，是十二人也，爲民張漢卿以下，給事中安磐，御史王時柯、郭楠、馬明衡、朱淛，是六人也；謫戍豐熙以下，修撰楊慎，檢討王元正，給事中張翀、劉濟，御史余翱，郎中余寬、黄待顯、陶滋、相世芳，評事毋德純，是十一人也；合之薛蕙及廷杖死者十七人，共四十七人。以上皆見吏部原奏中，並附識之。

5 二月，甲寅，以龍虎山上清宮道士邵元節爲真人，賜銀印。

先是真人張彦頨，以府第被焚，請賜修造，許之，命有司興治，復遣内臣一人督工。給事中黄臣等言：「頃者趙、秦、榮三府災第，詔行勘估計，未嘗輕動土木，誠愛民節用至意也。今彦頨所請，未經勘估，輒以煩有司，且遣中官往督，是陛下優容假借，反出諸親王上也。昔漢欒巴噀酒殿廷而成都火滅，今陛下謂彦頨有道術，而曾不能救其家之燬，將焉用之？」不納。

至是復賜元節真人銀印，亦彦頨請也。

6 乙丑，户科給事中管律言：「兩淮鹽課，舊制七十二萬引有奇，其常股四分，以給工役振濟之需；其存積六分，非國家大事，邊鎮有警，未嘗擅開；糧草皆輸本色，未嘗濫收銀價。是以國不言虚，邊不告歉。正德中，改常股、存積皆爲正課，破例生奸，遂令商人自請開中；又皆折收銀價，緩急無備。請自嘉靖五年始，盡復舊規，則公私兩便。」户部覆議，從之。

7 壬申，振畿輔饑。

是時順天、保定、河間大饑，死者甚衆。巡按御史張珩以狀聞，命「巡撫及有司先發倉糧振濟，不足則更發通倉、太倉銀粟。」壬午，復糶米振京師。

8 是月，巡撫遼東、副都御史張璉奏：「謫戍給事中劉濟疾篤，乞放生還以廣聖澤。」兵部亦以爲請。上以「濟倡率跪門，欺謾君上。璉黨護奏擾」，切責，宥之。

9 三月，戊子，南贛巡撫潘希曾奏：「先年因兩廣軍餉不足，奏准廣鹽于南雄府抽分，許行南贛發賣；繼因南贛軍餉不足，復令廣鹽于贛州抽分，行袁、吉、臨三府發賣；正德十三年，户部仍禁廣鹽不得至三府，蓋恐奪淮鹽利也。然淮鹽溯流而上，費繁價重，相去倍蓰，三府之民以爲不便。況豪民以私販爲業，連艘挾刃，官不能禁，且私征税焉，是賈盜也。不若因其勢而導之，令廣鹽行鬻三府如故。道經贛州，量行抽税以資兵食。」兵部覆議，從之。

10 丙申，遣太監刁永督辦陝西織造。

工科給事中張嵩言：「陝西織造羊羢，已奉詔裁革，今陛下以奉親之故，復有是遣。惟陝西外困番醜，内敝征徭，民困未蘇，不堪中使之擾。請改命工部經度其費，而以其事屬之撫臣便。」御史陳言等亦以爲言，上謂「業已遣官」，不允。

11 戊戌，總督漕運、都御史高友璣，請濬山東賈魯河、河南鴛鴦口。自黄陵岡決，開封以南無河患。而河北徐、沛諸州縣，河徙不常，歲比告歉。友璣請開二河口以分洩水勢，不致偏害一方。部議：「發卒濬河，工費不貲，藉令工成河徙，能保山東、河南之民不復爲徐、沛乎？莫若捐治河之費以振被水之民，輕徭省賦而徐、沛安矣，何必以鄰省爲壑哉！」上從部議，事遂寢。

友璣又請修築朝陽門至張家灣諸橋梁閘壩，以濟轉運，得旨允行。而閘河堙塞已久，尋報罷。

12 庚子，下禮部主客郎中陳九川、提督會同館主事陳邦偁于獄。

初，天方貢玉，九川揀退其疵惡者；所求討蟒衣金器等奏，不與題覆。本館通事胡士紳等爲之請，詬詈之。邦偁亦嚴禁番人出外貨易，皆懷怨恨。士紳等因詐爲番人怨詞，訐奏九川、邦偁，上怒，下錦衣衞拷訊。

士紳又訐奏「九川以貢玉饋大學士費弘製帶」，錦衣指揮駱安等請會多官鞫之，不允，士紳等得免逮。刑科給事中解一貫等争之，不納，卒坐九川侵盜貢玉戍邊，黜邦偁爲民。

13 辛丑，賜龔用卿等進士及第、出身有差。

14 丁未，定有司久任法，從吏尚廖紀奏也。紀言：「邇者守令遷轉太頻，政多苟且。宜遵舊制，俟九年考滿有政績者乃遷。」上是之，故有是詔。

15 是春，北部額布訥即亦卜剌。復犯洮州，尋謀渡河入套，遂駐牧賀蘭山。後數擾邊。

16 夏，四月，己未，四川芒部平。

初，隴氏之亂，見正德十五年。土舍隴壽與庶弟政、兄妻支禄爭襲。上改元，以適故立壽，而政與支禄結烏撒土舍安寧等仇殺如故。總兵何卿率參將楊仁等進剿，政敗，奔烏撒。卿檄安寧禽之，安寧佯許諾，卒不出，政兵久不解。

四年，政誘殺壽，奪其印，巡撫王軏、巡按劉黻各上其事，黻言「隴政、支禄，怙終稔惡，戕朝廷命吏，罪不可赦」，乃命鎮巡官諭安寧縛政、禄及助惡者。時政已爲官軍禽于水西，追獲芒部印信，斬首及生禽者甚衆。旋招撫白烏石等四十九寨，遂平之。

至是兵部言：「隴氏釁起蕭牆，騷動兩省，王師大舉，始克蕩平。今其本屬親支已盡，無人承襲，請改爲鎮雄府，設流官治之。復分置懷德、歸化、威信、安静四長官司，使隴氏疏屬四人統之，如程番府例，令三年一入朝，貢馬十二匹，而以重慶通判程洸爲試知府。」報可。

17 壬戌，詹事桂萼、張璁，以陳九川侵盜貢玉事訐大學士費弘。

初，璁、萼驟貴，舉朝惡其人，弘在内閣，每示裁抑，遂爲所怨。上嘗御平臺，特賜御製七言一章，命弘輯倡和詩，署其銜曰：「内閣掌參機務輔導首臣」，其見尊禮，前此未有也。璁、萼滋害弘寵。萼言「詩文小技，不足勞聖心，且使弘得憑寵凌壓朝士」，上置不省。

會九川事發，萼遂與璁毀弘于上，言「弘納九川所盜天方貢玉及受尚書鄧璋賕謀起用」，並及其居鄉事。弘因上疏乞休，其略曰：「萼、璁挾私怨臣屢矣，不與經筵講官則怨，不與修獻皇實録則怨，不爲兩京鄉試等官則又怨，不爲教習則又怨。萼、璁疑内閣事屬臣操縱，抑知臣下采物望，上稟聖裁，非可專擅。萼、璁日攘袂搤腕，覬覦臣位，臣安能與小人相齮齕！乞賜骸骨。」上優詔慰留，然終不以譴璁、萼，于是二人益謀搆弘。【考異】事見明史費弘傳。弘罷在明年二月，傳書其事之本末，故云「時六年二月也」。證之實録，即在陳九川等下獄之次月，今月日皆據實録。

18 庚午，小王子犯大同，總兵官朱振禦却之。復分兵犯宣府，都督傅鐸禦却之。

19 是月，張璁、桂萼疏「請辭位以謝人言」。

時御史鄭洛書言：「璁、萼之劾費弘，是弘爲貪夫，不可以司政本，而人無非之者，以其藏垢納污之量也；璁、萼之言，宜其可以秉國柄，而人無與之者，以其謀代弘，恐流毒天下也。宜諭弘以知足之義，戒璁、萼以蹊牛之嫌，别簡賢良備任使。」于是弘再疏乞休，皆不允。

20 太監張忠奏乞傳陞官匠趙奎等五十四人，兵部侍郎胡世寧諫，不納。已，太監周縉、王本等復乞録已故太監羅籥、秦文宗屬，詔復許之。尚書李鉞等言：「陛下登極，釐革未幾，而内臣乞陞之奏隨請隨得，如祖宗成憲何，如天下公議何？」報曰：「陞授官職，亦先朝故事。」戒鉞等勿復言。

21 五月，戊子，御史謝汝儀言：「近者給事中衞道、御史邱養浩，以言事忤旨，尋復其官，天下莫不頌陛下之至明；太監崔文，罔上專權，輒賜罷斥，天下莫不仰陛下之英斷。乃御史張衮請宥豐熙等罪，陛下既命部臣議上矣，俄而復寢。竊謂熙等狂愚，謫之已足示罰。人才難得，若不及今賜環，恐歲月彌深，死亡踵至。」御史喬琪亦以爲言，並下其章于所司。

22 甲午，廣東猺賊大掠肇慶府所屬州縣，殺守備李松等，詔提督兩廣、都御史姚鏌討之。

23 庚子，以楊一清爲吏部尚書兼武英殿大學士，加少師，仍兼太子太傅，復入閣。

上以一清老臣，特免常朝、日講侍班、朔望朝參，令晨初始入閣視事，御書和章及金幣牢醴之賜不絶，時以爲異數云。

24 初，方獻夫以廷臣排擊不自安，謝病歸，尋以大禮集議成，進少詹事；獻夫自家復具疏辭，不允，趣令赴京供職。

霍韜引疾歸，後以書成，擢少詹事兼侍讀學士；至是亦疏辭，且言：「邇年流弊，官翰林者不遷外任，官吏部者不改他曹，陞京堂者必由吏部，于是二官權要，人争趨之，百官以吏部爲趨向，吏部以内閣爲腹心。請自今，凡六部長、貳、翰林、給事、御史，俱調外任練政體；在外監、司、守、令政績卓異者，即擢卿丞，有文學者擢翰林；舉貢入仕，皆得擢翰林，陞部院，不宜困資格。」上趣韜赴京供職，而下其章于所司。于是刑科給事中沈漢及尚書廖紀交章攻之，遂格不用。【考異】獻夫、韜事見本傳。獻夫以四年冬引疾歸，韜以三年謝病歸，至是皆以陞職召之。實録同，系之是年五月，今據之。

25 刑部尚書趙鑑致仕，以左都御史顏頤壽代之。踰月，以南京刑部尚書聶賢爲左都御史。

26 六月，戊辰，禮科給事中謝蕡，疏「請革嚴刑以全民命」，上曰：「人命至重，死者不可復生。問刑官于罪輕宜用常刑者，率以酷刑拷訊傷人，因而致死，朕甚憫焉。其即以朕意示各撫、按官，諭諸問刑者務爲寬恤。自今有嚴刑死傷人者罪之，並所司同坐。」

27 乙亥，逮長沙人李鑑于獄。

初，鑑與其父華流劫村落，以拒捕殺巡檢馮琳。琳子春震奏狀，華坐死獄中。鑑復爲盜，事覺，知府宋卿論之死。時席書方巡撫湖廣，發卿贓私，因劾卿故入鑑罪。上遣大臣按，不如書言。

書既得幸，請逮鑑入京再訊，且言：「臣以議禮犯衆怒，故刑宮率右卿而重鑑罪，請敕法司辨雪。」會御史蘇恩、大理評事杜鸞會訊，乃各論奏，言：「鑑之罪至于殺官兵，劫人財，燒房屋，可謂極矣。昔衆證而獄成，今親審而詞服，乃知原問官覈實定擬，非有私也。席書以宋卿故輒爲奏辨，且以議禮爲言。夫大禮之議，發于聖孝，而書以一言當意，動輒援此以挾陛下，壓群僚，壞亂政體甚矣。請亟將李鑑明正典刑。」于是刑部復讞上，無異詞。而上重違書意，特減鑑死，遣戍。

28 丙子，恭穆獻皇帝實録成，大學士費弘等表上之。

29 戊寅，徐、沛河水溢，壞豐縣城。

30 是月，致仕户部尚書韓文卒。

文自劉瑾誅復官，上即位，加太子太保，賜詔存問。至是年八十六。爲人清修耿介，識量弘遠。居常抑抑，至臨大事，輒毅然不可奪。論者謂其愚同寧子而竟保其身，老似武公而不弛于學。上亦嘉其忠亮。贈太傅，謚忠定。【考異】韓文之卒，通紀系之是年二月。實録系之是月者，據奏至之月日，今據之。惟文卒年八十六，通紀及明史本傳同，實録作「八十一」，或「一」字誤耳，今從本傳。

31 廣東道御史李儼，以世廟成上言二事：「一虛心以廣聖度，請卹用議禮獲罪諸臣；二果斷以消朋黨。邇者群臣凡有章奏，動引議禮爲言，或以擠排善類，或以翻異成獄，或以變亂朝章，大非清朝盛事。乞察群臣忠邪之實，破背公死黨之私。」

給事中管律亦言：「邇者言事者每假議禮爲詞，或乞休，或告疾，或認罪，或爲人辨罪，于議禮本不相涉，而務欲牽引比附。此其故何哉？蓋欲中傷于人，恐非此無以激陛下之怒；欲固寵于己，非此無以得陛下之歡也。乞嚴加戒諭，令自今凡諸司言事者，毋得假借飾詐以亂是非。」俱下所司知之。

32 秋，七月，壬午朔，享太廟，遣官行禮。

禮科給事中章僑言：「廟享大禮，無故不宜遣大臣。又況臨時差遣，倉皇涖事，誠敬何存！」上以僑妄言，奪俸兩月。

33 丙戌，起妖人李福達之獄。

福達者，山西崞縣人，初坐妖賊王良、李鉞黨，戍山丹衛；逃還，更名午，爲清軍御史所勾，再戍山海衛；復逃，居陝西之洛川縣，以彌勒教誘愚民邵進禄等，爲亂于鄜州、洛川間，官兵捕進禄等誅之。

福達先還家得免，復更姓名曰張寅，挾重貲往來山西徐溝縣。已，復至京師，竄入匠籍，輸粟得山西太原衛指揮，以燒煉黄白術干武定侯郭勛，大信幸。久之，蹤跡頗露，復還徐溝，其仇薛良發其事，訟于巡按御史馬録。福達懼，復亡入京師，求勛以書抵録，爲之祈免，録不從。時已捕得福達子大義、大禮，按治之，福達窘，身自抵案。獄具，偕巡撫江潮奏，「擬照謀反律，請置重典，妻子連坐。」並劾「郭勛以勳戚世爵，交通逆謀，請並逮治。」至是都察院聶賢等覆奏，如録等言。

上責令勛對狀，勛懼，乞恩，因爲福達代辯，且以議禮激衆怒爲言。上置不問，獄亦久不決。【考異】通紀、明書皆系李福達獄于六年，據張璁等爲三法司訊是獄牽連並記耳。明史紀事本末書福達之獄發于五年之七月，與實録符。蓋據實録則是時馬録等奏擬已上，正下其章于都察院之時。而是時爰書已定，郭勛以言官屢請並治勛，遂以議禮爲言，結張璁、桂萼等搆成是獄，其事皆在六年，今分書之。

34 庚寅，免四川成都府及綿、巴等州被災州縣税糧。

35 乙未，給事中陳皋謨言：「大禮之舉，出自聖孝至情，而席書乃貪爲己功，奏擾挾制。如李鑑父子流劫拒捕，已經會驗，法當論死，而書曲爲申救，至謂『諸臣以議禮憾臣，遂入鑑罪。』夫議禮者，朝廷之公，合與不合，何至深仇！即使仇書，而鑑非書之子弟親族交遊，何乃甘心誣陷耶？至于郭勛之訴，尤所未喻。勛貽書馬録冀脱張寅罪，而張寅之爲李福達，供證已明。勛無可辯，乃亦以議禮激衆怒爲言，豈儒臣博士之所未深究，而武夫悍將反優爲之！此在席書猶不宜自言，而勛又竊其緒餘以欺天罔上，罪不容誅。以朝廷純孝之盛舉，乃爲奸邪營私之三窟，豈不異哉！乞亟罷書、勛，李鑑仍從原坐，福達亟置重典。」疏入，不報。

時南京御史姚鳴鳳、王獻亦以爲言，俱下所司知之。

36 庚子，上以觀德殿在奉慈殿後，地勢迫隘，欲改建于奉先殿左。工部尚書趙璜等言：「移觀德殿于奉先殿左，必與奉慈殿對峙。恐獻皇之靈不安。」禮部尚書席書亦言：「世廟之建，民勞踰年，今甫告成，力亦宜節。」于是給事中張嵩、衛道、御史郭希愈、陳察等，各上言「災異非常，乞仍舊以寬民力」，俱不報。

尋諭閣臣費弘等曰：「觀德殿在奉慈殿後，出入不便，故今欲遷耳。別建方位，已有定所，即令工部擇日興工。」弘等遂不敢言。

37 壬寅，上以世廟垂成，自製樂章示大學士費宏等，命更定曲名，別于太廟。宏等議，以「獻皇帝生長太平，初不以武功爲尚，其三獻皆當用文德之舞。」從之。已而太常請增用武舞，上命禮部會張璁議。璁言：「樂舞以佾數爲降殺，未聞以文武爲偏全。若必以武功定天下者得兼用武舞，則堯、舜、禹以揖讓相禪，而大禹謨言『舞干羽于兩階』，其兼尚可知矣。使用其文而去其武，則兩階之容，得其左而闕其右，何以爲天子之禮樂哉！」疏入，卒從璁議。【考異】改建觀德殿及世廟之成，皆在是年。明史禮志特書五年七月，與實録合。通紀誤書于四年，而其所載日分，則仍是五年七月日分也。世廟成在壬寅，而明史紀事本末作「丁丑」，則「丁」字又「辛」字之誤也。今月日皆據實録。

38 是月，張璁以省墓請歸，許之。陛辭，將行，詔復用爲兵部右侍郎，兼官如故。給事中杜桐、楊言、趙廷瑞，交章力詆，並劾吏部尚書廖紀引用邪人，上怒，切責之。兩京給事、御史解一貫、張録、方紀達、戴繼先等復交章論不已，皆不報。

39 八月，丙寅，振湖廣饑，詔發太和山香錢備給。其湖廣漕運米十萬石，俱改徵折色。壬申，以江西災，復准折兑運米二十七萬石。

40 九月，丙戌，上以世廟奉安神主，宣百官至左順門，諭以「章聖皇太后欲謁見世廟，令考求典禮以聞。」

大學士費宏、楊一清曰：「國初以大婚册后，定皇后謁太廟禮；自永樂後，改謁奉先殿，無至太廟者。」上以問張璁、桂萼，對曰：「唐開元禮有皇后廟見儀，國初用之，永樂後此禮遂失。臣謂皇太后宜先見太廟以補前禮之闕，次謁世廟以成今禮之全。」禮部侍郎劉龍曰：「會典所載廟見禮，爲大婚册后制耳。璁等所引是大婚禮，今世廟新建，奉安神主，是大祭之禮。事本不倫，例難引用。」璁、萼復折之曰：「周天子宗廟之祭，王服衮冕而入，立東序，后服副褘而入，立西序，是天子與后共承宗廟也。皇上毅然舉行以復古禮，未爲不可。」因自具儀以上。

于是大學士石珤復上疏曰：「我朝家法，后妃入宮，未有無故復出者。太廟尊嚴，非時享祫祭，天子亦不得入，況后妃乎？萼輩所引廟見禮，今奉先殿是也。聖祖、神宗行之百五十年，已爲定制；中間納后納妃，不知凡幾，未嘗有敢議及者，何至今日忽倡此議？且陰陽有定位，不可侵越。陛下爲天下百神之主，致母后無故入太廟，坤行乾事，陰侵陽位，不可之大者也。」不納，卒如璁議。

時席書以目眚在告，上言：「母后謁廟，事出創聞，禮官實無所據，惟聖明裁酌。且世廟既成，宜有肆赦之典，請盡還議禮遣戍諸臣，所謂合萬國之歡心以事先王，此天子大孝也。」報聞。

書等又請「聖母謁廟，必得上同行以主斯禮」，從之。

41 辛卯，奉安獻皇帝神主于世廟。【考異】明史本紀不書，史稿書于是月辛卯。據實録禮部所奏本月十一日，是月辛巳朔也。通紀誤書于四年之七月辛卯，不知辛卯正五年九月日分也，今據史稿。

42 己亥，上奉章聖皇太后有事于世廟。【考異】明史本紀書章聖謁世廟于己亥。實録系之戊戌者，據先期祭告之日。而禮部奏擇本月十九日，正己亥也。今據本紀。

43 癸卯，給事中王科、御史陳察劾奏：「武定侯郭勛，專權罔利，侵收團營草場租銀不下數萬；占用軍匠，科索多端；保舉屬官，以賄爲第；班軍派役，以賄放免；及用私人郭虎、鄭灤等。」勛上疏自辯。

于是給事中鄭一鵬、鄭自璧、程輅、趙廷瑞、沈漢、張逵，御史程啓充、盧瓊、高世魁、任淳，南京御史潘壯、戚雄等，復言勛（怙）〔怙〕寵售私，並及受張寅賄屬事，俱下所司知之。

刑部覆言：「所奏俱有指實，請下法司勘擬。」兵部亦請「罷勛兵政，別簡重臣代之。」俱報有旨。

44 庚戌，巡撫山西、副都御史江潮言：「宗室蕃衍，禄米日增，歲徵不足用。乞減價徵收每石夏税六錢，秋糧八錢，而收支則折銀五錢，撙其餘數以補不敷及節年拖欠之數。」

户部請著爲令，從之。

45 冬，十月，辛亥朔，時享太廟及世廟。

先是禮部議，「祭世廟用太廟次日。」太常寺言：「齋戒省牲，先期難于兩用。又歲暮之祭，次日即元旦也。」部臣復議：「歲暮權與太廟同日。」制曰：「俱用同日，次第舉行。」議遂定。

46 壬子，振南畿及浙江旱災，並免税糧物料。

47 甲子，復以災傷，免廬、鳳、淮、揚四府税糧。

禮部言：「今年災異非常，自水旱外，如（水）〔冰〕雹害稼，大風拔禾，以及山崩水漲，物怪人妖，歷考史籍，未有如今日之甚者。請敕群臣同加修省。」從之。

戊辰，遣官祭告天地、宗廟、社稷、山川及被災地方山川之神。

48 庚午，御製敬一箴及注范浚心箴、程頤視聽言動四箴，頒賜内閣。

費弘等各上疏謝，言：「此帝王傳心之要法，致治之大本，請敕工部蓋亭，暨立翰林院，仍敕禮部通行南京國子監及各省提學官摹刻于府州縣，使天下人士服膺聖訓，有所興起。」從之。

49 壬申，御經筵。

50 戊寅，禮部尚書席書，以久患目眚，再疏乞休，舉原任禮部尚書羅欽順自代，慰留，不允。

51 是月，鎮守薊州、總兵馬永上言：「前任尚書陸完，剿除流賊有功，今卒于戍所，乞照例賜以贈卹。學士豐熙等議禮被謫，亦乞宥罪。」上以「完交通逆藩，熙等歸過朝廷，處分已定。而永出位妄言，責令陳狀。」永具疏引罪，復切責之，令革任回南京後府閒住。

于是試御史魏有本言：「武定侯郭勛之貪暴，言官本兵交章參劾，乃聽其詭辨，置之不問。總兵馬永，東北干城，顧以進言而遽棄之。二臣罪過孰爲重輕，于國家孰爲損益，較然明甚。願陛下審公論而斷之于心，奪勛兵柄，復任馬永，則于軍政邊陲兩有所賴。」上責有本狂妄奏擾，令調外任。已而給事中解一貫、沈漢、陳守愚，御史許翔鳳，並疏救永及有本，不報。

已，尚書廖紀因南京營務，薦永可用，並乞宥有本復職，于是有本始得免調。

52 兵部尚書李鉞致仕，以兵部侍郎王時中代之。

53 十一月，癸未，以故司禮監太監黄英有功，官其弟姪八人爲指揮千户等職。

給事中鄭自璧言：「朝廷恩不可太濫，濫則人輕之而不以爲德。若以英效忠多年，則賜鏹修塋，旌功予額，賁幽之典，亦足以爲報矣。今一旦官其弟姪八人，而八人之中尚有異姓，亦獲廁名，官爵之濫，孰此爲甚！請收回成命以愜公論。無已，亦宜官其近族一二，無濫及疎遠異姓。此則臣等勉爲將順之策，非令之善也。」時兵尚王時中等亦執奏，俱報有旨。

54 是日，御道上有投匿名帖子二，鴻臚寺以聞，下錦衣衞推究。閣臣費弘等言：「匿名文書告訐人罪，律有明禁。造律之初，用意深遠。蓋小人欲爲中傷之計，又恐陷誣告之辜，以此設爲機穽，隱其姓名；若復推究，適以開告密之門，令無辜者受罔也。倘緝得其人，決當如律重治以警刁風。至所投文書，即宜焚毁，不必上經御覽。」于是上命毁之。並敕都察院「嚴禁曉諭，犯者無貸。」

55 丙戌，以蝗災，免四川簡州、資陽等處税糧。

56 丙午，給事中管律言：「比來五府掌印僉事、五軍三千神機等營坐營坐司，類以侯伯爲之，流官擢用者不過一二。以國家兵馬綱領之地，坐擁豢養驕侈之徒，平居無事，恬不知兵，一遇有警，束手無措。乞敕所司嚴加簡汰，而以諸將官有年力勳績可備緩急之用者當之。庶人才振厲，威武奮揚，可以固根本之重，折覬覦之奸。且都督流官，無所怙恃，心常小而畏常深，恩之易感，威之易行；公侯世爵難褫，有犯不能盡其法，有求必欲盡其恩；此祖宗于兵政所以重任都督而不輕授侯伯也。」章下所司。

57 是月，張璁、桂萼累疏劾大學士費弘不職，俱下所司。弘亦累疏乞休，復慰留之。會弘子懋良坐罪下吏，璁等攻之益力，復録前後劾疏上之，不得則力求罷，詆弘尤切。于是弘因災異復自劾求退，仍不允。

御史張録言：「弘以子懋良犯罪繫獄，心不自安，兩疏乞休，而陛下慰留之。及張璁等累劾其不職，而陛下又以其疏下之所司。竊謂懋良以膏粱子弟恣情犯法，爲之父者不能救正，若責弘以家法不嚴，教子無方，則聽其乞休可也；若念弘爲先朝耆舊，輔導有功，不忍以其子之小過而遂棄國之大臣，則當于璁等之疏而戒其瀆擾可也。夫何溺二臣之愛，持兩可之心，使弘去志不決，輒昧遠嫌避位之思；璁等忮心未已，愈肆下井投石之毒。況大臣有協恭之義，卿佐非糾劾之官。懋良之事，即其未發，尚非璁等所宜言；何況事已下獄，情罪輕重，宜俟宸斷，而璁等乘機傾陷，毋乃已甚乎！」

吏科給事中解一貫亦言：「璁等與費弘積怨已久，欲奪其位而居之。迹其累疏攻訐，非真爲國家也，不過假此以報復私怨耳。陛下欲兩解之，而一二言者，或專攻弘，或兼論璁、萼。不知去弘易而去璁、萼難，何也？君子難進易退而小人不然。弘恤人言，顧廉恥，猶可望以君子，若璁、萼則小人之尤無忌憚者也。臣恐璁、萼之計得行，則奸邪之氣焰愈增，善類之中傷無已，天下之事將有大可慮者。」疏入，俱下所司。

58 十二月，己未，上林苑監承何淵，以所上前後疏爲席書所格，請一并增入大禮集議中。于是詔内閣草敕，「命儒臣纂修全書，其先所頒行集議且令繳進。」

時書方病告，因奏：「前建廟卷内，大略已具，惟開神道以衆論不一，及遷主謁廟之儀未及編入，宜即敕原議禮官如方獻夫、霍韜、黄宗明、熊浹、黄綰同本部官增修續之。其内閣及翰林官昔曾跪門呼號者，無煩使之事事，以致紛更。至淵章奏，文義乖謬，無足取者。陛下委曲成全，請以建廟諸所宜悉者編次爲兩卷，仍以纂要内次第歲月，提綱分目，據事直書，續附原編之後。其已成之書，不可更易一語，並已頒行者止勿取繳。」從之。詔罷監修總裁官，取原議禮官韜等五人至館供事，以張璁、桂萼總之。自是復有明倫大典之輯。【考異】諸書皆載詔修明倫大典于六年正月，證之實録，則因何淵之請，璁、萼等復希旨纂爲全書。諸書不載，今據實録增入，爲修明倫大典張本。

59 癸亥，大學士楊一清以災異修省，上書言：「今年災異層見迭出，不特近歲未有，抑亦載籍罕聞。考其證驗，皆陰陽失常，陰盛陽微之所致。推理論之，以上下言，則君道爲陽，臣道爲陰，豈乾綱下移而威柄或不自上出歟？以人品言，則君子爲陽，小人爲陰，豈直道難容而君子在野，邪佞易親而小人在列歟？以天下言，則中國爲陽，四裔爲陰，豈兵政日弛而内治不修，邊寇侵陵而外攘無術歟？以治道言，則德教爲陽，刑法爲陰，豈恩澤遏于下流而民無實惠，法令阻于倖門而人無懲戒歟？陛下端拱九重，委任臣下，而因循玩愒之弊多，精明振厲之功少。故所用未必才，才者未必用；所聞未必實，實者未必聞；所見未必真，真者未必見；所行未必當，當者未必行。是朝廷且未能正，況百官乎，況萬民乎？臣願陛下益嚴敬畏，常存此心。總攬紀綱以防欺蔽之奸，延接大臣以資輔導之益。覽諸司之章奏，則天下之事得以周知；辨臣下之忠邪，則聽斷之間不爲所惑。仍戒敕諸司、官修守職，言責納忠，勿事因循，勿懷顧忌。大要以卹民固本爲主，民心悅則天道和，豈惟災變可弭，亦且禎祥可致也。」疏入，上嘉納之。

一清復條上修省四事：「一祭告；二寬恤；三用人；四革弊。」報曰：「格天感神，只是常存敬畏，祭告可不必行。其寬恤小民事宜，令所司開具條件，當于來春降敕行之。」

60 甲戌，山西巡撫都御史江潮，巡按御史馬録及兵科給事中鄭自璧，給事中秦祐、常泰，試御史邵豳、評事杜鸞，郎中劉仕，主事唐樞等，各疏劾「郭勛交結妖賊李福達，蔑視國法，請亟行兩觀之誅，以謹無將之戒。」章下所司。

已，給事中張逵亦以爲言，乞逮問如律，乃敕錦衣衛差官逮福達至京，仍遣錦衣官逮録赴京，下鎮撫司獄待鞫。

61 是冬，以河道御史章拯爲工部侍郎兼僉都御史，治河。

先是，徐、沛災，黄河上流驟溢，東北至沛縣廟道口，截運河，注雞鳴臺口，入昭陽湖，汶、泗南下之水從而東，而河之出飛雲橋漫而北，淤數十里，河水没豐縣，徙治避之。

大學士費弘言：「河入汴梁以東，分爲三支，雖有衝決，可無大害。正德末，渦河日就淤淺，黄河大股南趨之勢既無所殺，乃從蘭陽、考城、曹、濮奔赴沛縣飛雲橋及徐州之溜溝，悉入漕河，泛溢瀰漫，此前數年河患也。近者沙河至沛縣，浮沙湧塞，官民舟楫，悉取道昭陽湖。春夏之交，湖面淺涸，運道必阻。渦河等河必宜亟濬。」

御史戴金言：「黄河入淮之道有三：自中牟至荆山合長淮，曰渦河；自開封經葛岡、小壩、丁家道口、馬牧集、鴛鴦口至徐州小浮橋口，曰汴河；自小壩經歸德城南飲馬池抵文家集，經夏邑至宿遷，曰白河。弘治間，渦、白上源堙塞，而徐州獨受其害。宜自小壩至宿遷小河併賈魯河、鴛鴦口、文家集壅塞之處，盡行疏通，則趨淮之水不止一道，而徐州水患殺矣。」

御史劉欒言：「曹縣梁靖口南岸，舊有賈魯河，南至武家口十三里，黄沙淤平，必宜開濬。武家口下至馬牧集、鴛鴦口百十七里，即小黄河，舊通徐州故道，水尚不涸，亦宜疏通。」

督漕總兵官楊弘亦請疏歸德小壩丁家道口、亳州渦河、宿遷小河，督漕御史高友璣及拯亦屢以爲言。俱下工部議，以爲「濬賈魯故道，開渦河上源，功大難成，未可輕舉。但議築堤障水，俾入正河而已。」又言：「沛縣一帶閘河，築濬之工誠不容緩，宜令各官相度黄河水勢向背，閘河地勢高下，講求疏濬之法。」詔如議行。

又以拯事權未重，乃擢侍郎僉都之職，令督同山東、河南、淮揚撫、按官，並將戴金、楊弘等所奏事宜，會議行之。【考異】章拯治河事見明史河渠志。惟志言陞拯侍郎在六年之冬，蓋誤記，相差一年也。證之實録，命章拯在五年十二月丙子，其言費弘諸人所議，系以「先是」二字，蓋在高友璣請治賈魯河及徐、沛水災之前後間，至冬始以治河命章拯也。志既誤五年爲六年，而下文言拯請濬孫家渡、趙皮寨，系之六年之明年，而證之實録及諸書所記，實六年六月事。是志所記，誤以五年事爲六年，遂並誤以六年事爲七年也。今據實録年分，不書月日，仍系之是年之冬。

明通鑑卷五十三

江西永寧知縣當塗夏　燮編輯

紀五十三彊圉大淵獻（丁亥），盡一年。

世宗肅皇帝

嘉靖六年（丁亥、一五二七）

1 春，正月，庚辰，總督兩廣都御史姚鏌奏田州平。

初，鏌請討岑猛，刻期進剿，偕總兵官朱麟檄都指揮沈希儀、張經等討之。猛之妻，歸順知州岑璋女也，失愛于猛，璋憾之，鏌乃令希儀結璋爲內應，尋發永順、保靖兵八萬，分道並入。猛聞大兵至，令其下毋交兵，裂帛書冤狀陳軍門，乞憐察。鏌不聽，督戰益急，身與麟等連破其數寨。猛子邦彥，勒兵守險，璋佯以兵千助邦彥，比官軍攻，千人忽自潰，大呼曰：「兵敗矣！」邦彥兵亦潰，希儀斬邦彥于工堯隘。猛懼，謀出奔，璋以甘言誘猛走歸順，鴆殺之，斬首以獻。

至是告捷京師，乃請改田州爲流官，並陳善後七事，詔俱從之。【考異】平田州在五年，實録書之是年正月，據其奏捷之年月也。諸書皆系之五年，今據實録月日。

2 癸未，復以寬恤，「令四品以上官及六科、十三道各條（其）〔具〕便宜並民間利病，限本月二十以前奏上。」光禄少卿余才，言「求言之道，必限四品以上，未免不廣」，報聞。

3 己丑，大祀南郊。

4 辛卯，張璁以上命纂議禮全書，復偕桂萼上書，略言：「此禮之失，自漢、宋諸君失之也；此禮之争，自漢、宋諸臣争之也。陛下今日之改與臣等今日之争，前之成于禮部者，多從案牘之文；今之出于史館者，宜從典則之體。請仿通鑑凡例，以年（歲）月〔日〕爲綱。事關大禮者必書。諸臣奏議如禮者必采其精，不如禮者亦存其概。備載聖裁，見非天子不議禮也。」萼請「增入上初至諸臣勸進迎立章奏詔旨及大臣進退、百官譴謫本末」，上命俱付史館採擇。【考異】璁所輯纂要二卷，仿編年例，已入大禮集議中。而此疏所上，謂修明倫大典也。後言要略，即此書所定凡例，非纂要之外别有要略也。並識于此。

5 庚子，詔開館纂修大禮全書，仍以閣臣費弘等及席書爲總裁官，張璁、桂萼副之，各賜金幣有差。

6 二月，辛亥，小王子犯宣府，參將王經死之。

7 壬子，席書以疾屢疏求退，不允。至是疾篤，上念書議禮功，特加武英殿大學士，致仕，賜第宅京師，支俸如故。踰月卒。【考異】據明史七卿表，書以二月加武英殿大學士，三月卒，實録同。惟明史書傳言，「加武英殿大學士，賜第宅京師，甫聞命而卒。」實録亦于三月戊子書其卒，且言「聞命甫三日」。按書以見任在京師，不應二月加官，三月始聞命也。壬子爲二月初五日，與三月戊子相距一月有餘，疑書以二月卒，三月始奏，請退在先，加官在後，牽連並記耳。今仍據明史表書之。

8 己未，錦衣衛百户王邦奇上書言哈密事，遂誣奏致仕大學士楊廷和、尚書彭澤，並及閣臣費弘、石珤。

初，邦奇以遺詔裁革傳奉官削千户，怨廷和；既復職，爲澤所抑，又怨之。至是言：「哈密失國，土爾番内侵，由澤賂番求和，廷和殺舍音和珊所致。請誅此兩人，則哈密可復，邊境無虞。」下兵部勘，未報。邦奇復言：「弘及珤俱廷和黨。嘗夜過楊一清所，欲爲彌縫。而廷和子兵部主事惇藏匿故牘，令前後奏詞皆不得驗。又，澤弟沖與廷和壻修撰余承勛、鄉人侍讀葉桂章交關請囑，並當逮治。」其誣巇妄言，皆承張璁、桂萼指也。

初，璁、萼屢搆弘不得，會璁居兵部，弘欲用新寧伯譚綸掌奮武營，璁遂劾弘劫制府部。弘屢疏乞休，不允。璁、萼日夜求逞私憾，又以議禮恨廷和，乃嗾邦奇劾奏，欲藉此興大獄。復内訌于上，上信之，下惇等獄。時桂章册封唐府未還，命械繫至京會鞫。

于是給事中楊言抗章論奏，略言：「故輔廷和，有社稷之勳，閣臣費弘，乃百寮之表。邦奇心懷怨望，文飾奸言，詬辱大臣，熒惑聖聽。若窮治不已，株連益多，臣竊爲國家大體惜也。」上得疏大怒，並收繫言，親鞫于午門，備極五毒，卒無撓詞。

既罷，下五府九卿議。鎮遠侯顧仕隆等覆奏「邦奇言皆虛妄」，上切責之。卒以鞫治無狀，斥惇爲民，餘皆調黜有差，獄乃解。弘及琺自此去志益決。【考異】事見明史哈密傳中，三編據之，惟言「斥廷和、彭澤爲民」，傳蓋因璁等興大獄終言之。證之實録，但言「斥廷和子惇爲民」。而明史彭澤傳，澤奪官爲民，在明年逮陳九疇下獄之後。至廷和傳中，則並無六七兩年奪官爲民事。又，哈密傳敘七年逮九疇事，亦但云「澤及金獻民落職」而已。今據實録，但書罷楊惇等以下。

9 癸亥，大學士費弘、石琺俱致仕。

先是宏、琺以邦奇之奏，各疏乞休，慰留不允。及是見璁、萼交搆不已，乃以同日乞骸骨，請得全身遠害。上皆許之。

琺疏言：「臣一節之士，無他材能。惟有此心不敢欺君耳。」上責琺「歸怨朝廷，失大臣誼」，惟賜弘敕，馳驛、廩隸如例，琺一無所予，歸裝襆被車一輛而已。都人嘆異，謂自來宰臣去國無若琺者。

自弘、瑢罷政，迄嘉靖之季，密勿大臣，無進逆耳之言者矣。【考異】弘、瑢係同日致仕，明史本紀系二人致仕俱在二月癸亥，據實録也。七卿表書瑢致仕于八月，蓋「八」字誤耳，今據本紀訂正。

10 戊辰，免廣東韶州、南雄二府被災税糧。

11 庚午，復召致仕大學士謝遷入閣。

時費弘既去，閣臣楊一清等，薦「遷家居十有六年，天下想望其風采。今其年雖老，耳目清明，步履强健。且史册所載，如唐之郭子儀、裴度，皆以八十之年，身係天下安危；宋文彦博年九十二，被召平章軍國，一時以爲美談。」上從其言，遣行人齎敕召遷，趣即馳驛赴京師。

12 是月，以席書卒，起服闋禮部尚書羅欽順復任。

13 遼東大饑，巡撫都御史張雲奏「請以築邊工費米四萬四千石振之，不足則于行庫官銀内支用」，從之。

14 三月，庚辰，寇復犯宣府，參將開山死之，所部卒殺傷殆盡。

上以宣府一月間連喪兩軍，逮總兵傅鐸，起引疾總兵郤永代之。【考異】按開山，明史本紀「開」作「關」，疑誤也，今據實録、三編。又明史韃靼傳俱作「開」，從之。

15 丙戌，以宣府再寇，命簡練京軍，起致仕兵部侍郎馮清提督軍務。比聞寇退，仍敕駐大同偏頭關經理。

16 甲午，以禮部右侍郎翟鑾爲吏部左侍郎兼翰林院學士，入内閣預機務。時廷推閣臣，上意在張璁，弗與；命再推，乃及鑾；中貴人多舉鑾者，遂踰次用之。楊一清以「鑾望輕，請用吴一鵬、羅欽順」，皆不許。【考異】事見明史本傳。傳言「帝欲用張孚敬」。按璁更名在十年二月，今仍據原名書之。

17 乙未，田州復叛。

初，姚鏌請改田州府，設流官，留參議汪必東、僉事申惠、參將張經，以兵萬人鎮其地，而以知州王熊兆署府事。會必東、惠皆移疾他往，惟經、熊兆在府，兵勢漸分，防守稍懈，于是岑猛之黨盧蘇、王受等，乃爲僞印，誑言猛不死，且借交阯兵二十萬以圖興復。蠻民信之，聚衆薄府城。經出擊，兵少不敵，欲引還，而城中陰爲内應，呼譟四出。官軍腹背受攻，力戰不支，突圍渡江走，賊逼其後，争舟溺死者甚衆。賊沿江置闌索，伏藥弩，夾岸並起，官軍且戰且行，失士卒三四百人。賊遂入踞府城，燒倉粟以萬計。

巡按、御史石金上其事，劾鏌失策罔上，並論前撫盛應期生事召釁。而給事中鄭自璧，請仍檄湖廣永順、保靖兵并力剿賊。上以四方兵數萬方歸休，未可復調，命鏌等再計機宜以聞。

18 丙申，巡撫江西都御史陳洪謨上所積穀七十四萬有奇，合故所積共一百五十四萬有奇。上以洪謨穀數多，賜銀幣旌之。

19 壬寅，何道侍郎章拯言：「河自豐縣漫溢至沛，横貫運河，衝決隄岸，其勢徑趨昭陽湖，以此運河南流勢緩，停淤沙泥，幾與岸平。今故道疏築已通，而東岸勢卑，土疎善崩，秋水泛漲，恐復淤決。乞僉復蕭、碭原額（淺）〔河〕夫，專令在沛時常防守。仍令徐州判官督同沛縣主簿閘官往來閲視，隨宜疏築；遇秋水時至，徐州管洪主事量調徐、吕二洪夫役，協力修濬。其管河等官，有能平治得宜，三年無患者，破格超遷。」工部覆議從之。

20 癸卯，李福達逮至京師，命刑部尚書顔頤壽等會訊于午門外。

初，郭勛以言官交論不已，乃乞張璁、桂萼爲援。璁、萼亦欲藉是以洩廷臣攻己之憤，乃合謀騰蜚語曰：「諸臣内外交結，藉端陷勛，將以次及諸議禮者。」上爲之心動。而外廷不知，攻者益急，上愈疑之。

及是法司集訊，並告者薛良、證者李景全、韓良相、石文舉等三十人面質，對衆共指之，福達語塞。獄既具，上之，上怒頤壽朋姦肆誣，故入人重罪，將親鞫之于廷。閣臣楊一清言：「有司之職，非人君所宜預。今案牘具明，詞證咸在，仍令諸司虚心研審，則真情自得，何至上勞黼扆之尊，下親獄訟之事哉！」上乃已。

21 是月，户部尚書秦金致仕，兵部尚書王時中亦以引疾罷。

22 陞詹事桂萼爲禮部侍郎。【考異】萼陞禮部侍郎，至八月，以治李福達獄署刑部尚書，九月還吏部，仍署刑部，俱見實録，爲下文治獄張本。

23 吏部郎中彭澤，以考察浮躁降外任，張璁爲之訟冤，言：「昔議禮時，澤見臣所著大禮或問，深加歎賞，勸臣進呈，又爲録送内閣，以是大不理于衆口。而徐文華、余才、盧瓊，以臣所進要略備載其議禮排擊等語，不勝憤恨，乃謀于鄉人御史程啓充，與都御史聶賢搆成虚詞，列之浮躁，啓充與瓊且欲以次攻擊臣等也。」上從璁言，澤遂得留。

居三日，璁復上書言：「臣與舉朝抗四五年，攻臣者至百十疏。今修大禮全書，元惡寒心，群奸側目。故要略方進，讒謗復興，使全書告成，將誣陷益甚。」因引疾求退以要上，上復優旨慰留之。

24 田州之賊盧蘇等，雖據府城，猶聲言聽撫，遣人迎署府事王熊兆。而其黨王受，又糾衆萬餘攻據思恩城，執知府、指揮等官，已而釋之，亦投牒上官，佯聽撫。姚鏌以兵未集，姑受之以緩其謀。尋檄諸土官勒兵自效，且責失事守巡參將等官立功自贖，復疏調湖廣永順、保靖及江西贛州、福建汀州兵俱會于南寧，并力進剿。

兵部議從之，上曰：「蠻夷爲亂日久，鎮巡等官受命大征，未及殄絶，輒奏捷散兵，使餘孽復滋，煽動鄰境。今姑置不問，仍令剿賊自贖。且發南贛兵五千，監以兵備等官赴援，不足再發永保土兵各三千助之。並令御史石金紀功。」

25 致仕少師大學士劉健卒。

健致仕，家居二十年，上改元，降敕存問，加賜廩隸。至是卒，年九十四。遺表數千言，勸上正身勤學，親賢遠佞。上震悼，爲輟朝一日。贈太師，謚文靖。

健器局峻整，學問深邃。在朝正己率下，退則寮寀私謁，不交一語。同時在閣者，李東陽以詩文引後進，海內士皆抵掌談文學，健若不聞，獨教人治經窮理。其事業光明俊偉，明世輔臣，鮮有其比。既以忤逆瑾退歸，聞武宗南巡，輒涕泗不食，曰：「吾負先帝多矣！」其忠君愛國始終不易如此。【考異】明史本傳，健以五年卒，年九十四。通紀亦記其卒于五年十一月。實録系之是年三月，據奏至之年月也。三編亦據實録，今從之。

26 是春，寇犯神木、永興等堡，參將黄宰擊却之。

27 夏，四月，庚戌，上俞太監梁諫之請，遣中官往南京織造，工部執奏不可。

于是給事中張嵩、御史程啓充等各言：「近年災異，江南尤甚。且陛下初詔頒行，一切織造采運之事，釐革殆盡。今復遣官，此輩生事銜能，假供應之名，爲貪黷之計，欲令安静，豈可得哉！」不納。

28 甲寅，大學士楊一清等言：「諭德顧鼎臣病痊復職，仍令充經筵日講官」，從之。因命禮部侍郎桂萼、兵部侍郎張璁俱充日講官。璁辭兵部，「請以詹事兼翰林學士，專心史局，效力經筵。」上以「總裁進講，不妨佐理事，所辭不允。」

29 己未，遣工部侍郎黃衷督採大木。

30 庚申，以論李福達獄，謫刑部主事唐樞爲民。

樞論是獄，略曰：「李福達之獄，陛下駁勘再三，誠古帝王欽恤盛心。而諸臣負陛下，欺蔽者肆其讒，諂諛者溷其說，固位者緘其口，畏威者變其詞，訪緝者淆其真，故陛下惑滋甚，而是非卒不能明，于是哀矜而至于辟矣。

臣竊惟陛下之疑有六：謂謀反罪重，不宜輕加于所疑，一也；謂天下貌有相似，二也；謂薛良言弗可聽，三也；謂李珏初牒已明，四也；謂臣下立黨傾郭勛，五也；謂崞、洛證佐皆讎人，六也。臣請一一辨之：

福達之出也，始而王良、李鉞從之，其意何爲？繼而惠慶、邵進祿等師之，其傳何事？李鐵漢十月下旬之約，其行何求？『我有天分』數語，其情何謀？太上玄天垂文祕書，其辭何指？劫庫攻城，張旗拜爵，雖成于進祿等，其原何自？（鐵）〔鉞〕伏誅于前，進祿敗露于後，反狀甚明。故陝西之人曰可殺，山西之人曰可殺，京畿中無一人不曰可殺；惟左右之人曰不可，則不得而知也。此不必疑一也。

且福達之形，最易辨識，或取驗頭禿，或證辨鄉音。如李二、李俊、李三，是其族識之矣；〔發於戚廣之妻之口，是其孫識之矣；〕始認于杜文柱，是其姻識之矣；質證于韓良相、李景全，是其友識之矣；一言于高尚節、王宗美，是鄜州主人識之矣；再言于邵繼美、宗自成，是洛川主人識之矣；三言于石文舉等，是山、陝道路人皆識之矣。此不必疑二也。

薛良怙惡，誠非善人；至所言張寅即福達，即李午，實有明據，不得以人廢言。況福達蹤跡譎密，黠慧過人，人咸墮其術中；非良狡猾，亦不能發彼陰私。從來發摘告訐之事，原不必出之敦良厚朴之人。此不當疑三也。

李珏因見薛良非善人，又見李福達無龍虎形、硃砂字，又見五臺縣張子貞户内實有張寅父子，又見崞縣左廂都無李（伏答）〔福達〕、李午名，遂苟且定案，輕縱元凶。殊不知五臺自嘉靖元年黄册始收，寅父子忽從何來？納粟拜官，其爲素封必非一日之積，前此何以隱漏？崞縣在城坊既有李伏答，乃于左廂都追察，又以李午爲真名，求其貫址，何可得耶？則軍籍之無考，何足據也！況福達既有妖術，則龍虎形、硃砂字，安知非前此假之以惑衆，後此去之以避罪？亦不可盡謂薛良之誣矣。此不當疑四也。

京師自四方來者不止一福達。既改名張寅，〔又衣冠形貌似之，〕郭勛從而信之，亦事所有，其爲妖賊餘黨，固意料所不能及。〔在〕勛自有可居之過，在陛下既弘議貴之恩，諸臣縱有傾勛之心，亦安能加之罪乎？此不用疑五也。鞫獄者曰誣，必言所誣何因，曰讎，必言所讎何事。若曰薛良讎也，則一切證佐非讎也；曰韓良相等讎也，則高尚節、石文舉非讎也；曰魏泰、劉永振讎也，則今布、按、府、縣官非讎也；曰，山、陝人讎也，則京師道路之人非讎也。此不用疑六也。望陛下六疑盡釋，明正福達之罪，庶群奸屏跡，宗社幸甚。」

上大怒，立罷之。

31 戊辰，改建觀德殿成，易名曰崇先殿。

32 己巳，免廣西被災稅糧。

33 甲戌，吏部尚書廖紀以疾乞休，許之，賜敕、給傳及廩隸如例。

34 乙亥，初定各鹽運司每引價值，兩淮六錢，兩浙四錢，長蘆二錢，山東一錢五分，從户部議也。

鎮守浙江太監鄧文，以進貢爲名，乞于商販内量收脚價，户部執奏，以爲額外之征。上曰：「各處進貢，朝廷悉從節省。鄧文意在侵取商稅。」不允。

35 是月，以南京户部尚書鄒文盛爲户部尚書。工部尚書趙璜致仕，以工部侍郎童瑞代之。

36 御史陳察陞南京太僕寺少卿，具疏辭，因薦原任給事中劉世揚等二十餘人。上怒察不即拜命，泛舉多人以市恩要譽，降遠方雜職。十三道御史連章乞宥，不報。已而吏科給事中王俊民、鄭一鵬、傅良諫復論救，上責其朋比，各奪俸二月。尋謫察爲廣東海陽縣教諭。

37 五月，丁丑朔，日有食之。

38 辛巳，翰林院編修廖道南，疏陳洪範九事。其言建用皇極，謂「皇極者，帝王大中至正之道。其曰『凡厥庶民，無有淫朋』，言民不可立黨也；曰『人無有比德』，言臣不可立黨也。比年以來，朝廷無和衷之美，甿庶有胥戕之風。朋言既興，譸張爲幻。聞人之善，從而娼嫉之；聞人之過，從而媒孽之；聞人談道，則斥之爲僞學；聞人論文，則訾之爲謬談。士氣日萎，人心日漓，皇極之道敝也久矣。曰『乂用三德』，謂剛克柔克』者，乃人君威福之權，故曰『惟辟作福，惟辟作威』，言權不可下移也；曰『臣無有作福作威』，言臣不可上僭也。不移于下，則天下之政出于一；不僭于上，則天下之勢定于一；此邦紀所以肅也。」其他所論天時人事，皆切時弊。疏（人）〔入〕，上嘉納之，然不能用。

39 癸未，以久旱，遣順天府官求雨。

禮部請命群臣致齋，修天地社稷山川之祀。大學士楊一清等言：「(陞)〔陛〕下竭誠露禱于上帝后祇，則天地之祀不宜再瀆，惟遣官祭告于社稷、山川，而順天府官仍率屬禱都城隍如故。」從之。

40 乙酉，以暑月輟講，仍命講官及翰林院官日輪一員，將經書、通鑑撮其有關君德政事與修省之道者，録要以進。

内閣楊一清等言：「經義淵微，通鑑浩繁。竊見先朝令講官，自經筵之外，日以大學衍義進講，甚爲有益。宜將此書令講官日輪一員，條析其義，參以時事，明白敷陳，則經書格言，通鑑要旨，盡在此書，而治國平天下之道備矣。」從之，定以五日一進講，不以寒暑暫廢。

41 丁亥，起前南京兵部尚書王守仁兼左都御史，總制兩廣、江西、湖廣軍務，討田州叛蠻。

初，上以姚鏌討賊不效，餘孽復滋，切責圖功自贖。會紀功御史石金上言：「鏌自岑猛死後，輒奏捷功，處兵善後，無一良策，輒請改設流官，以致失職怨望之黨，煽誘復起。臣以爲宜亟擇智仁信勇之人，使往代之，令其相度二賊占踞攻取之勢及田州應否改流，籌畫盡善」，因薦守仁可任，從之。先敕姚鏌仍前鎮撫，敦趣守仁就道，至日仍令石金紀功。守仁疏辭，不允。【考異】命守仁討田州，明史本紀系之是月丁亥，據實録也。通紀系之五年十二月，明書系之六年六月，惟文成年譜所載與實録同。其石金一奏，諸書及年譜皆不具，今據增。

42 戊戌，免涿州、良鄉等五縣被災税糧。

43 是月，方獻夫、霍韜以纂修大禮赴召。

獻夫與韜同里，至是復合疏言：「自古力主爲後之議者，宋莫甚于司馬光，漢莫甚于王莽。主濮議者，光爲首，吕誨、范純仁、吕大防附之，而光之説惑人最甚。主定陶議者，莽爲首，師丹、甄邯、劉歆附之，而莽之説流毒最深。宋儒祖述王莽之説，以惑萬世，誤後學。臣等謹按漢書、魏志、宋史，略采莽及丹、邯之奏與其事始末，及魏明帝之詔，宋濮園之議，悉論正以附其後。乞付纂修官參互考訂，俾天下臣子，知爲後之議實起于莽，宋儒之論實出于莽。下洗群疑，上彰聖孝。」詔下其書于史館。

44 先是起羅欽順爲禮部尚書，不至，至是復起爲吏部尚書，仍不至，乃聽致仕。

是時吏部廷推前尚書喬宇、楊旦，會禮部尚書亦缺，推侍郎劉龍、温仁和；仁和以倖深争，于是張璁乃乘間言「宇、旦乃楊廷和黨，而仁和不宜自薦。」上是璁言，宇等遂廢不用，並命「今後大臣休致者，非奉詔不得推舉。」

欽順，泰和人，見璁、蕚方柄用，相與樹黨，屏逐正人，欽順恥與同列，故屢詔不起。家居二十餘年，足跡不入城市，潛心格物致知之學。時王守仁以心學立教，海内宗之，欽順獨致書與辨，此書再至而守仁歿矣。欽順謂「釋氏之學，有見于心，無見于性。今人明心之說，混于禪學，而不知有毫釐千里之謬。道之不明，厥由于此。」因著困知記，自號整庵。

年八十三卒。贈太子太保，謚文莊。

45 六月，丙午朔，提督兩廣軍務姚鏌乞致仕，許之，仍命兵部亟趣王守仁赴代。

46 河道侍郎章拯言：「黄河濟漕，固爲國家之利，至于氾濫，則爲地方之患。今欲築濬分殺，以免民患而濟運漕者，一爲滎陽北之孫家渡，一爲蘭陽北之趙皮寨，皆可引水南流。但二河通渦水，東入淮，又東至鳳陽長淮衛，經壽春王諸園寢，爲患叵測。惟寧陵北坌河一道，通飲馬池，抵文家集，又經夏邑至宿州符籬橋，出宿遷小河口。自趙皮寨至文家集凡二百餘里，濬而通之，水勢易殺而園寢無患。」乃爲圖說以上。工部請從其議，詔拯等刻期舉工。

47 丁未，南京給事中鄒架、御史毛憐之等，以拾遺糾劾都御史周金、陳洪謨等，並及禮部侍郎桂蕚。詔「洪謨、金致仕，蕚供職如故。」

48 壬戌，禮部侍郎桂萼，請召用王守仁、王瓊經略邊事，上以「守仁已起用；瓊應否起用，命吏部勘議以聞。」已而給事中鄭自璧、御史譚讚等並疏言，「瓊貪污險賊，不可復用」，並論「萼薦引奸邪，請下法司追論瓊罪。」章下所司。

49 甲子，巡撫湖廣、都御史黄衷言：「盧蘇等乃岑猛餘黨，賊衆不多，廣西、南贛之兵自足剿除。永順、保靖土兵，素無紀律，所過騷擾，恐生他釁，請勿調遣。」部議「宜令王守仁視賊緩急以爲進止」，從之。

50 辛未，振畿内饑。

51 四川芒部復叛。

初，隴反既滅，改設流官。餘賊沙保等謀復之，擁隴壽子勝糾衆攻陷鎮雄府，執知府程洸，奪其印，殺傷數百人，洸奔畢節。

事聞，給事中鄭自璧等言：「鎮雄初設流官，蠻情未服。而有司失先事之防，不亟收遺裔隴勝，而令沙保得擁孺子，致煽禍一方。宜速遣總兵何卿并力剿寇。」兵部覆言：「隴勝非真隴壽子，沙保罪不容誅，當剿。何卿方守松潘，勢難相援，宜亟趣都御史王廷相之任，並敕總兵牛桓調兵速進。」

52 是月，桂萼上言：「故輔楊廷和，廣植私黨，蔽聖聰者六年，今次第斥逐，然遺奸猶在言路。昔憲宗初年，嘗詔科、道官于拾遺之後，互相糾察，言路遂清，請以時舉行如舊例。」

章下吏部，侍郎孟春覆言：「憲宗初並無此詔，而蕚言在被論之後，情涉報復，無以厭衆心。」蕚言：「詔出憲宗文集，春欲媚言官，宜并按問。」

下部再議，春等言：「成化中，科、道有超擢巡撫不稱者，憲宗命互劾去者七人，非考察拾遺比。」上終是蕚言，趣令速舉。給事、御史争之，並奪俸。

53 是夏，黄河水溢，决入漕渠，沛北廟道口淤填七八里，糧艘阻不進。御史吴仲以聞，因劾「章拯不能辦河事，乞擇能者往代。」上切責拯。

54 秋，七月，丙子，復下桂蕚議于吏部。吏科都給事中王俊民等言：「皇上此舉，誠欲綜核名實以重言路。今六科已去四人，十三道已去十人，比之他曹，不爲不嚴。惟耳目之官，職司甚重，惟皇上裁擇之。」御史盧瓊、劉隅等言：「陛下龍飛，兩舉考察之典，御史被黜，亦已多矣。今復令扶同糾劾，是開攻訐之門，滋報復之計，非聖世所宜有。」上切責俊民等，仍趣速舉。

于是吏部都察院考上不謹御史儲良材等四人名上，上獨黜良材，而特旨黜給事中鄭自壁、孟奇；且令部院再覈，復黜給事中余經等四人，〔南京〕給事中顧溱等數人，乃已。——自璧素敢言，權倖中以蜚語，故被斥。

已而良材復奏辯，言：「孟春等乃楊廷和之黨，欲嗾言官保留王俊民、程啓充等，而以臣嘗劾都御史聶賢，欲爲之報復。」桂萼復言「良材任怨遭誣，去非其罪」，上從之，竟復其官。【考異】事見明史桂萼傳，三編統系之是年六月目中，今據實録分書之。

55 是月，都御史聶賢罷，廷推南京尚書李承勛、胡世寧，詔改世寧爲左都御史，加太子少保。世寧疏辭宫銜，許之。

56 桂萼之薦王瓊也，言者攻之不已；上亦憫瓊老病，令還籍爲民。御史胡松復劾萼，上怒，謫外任。已，同官周在請宥松，遂並下詔獄。萼復言：「瓊前攻廷和，故廷臣群起排之。」上乃命瓊以尚書待用。

57 八月，庚戌，小王子以數萬騎踏冰過河，遂犯寧夏塞。提督尚書王憲，督總兵鄭卿、杭雄等分據要害，屯兵禦之，令都指揮卜雲伏兵斷其歸路。卿等敗之于石臼墩，寇退走青羊嶺，伏發，又大敗之，斬首三百餘級。

捷聞，賜敕獎勵，加憲太子太保，自鄭卿以下陞賞有差。

58 癸丑，桂萼上言：「昔甘肅之變，番人以殺降爲詞，實欲訴冤。而陳九疇輒張大其事，奏請發兵驅之，以致荼毒一方。蓋楊廷和欲成王瓊之罪，故科、道官噤無一言，比遣勘問，又相推諉，臣故請起王瓊以明此事。臣豈有私于瓊哉！」

初，土爾番之敗，都指揮王輔，言「莽蘇爾，即滿速兒，譯見前卷。伊蘭即牙蘭。已斃礮石下」，九疇以聞。已，兵部尚書金獻民至肅州，寇已退，亦奏捷如九疇言。後二人上表求貢，上疑之；而番人先在京師者爲蜚語，言「肅州之變由九疇激之」，上益疑。會王邦奇訐楊廷和、彭澤，詞連九疇；而萼等憾廷和、澤甚，又欲藉此以興大獄云。

59 癸亥，内閣賈詠致仕。

先是以李福達事，逮巡按御史馬録繫獄中。詠曾通書于録，爲鎮撫司緝得之，上雖不罪詠，詠内不自安，遂求去。吏部侍郎孟春，以録書詞連及，辭不敢問；上怒春不引咎求退，命法司並收待訊。【考異】據明史馬録傳，「搜録篋，得賈詠等五人書（見下），無孟春名。」而實録所記，則以通書故首下春獄。其後下顔頤壽等四十餘人于獄，獨不及春，以春之下獄在前也。通紀亦云「以書詞連及侍郎孟春，并逮焉。」是春之下獄明甚，今據增。

60 庚申，諭學士張璁、桂萼纂修大禮全書，親定名曰明倫大典，並命增入宋儒歐陽修等之論以資考證。璁等請敕翰林院查付史館，從之。

61 庚午，湖廣大水，漂没民田廬，凡五府、二十四州縣。巡撫孫修等請發太和山香銀、鹽鈔折銀及倉庫贓罰等銀粟振之，並請以兑運米二十五萬及南京倉三十萬，或折銀，或減其半。上以災傷重大，命亟行之。

62 是月，晉楊一清左柱國、華蓋殿大學士。以南京尚書李承勛爲吏部尚書。

63 以桂萼署刑部尚書，張璁署都察院左都御史，方獻夫署大理寺卿，治李福達之獄。

初，上以楊一清言罷親鞫，仍下廷臣會問。尚書顏頤壽等不敢自堅，改擬妖言律斬。上猶怒，命法司俱戴罪辦事，下馬録鎮撫司拷訊，並及前問官布政使李璋、按察使李珏、僉事章綸、都指揮馬豸等。時璋、珏已遷都御史，璋撫寧夏，珏撫甘肅，皆就逮。法司不得已乃反前獄，抵薛良誣告罪。

上以罪不及録，怒甚，遂逮頤壽及侍郎劉玉、王啓，左都御史聶賢，副都御史劉文莊，僉都御史張潤，大理卿湯沐，少卿徐文華、顧佖，寺丞汪淵，俱下獄，而以萼等分署三法司事雜治之。【考異】治李福達獄，明實録統系之九月壬午下，據定獄之月日也。明史本紀書于八月庚戌，蓋據顏頤壽等下獄及命桂萼等署三法司雜治之月日。實録，「九月丁丑，擢桂萼吏部左侍郎，仍署刑部事」，則治獄之在前一月明矣。今分書之。

64 南京吏部尚書朱希周乞致仕。

初，希周以議禮忤旨，改官南京。是年大計京官，南六科無黜者。桂萼素惡希周及兩京言官嘗劾己，因言「希周畏勢曲庇。」希周言：「南六科止七人，實無可去者。臣以言路私之，固不可；如避言路嫌譴責之，尤不可。且使舉曹皆賢，必去一二人示公，設舉曹皆不肖，亦但去一二人塞責乎？」因力引疾乞休，許之。

家居三十年，中外論薦者三十餘疏，竟不復起。

65 九月，戊寅，張璁以署都察院，復考察各道不職御史王璜等十二人，又奏行憲綱七條，箝束巡按御史。先是璁以京察及言官互糾，已黜御史十三人，前後共二十餘人，臺署爲空。【考異】明史璁傳作「十二人」，實録作「二十二人」。而下文所敘，王璜以下，列姓名者僅十人，疑連前京察所糾並計之也。今據本傳書之。

66 己卯，以江西水，河南、山西旱，免被災秋糧。尋免兩畿、山東税糧。

67 壬午，桂萼等治李福達獄具，上之。

先是萼等三人希旨嚴刑拷訊，以上怒馬録甚，搜其篋中書，得大學士賈詠、都御史張仲賢、工部侍郎閔楷、御史張英及寺丞汪淵私書，詠引罪致仕，遂下仲賢等于獄。萼等遂列前後言官諸曹之奏劾是獄者，上言：「給事中劉琦、常泰，郎中劉仕，聲勢相倚，挾私彈事，佐録殺人；給事中王科、鄭一鵬、秦祐、沈漢、程輅，評事杜鸞，御史姚鳴鳳、潘壯、戚雄，扶同〔□〕〔妄〕奏，助成奸惡；給事中張逵，御史高世魁，方幸張寅速決，得誣郭勛謀逆，連名架禍；郎中司馬相，妄引事例，故意增減，誣上行私。邇者言官締黨求勝，内則奴隸公卿，外則草芥司屬，任情恣横，殆非一日。請大奮乾斷，彰國法。」上納其言，遂並下諸人獄，前後凡四十餘人。

先是廷臣會訊，太僕卿汪元錫、光禄少卿余才偶語曰：「此獄已得，何可再鞫！」偵者告萼，以聞，亦被逮。

萼等遂肆拷掠，録不勝刑，自誣故入人罪。萼等乃定爰書，言「張寅非福達，録等恨勛，搆成冤獄」，因列諸臣罪名，上悉從之。

謫戍極邊，遇赦不宥者，徐文華及李瓚等，見上。凡五人；謫戍邊衞者，琦、逵、泰、瓊、啓充、仕及知州胡偉，凡七人；爲民者，賢、科、一鵬、祐、漢、輅、世魁、淳、鳴鳳、相、鸞，凡十一人；革職閒住者，頤壽、玉、啓、潮、文莊、沐、佖、淵、元錫、才、楷、仲賢、潤、英、壯、雄及前大理丞遷、僉都御史毛伯温，凡十七人。其他下巡按逮問革職者，副使周宣等復五人。

録以故入人罪未決，擬徒，上以爲輕，欲坐以奸黨律斬。萼等謂「張寅未死而録代之死，恐天下不服，宜永戍烟瘴地方，令緣及子孫。」乃戍廣西南丹衞，遇赦不宥。

上意猶未慊，語楊一清等曰：「與其戮及後世，不如誅止其身，以從舜典罰弗及嗣之意。」一清曰：「祖宗制律，具有成法。録罪不中死律，若法外用刑，吏因緣作奸，人無所措手足矣。」上不得已從之。

以萼等平反有功，勞之文華殿，賜二品服俸、金帶、銀幣，(□)〔給〕三代誥命。遂命輯欽明大獄録，頒示天下。【考異】福達一獄，具詳明史馬録傳，即大獄録原文也。傳中于獄具下書云：「時嘉靖六年九月壬午也。」證之實録，月日正同。三編書下顔頤壽等四十六人于獄，據明史傳中之數。傳中所載戍邊遇赦不宥及戍邊爲民閒住之等凡四十五人，合之馬録，爲四十六人也。惟吏部侍郎孟春下獄在先，傳中偶遺之。今證之實録，閒住者十七人，有孟春，無毛伯温。蓋伯温時巡撫寧夏，逮問未至，故實録記入下文，其後亦以褫職歸。是並伯温數之，當十八人。通紀亦云「侍郎孟春閒住」。據此，則明史傳中漏脱耳。其下巡按逮問之周宣等五人，則宣及副使王昂、知州杜惠、胡偉及鎮撫鮑玉。而傳中已入偉、(壬)〔玉〕戍邊七人之列，故下文但云「宣等五人」，不複敘也。是獄明史馬録傳最詳，今悉據傳書之，而附識其異于考〔異〕中。

是獄也，凡前後所争福達事者，悉被株連，惟鄭自璧、趙廷瑞、陳皋謨、邵豳、王獻、唐樞六人，不在桂萼等指名論劾之列，遂得免。

而樞于上疏時已觸上怒，斥爲民。惟樞論是獄最得要領，及定大獄録，惡其詞辯晰，删之不載云。【考異】前敘唐樞上疏，據三編質實書之，實録亦不載，蓋據明史本傳。

68 是月，改都御史胡世寧爲刑部尚書，加太子太保。

69 改禮部尚書吴一鵬爲南京吏部尚書。

初，一鵬以本官入内閣，專典誥敕，兼掌詹事府事。前此典内閣誥敕者，皆需次柄政；而璁、萼方用事，素銜一鵬異己，乃出之。

以桂萼爲禮部尚書，仍兼翰林學士。故事，尚書無兼學士者，自萼始。

陞少詹事霍韜爲詹事，仍兼翰林學士。韜固辭，言：「自楊榮、楊士奇、楊溥以及李東陽、楊廷和，專權植黨，籠翰林爲屬官，中書爲門吏，故翰林遷擢不由吏部，而中書至有晉秩尚書者。臣嘗建議，謂『翰林去留，盡屬吏部，庶不陰倚内閣爲腹心，内閣亦不陰結翰林爲羽翼，且欲京官補外，以均勞逸。』議未即行，躬自蹈之，而又躐居學士徐縉上，何媿如之！」上優詔不允。

70 桂萼既署刑部事，復請治陳洸之獄。

初，洸既罷爲民，會大禮書成，並原洸妻子。前按洸事之郎中葉應驄，事見四年十二月。尋遷吉安知府，母喪歸。至是璁、萼益用事，萼方掌刑部。會馬録等下獄，洸謂乘此故案可反也，上書（計）〔訐〕應驄等。萼因訟洸冤，詔逮應驄、黄綰于獄，詞連四百人。【考異】事見明史葉應驄傳。應驄及黄綰皆見四年十二月陳洸罷爲民下，依編年例分書之。黄綰，明史附應驄傳，乃又一黄綰，係河南息縣人，與議大禮之黄綰爲黄巖人者異，詳三編質實中。

71 冬，十月，戊申，以張璁爲禮部尚書兼文淵閣大學士，預機務。璁辭免署都察院事，不允。

72 庚戌，侍郎温仁和請歸省。

仁和代吴一鵬掌管誥敕，至是員缺，閣臣張璁請以桂萼補。上曰：「祖宗舊制無東閣官，後來添設，不知始自何年。任是職者，徒建虚名以希幸進。」乃罷不設。【考異】設官專典誥敕，據明史李東陽傳，「閣臣徐溥等，請如先朝王直故事，乃擢東陽以侍郎兼侍讀學士入内閣，專典誥敕。」自弘治七年後，未嘗缺員。世宗謂不知始自何年，璁亦忘之。其實此官之設，年月具可考也。

73 戊午，巡倉御史吴仲請濬通州運河，言：「自大通橋東下，抵通州之通惠河，屢經修復，皆爲權勢所撓。顧通流等八閘，遺跡俱存，因而成之，爲力甚易，歲可省脚價銀二十餘萬。」又言：「漢、唐、宋時，皆從運河直達京師，未有貯國儲于五十里之外者。今京軍支糧通州，率稱不便。而密雲諸處，皆有間道可通；設邊寇因鄉導輕騎疾馳，信宿可至，燒毁倉庾，則國儲一空，京師坐困，此非細故。請下户、工二部修濬，僦舟夫略運百萬試之，與陸運兼行，俟各閘既成，徑達京倉，此無窮之利也。」上是其言，敕「户、工二部各委堂上官一員，會同運官及御史吴仲等親行相度地形，計處工力以聞。」

74 甲子，賜大學士楊一清等銀圖書各二，許軍國重事密疏用印以聞。

張璁既入閣，一清爲首輔，翟鑾亦在閣，上待之皆不如璁。嘗諭璁：「朕有密諭毋泄。所賜卿帖，悉朕親書。」璁因引仁宗賜楊士奇等銀章事，上賜璁章二，文曰：「忠良貞一」，曰「繩愆弼違」。因並及一清等，自閣臣外，惟尚書桂萼預焉。

75 乙丑，大學士謝遷至，辭不拜。温詔諭之，乃復入閣。

76 免陝西慶陽等府被災税糧。

77 丙寅，諭内閣：「選擇翰林諸臣，稱職者留用，不稱者量才外補。」

初，張璁以議禮驟拜學士，諸翰林恥之，不與並列，璁以爲恨。會侍讀汪佃，以講洪範不稱旨，令補外，璁乃請「自講讀以下量才外補。」一時改官及罷黜者，凡二十二人，諸庶吉士皆除部屬及知縣。由是翰院爲空。【考異】據實録：「上以汪佃講洪範不稱旨，改調外任，遂命楊一清等考察翰林院不稱職者，量才外補。自佃調寧國通判外，則左中允劉棟，右中允楊維聰，侍講陳沂、鄺灝，修撰蕭與成、季方，編修劉泉皆外補。編修王同祖、黄易宜罷。上猶以外補數少，命更加選擇。内閣因議，『前歲所選庶吉士，大半徇私，宜重加考選，量留三五人，餘皆改科、道部屬。』一清等乃奉命復簡侍讀崔桐，修撰張衍慶、陸釴、江暉，編修黄佐、應良皆外補，左中允邊憲、任深宜處以兩京他秩。計前後考黜遷轉二十二人」云云。惟實録所載，講讀以下，姓名之可考者僅十七人，又但言「内閣楊一清等奉詔簡擇」，而據明史璁傳所記，則璁實主之。今據書，並附識實録所載諸人姓名。

78 上既罷轉翰院多人，復諭内閣下吏、禮二部、都察院，「咨註有才識文學者，量爲推舉，改宫僚、翰林，以廣用人之路，毋取備員。」乃改大理少卿黄綰，南京通政司參議許誥，南京尚寶卿盛端明，福建按察副使張邦奇，四川按察副使韓邦奇，山西按察副使致仕方鵬，刑部員外歐陽德，吏部主事金璐，御史張衮，皆授學士、講讀、宮坊、編修等官。

已而詹事霍韜，又言「大學士之選，宜于巡撫方面部院等官通融推用」，下吏部集九卿科道詳議以聞。

79 戊辰，京師地震。【考異】明史本紀、三編皆不載，惟五行志書之。證之實録十月亦不書，惟見十一月御史劉隅奏中，是漏脱也，今據志增。

80 是月，改吏部尚書李承勛爲刑部尚書，加太子少保。改刑部尚書胡世寧爲都察院左都御史。復以王時中爲兵部尚書。

81 上以章拯治河不效，令廷臣推大臣才望素著者一人總其事。

先是拯言：「河渠淤塞，勢難驟通。惟金溝口迤北新衝一渠，可令運船由此入昭陽湖，出沙河、板橋。其先阻淺者，則西歷雞塚寺，出廟道北口通行。」下部議，未決。

給事中張嵩言：「昭陽湖地卑，河勢高，引河灌湖，必至瀰漫，使湖道復阻。請罷拯別推大臣。」部議如嵩言。

是時光禄少卿黄綰，詹事霍韜，左都御史胡世寧，兵部尚書李承勛，各獻治河之議。

綰言：「漕河資山東泉水，不必資黄河。莫若濬兖、冀間兩高中低之地，道河使北，至直沽入海。」

韜言：「議者欲引河自蘭陽注宿遷，夫水溢徐、沛，猶有二洪爲之束捍，東北諸山，亘列如垣，有所底極。若道蘭陽，則歸德、鳳陽，平地千里，河勢奔放，數郡皆壑，患不獨徐、沛矣。按衞河自衞輝汲縣至天津入海，猶古黄河也。今宜于河陰、原武、懷孟間，審視地形，引河水注于衞河，至臨清天津，則徐、沛水勢可殺其半。且元人漕舟，涉江入淮，至封邱北，陸運百八十里至淇門，入御河達京師，御河即衞河也。今導河注衞，冬春泝衞河沿臨清至天津，夏秋則由徐、沛，此一舉而運道兩得也。」

世寧言：「河自汴以來，南分二道：一出汴城西滎澤，經中牟、陳、潁至壽州入淮；一出汴城東祥符，經陳留、亳州至懷遠入淮。其東南一道，自歸德、宿州經虹縣、睢寧至宿遷出。其東分五道：一自長垣、曹、鄆至陽穀出；一自曹州雙河口至魚臺塌場口出；一自儀封、歸德至徐州小浮橋出；一自沛縣南飛雲橋出；一自徐、沛之中境山北溜溝出；六道皆入漕河而南會于淮。今諸道皆塞，惟沛縣一道僅存。合流則水勢既大，河身亦狹不能容，故溢出爲患，近又漫入昭陽湖，以致流緩沙壅。宜因故道而分其勢，汴西則濬孫家渡抵壽州以殺上流，汴東南出懷遠、宿遷及正東小浮橋、溜溝諸道，各宜擇其利便者開濬一道，以洩下流，或修武城南廢堤，抵豐、單，接沛北廟道口以防北流，此皆治河急務也。至爲運道計，則當于湖東滕、沛、魚臺、鄒縣間獨山新安社地別鑿一渠，南接留城，北接沙河，不過百餘里，厚築西岸以爲湖障，令水不得漫，而以一湖爲河流散漫之區，乃上策也。」

承勛言：「黄河入運，支流有六，自渦河源塞，則北出小黄河、溜溝等處，不數年諸處皆塞，北併出飛雲橋，于是豐、沛受患而金溝運道遂淤。然幸東面皆山，猶有所障，故昭陽湖得通舟。若益徙而北，則徑奔入海，安平鎮改道可慮，單縣、穀亭百萬生靈之命可虞。又益北則自濟寧至臨清運道諸水俱相隨入海，運何由通？臣愚以爲相六道分流之勢，導引使南，可免衝決，此下流不可不疏濬也。欲保豐、沛、單縣、穀亭之民，必因舊堤築之，堤其西北，使毋溢出，此上流不可不堤防也。」其論昭陽湖東引水爲運道，與世寧同。

乃下總督大臣會議。尋起引疾工部侍郎盛應期爲總督河道、右都御史。

82 十一月，丁丑，上諭内閣，以「庶吉士不須教養，悉除遣之。」大學士楊一清等言：「宜照常例，酌留三五人在翰林及選科、道等官。」張璁謂：「此輩心切奔競，口尚乳臭，不應處之翰林。而科、道、言官，又豈少不更事者之所宜？今悉處以部屬、知縣等官，將來必無營求幸進者。」上曰：「祖宗舊制，不可自朕擅改。」議遂寢。

83 甲午，大學士楊一清等言：「竊見近畿八府土田，多爲各監局及戚畹豪勢之家乞討，或作草場，或作皇莊。民既失其常産，非驅之死地，則去而爲盜。既往無論已；願陛下自今凡勢豪請乞，絶勿復許，小民控訴，亟賜審斷，使畿内之民有所倚以爲命，畿内安則四海安矣。」上然其言，令「户部推侍郎及科、道官有風裁者各一員，賜敕往勘。不問皇親勢要，凡係冒濫請乞及額外多占者，悉還之民。如有畏避權勢，從中隱匿者具以狀聞，並坐之。」

84 乙未，免山東濟南、兗州等府被災税糧。

85 是月，改禮部尚書桂萼爲吏部尚書，以吏部侍郎方獻夫代萼。

86 都御史胡世寧既掌憲，務持大體，條上憲綱十餘事，末言：「今天下赴訴之牘，有奸民畏死，輒行奏辨，冀再問以緩須臾者；有實則冤抑，而所司不理，第將原案增飾具上者；有貧民無力奏辨，而卒死獄中者；有富民無辜，而所司引嫌，彼此相比，竟不得出者。是亦足以上累聖德，感召災異。原其本皆以士習不正，忮刻成風，一遭讒毁，遂使終身廢棄。如浙江僉事彭祺，爲令以循良稱，爲御史以守正著，一旦因發豪强罪，受謗奪官。諸如此者，宜許大臣申理，宥之復職，以爲守正者勸。」上采其言，于是祺得免論。

87 十二月，甲辰朔，諭户部曰：「鹽課接濟邊儲，泉貨流通民用，俱爲急務。邇來鹽法之壞，由于私販盛行；錢法之壞，由于私鑄者多；其令户部區處禁約事宜以聞。」

于是户部尚書鄒文盛言：「欲正今日之弊源，必先申明祖宗之舊制。誠使朝廷之上，杜奏討之門而奸無所利，絶占窩之弊而商有所資，然後鹽法不阻于奉行之吏，錢法不淆于市肆之奸。」因條上二法，各六事，鹽法則首禁私販，次嚴奏討，錢法則首禁私鑄，次收官鑄。上以「文盛議皆可行，仍令户、工二部會鹽鈔各官詳議以聞。」

88 庚戌，大學士楊一清等言：「閒住太監張永，昔年討寧夏，寘鐇及奏發劉瑾罪有功，朝野稱快。宸濠之變，隨武宗南巡，時逆賊已平，而張忠、許泰等搜捕餘黨，扳引餘類，永至，多所矜釋，一方始安。洎武宗晏駕，計禽江彬，提督九門，防奸制變，無所不至。内臣若永者，誠未易得；臣一清嘗與同事寧夏，知之爲詳。今置之閒散，誠爲可惜。乞賜起用，量加委任，則凡供職于内者，皆知爲善之有益而勉于效忠矣。」上是之，詔「永掌御用監印，督團營，兼管神機營操練。」

89 是月，改李承勛爲兵部尚書。胡世寧仍爲刑部尚書。以兵部侍郎伍文定爲都察院右都御史。

90 是冬，雲南土舍安銓作亂。

銓以改流失職怨望，侵掠嵩明、木密、楊林等處。巡撫傅習檄守巡官討之，參政黃昭道、副使周奎敗績。賊遂陷尋甸、嵩明，殺指揮王昇、唐功，千户郭彬、趙俸等，知府馬性魯棄城走。

事聞，詔發夷、漢、土兵，會川、貴鎮巡官合討之。【考異】安銓作亂，明史土司傳在六年。實録系于七年正月，據奏報之月日也。實録言「六年冬，安銓作亂」，蓋因奏至而追敘其事如此，今據之。

91 田州之役，王守仁奉命，在道中，會蘇受入思恩，封府庫，以賊兵守之，而自率衆攻武緣甚急。參將張經堅壁拒守，鎮守頭目許用與戰，斬其渠帥一人。賊見援兵大集，乃遁去。

姚鏌以捷聞。上以「首惡未禽，仍令守仁亟督兵剿撫。」守仁威名素重，及督軍務，調兵數萬至，諸蠻心慴守仁以冬月行至南寧，偵知受等勢方熾，未可猝滅，乃上疏陳用兵非計，且言：「流官之設，徒有虛名，反受實禍。思恩未設流官之前，土人歲出土兵三千以聽官府之調遣；既設流官之後，官府歲發民兵數千以備土人之反復；流官之無益，斷然可睹。況田州鄰交趾，深山絶谷，悉猺、獞盤據，必仍設土官，斯可藉其兵力以爲屏蔽。若改土爲流，則邊鄙之患，自我當之，後必有悔。」章下兵部，尚書王時中條其不合者五，乃令守仁更議以聞。然守仁已定計撫之，未幾而田州果平。【考異】守仁平田州在明年二月。據本傳所載奏疏及年譜，則冬月守仁在南寧道中所上也。今系之是冬，爲平思、田張本。

明通鑑卷五十四

江西永寧知縣當塗夏燮編輯

紀五十四 起著雍困敦（戊子），盡屠維赤奮若（己丑），凡二年。

世宗肅皇帝

嘉靖七年（戊子、一五二八）

1 春，正月，庚辰，御史吴仲劾奏武定侯郭勛京營諸不法事，且言：「勛動藉大禮大獄脅制廷臣，無敢議其後者。請解勛兵柄，按治其罪。」上切責仲而貰勛勿問。

2 癸未，初考覈天下巡撫官。

先是，胡世寧、李承勛建巡撫久任之議，上頗採其言，至是命吏部會兵部、户部及承勛、世寧考覈撫臣宜去留者以聞。于是吏部尚書桂萼等劾「湖廣巡撫孫修，寧夏巡撫孟洋，才宜簡僻；河南巡撫蔣瑶，清操可稱，風采不足；總理南京糧儲杭桂，保定巡撫林庭梠，文名頗著，政望未孚；遼東巡撫張雲，貴州巡撫袁宗儒，鄖陽巡撫夏從壽，操江提督張九敘，或才不踰人，或病多廢事。議以修、洋調用，瑤等暫回籍聽別用。」從之。仍諭廷臣：「秉公推補，務求可久任者，毋襲往時遞遷之弊。」

3 乙酉，總理河道、都御史盛應期言：「沛縣迆北河道，地形卑下，泥沙易集，以故累濬累塞。臣詢之官民，皆言昭陽湖東自北進江家口、南出留城口約百四十餘里，可爲運道。北引運河之水，東引山下之泉，内設蓄水閘，旁設通水門及減水壩，以時蓄洩，較之疏通舊河，力省而利永。計用夫六萬五千，銀二十四萬兩，取兩淮鹽價，佐以山東官帑，剋期六月集事。」蓋用胡世寧策也。下廷議，從之，詔「及春和督工興事」。

應期又請「令管河郎中柯維熊，員外王大化，于趙皮寨、孫家渡、南、北留溝等處，役夫挑濬，以殺上流之勢，武城迆西至沛縣迆南，修築長堤，以防北潰之患。」俱從之。

4 丙戌，大祀南郊。

5 是月，逮前僉都御史陳九疇于獄。

初，上以王邦奇因番事訐楊廷和、彭澤，詞連九疇，乃遣給事中錦衣至邊勘狀，未還報而獄解。會番酋伊蘭復求通貢，自言「非敢獲罪天朝。所以犯邊，由冤殺舍音和珊、實巴伊克二人。」譯見前，即寫亦虎仙、失拜烟答也。于是萼欲重興是獄，請留質伊蘭，遣譯者諭其主還侵地，而脅禮、兵二部尚書方獻夫、王時中同上議曰：「番人上書者四輩，皆委咎前吏，雖詞多詆飾，亦事出有因，宜嚴覈激變虛實以服其心。」

時上方疑邊臣虛妄，欲窮治之。大學士楊一清，以「事既前決，請毋追論」，上不聽，手詔數百言，切責九疇，而戒一清勿黨庇。遂逮九疇，並及尚書金獻民，侍郎李昆以下，坐累者四十餘人。【考異】據實録，書逮九疇于去年之冬，蓋逮在去年，九疇至京師下獄在是年正月。三編所書，據明史哈密傳，傳敘其事始于六年之春，即王邦奇初興是獄時也。至獄解之後，復因番人來貢，桂萼等欲藉九疇以殺楊廷和、彭澤，因有逮九疇之事。而其下文，言「七年正月，九疇逮至下獄」，傳中分書，最爲明晰。今據三編，參明史哈密傳。

6 上手敕加張璁、桂萼俱太子太保。

時上視朝，見璁、萼班兵尚李承勛下，意嗛之；楊一清請加散官，遂有是命。璁辭以「未建青宮，官不當設」，乃更加璁少保兼太子太保。

7 二月，丁未，免浙江寧波府被災各縣税糧。

8 工科給事中陸粲言：「自正德初年，今大學士楊一清總制三邊，欲將定邊營迆東石澇池至寧夏横城堡，凡三百里，增築邊牆，事已就緒；會一清去任，僅築四十里而止。閱今二十餘年，屹立如故，則邊牆之明效可覩矣。請依當時原議築牆浚濠，高廣深闊皆如前式，加築敵臺、煖鋪、墩堡之等以資守禦。乞敕陝西提督邊務大臣會同撫、按相度整理。仍發太倉銀一二十萬，不足則量開鹽引或支陝西布政司無礙官銀。選委賢良，專董其事。期以一二年間，凡三百里內平衍宜牆之地，悉踵成之，實爲守邊固圉之長策。」上是其言，敕「提督陝西邊務王憲會同鎮巡官相度修舉，所有經費，令户、工二部詳議以聞。」

9 丙辰，改三邊尚書王憲爲南京兵部尚書，起前兵部尚書王瓊代憲。

10 戊辰，田州平，提督軍務新建伯王守仁奏捷。

疏曰：「臣奉命于去年十二月至廣西平南縣，與巡按、御史石金及藩、臬、諸將領等會議，思、田禍結兩省，已踰二年，今日必欲窮兵盡剿，則有十患；若罷兵行撫，則有十善。臣與諸臣攄心極論，今日之局，撫之爲是。臣抵南寧，遂下令盡撤調集防守之兵，數日内解歸者數萬。惟湖南土兵數千，道阻遠不易即歸，仍使分留南寧，解甲休養，待間而動。而盧蘇、王受先遣其頭目黃富等訴告，『願得歸境投生，乞宥一死。』臣等諭以朝廷威德，令齎飛牌歸巢曉諭，期以速降免死。蘇、受等得牌，皆羅拜踴躍，歡聲雷動。尋率衆至南寧城下，分屯四營。蘇、受等囚首自縛，與頭目數百人赴軍門請命。臣等復諭之曰：『朝廷既赦爾罪，爾等擁衆負固，騷動一方。若不示罰，何以雪憤！』于是下蘇、受于軍門，各杖一百，乃解其縛。又諭之曰：『今日宥爾死者，朝廷好生之德；必杖爾者，人臣執法之義。』衆皆叩首悦服，願殺賊立功。臣隨至其營，撫定其衆七萬餘人，復委布政使林富等安插，于二月二十六日悉命歸業。是皆皇上至孝達順之德，神武不殺之威，未期月而蠻民率服，不折一矢，不傷一人，而全活數萬生靈，即古舞干之化，奚以加焉！」

疏聞，上嘉之，遣行人齎敕獎賚。【考異】實録系平田州于五月壬午，又系守仁去年冬月所上之疏于三月乙未，皆據奏至之日也。證之明史本傳及土司傳中，備書平賊，皆有確切月日可據。其云「二月二十六日」即是月戊辰也。明書及文成年譜皆與明史列傳同，今據之。

11 是月，四川鎮、巡官奏平芒部。

初，芒賊沙保等聞官軍將至，出鎮雄府印乞降，然尚持兩端，欲立土官如故。四川撫、按以保狡悍不可馴，檄瀘州守備擊之，又遣使勞賜芒部撫夷郤良佐，使討禽保，保怒，復叛。至是會川、貴諸軍討之，沙保敗，禽斬三百餘級，招撫蠻、玀男婦以千計。

捷聞，仍設鎮雄流官如舊。

12 山西潞城縣青羊山賊陳卿等作亂，官兵捕之，敗績。賊遂執知州王朝雍、郭鑑，殺傷指揮、知縣等官。

事聞，詔副總兵趙廉調兵進剿，尋遣都御史常道統三關兵助之。

13 三月，壬申，大學士楊一清聞陸粲建續築邊牆之議，復上書請遣專官董其事。上命廷臣會推，以兵部侍郎王廷相可任，乃擢廷相爲都察院僉都御史，提督延、寧邊防，仍命廷相以一清所奏，會三鎮鎮、巡等官悉心經畫，俾有實效。

14 戊寅，大學士謝遷致仕。

遷之赴召時，年七十九矣，敦趣不已，乃拜命。至則張璁已入閣，而楊一清以官尊于遷，不相下。遷居數月，力求去；上不許，待之愈厚，以天寒免朝參，除夕賜御製詩。及以病告，則遣醫賜藥餌，光禄致酒餼，使者相望于道。而遷自正月以來，請益力，至是始許之，賜敕、馳驛，給廩夫如故事，仍令其子中書舍人謝正侍行。

15 己卯，詔儒臣重校大明會典，訂正訛謬，增入續定事例。

先是上閱會典，冠禮目中有成化十四年謁謝奉先、奉慈殿之文。奉慈殿，乃孝宗即位始建，以祀孝穆皇太后者也。上以謬誤顯然，乃有重校之舉。【考異】會典始修于弘治十五年，正德六年重校成書。至是世宗以誤入奉慈殿之文重修，序中所謂「紀載失真，文詞牴牾」者，此類是也。又序言「自弘治十五年至嘉靖七年所有事例，一併續增。」其書成于嘉靖八年四月，所載事例至七年而止。今據實録月日。

16 庚寅，謫僉都御史陳九疇戍極邊，黜致仕尚書彭澤爲民。

當九疇之下獄也，桂萼等必欲致之死，並株連澤及楊廷和，于是下法司會議。刑部尚書胡世寧言于朝曰：「世寧司刑而殺忠臣，寧殺世寧！」乃上疏訟九疇冤，略言：「番人變詐，妄騰蜚語以誣害我謀臣。夫其蓄謀内寇，爲日已久。一旦擁兵深入，諸番約爲内應，非九疇先幾奮戮，使彼敗謀而退，則肅州孤城，豈能復保！臣以爲文臣有勇知兵，忘身殉國者，無如九疇，宜番人深忌而欲殺之也。惟聽郡將妄報，以莽蘇爾等爲已死，則其罪有不免耳。」

疏入，上意稍解，九疇得免死戍邊，金獻民等及澤皆落職。惟廷和得免。【考異】事見明史胡世寧陳九疇諸傳，三編統系之是年正月目中。其時黜爲民者惟彭澤、金獻民等數人，廷和皆不及焉。故目中于澤等斥爲民下，特書云「惟廷和得免」，此可見矣。蓋廷和之斥爲民，乃在明倫大典書成之日，前已辯之，茲更據三編目中增入。

17 癸巳，雲南武定府土舍鳳朝文作亂，殺同知以下官吏，劫奪州印，舉兵反。時雲南尋甸土舍安銓方亂，朝文與之合，犯雲南府。撫臣以聞。

是時二寇連兵，滇中大擾。詔「以都御史伍文定爲兵部尚書，仍兼右都御史，提督雲、貴、川、廣軍務，調四鎮土、漢官軍討之，以户部侍郎梁材督理糧儲。」

18 丁酉，小王子犯山西，自乾溝墩入，號十萬，圍游擊邵定軍，宣大告急。

兵部言：「寇自春出，入套東行，沿邊駐牧，窺伺日久。各官罔知警禦，以致邵定輕追被圍。請敕給事中一員同彼處巡按、御史查勘以聞。」從之。

19 是月，以伍文定督師雲、貴，命李承勛以兵部尚書兼管都察院事。

20 靈寶縣黃河清。輔臣楊一清、張璁等屢疏請賀。御史周相抗疏言：「河未清，不足虧陛下盛德，而好諛喜事之臣，輒張大文飾之。佞風一開，獻媚者將接踵。願罷祭告，止稱賀，詔天下臣民毋奏祥瑞，水旱蝗蝻即時以聞。」上大怒，下相詔獄拷訊，復杖于廷，謫韶州經歷；而諸慶典亦止不行。【考異】相疏見明史楊爵傳，書云「七年三月」，三編統系之是年四月甘露降目中，亦云「是年春」，今據增。

21 夏，四月，庚戌，以各處災傷，又連日大風吹沙，塵霾蔽天，敕群臣同加修省。

22 甲寅，南贛巡撫汪鋐，奏所部甘露降，以爲上仁孝之感。上喜，遣官祭告郊廟。廷臣請表賀，以災異止之。

23 芒部既平，而叛酋沙保子普奴糾烏撒毋響，苗、蠻、隴革等復起，攻劫畢節屯堡，殺掠士民。貴州巡撫袁宗儒以聞，上並以屬之伍文定。

時文定奉命南征，上疏「請量發內帑，選擇掛印武臣，統領畿輔諸處勁兵以圖討賊。」而廷議頗不謂然。上諭以「侯黔國公沐紹勛推誠處置，其即會鎮、巡官及梁材協力剿撫，便宜行事。」

24 乙丑，刑部尚書胡世寧以災異求退，因言十事：「一勸上閲大學衍義；二久任巡撫守令，並寬其文法；三久任布政司徑陞九卿等官，不必再推巡撫；四分巡僉事，三年間專管一道，不必更移；五陞除有司官，就于近地，以便之任；六布、按二司官只于所在衙門升轉，不必南北交遷；七才力不及官量調相宜處所，不可置諸遠方；八邊方布、按二司及佐貳官宜越資簡用，使之諳練邊事，以備邊鎮巡撫；九廣西、四川、雲南司、府、州、縣官，宜選用有精力、諳風土者，不可概用衰老貪懦之人；十嘉靖二年、五年二次察黜各官，多剛正有爲之人，宜與引疾乞休者一體令大臣、科、道保舉推用。」上嘉納之。「惟朝覲考黜官僚，係累朝舊制，不宜更易以滋紛擾。其餘皆下吏部議行。」

25 五月，己卯，刑部尚書胡世寧讞上陳洸、宋元翰等獄，元翰及葉應驄俱爲民，洸閒住，黄綰降二級遠方用。

藍田時已入察典，上謂其「以謗書入奏，致興大獄，仍令巡按、御史即其家逮治以聞。」尋勘狀，黜爲民。

26 甲申，黔國公沐紹勛上言：「土舍之役，臣奉命會同巡撫等調發官軍，分道勦撫。諸賊抗逆，執留所遣官軍二人，所調集各土舍又重自疑畏。臣謹以便宜榜示，先給冠帶，待後奏請承襲，衆始感奮，于二月進兵，擊斬强賊十餘人，賊奔回武定。乞敕部臣授方略，俾獲便宜行事，並宥各土舍往罪，凡有功者俱許承襲，作其敵愾之氣。」上納之，賜敕奬勵，並令「會同提督、尚書伍文定計擒首惡，餘黨隨宜撫剿。所謂土舍，准令勘明襲替，免其赴京。」

27 丙申，御製顯陵碑，遣禮部侍郎嚴嵩詣安陸竪碑祭告。

28 是月，王守仁奏思、田之捷。

侍郎方獻夫，「請于田州特設都御史一人，專駐撫綏」，下守仁議。守仁因薦布政使林富及閒住總兵官張佑，從之。

29 六月，辛丑朔，明倫大典成，上之。

上親製序文，復命張璁爲後序，宣示史館，刊布天下。以纂修功，加璁少傅兼太子太傅，桂萼少保兼太子太傅，方獻夫太子太保。餘自閣臣楊一清等以下，陞賞有差。

30 癸卯，詔定議禮諸臣罪。以故大學士楊廷和爲首，言其「謬主濮議，自詭『門生天子，定策國老』，法當戮市，姑削籍爲民。」蔣冕、毛紀、毛澄、汪俊、喬宇、林俊俱奪職，斥何孟春、夏良勝爲民。

31 丙午，王守仁議處置經略思、田事宜，「請設流官知府以制土官之勢。即改田州爲田寧府，設流官知府、同知、經歷、知事各一員，仍立土官知州，以順土夷之情。岑氏世有田州，民心繫戀，議割田州地別立一州，以岑猛次子邦相爲吏目，署州事，俟有功擢知州。而于田州置十九巡檢司，以蘇受等任之，並受約束于流官知府。」上皆從之。

32 癸丑，御史吴仲報通惠河成，因疏五事，言「大通橋至通州石壩，地勢高四丈，流沙易淤，宜時加濬治。管河主事宜專委任，毋令兼他務官吏。閘夫以罷運裁減，宜復舊額。慶豐上閘，平津中閘，今已不用，宜改建通州西水關外。剥船造費及遞歲修艌，俱宜酌處。」上以先朝屢勘行未即功，仲等四閲月功成，詔予賞，悉從其所請。仲又請「留督工郎中何棟專理其事，爲經久計」，從之。仲復進所編通惠河志，命送史館，采入會典。

自此漕艘直達京師，人思仲德，建祠通州祀之。

33 丁卯，免河間、保定、順德、真定、廣平、大名六府被災州縣税糧。

34 雲南叛蠻平。

初，武定土知府鳳詔母子，坐事留雲南，朝文紿其衆，謂「詔已戮，朝廷且盡剿武定蠻衆」，以是諸蠻信之，悉從爲亂。朝議以歐陽重代傅習巡撫雲南，而命伍文定督兵討之。文定未至，重已擊敗賊，而追詔母子還故地，諸蠻相顧錯愕，咸投詔降。朝文計窮，奔東川，爲追兵所及，磔死。餘衆猶盛，遁據尋甸故巢，列寨數十。至是官兵分哨夾攻之，諸寨先後破，乃併力攻拔其老巢。安銓竄入芒部，爲土舍祿慶所執，遂平之。

是役也，生禽渠賊及黨逆千餘人，斬首二千九百餘級，俘獲男婦千二百餘人，撫散夷黨二萬有奇。沐紹勛等以捷聞，俱賜敕獎勵。

35 己巳，寇犯大同中路，分守參將李蓁擊敗之。

36 是月，以明倫大典成，超拜霍韜爲禮部尚書，掌詹事府事。

韜因言翰林院修書遷官、日講蔭子及巡撫子弟蔭武職之非，而以爲己不能力挽，不可隨衆趨，且稱給事中陳洸冤，薦監生陳雲章才可用。上優詔褒答，不允辭。

韜復奏曰：「今異議者謂陛下特欲尊崇皇考，遂以官爵餌其臣；臣等二三臣苟圖官爵，遂阿順陛下意。臣嘗自慨，若得禮定，決不受官，俾天下萬世知議禮者非利官也。苟疑議禮者爲利官，則所議雖是，彼猶以爲非，何以塞天下口？」因固辭不拜，上猶不允；三辭，乃允之。

37 秋，七月，己卯，以大禮成，追尊孝惠皇太后爲太皇太后，恭穆獻皇帝爲「恭睿淵仁寬穆純聖獻皇帝」。辛巳，尊章聖皇太后爲「章聖慈仁皇太后」。戊子，頒詔天下。

38 謫指揮聶能遷。

初，能遷以議禮附名大禮集議中，及見明倫大典成，陞職不及；能遷遂懷怨望，乃嗾閒住主事翁洪疏誣「新建伯王守仁賄通禮部尚書席書，得見舉用。」詞連詹事黃綰及大學士張璁，于是綰上章疏辨，上慰留。

乃敕法司讞，能遷誣罔，無左證。璁欲置能遷于死，首輔楊一清擬旨戍邊，洪黜爲民；璁以爲輕，遂與一清有隙。

39 己丑，陝西三邊尚書王瓊言：「往年撒馬爾罕、天方、土爾番、哈密四國各遣使入貢，未至而土爾番旋寇邊。故都御史陳九疇，將土爾番、哈密貢回夷人羈留不出，以覘其變，迄今二年，各懷觀望。請通行驗放出關，仍宣諭番酋，令其改過自新，示柔遠之德。」從之。

40 辛卯，命工部侍郎潘希曾兼僉都御史，總理河道，代盛應期也。

初，應期奉敕治河，請疏濬昭陽湖東一帶新河，期以六月工竣，至是工已及半。會旱災修省，言者多謂新河之開非計，上遽令罷役。應期請展一月竟其功，不聽，尋召應期還。

初，應期請令郎中柯維熊分濬支河，維熊力贊新河之議，至是亦言不便。應期上章自理，上怒，詔與維熊俱奪職。尚書胡世寧言：「新河之議倡自臣，應期尅期六月。今四月，工已八九，緣程功趣急，怨讟煩興。維熊反覆變詐，傾大臣，誤國事。自古國家僨事，必責首議之臣，臣請與應期同罷。」上不許。

應期後更赦復官，致仕卒。

應期罷後三十年復興工，仍循新河遺跡成之，運道蒙利焉。【考異】應期之罷即在是月，罷後與柯維熊同奪職，據實録在九月，世寧論救即在其時。今據明史應期本傳終言之。

41 是月，新建伯王守仁討斷藤峽八寨賊，平之。

初，都御史韓雍既去兩廣，斷藤峽賊復時出剽掠。時總督兩廣陳金，與苗約仍許互市，改曰永通，諸蠻益無忌。其地上連八寨，下通仙臺、花相諸峒，盤亘三百餘里，郡縣罹害者數十年。

守仁平田州還，兩江父老遮道言狀，降人盧蘇、王受亦請立功自贖。守仁乃留南寧，罷遣諸兵，示不再用。伺賊不備，潛師突進，連破牛腸、六寺等寨，循橫石江而下，攻克仙臺、花相諸賊。後令布政林富率蘇受搗八寨，直抵其巢，禽斬三千餘，俘獲無算。于是峽賊復平，兩江悉定，遂以捷聞。【考異】平斷藤峽賊，明史本紀系之九月甲戌。據守仁奏至之月日也。實録紀其大略于九月，復統敘于閏十月中，蓋據守仁報功兵部覆奏之月日也。證之諸書及三編，平斷藤、平八寨皆在七月，而其平賊之月日皆見奏疏中。證之文成年譜，亦云「七月襲八寨、斷藤峽，平之。」是以七月奏捷，九月奏至，故本紀系之九月中。三編改系之七月，則平賊月日也，今從之，並參據奏捷原疏中語。

42 八月，辛丑，河道侍郎潘希曾言：「河流故道非一，其大者有三：一孫家渡經長淮衞趨淮入海；一趙皮寨經符離橋出宿遷小河入海；一沛縣飛雲橋經徐州趨淮入海。孫家渡、趙皮寨乃上流之支河，飛雲橋乃下流之支河。弘治以前，三支分流，會于淮而入于海，故徐、沛無患，漕渠不淤。今上流二支俱就堙塞，全河東下，併歸于飛雲橋一支，于是決堤壅沙，大爲漕患。今日之計，急宜疏上流。近因趙皮寨開濬未通，疏孫家渡口以殺河勢，請敕河南巡撫潘塤，督管河副使調集夫役，選委職官，亟爲疏濬，尅期成工。」上是其議，從之。

希曾又言：「漕渠廟道口以下忽淤數十里者，由決河西來，横衝口上，並掣閘河之水，東入昭陽湖，致閘水不南，而飛雲橋之水時復北漫故也。今宜于濟、沛間加築東堤以遏入湖之路，更築西堤以防黄河之衝，則水不散漫，而廟道口可永無淤塞之虞。」上亦從之。

43 壬子，免河南彰德、衛輝、懷慶等府被災税糧。

44 是月，大學士楊一清乞休。

初，一清再相，由張璁、桂萼力，既入閣，傾心下二人。而璁終以壓于一清，不獲盡如意，遂相齟齬。及聶能遷論戍，璁以擬旨輕恨一清，至斥爲奸人鄙夫。一清因再疏引退，且刺璁隱情。上手詔慰留，因極言「璁自伐其能，恃寵不讓，良可嘆息！」璁見上忽暴其短，頗愧沮。

45 兵部尚書李承勛，以疾三疏乞休，且陳時事，略言：「近日山西潞城賊，以四道兵討之，不統于一人，故無功。川、貴芒部之役，措置乖方，再勝再叛，宜命伍文定深計，毋專用兵。豐、沛河工，二年三易大臣，工不就，宜令知水利者各陳所見，俾侍郎潘希曾度其可否。」末言：「治天下在決壅蔽之患以通上下之情，請仿唐、宋輪對、次對故事，不時召見大臣。」上不允辭，下其議于所司。

46 是科，定各省主試皆遣京官或進士，每省二人，用張璁議也。

初，兩京房考亦皆取教職，至是命各加科、部官一員閱兩科，兩京房考，科、部皆罷之。

47 九月，甲戌，王守仁奏捷至京師，並經略斷藤、八寨事宜。

先是上以平思、田功，遣行人賫敕獎賫。會守仁已平廣西，遂以疾陳請解職，不許。

【考異】守仁奏斷藤、八寨之捷在七月，越兩月始達京師，故實録據之。至上以思、田功賜敕獎賫據年譜，「九月八日，行人馮恩賫敕至鎮」，則守仁疏謝及引疾皆在此時。今據年譜次于是月甲戌之下。

48 庚辰，吏部議，以「兩廣既平，江西無事，請裁革巡撫江西官。」從之。

49 壬午，振浙江杭、嘉、湖三府災，詔「于兑軍運内量留二十萬石，及撥南京倉糧六萬石、徐州倉糧四萬五千石分振之。」【考異】明史本紀，「是月壬午，振嘉興、湖州災。」明史稿，「振杭、嘉、湖災」，證之實録亦云，疑本紀脱去「杭州」二字也，今從史稿。

50 癸未，以各處災傷，敕下廷臣講求寬恤事宜。並命禮部尚書方獻夫彙書天下災異進覽，以存儆戒。

51 丙戌，上以諸軍討潞城賊久無功，欲罷兵以俟其自定，閣臣楊一清、張璁等皆以爲不可。乃召常道還，改保定巡撫王應鵬于山西代之，並兼提督雁門關等處。

52 甲午，召都御史伍文定還。

先是尚書李承勛，以芒部用兵爲非計，而御史楊彝，復言「芒部改土易流非長策，又時值荒饉，小民救死不贍，何能趣戰！」上亦軫念災傷，令「罷芒部兵，俟有秋再議征討，仍命沐紹勛會川、貴鎮、巡官區處以聞。」

53 冬，十月，辛丑，小王子復犯宣府，總兵趙瑛擊却之。

時我軍死傷略相當，而寇仍駐近邊謀再入，敕鎮、巡官嚴備之。

54 丁未，皇后陳氏崩。

上性嚴厲，后以被譴，驚悸墮娠，遂不起。

禮部奏喪儀，「上服十三日，群臣二十七日」，上以皇太后在上，諭從殺。上素服御西角門十日，即御奉天門。群臣皆素服二十七日而除。

55 己未，寇犯莊浪，總督三邊王瓊分遣諸將邀擊，前後斬首十級。

未幾，寇復自紅城子入掠，會三原主簿張文明解餉至，遂遇害。

56 閏月，庚午，册謚大行皇后曰悼靈皇后。

57 壬申，潞城平。

初，青羊山賊陳卿等聞官兵四集，乃逼脅近山居民，編爲五甲，簡其驍鋭者，令其弟陳相、陳良等率七八百人禦河南兵，自與其弟陳奉、陳訪等率千餘人禦山西兵，各守險要，仍遣其黨乘間掠河南、山西州縣。都御史常道、潘塤，統山西、河南官兵，一駐潞城，一駐彰德，總兵官魯綱，統直隸兵駐潞州，副使牛鸞，率山東鎗手會之，分道並進。賊大敗，其黨殷得海等投降，卿窘迫，亦詣僉事陳大綱營降。父子家屬俱爲山東兵所俘，諸賊黨斬獲略盡，散其脅從者二千三百餘人。

捷聞。兵科給事中夏言等言：「諸賊本皆良民，因常道撫勦失宜。魯綱安坐潞州，未嘗與賊會戰，乃飛章報捷，詭爲己功，俱宜議罪。其他有功及失事官吏，請遣給事中一員馳詣軍門，會同撫、按官分別以聞。」從之。

58 壬午，禮部奏大行皇后梓宮發引及山陵事宜。

時已卜葬皇后于襖兒峪，上以禮官所定如「百官哭臨及禁屠、撤樂皆于發引三日之前，梓宮出當于端門行辭祖禮，從午門等中門出」，凡此之等，悉令從殺，哭臨止于一日，辭祖亦從罷免，而梓宫命由左王門出。

于是禮科給事中王汝梅上言：「皇后正位七載，齊體至尊，生以禮歸，没不以禮葬，非所以重大倫，爲萬世法，請更議。」報曰：「所言具見忠愛，但未權其輕重耳。」已而給事中徐景嵩言：「哭臨、辭祖之儀，臣固未敢輕議。若梓宫出門，乃萬姓瞻仰所係，王門之議，臣心實不敢安也。」詔如前旨。

59 是月，兵部尚書王時中罷。

初，時中代李鉞爲尚書，中官黄英等多所陳請，時中皆執不可。比引疾，數月復任，以敘薊州平盜功，濫及通州守備鄢祐，爲言官李鳴鶴等所劾。時中因乞休，且詆言者，復爲給事中劉世揚等所劾。至是，上切責時中，令罷歸聽勘。

60 王守仁報斷藤之捷，因言：「廟廊諸臣，推誠舉任，公心協贊，故臣得以展布四體，共成厥功。宜先行廟堂之賞，次録諸臣之勞。」上不悦。

先是上以守仁捷書示閣臣楊一清等，謂守仁自夸大，且及其生平學術，一清等不知所對。守仁之起由璁、萼薦，萼故不善守仁，以璁强之。後萼長吏部，璁入内閣，積不相下。萼暴貴，喜功名，風守仁取交阯，守仁辭不應。一清雅知守仁，而黄綰嘗上疏欲令守仁入輔，毁一清，一清亦不能無移憾。

萼遂顯詆「守仁征撫交失，賞格不行」，獻夫及霍韜不平，上疏争之，言：「諸猺爲患積年，初嘗用兵數十萬，僅得一田州，旋復召寇。守仁片言馳諭，思、田稽首。至八寨、斷藤峽賊，阻深巖絶岡，國初以來，未有輕議剿者，今一舉蕩平，若拉枯朽。議者乃言『守仁受命征思、田，不受命征八寨。』夫大夫出疆，有可以安國家，利社稷，專之可也，況守仁固承詔得便宜從事者乎？守仁討平叛藩，忌者誣以初同賊謀，又誣其輦載金帛，當時大臣楊廷和、喬宇飾成其事，至今未白。夫忠如守仁，有功如守仁，一屈於江西，再屈于兩廣，臣恐勞臣灰心，將士解體，後此疆圉有事，誰復爲陛下任！」疏上，報聞而已。

61 十一月，丁未，免大名、廣平、順德、真定被災秋糧。

62 庚戌，免寧夏鎮、所地方秋糧，仍發銀振之。

63 乙卯，免河南開封府被災秋糧。

64 丁巳，伍文定還自貴州，道湖廣，請歸省墓，許之。

65 丙寅，册立順妃張氏爲皇后。三編質實云：「皇后張氏，史不詳其地望。」據毛奇齡彤史拾遺記，「后父揖，錦衣衛指揮僉事。」

66 丁卯，新建伯兵部尚書王守仁卒于南安。

守仁在軍中病篤，疏乞骸骨，舉鄖陽巡撫林富自代。不俟命竟歸，行至南安卒，年五十七。喪過江西，軍民無不縞素哭送者。

守仁天姿異敏，年十七，謁上饒婁諒，與論朱子格物大指。還家，日端坐講讀五經，不苟言笑。游九華歸，築室陽明洞中，泛濫二氏學，數年無所得。謫龍場，窮荒無書，日繹舊聞，忽悟格物致知當自求諸心，不當求諸事物，喟然曰：「道在是矣！」遂篤信不疑。其爲教專以致良知爲主，謂「宋周、程二子後，惟象山陸氏簡易直捷，有以接孟氏之傳，而朱子集註、或問之類，乃中年未定之說。」學者翕然從之，世遂有「陽明學」云。【考異】文成之卒，三編系之八年正月。質實云：「按守仁集所載年譜，『生成化八年九月三十日，卒于嘉靖七年十一月二十九日，年五十七。』明實録系之八年正月，蓋赴告至京之月也。」按實録于大臣之卒，大都據赴告之月日書之。獨文成無月日，但于八年正月陞林富爲副都御史巡撫兩廣條内，言「守仁舉富自代，不候命即歸，上怒其專擅」云云。下文即書云，「無何而守仁卒」，是守仁乞骸骨之奏以正月至，而卒之月日不具，但于二月書「廷臣議守仁功罪」語。稽之黄綰文成行狀，則言「文成訃至，桂萼方劾奏公養病之疏，乃令該司匿不舉報，而參公擅離職役，軍功冒濫等事」，是文成無赴告月日之證也。三編所記，仍據林富代任兩廣條内語，今仍據年譜書之。譜言「公卒于十一月丁卯」，丁卯即十一月二十九日，明儒學案所載亦同。附識于此。

67 是月，改胡世寧爲兵部尚書，加太子太保。以南京刑部尚書高友璣爲刑部尚書。

68 初，土爾番之據哈密也，廷議閉關絶其貢，四年矣。及陳九疇得罪，張璁、桂萼請起故尚書王瓊督邊，乃釋還九疇所拘繫前後番使數十輩，且許之通貢，議已定。番酋伊蘭者，即牙蘭。本曲先衞人，幼爲番掠去，長而黠健，阿里即阿力，一作阿爾。以妹妻之，握兵用事，久爲西陲患。本年夏，以獲罪其主，率所部二千人降，邊臣處之內地。莽蘇爾怒，遂引衞拉特即瓦剌，一作威喇特，見前。犯肅州，爲游擊彭濬所敗，乃遁走。復因赤斤使人持番文求貢，願以哈密城易伊蘭，詞多誖慢。瓊希璁、萼等指，必欲議撫，因言「番人悔罪，宜原情許之照舊通貢，以罷兵息民。」

于是詹事霍韜言：「番人（久）〔攻〕陷哈密以來，議者或請通貢，或請絶貢，聖諭『必有悔罪番文然後許』。今王瓊譯進之文，皆其部下小醜之語，無印信足憑。我遽許之，恐戎心益驕，後難駕馭。」時胡世寧主兵部，令詳議以聞。

69 十二月，丙子，小王子復寇大同，大掠陽和、天城、平虜三衞及雲、朔二州，指揮趙源戰死。

70 壬午，下吏科都給事中劉世揚，給事中李仁于獄。

先是世揚等劾奏「詹事顧鼎臣，污庸貪佞，不足以當眷注，居啓沃之任」，並有「今日詹事，他日輔臣」之語。上詰曰：「詹事進輔臣，例出何年？」責令對狀。世揚等引罪，上怒其狂妄奏擾，杖之。鼎臣內不自安，具疏論救，不許。

71 癸未，四川巡撫唐鳳儀言：「烏蒙、烏撒、東川諸土官，故與芒部爲脣齒。自芒部改流，諸部内懷不安，以是反者數起。今懷德長官阿濟等，分設懷德等四長官司，事見五年。雖自詭禽賊，其心固望隴勝得一職以存隴後。臣請如宣德中復安南故事，俯順夷情，則不假兵而禍源自塞。」川、貴巡按戴金、陳講等奏如鳳儀言。金又以「首惡如毌響、祖保等，宜剿誅以折其驕氣，始下撫處之令，許生獻沙保等，待阿濟以不死。然後復隴勝故職，或降爲知州。其長官或因，或革，或分隸，庶操縱得宜，恩威並著。」

章下所司，仍敕「四川、貴州鎮、巡官宣諭諸土官，或有定亂長策，仍詳議以聞。」【考異】事見明史土司傳，證之實録，鳳儀等上疏在是年十二月，其改流官復爲土官在九年四月，今分書之。

72 是月，户部尚書鄒文盛致仕，以户部侍郎梁材陞任代之。

73 初，胡世寧之論救陳九疇也，欲棄哈密不守，言：「巴爾濟久歸土爾番，即還故土，亦其臣屬，其他族裔無可繼者。回回一種，逃附肅州已久，不可驅之出關。然則哈密將安興復哉！縱得忠順嫡派，畀之金印，助之兵食，誰與爲守？不過一二年，復爲所奪。益彼富强，辱我皇命，徒使再得城印，爲後日要挾之地。乞聖明熟籌，如先朝和寧、交阯故事，置哈密勿問。如其不侵擾，則許之通貢，否則閉關絶之，庶不以外蕃疲中國。」詹事霍韜力駮其非。

至是世寧改掌兵部，上言：「番酋變詐多端，方許之朝貢，而寇騎已至，河西幾危，此閉關與通貢，利害較然。今瓊等既言『寇薄我城堡，縛我士卒，聲言大舉以恐嚇天朝』，而又言『番方懼悔，宜仍許通貢』，何自相牴牾？顧無墮其術中，弛我邊備，斯可矣。伊蘭本我屬蕃，爲彼掠去，束身來歸。事屬反正，宜即撫而用之，招彼攜貳，益我藩籬。至哈密三立三絶，今其王已爲番酋所困，民盡流亡。借使更立他族，彼强則入寇，弱則從番，難保爲不侵不叛之臣。臣謂立之無益，適令番酋挾爲奸利耳。乞賜瓊璽書，令詰莽蘇爾入寇狀。如果事出衞拉特，則縛其人以自贖；否則羈其使臣，發兵往討；庶威信並行，寇知斂戢。更敕瓊爲國忠謀，無狃于通番入貢，當以足食固圉爲長久計。封疆幸甚！」上善其言。

會王瓊再請通貢，張璁等主其議。自是番酋通貢如故，而哈密存亡遂置不問；河西稍獲休息，而莽蘇爾桀驁愈甚。

八年（己丑、一五二九）

1 春，正月，己亥，振山西旱災，詔發太倉銀給之。【考異】明史本紀書「正月己亥振山西災」，明史稿「振山西旱災」，證之實録，則云「振陝西旱災」。按明史五行志，「嘉靖七年，陝西大旱。八年，山西及臨洮、鞏昌，俱旱。」是山、陝俱旱也。實録書「正月己亥振陝西旱，發太倉銀七萬」，又于戊午書「陝西歲饑，發太倉銀十萬」，據此，則正月之振乃山西，恐實録抄本有誤字，今仍據明史及史稿。惟史稿誤「己亥」爲「乙亥」，乙亥乃二月干支，非正月也，今仍據明史。

2 乙巳，陞林富爲兵部侍郎兼僉都御史，巡撫兩廣，提督軍務。

時守仁請疾奏甫至，上以其不俟命，責令具狀。未幾，守仁赴至京師，桂萼令所司匿不舉報，遂劾「守仁擅離職役及處置思、田、八寨恩威倒置」，並詆「守仁前奏江西軍功冒濫」，乃下廷臣議其功罪以聞。【考異】此據黄綰行狀增入，蓋桂萼之劾即在此時，踰月乃會議入奏也，今分書之。

3 庚戌，大祀南郊。

4 戊午，以災異數見，敕諭群臣修省。

先是去年十二月長星見，光芒數丈，本年立春之日長星復見，白氣亘天，加以各省災傷迭奏。大學士楊一清等修弭災急務數事以上，上嘉納之，尋有是敕。

5 是月，兵部尚書胡世寧致仕。

世寧居兵部甫三月求去，上不許，免朝參。世寧又上備邊三事，固稱疾篤。至是凡三請，乃許之。

世寧初以議禮與張璁、桂萼合，二人德之，欲援以自助。世寧不肯附會，論事多牴牾。洎萼主吏部，世寧言：「今天變人窮，盜賊滋起，咎在吏、户、兵三部不得人，而兵部尤重。請避賢路。」又以哈密議，語侵璁，諸大臣多忌之。而上始終恩禮不替，賜敕、乘傳、給廩夫如制。

歸數月，復起南京兵部尚書，固辭不拜。踰年秋卒，贈少保，謚端敏。

6 二月，癸酉，以吏部尚書桂萼兼武英殿大學士，入内閣預機務。

萼素與張璁比，後皆用事，積不相下。及同居政府，遂致相失。

7 甲戌，詔停新建伯王守仁世襲，並卹典皆不行。

方桂萼之劾守仁也，上曰：「守仁擅離重任，非大臣事君之道，況其事功學術亦多可議。」于是萼會廷臣議，言：「守仁事不師古，言不稱師。欲立異以爲高，則非朱熹格物致知之論；知衆論之不予，則爲朱熹晚年定論之書。號召門徒，互相倡和，才美者樂其任意，庸鄙者借其虚聲，傳習沿訛，悖謬彌甚。但討捕畲賊，禽獲叛藩，功有足録。宜免追奪伯爵以彰大信，禁邪説以正人心。」上從之，遂有是詔。

至隆慶初，廷臣多頌其功，詔贈新建侯，予伯爵世襲，謚文成。

8 丁丑，振湖廣災。

時湖廣襄陽府大饑，巡按御史張禄繪饑民圖以獻，詞甚慘切。時已有旨留顯陵工銀及貴州折兑銀備振，上覽禄奏，復命部臣再申前旨，「下所司多方處分，有奉行不力及作弊者，悉論如法。」

9 甲申，以經春久旱，上親禱雨于南郊。乙酉，禱于社稷。

10 丙戌，十三道御史穆相等，以災異陳八事。其二事一請宥謫降諸臣；一請清宫禁，謂「後宫女謁太多，陰氣閉鬱，亦足以致災異，宜如貞觀故事，大出宫女。」上以其事關君德，留中自裁。其六事爲「理財用，停興作，禁投獻，均糧役，平獄情，清驛傳」，下所司議行。

11 是月，改方獻夫爲吏部尚書，代桂萼也。改李承勛仍爲兵部尚書，代胡世寧也。以副都御史熊浹爲右都御史，掌院事。

12 三月，丙申，葬悼靈皇后。

13 戊戌，巡撫河南潘塤奏：「河南大饑，近發帑銀五萬兩，尚不足振。」詔「盡發河南司府倉庫錢穀，不足則移山東臨清、廣積二倉米二萬石益之。」

14 庚子，廣東按察僉事林希元條上荒政，略言：「救荒有二難：曰得人難，審户難。有三便：曰極貧之民便振米，次貧之民便振錢，稍貧之民便轉貸。有六急：曰垂死貧民急饘粥，疾病貧民急醫藥，病起貧民急湯米，既死貧民急埋葬，遺棄貧民急收養，輕重囚繫急寬恤。有三權：曰借官錢以糴糶，興工作以助振，借牛種以通融。有六禁：曰禁侵漁，禁攘盜，禁遏糴，禁抑價，禁宰牛，禁度僧。有三戒：曰戒遲緩，戒拘文，戒遣使。」其綱有六，其目二十有三，各參酌古法，體恤民情。上以其疏切于救民，令有司酌量行之。

15 癸卯，調國子祭酒陸深外任。

先是上御經筵，深進講孟子，講罷，奏「講章爲内閣所改」。時鴻臚方贊行禮，上不悉聞，命之退。深上疏請罪，上始知之，曰：「此舊規也。汝有所見，當別疏具聞。」至是深言：「經筵講章必送内閣裁定，是其意盡出閣臣，而講官不過口宣之耳。此于大義深有未安，而感孚之道亦甚相遠，請容臣等各陳所見，因以觀臣等之淺深。更請自訓詁衍繹之外，凡天下政事典章，得依經比義，條列陳奏，以仰裨聖學。」上以「深欺罔，下吏部參究」，乃以「深不敬，當罪。」詔降一級，遂謫福建延平府同知。

16 甲寅，賜羅洪先等進士及第、出身有差。

17 是月，以禮部侍郎李時爲本部尚書。

18 都御史伍文定罷。

先是文定還朝，仍掌院事。會四川巡按、御史戴金復上言：「叛酋芒部稱亂之初，勢尚可撫。而文定決意進兵，一無顧惜，飛芻輓粟，糜數十萬。及有詔罷師，尚不肯已，又極論土酋阿濟等罪，軍民訛言，幾復生變。臣愚以爲文定可罪也。」尚書方獻夫、李承勛因詆「文定好大喜功，傷財動衆。」上怒，勒令致仕。文定忠義自許，遇事敢爲，不與時俯仰。芒部之役，憤小醜數亂，欲爲國伸威，爲議者旁撓，廟堂專務姑息，以故功不克就。

既歸，踰年七月卒。天啓初，追謚忠襄。

19 夏，四月，己巳，大學士楊一清等考選翰林院庶吉士，得胡經等二十人。

先是廷試授職，閣臣桂萼請「自一甲三人外，停選庶吉士。」一清及吏部尚書方獻夫言：「館閣爲儲才之地，于諸進士選俊異者，培養其間以備任使，祖宗之法，誠至善也。頃考選僅取唐順之等三人，臣等以爲少。」復增取胡經等二十人，疏其名上，即請命官教習，萼不敢執。一清等復請侍讀、侍講、修撰各增爲三員，編修、檢討各增爲六員，從之，並著爲令。

20 庚辰，追贈江西安仁縣陣亡醫學訓科倪洌，並録其子，命有司歲時祀之。

初，正德間，桃源賊寇安仁，洌挽弓捍敵，連發七矢中七賊。賊敗去，復擁衆來攻，洌身當一面，身被九鎗，尋死。至是有司始以狀聞，故有是命。

21 是月，命兵部尚書李承勛兼提督團營。

初，伍文定既罷，廷推，兵部侍郎王廷相、黃衷因言：「今方裁革冗員，團營似不必專官。」乃援正德初許進以兵侍兼督團營事，上是之，乃以命承勛。

22 五月，己酉，令「兩京文職四品以上、翰林院五品及在外三品以上官，各舉堪任知府者一人，翰、詹、科、道及在外五品以上各舉堪任知州、知縣者一人。所舉不拘進士，凡舉、監、吏員，皆令一體保薦。」

23 乙卯，免直隸順天等五府被災州縣稅糧。

24 是月，刑部尚書高友璣致仕，以南京刑部尚書周倫代之。【考異】友璣致仕，據年表，在四月，蓋以治郭勛獄忤旨也。今類書之。

25 六月，戊辰，大學士桂萼進輿地圖凡十有七，各有紀、敘，得旨留覽。

26 己巳，陝西三邊總制王瓊奏：「小王子等擁兵十萬謀入套，乞調大同遊兵三千應援延綏等處」；而大同鎮、巡官亦奏：「北寇臨邊，恐乘虛突入，顧此失彼。」

兵部議：「東西二邊一時告急，敵張虛聲而令官軍東西奔命，是自困也。宜留大同遊兵于本鎮，若延綏有警，聽總制調度三邊士馬策應；宣、大兩鎮有警，責令鎮、巡互相救援；萬一寇勢孔亟，然後大同、延綏分道應援，不可拘以常法。」從之。

27 是月，致仕少師華蓋殿大學士楊廷和卒。

廷和卒後，一日，上問尚書李時：「太倉所積幾何？」對曰：「可支數年，由陛下初年詔書裁革冗員所致。」上慨然曰：「此楊廷和功，不可没也。」然終以議禮故銜之，故贈恤不行。隆慶初，復官，贈太保，諡文忠。【考異】廷和之卒，贈恤不行，故實録不具赴告月日，今據明史本傳及三編書之。

28 秋，七月，甲午，下刑部郎中魏應召于獄。右都御史熊浹坐免。

時京師民張福，訴里人張柱殺其母，東廠以聞。刑部坐柱死，不服；福姊亦泣訴官，謂「母，福自弒之」，其鄰亦爲柱訟冤。至是應召復按實，如福姊言，具有左驗，乃改坐福。于是東廠奏「法司妄出入人罪」，上怒，遂下應召獄。浹管院事，執奏如初，上愈怒，褫浹職。給事中陸粲、劉希簡爭之，上大怒，並下二人獄。侍郎許讚等遂抵柱死，應召及鄰人皆遣戍，杖福姊百，人以爲冤。

時上方疾孝、武兩后家，柱乃武宗后家夏氏僕，故上必欲殺之云。

29 乙未，兵科給事中孫應奎，上疏劾大學士楊一清，遂及張璁、桂萼，且言：「萼以梟雄之資，鷹鷙之性，作威福而沮抑氣節，援黨與而脅制言官；私其親故，政以賄成，使天下敢怒而不敢言。請陛下鑒別而去留之。」

于是一清求去益力，且言：「今日持論者尚紛更，臣獨主安静；尚刻覈，臣獨主寬平；用是多齟齬，願避賢者路。」上復優詔答之。自是一清與璁、萼皆不安于位，而攻璁，萼者四起。

30 癸丑，禮科給事中王準，劾「張璁所舉通州參將陳璠，桂萼所舉御醫李夢鶴，皆私人，宜罷斥。仍戒璁、萼勿私偏比，以息人言。」行人司副岳倫相繼論劾，上命所司查奏。

先是萼乞休，不允；至是璁復稱疾，上皆慰留之。

31 八月，乙丑，提督兩廣林富上言：「邇者詔下廣東采珠，聞祖宗時率數十年而一采，未有隔兩年一采如今日者也。蓋珠之爲物，一采之後，數年始生，又數年始長，又數年始老，故禁私采數采，所以生養之也。自天順年間采後，至弘治十二年方采，珠已老，故得之頗多；正德九年又采，珠已半老，故得之稍多；至嘉靖五年又采，珠尚嫩小，故得之甚少。今去前采僅二年，珠尚未生，恐少亦不可得矣。五年之役，病死溺死者五十餘人，而得珠僅八十兩，天下謂『以人易珠』，恐今日雖以人易珠亦不可得。」給事中王希文言：「雷、廉珠池，祖宗設官監守，不過防民爭奪。正德間奄宦用事，傳奉采取，流毒海濱。陛下御極，革珠池少監，未久旋復。驅無辜之民，蹈不測之險，以求不可必得之物，而責以難足之數，非聖政所宜有。」皆不納。【考異】采珠事見明史食貨志，證之實録，在八月乙丑，今據書之。惟五年采珠，據實録得珠八千八百餘兩，而志中作八十兩，相去遠甚。按志言、弘治十二年獲珠二萬八千兩，此珠老最多之數也。其後隆慶六年廣東采珠八千兩，萬曆間廣東采珠五千一百餘兩，是八千餘兩之珠，亦中數耳。志言「五年采珠僅得八十餘兩」，恐「十」字仍係「千」字之誤也。今據明史食貨志書之，附識其異于此。

32 丙子，張璁、桂萼罷。

先是王準劾「璁、萼引用私人」，上已心動，顧雖厭萼而眷璁不衰，温旨慰諭。于是同官工科給事中陸粲不勝其憤，上疏曰：「璁、萼凶險之資，乖僻之學，曩自小臣贊大禮，拔置近侍，不三四年，位至宰弼，恩隆寵異，振古未聞。乃敢罔上逞私，專權招賄，擅作威福，報復恩仇。璁很愎自用，執拗多私。萼外若寬迂，中實深刻。忮忍之毒，一發于心，如蝮蛇猛獸，犯者必死。臣姑舉數端言之：

萼受尚書王瓊賂鉅萬，連章力薦，璁從中主之，遂得起用。昌化伯邵杰，本邵氏養子。萼納重賄，竟使奴隸小人濫襲封爵。萼所厚醫官李夢鶴，偶託進書，夤緣受職，居室相鄰，中開便户往來，常與萼家人吴從周等居間，又引鄉人周時望爲選郎，交通鬻爵。時望既去，胡森代之，森與主事楊麟、王激，又輔臣鄉里親戚也。

銓司要地，盡布私人，典選僅踰年，引用鄉故不可勝數。如致仕尚書劉麟，其中表親也；侍郎嚴嵩，其子之師也。僉都御史李如圭，由按察使一轉徑入内臺；南京太僕少卿夏尚樸，由知府期月遂得清卿；禮部員外郎張敔，假律曆而結知；御史戴金，承風搏擊，甘心鷹犬；皆萼姻黨，相與朋比爲奸者也。禮部尚書李時，柔和善逢，猾狡多智；南京禮部尚書黄綰，曲學阿世，虚談眩人；諭德彭澤，夤緣改秩，躐玷清華；皆陰厚于璁而陽附于萼者也。

璁等威權既盛，黨與復多，天下畏惡，莫敢訟言。不亟去之，凶人之性不移，將來必爲社稷患。」

疏入，上大感悟，罷璁、萼，列其罪狀。而以粲、準職司糾彈不早發，詔與萼所私李夢鶴等俱下法司逮問。尋命璁馳驛去。

33 壬午，上親祀山川諸神。

先是上諭禮部：「太祖高皇帝初定祭祀之條，稽之皇明祖訓，山川諸神之祭，皆無遺代之者；後以出入不便，命官行禮。今災變多端，宜禱于神以祈轉化。是年秋祭山川諸神，朕欲親往，令禮官具儀以聞。」是日，車駕出郊，祭山川壇，禮畢還宫。並下所司，著之令典。

34 是月，以工部侍郎章拯爲本部尚書，南京兵部尚書王憲爲都察院左都御史。

35 張璁，桂萼之罷政也，其黨霍韜攘臂曰：「張、桂行，勢且及我矣！」遂上疏，謂「言官陸粲等，受楊一清指使；臣與璁、萼皆以議禮進，二臣去，臣不得獨留。」並及一清受張永、蕭敬賄。一清再疏辨，乞罷，上慰留之。

而是時璁已行抵天津，九月，癸巳，遣行人周禩齎手敕召璁還。于是楊一清復上疏乞骸骨，仍慰留之。

36 乙未，工科給事中劉希簡言：「張璁、桂萼之去，言官論劾，實出自上裁。而霍韜乃肆爲欺謾之詞，謂出自大學士楊一清鼓嗾言官攻擊璁、萼。夫輔臣去留，係國家大事，豈言官爲人所使，可以擊去之邪？孔子謂少正卯行僻而堅，言僞而辨，韜乃少正卯之流也。願陛下戒韜以人臣之理，毋得鼓煽私説以惑亂聰明。」疏入，上怒，命錦衣衛逮送鎮撫司。

37 辛丑，謫行人司副岳倫爲山東主簿，給事中王準爲雲南典史，工科給事中陸粲爲貴州驛丞。三編質實：「按明史孫應奎傳，『嘉靖十一年，大計天下庶官，王準調富民典史。應奎言「都御史汪鋐爲璁、萼修隙，誣以不謹而黜之。乞復準官。」吏部尚書王瓊亦言「準當黜」，乃謫應奎高平縣丞。』是謂準以大計謫典史，不以劾璁、萼也。然考陸粲王準合傳云，『璁、萼罷，準亦下吏，謫富民典史，稍遷知縣。汪鋐希璁指，以考察罷之。』則準實以劾璁、萼謫官。至十一年，又以大計論黜。孫應奎傳誤合爲一事耳。」按實録亦系降王準典史于是月，正劾璁、萼後事，質實之語是也，今據書之。

38 癸卯，霍韜疏乞給假省母，不許。

時法司治萼私人獄猶未解，韜揣上意已變，獄可反，乃復攻一清，並誣「法司承一清指羅織成萼罪」。上責刑部尚書周倫不能從公審斷，改令三法司會同錦衣衛、鎮撫司雜議。

乙巳，改倫爲南京刑部尚書，以刑部侍郎許讚爲本部尚書。

越五日，讚等議上如韜言，「請罷一清令致仕。」上令一清自陳。張璁再上密疏，引一清贊禮功，乞賜寬假，實以堅上意，俾速去。癸丑，一清復上疏致仕，許之。

尋法司論「李夢鶴等假託行私，與萼無異。」詔「削夢鶴籍，吴從周等論罪。萼復散官，仍令致仕。」

39 乙卯，奪科道劉世揚等四十九人俸各三月。

上以「楊一清有罪，科道曾無一人言之，非附則畏，令俱從實陳狀。」乃從輕薄責。

40 是月，免兩畿、河南被災税糧，振江西、湖廣饑。

41 先是北寇以數萬騎犯寧夏，已，又犯靈州，總制王瓊督游擊梁震等擊之，邀斬七十餘人。是秋，瓊集諸道精卒三萬按行塞下，寇聞風遠遁，耀兵而還。

初，南京給事中邱九仞劾瓊，上慰留之。及璁、萼罷政，諸劾璁、萼黨者咸首瓊，乃令致仕。及璁等復用，上乃寢前詔，賜敕慰留。會番大掠臨洮，瓊集兵討籠板爾諸族，焚其巢，斬首三百六十，降七十餘族。録功，加太子少保。

42 十月，癸亥朔，日有食之。

刑部員外郎邵經邦上疏言：「兹者正陽之月，有日食之異，質諸小雅十月之篇，變象懸符。説詩者謂『陰壯之甚，由不用善人，而其咎專歸皇父。』然則今之調和燮理者，得無有皇父其人乎？邇陛下納陸粲言，命張璁、桂萼致仕；尋以璁議禮有功，復召輔政；人言藉藉，陛下莫之恤也。乃天變若此，安可勿畏！夫議禮與臨政不同，議禮貴當，臨政貴公。正皇考之徽稱以明父子之倫，禮之當也；雖排衆議，任獨見，而不以爲偏。若夫用人行政，則當辨别忠邪，審量才力，與天下之人共用之，乃爲公耳。今陛下以璁議禮有功，不察其人，不揆其才，而加之大任，似私議禮之臣也；私議禮之臣，是不以所議者爲公禮。夫禮爲至公，乃可萬世不易；設近于私，則固可守也，亦可變也。階下果以尊親之典爲至當，而欲子孫世世守之乎？則莫若于諸臣之進退一付諸至公。優其賚予，全其終始，以答其議禮之功；而博求海内碩德重望之賢，以弼成正大光明之業，則人心定，天道順，俾萬年之後，廟號世宗，子孫百世不遷，顧不偉與！如徒加以三公之任，使之履盈蹈滿，犯天人之怒，亦非璁等福也。」

上大怒，立下鎮撫司拷訊。獄上，請送法司擬罪，上曰：「此非常犯，不必下法司。」遂謫戍福建鎮海衞。【考異】據原疏言，「萬世之後，稱爲世宗。」用賈誼治安策語耳。沈氏野獲編乃謂「經邦敢于人主生前，輒擬諡號，與曹魏大臣預尊明帝爲烈祖，同貽千古笑柄」，蓋誤會經邦奏詞，而不知其泛論也。然謂「世宗」二字已默契聖衷，則世宗他年之罷世廟，此似其張本也，見後五十六卷嘉靖十五年下。

43 己巳，詔除外戚世封。先是安昌伯錢維圻卒，其庶兄維垣請嗣爵，下吏部議。至是尚書方獻夫等，言「外戚之封不當世及」，歷引漢、唐、宋事以證。上善其言，詔：「自今外戚封爵者，第終其身，毋得請襲。」自是外戚永絶世封。著爲令。

44 是月，復以旱蝗，免順天、永平等府及陝西臨、鞏等府夏税及山東秋糧。

45 禮部彙上四方災異，因言：「今歲鬭振，比之他歲尤多。伏願密察于天人之際，考其感召之由，以博大爲心，寛平爲政；審于聽言，慎于用人；振貧窮，恤刑獄，一政令，守成憲。敕諭臣工，毋嫉忌以傷國體，毋苛刻以損元氣。崇廉讓之節，敦長厚之風，共求所以弭災之策而次第行之。」上納其言，因戒諸臣：「各宜體國奉公，痛加懲艾，以消天變。」

46 初，王守仁既平思、田，議設流官，又議移南丹衛於八寨，改思恩府城於荒田，改設鳳化縣治於三里，添設流官縣於思龍，增築五鎮城堡于五屯。及侍郎林富繼之，又言：「田州界居南寧、泗城，交通雲貴、交阯，爲備非一，不宜改設流官。南丹衛設在賓州，既不足以遥制八寨，遷八寨又不得以還護賓州。爲今日計，獨上林之三里守仁所議設縣者，可遷南丹衛於此。夫設縣則割賓州之地以益思恩，是顧彼而失此也；遷衛則扼八寨之吭以還護賓州，是一舉而兩得也；然不宜屬田州而仍屬南寧爲便。」其議與守仁頗有異同，詔從其言。

47 十一月，丙申，河南道御史劉安上疏言：「治可以緩圖而不可以急效。以急切之心行督責之政，指摘臣下，或既出而復返，或方信而忽疑。以致大小臣工救過不暇，若有不安其位者。夫安其位，乃可以行其志；位既不安，孰能爲陛下建長久之計，進治安之策哉！」疏入，上以安要名賣直，煩瀆奏擾，下錦衣衛杖鞫。兵科給事中胡堯時論救，上怒其回護，並下錦衣衛逮問。尋謫安爲江西典史，堯時湖廣主簿。

48 庚子，召桂萼復入閣。

時史館儒士蔡圻，窺上意必復用萼，因疏訟萼功，請召還。乃賜手敕，以内閣乏人，令照舊供職。並令撫按官催趣上道。萼未至，國子生錢潮等復請趣萼，上怒曰：「大臣進退，么麼敢與聞邪！」遂追論圻，並下吏。【考異】召桂萼在是年十一月。證之七卿表，萼以明年四月至京，三編統系之召萼下。圻等下獄，蓋在萼未至前也。今彙書之。

49 給事中劉世揚等以災異上陳八事：「一曰養和德以培治本，二曰消嫌疑以廣忠藎，三曰久大任以責治效，四曰廣起用以資久任，五曰褒廉介以勵風俗，六曰戒奔競以養氣節，七曰重巡按以安地方，八曰復言路以重朝廷。」其褒廉介一事，言「故南京户部尚書林泮，大學士石珤，俱有清節，未能得謚。而故工部尚書李鐩，以國之盜臣，身後遺金賫緣，遂得賜謚。乞或追謚以一行，或削謚以儆貪。」上怒其徇私欺妄，謂「石珤有謚已久，乃言無謚；李鐩賫緣得謚，何以不早舉奏？」乃謫世揚爲江西布政司。

50 甲辰，免浙江杭州等府被災税糧，仍敕守巡等官開倉振之。

51 戊申，上躬禱雪于南郊。己酉，祈于社稷。是日，雨雪。丁巳，上親詣郊壇告謝，百官表賀。

52 十二月，辛未，都察院右都御史王憲罷。

先是寇犯大同、朔州，邊臣告急。兵部議「仿先朝許進、劉大夏故事，特遣素諳邊務大臣一人，赴宣大及偏頭關等處提督軍務，假以便宜，事畢還京。」于是李承勛等會推憲，憲稱病不欲行；衆固推之，憲拒益力。給事中夏言語憲曰：「都御史宜慨然奉命一行。萬一事急，即本兵亦宜請行。」承勛應曰：「然。」憲竟不從。言及御史趙廷瑞，劾「憲臨事避難，非大臣體。」上怒，乃罷憲冠帶閒住。已，廷議更推兵部侍郎王廷相、刑部侍郎汪鋐，會邊事稍寧，報罷。

53 丙子，免山西太原、平陽等府及南直隸鳳陽、揚州等府被災秋糧。

54 乙酉，詔發預備倉振真定等府饑。

明通鑑卷五十五

紀五十五起上章攝提格（庚寅），盡玄黓執徐（壬辰），凡三年。

江西永寧知縣當塗夏燮編輯

世宗肅皇帝

嘉靖九年（庚寅、一五三〇）

1 春，正月，丁酉，大祀南郊。

2 丙午，始作先蠶壇于北郊，從吏科都給事中夏言議也。

初，言奉詔查勘順天田，「請改後宮附郭莊田爲親蠶廠、公桑園，」上是其言，下廷臣議，未及舉行。至是言復奏：「農桑之業，衣食萬人，不宜偏廢。請敕禮官會議興作。」上令廷臣考求古制。

于是大學士張璁等，「請于安定門外建先蠶壇，」詹事霍韜以道遠爭之。户部亦言：

「安定門外近西之地，水源不通，無浴蠶所。皇城内西苑中，有太液瓊島之水。考唐制在苑中，宋亦在宫中，宜仿行之。」上謂「唐人因陋就安，不可法。」禮部尚書李時等言：「大明門至安定門，道路遥遠，請鳳輦由東華、玄武二門。」因條上四事：「一治繭之禮，二壇壝之向，三採桑之器，四掌壇之官。」上從其議，命「自玄武門出，内使陳儀衞軍一萬人，五千圍壇所，五千護于道。餘如議。」【考異】明史本紀，據實録系之正月，蓋據廷議及下詔之月日也。三月丁巳，皇后親蠶于北郊，是以正月議禮，三月行之。而通紀、從信録諸書皆系之二月，非，今據明史分書之。

3 丙辰，兵部尚書李承勛言：「耕藉親蠶之事，三代以下非無行之，而草率文具，不足稱述。惟漢文帝二年詔開藉田，賜天下民田租之半，其時衣食滋殖，刑罰罕用。伏望陛下取以爲法，因此二事而思小民衣食之孔艱，皆以重本抑末爲主。燕閒之際，見帷幄服御之類，即思曰：『得無有製錦繡作淫巧，以害女紅者乎？』見器用車騎之類，即思曰：『得無有進珠玉，事侈靡，以病農事者乎？』享玉食之費，即思曰：『凶年饑歲，得毋有因衣食而不安于田里者乎？』有司以成獄上讞者，即思曰：『得無有刑罰過于德化，使赤子無所措手足乎？』察中外臣工實心愛民者進之，虛浮無實者黜之。又，藉田隙地皆可耕種，官道之旁皆可植桑，宜飭有司，田地荒蕪者，召人承佃而寬其租賦；逃移失所者，招回復業而貸以牛種。有益于農桑者，無一不舉；有妨于農桑者，無一不去。則衣食足而禮讓興，教化隆而刑罰措矣。」上嘉納之，下所司議行。

4 丁巳，振山西饑。

是月，諭禮部曰：「天地至尊，次則宗廟，次則社稷。今奉祖配天，又奉祖配社，此禮官之失也。宜改從皇祖舊制，太社以句龍配，太稷以后稷配。」乃以更正社稷壇配位禮告太廟及社稷，遂藏二配位于寢廟，更定行八拜禮。其壇在西苑豳風亭之西，始名曰西苑土穀壇。明年，上以土穀亦社稷之常稱，無以別于太社、太稷，乃采帝藉之義，改爲帝社、帝稷，以上戊明日祭。後改次戊，若次戊在望後，則仍用上巳，春告、秋報爲定制。

5 二月，戊辰，上祭社稷畢，出，郊祭先農，親耕藉田。

6 乙亥，振京師饑。

時畿府旱災，流民皆入京師求食，道殣相望。乃詔都察院：「分別收養振粥，俟春和，丁壯遣歸，老疾仍留之。」御史傅漢臣「請敕有司奉行，察不以時者逮之。」

7 丁丑，禁官民服舍器用踰禁，從都御史汪鋐之請也。

8 是月，命大學士張璁會給事中夏言議郊祀禮。

初，上既定明倫大典，益覃思制作，凡郊廟百神，皆欲斟酌古法，釐正舊章。乃問璁曰「書稱『燔柴祭天』，又曰『類于上帝』。孝經曰：『郊祀后稷以配天，宗祀文王于明堂以配上帝』，以形體主宰之異言也。朱子謂『祭之于壇謂之天，祭之屋下謂之帝。』今大祀有殿，是屋下之祭帝耳，未見有祭天之禮也。況上帝皇地祇合祭一處，亦非專祭上帝。」璁對言：「國初遵古禮分祭天地，後又合祀。說者謂『大祀殿下壇上屋，屋即明堂，壇即圜丘。』列聖相承，亦孔子從周之意。」

上復諭璁曰：「二至分祀，萬代不易之禮。今大祀殿擬周明堂或近矣，以爲即圜丘，實無謂也。朕意南北分郊，庶侔古制。」

又論祀日月禮，諭璁曰：「日月照臨，其功甚大，歲一從祀，義所不安，當並建東西郊，與南北郊而四。」璁以祖制既定，不敢決。

上銳欲定郊制，卜之奉先殿太祖前，不吉。乃問閣臣翟鑾，鑾具述因革以對。復問禮部尚書李時，時請少需月日，博選儒臣，議復古制。上復卜之太祖，不吉，議且寢。會言請舉親蠶禮，上以古者天子親耕南郊，皇后親蠶北郊，適與所論郊祀相表裏，因命璁會言陳議。

言乃上疏言：「國家合祀天地及太祖、太宗之並配，諸壇之從祀，舉行不于長至而于孟春，俱不應古典。宜令群臣博考詩、書、禮經所載郊祀之文，及漢、宋諸儒匡衡、劉安世、朱熹等之定論，以及太祖國初分祀之舊制，陛下稱制而裁定之。此中興大業也。」

言疏入未下，禮科給事中王汝梅等上書，極詆言説非是，上切責之。乃敕諭禮部：「會廷臣各陳所見，限十日内以聞。」已，又摘舉汝梅等原疏，以「召誥中郊用二牛，謂明言合祭天地；不知用二牛者，一帝一配位，非天地各一牛也。又或謂天地合祀，乃人子事父母之道，擬之夫婦同牢，褻慢已甚。又或謂郊爲祀天，社稷爲祭地，古無北郊；夫社乃祭五土之神，猶言五方帝耳，非皇地祇也。社之名不同，自天子以下，皆得隨所在而祭之。故禮有親地之説，非謂祭社即方澤祭地也。」于是始下言疏，稱其「慎重國典，令禮部一併議行。」【考異】據實録，王汝梅等詆夏言説之非，時言疏尚未下，故世宗切責之，語謂「言以前月二十九日以大祀更議之説來上，今已過月，朕所以未下其奏于所司者，欲俟祭祀畢降敕施行。乃本月初五日，王汝梅等遽詆其非，此必有使之言者，藉以窺測朕意耳。」據此，則汝梅等預見言奏稿而詆之，實則言奏尚未下也。今據實録書之。

9 三月，丙申，張璁録上郊祀考議一册，請自上裁。上並下之禮部，令「取太祖存心録及祭祀禮儀書，仍遵前旨會議以聞。」時詹事霍韜深非郊議，且言「分祀之説惟見周禮，莽賊僞書，不足引據。」上覽奏，大不悦。

于是夏言復奏：「周禮一書，于祭祀爲詳。大宗伯以祀天神，則有禋祀實柴燔燎之禮；以祀地祇，則有血祭蘊沈疈辜之禮。大司樂冬至日地上圜丘之制，則曰禮天神；夏至日澤中方丘之制，則曰禮地祇。天地分祀，從來久矣。故宋儒葉時之言曰：『郊丘分合之說，當以周禮爲定。』

今議者既以大社爲祭地，則南郊自不當祭皇地祇，何又以分祭爲不可也？合祭之說，實自莽始；漢之前皆主分祭，而漢之後亦間有之。宋元豐一議，元祐再議，紹聖三議，皆主合祭而卒不可移者，以郊賚之費每傾府藏，故省約安簡便耳，亦未嘗以分祭爲非禮也。

今之議者，往往以太祖之制爲嫌爲懼，然但知合祭乃太祖之定制爲不可改，而不知分祭固太祖之初制爲可復；知大祀文乃太祖之明訓爲不可背，而不知存心録固太祖之著典爲可遵。且皆太祖之制也，從其禮之是者而已。敬天法祖，無二道也。

周禮一書，朱子以爲周公輔導成王，垂法後世，用意深切，何可誣以莽之僞爲耶？且合祭以后配地，實自莽始。莽既僞爲是書，何不削去圜丘方丘之制，天神地祇之祭，而自爲一說耶？」

疏入，上嘉其發明古典，下之禮部，令折衷群議以聞。

10 庚子，下霍韜于都察院獄。

韜素護前，見夏言奏辨，上眷方深，不敢復瀆，乃貽言書痛詆之，復録其草送法司。

于是言復上疏言：「韜爲國近臣，同在議禮之列，既有定見，自當明目張膽，再三執奏，何必貽臣私書，又以書送三法司，其意何居？」上大怒，令法司從重治罪。韜從獄中上疏哀祈，張璁復兩疏申救，皆不許。

11 辛丑，禮部集上群臣所議郊禮，奏曰：「主分祭者，都御史汪鋐等八十二人；主分祭而以慎重成憲及時未可爲言者，大學士張璁等八十四人；主分祭而以山川壇爲方丘者，尚書李瓚等二十六人；主合祭而不以分祭爲非者，尚書方獻夫等二百六人；無可否者，英國公張崙等一百九十八人。臣等祗奉敕諭，折衷衆論，分祀之義，合于古禮。但壇壝一建，工役浩繁。禮，『屋祭曰帝。』夫既稱昊天上帝，則當屋祭。宜仍于大祀殿專祀上帝，改山川爲地壇，專祀皇地祇，既無創建之勞，行禮亦便。」

上復諭：「當遵皇祖舊制，露祭于壇，分南北郊，以二至日行事。」言乃奏曰：「南郊合祀，循襲已久。朱子所謂『千五六百年無人整理』，而陛下獨破千古之謬，一旦舉行，誠所謂建諸天地而不悖者也。」已而命户、禮、工三部偕言等詣南郊相擇，南天門外有自然之丘，僉謂「舊丘地位偏東，不宜襲用。」禮臣欲于具服殿少南爲圜丘，言復奏曰：「圜丘配天，宜即高敞以展對越之敬；大祀殿享帝，宜即清閟以盡昭事之誠。二祭時義不同，則壇殿相去亦宜有所區别。乞于具服殿稍南爲大祀殿，而圜丘更移于前，體勢峻極，可與大祀殿等。」制曰：「可。」于是郊分南北制遂定。

初，南郊之祭，建文元年，改奉太祖配。洪熙改元，以太祖、太宗並配，至是言復上疏曰：「太祖、太宗並配，父子同列，稽之經旨，未能無疑。臣謂周人郊祀后稷以配天，太祖足當之；宗祀文王于明堂以配上帝，太宗足當之。」時禮臣集議，以爲「二祖配享百有餘年，不宜一旦輕改。」上乃降敕諭，「欲于二至日奉太祖配南北郊，孟春祈穀，奉太宗配上帝于大祀殿。」

于是張璁等言「二祖分配，于義未協」，且録仁宗所降敕諭並當日告廟文以進。上復命集議于東閣。皆以爲「太廟之祀列聖，昭穆相向，無嫌並列。況太祖、太宗功德並隆，圜丘大祀殿所祀，均之爲天，則配天之祖，不宜闕一。臣等竊議，南北郊及大祀殿，每祭皆宜二祖並配。」上終以並配非禮，諭閣臣講求。

璁等復言：「古者郊與明堂異地，故可分配。今圜丘、大祀殿同兆南郊，冬至禮行于報而太宗不與，孟春禮行于祈而太祖不與，心實有所不安。」上復報曰：「萬物本乎天，人本乎祖，天惟一天，祖亦惟一祖。故大郊天之祀，止當以高皇帝配。文皇功德並隆，但開天立極，太祖肇之，如周之王業，武王實成之，而配天止以后稷，配上帝止以文王，不聞當時争辨功德也。」因命寢其議。

已而言復疏言：「虞、夏、殷、周之郊，惟配一祖；後儒穿鑿，分郊、丘爲二，及誤解大易配考、孝經嚴父之義，以致唐、宋變古，乃有二祖並侑、三帝並配之事。望斷自宸衷，依前敕旨。」報曰：「禮臣前引太廟不嫌一堂，夫祀帝與享先不同，此説無當。」仍令申議。

于是禮臣復上議，言：「大祀殿乃太祖所創，若不得侑享其中，恐太宗未安。請祀南北郊，以太祖獨配大祀殿，仍二祖並配如故。」遂依擬行。【考異】諸書及三編均系議郊禮于五月。明史本紀書「五月己亥更建四郊」，據實録興工之月日也。其實議禮皆在二三月，而五月己亥，工部言「興工次第，莫先圜丘，而方丘及東西二壇次之，先蠶壇又次之。」是興工實始于五月，而四郊之議悉定于是年之春。今所敘次，悉據實録月日分書之。

12 乙卯，延綏大饑，命户部發帑銀三萬兩，于山西保德、汾州等處糴米振之，從巡撫都御史蕭淮之請也。

13 丁巳，皇后行親蠶禮于北郊。祭先蠶禮畢，皇后親詣采桑壇，公主及内外命婦從之。賜宴畢，還宮。踰月，蠶事告成，復行治繭禮。

14 夏，四月，乙丑，革鎮雄府流官知府，復授芒部土酋隴勝爲通判，署鎮雄府事，令「三年後果能率職奉貢，准復知府舊銜。」兵部議覆巡撫唐鳳儀之請也。鳳儀請復芒部，見前卷八年。

15 丙寅，奪前大學士楊一清職。

初，一清與故太監張永善，至是張璁等憾一清不已，乃搆朱繼宗之獄，坐一清受永弟容金錢，爲永志墓，又爲容請世襲指揮。詔革容職，而貰一清勿問。已而給事中趙廷瑞等復希璁指劾之，遂有是命。一清大恨曰：「老矣，乃爲孺子所賣！」疽發背卒。遺疏言：「身被污衊，死不瞑目。」上聞而悼之。

一清博學，善權變。尤曉暢邊事，羽書旁午，一夕占十疏，悉中機宜。晚爲璁、萼所軋，不獲以恩禮終。後數年，復故官。久之，贈太保，謚文襄。【考異】據三編，一清卒在是月，蓋因奪職牽連並記也。通紀記一清卒于是年九月，而證之實録亦在九月，然實録所記亦據奏報之年月，若明臣言行録以爲明年，則誤也。今仍據三編，連奪職終書之。○又按朱繼宗，張永家人也。證之實録，繼宗（許）〔訐〕奏，「永勘事江西時，盜宸濠庫金二千兩，以其半餽一清轉陞容等官職。下法司推鞫，得永存日餽一清生日賀金百兩，及容求志墓折儀銀二百兩」，並無餽宸濠金事。此繼宗獄之本末也。

16 丙戌，户部以延綏饑甚，先後奏請發帑銀十五萬兩及延安等處倉糧振之。

17 南京御史鄧文憲言：「近者郊祀親蠶之議，給事中夏言未必是，而詹事霍韜未必非。陛下賞言而罪韜，是奬諛而惡直也。」疏入，上以文憲附和，謫降邊方雜職。

18 是月，桂萼行至徐州，以疾辭，不許；遂至京師，仍入閣辦事。

19 五月，己亥，更建四郊。

時郊分南北制已定，而閣部諸臣，僉以日月從祭，本非朝日夕月之舊制，乃奏定「仍依春秋分分祭日月，而建朝日壇于朝陽門外，西向；夕月壇于阜城門外，東向。朝日無從祀，夕月以五星、二十八宿、周天星辰共一壇，南向，祔焉。」制曰：「可。」于是工部尚書章拯等奏「興工次第，請先圜丘，次方丘，次東西二壇，次先蠶壇」，從之。【考異】五月己亥，明史稿作「壬寅」。明史據實録改，今從之。

20 己酉，擢夏言爲都察院僉都御史，固辭，不拜。

時言以議郊祀蒙上眷，令監壇工。會延綏饑，言薦僉都御史李如圭爲巡撫。吏部推代如圭者，上不用，再推及言。御史熊爵，謂「言出如圭爲己地」，至比之張綵。上切責爵，令言毋辨。而言不平，更訐爵，且辭新命。上乃止，仍賜言四品服俸。

21 是月，吏部尚書方獻夫引疾求退。

先是羽林指揮劉永昌劾都督桂勇，語侵桂萼及兵部尚書李承勛等。于是獻夫言：「國家進退人才，糾劾庶僚，付之部、院、科、道，祖宗以來，無敢出位妄言者。且五品以下司屬，例不糾劾。永昌又武弁，非有言責，乃假以建言，陰圖報怨，紊亂朝綱。請下法司逮問，毋令奸人以蜚語中傷善類。」上不悦，獻夫因以疾請，詔慰留之。

22 六月，癸亥，立曲阜孔、顔、孟三氏學，從巡撫都御史劉節之請也。

取孔氏生員儒士爲塾師，凡三氏子弟，立十六塾。八歲以上皆就塾，十五以上，提學官試其學業有成者，送入三氏學。仍立爲廩、增、附生員名目，其廩、增人數，皆依州學例各三十名。

23 壬申，以真定府等處大旱，命太常寺官持香帛禱于北嶽之神。是日，雨沾足。守臣以聞。

時上好言祥瑞，河南、四川等處皆獻瑞麥，令薦之奉先等殿。尚書李時請表賀，不許；再請，許之。大學士張璁因作嘉禾頌以獻。

24 初，河道侍郎潘希曾築單、豐、沛三縣長堤，次第告成。是夏，五月，【考異】據河渠志，三堤成在八年六月。孫家渡河堤成。

踰月，河決曹縣，一自胡村寺東東南至賈家壩，入古黃河，由丁家道口至小浮橋入運河；一自胡村寺東北分二支：一東南經虞城至碭山，合古黃河出徐州；一東北經單縣長堤，抵魚臺，漫爲坡水，傍穀亭入運河，單、豐、沛三縣長堤障之，不爲害。

希曾言：「黃由歸德至徐，入漕故道也。永樂間，濬開封支河達魚臺入漕以濟淺。自弘治時黃河改由單、豐出沛之飛雲橋，而歸德故道始塞，魚臺支河亦塞。今全河復其故道，則患害已遠；支流達於魚臺，則淺涸無虞。此漕運之利，國家之福也。」上悅，下所司知之。乃召希曾還京，以戴時宗爲僉都御史代之。

自是豐、沛漸無患，而魚臺數溢。

25 秋，七月，戊子，下兵部主事趙時春于獄。

時春見上方以災異修省，而希旨者詭言祥瑞，廷臣相率稱賀，乃上疏曰：「陛下以災變求言已旬月，而大小臣工率以浮詞面謾。蓋自靈寶知縣言河清受賞，都御史汪鋐繼進甘露。今副都御史徐瓚、訓導范仲斌進瑞麥，指揮張楫進嘉禾，鋐及御史楊東又進鹽花，禮臣李時再請表賀。仲斌等不足道，而鋐、瓚、東皆職司風紀，時典掌三禮，乃罔上欺君，壞風傷政，此小臣所以撫膺流涕而不能已于言也。若不嚴加禁遏，誠恐此風漸長，上下相蒙，甚非國家之福。」疏入，上責其妄言，謂「時春既責大臣、科、道不言，彼必有讜言善策，令條具以聞。」時春皇恐，引咎未對，諭趣之。

于是時春復上言：「今之務，最大者有四，最急者有三。

最大者：曰崇治本。君之喜怒，賞罰所自出，勿以逆心之事爲可怒，則賞罰大公而天下治。曰信號令。無信一人之言，必參之公論；毋狃一時之近，必稽之永遠。苟利十而害一，則利不必興；功百而費半，則功不必舉。如是而天下享安靜之福矣。曰廣延訪。宜仿古人輪對及我朝宣召之制，使大臣臺諫侍從各得敷納殿陛間，群吏則以其職事召問之。曰厲廉恥。大臣宜待以禮，取大節，略小過。臺諫言，是者用之，非者寬容之，庶臣下自愛，不敢不勵。

其最急者：曰惜人才。凡得罪諸臣，其才不當棄，其過或可原，宜沛然發命，召還故秩，且因南郊禮成，除謫戍之罪，與之更始。曰固邊圉。敗軍之律宜嚴，臨陣而逃者，裨將得以戮士卒，大將得以戮裨將，總制官得以戮大將，則人心震悚而所向用命。曰正治教。請復古冠婚喪祭之禮，絕醮祭禱祀之術。凡佛老之徒，敢有假引符籙，依托經懺，幻化黃白，飛昇遐景，以干冒寵祿者，即賜遣斥，則正道修明而民志定。」上覽之愈怒，遂下獄掠治，黜爲民。

26 丙午，給事中孫應奎劾「尚書方獻夫私其親故大理少卿洗光、太常卿彭澤」，上不聽，而諭獻夫勿辯。光等視事如故。

越日，給事中夏言亦劾「獻夫壞選法，徙張璁所惡浙江參政黃卿于陝西，而用璁所愛之黨以平代之，復以邪回之彭澤踰等躐遷太常，及他所私昵，皆有交通賄賂迹。」上乃令卿等還故官。

于是獻夫及璁皆疏辨，上重違二人意，復令卿等如前擬。

27 是月，桂萼、翟鑾皆稱病。給事中趙漢請敕致仕，並及張璁，上以「大臣進退，非所預聞」，令奪漢俸一月。

28 八月，甲子，免應天、太平、安慶、池州等府被災税糧。

29 乙丑，給事中薛甲上言四事。其二正習俗以明體統，大略謂：「先朝權臣竊柄，正氣銷亡，至于今日，遂成傾危之習。如劉永昌以武夫劾冢宰，張瀾以軍餘劾勳臣，下淩上替，不知所止。願存廉遠堂高之義，俾小人不得肆攻訐。」章下吏部，獻夫「請從甲言，敕都察院嚴禁吏民毋得譸張亂政，並飭兩京給事、御史及天下撫、院官，論事先大體，毋責小疵。」當是時，上方欲廣耳目，周知百僚情僞，得獻夫議，不懌，報罷。

于是給事中饒秀劾甲阿附，「自劉永昌後，言官未聞議大臣，獨夏言、孫應奎、趙漢議及璁、獻夫耳。漢已蒙詰譴，言、應奎所奏，皆用人行政之失，甲乃指爲毛舉細故，而頌大臣不已。勳臣貪縱，亦不欲人言；即指張瀾所劾事。必使大臣横行，群臣緘口。萬一有逆人廁其間，奈何？」奏入，上心善其言，下吏部再議。

甲具疏自明，上惡其不俟部奏，命削二官，出之外。吏部謂「甲已處分，不復更議」，上責令置對，停獻夫俸一月。

30 壬午，免江西被災税糧。

31 甲申，命撤故少保姚廣孝配享太廟。

先是上諭輔臣曰：「廖道南嘗言姚廣孝不宜配享太廟。夫廣孝在我皇祖、太宗時，建功立事，配享已久，不宜遽更。但廣孝係釋氏之徒，使同諸功臣並食于德祖、太祖之側，恐猶未安。」令禮部詳議。至是尚書李時及閣臣張璁、桂萼等議，以「廣孝功業，加以厚秩，賜以顯爵，亦足酬其勞矣。若削髮披緇，沾榮俎豆，則非所宜。宜如聖諭即行撤去，移祀于大興隆寺，每歲春秋致祭。」上從之，仍命告于皇祖、太宗以行。

32 九月，辛卯，都御史汪鋐言：「西北沿邊如甘肅、寧夏、延綏、大同、宣府等鎮，每鎮官軍不下六七萬人，又設墩臺、城堡，守禦之計，似無不周。然每當寇入，官軍損傷動以千計，其故何也？蓋墩臺初無遏截之兵，徒爲瞭望之所，而城堡又多不備，所執兵器不能及遠，往往覆敗。臣前所進佛郎機銃，小如二十斤以下，遠可六百步者，則用之墩臺，每墩一銃，以三人守之；大如七十斤以上，遠可五里者，則用之城堡，每堡三銃，以十人守之。五里一墩，十里一堡，大小相維，遠近相應，足以收不戰之功。然後按一鎮之軍士，覈其墩堡守禦之數，十用其一，已有餘裕，分撥指揮、千、百户等官管領，仍行巡按、御史巡視稽考。餘軍悉以屯田，仍十取其一，更番操備于鎮城，則不必調客兵，而常額之士且十可九耕。不必出内帑，開鹽利，而屯田之入歲可數十萬。」疏入，上嘉其籌邊之善，命户、兵二部議行之。

33 壬辰，給事中高金請黜真人邵元節，元節封真人見五年。略言：「陛下革姚廣孝之配享，以其爲釋氏之徒也，大聖人之崇正黜邪如此。豈意有所謂真人邵元節者，誤蒙殊恩以爲聖治累邪！ 夫元節一道家流耳，因真人李元晟之請而波及之。縱使二人有陰翊皇度之功，酬之金帛足矣，豈可既贈其師而賜之祭葬，復榮其身而使之衣紫腰玉乎？ 臣以爲廣孝不可配享于太廟，則二人亦不可爵祿于聖朝。」疏入，上怒，令錦衣衛逮問。元節令安心供修本教。

34 詔裁革雲南鎮守太監，從巡按御史毛鳳詔之請也。

鳳詔言：「鎮守中官本非洪武、永樂舊制，擾害地方，日甚一日。近陛下明見萬里，取回太監杜唐，番民歡頌，有如更生。更乞悉追復祖宗舊制，將續差太監停止，以甦邊徼之民。」

疏下兵部議覆：「雲南自古羈縻之地，本係以夷治夷。近年用兵，軍民受害。省官節用，正爲今日之急務。宜如御史議，革之便。」從之。

35 乙未，免南畿被災秋糧。

36 是月，方獻夫致仕。

獻夫累被劾不自得，兩疏引疾，報許之，然猶虛吏部尚書位以待云。

37 冬，十月，丁巳朔，禮部奏宮中應行事宜及講女訓儀注。

初，上諭翰林院：「撮諸書關女教者，撰爲詩言進呈，以備宮中誦詠。」又命「將仁孝文皇后内訓及聖母章聖皇太后所撰女訓，通行翰林院講讀官，每月撰成直解各三章，仍引經傳及高皇后傳内事實互證，事取簡明，以便女官記誦。」因定每月逢六之期，女官進講三次，皇后率妃、夫人于坤寧宮聽講，並具儀注上之，報可。

38 辛未，上以更定郊制，命大學士張璁會禮部尚書李時等纂輯成書。

璁議「録禮文規制及詔書，不必雜以臣下之奏」，上謂「此事廷議再三，不書臣下議論，無以示將來。」乃定編爲三册，首載神位、禮器、壇制、祝詞、樂舞、儀注之類，二三兩册，則備書年月日敕諭及大小官員章奏。以張璁爲正總裁官，又陞夏言爲翰林院侍講學士，爲纂修官之首。

39 更製圜丘壇成，上親視于文華殿，召閣臣張璁同視。尋敕禮部上大祀圜丘儀注，即以本年冬至舉行。定名圜丘壇殿曰皇穹宇。又手敕璁等，北郊及東西郊以次告成，皆及明年夏致祭之期。

40 是月，陞都察院右都御史汪鋐爲兵部尚書，提督團營，仍管院事。

41 十一月，癸巳，上因更定祀典，命儒臣纂輯成書，乃諭大學士張璁以次裁定，纂入書中。

璁因言：「先師祀典有當更正者，叔梁紇乃孔子之父，顔路、曾晳、孔鯉乃顔、曾、子思之父，今三人配享廟庭，紇及諸父從祀兩廡，【考異】紇祀殿西，非從祀，此誤也。原聖賢之心豈安！請于大成殿後別立室祀叔梁紇，而以顔路、曾晳、孔鯉配之。」

上以爲然。因言：「聖人尊天與尊親同。今籩豆十二，牲用犢，全用祀天儀，亦非正禮；其謚號章服，悉宜改正。」命禮部會翰林諸臣議。

編修徐階以爲不可改，上怒，謫階官。乃御製正孔子祀典説，宣付史館。張璁因作正孔子廟祀典或問奏之，上以爲議論詳正，并令禮部集議。

御史黎貫等言：「太祖初正祀典，天下嶽瀆諸神皆去其號，惟先師孔子如故，良有深意。陛下疑孔子之祀上擬祀天之禮，『夫子之不可及也，猶天之不可階而升，』雖擬諸天，亦不爲過。自唐尊孔子爲文宣王，已用天子禮樂，宋儒皆無異詞；其辨孔子不當稱王者，止元吴澄一人而已。伏望博考群言，務求至當。」時貫疏中言：「莫尊于天地，亦莫尊于父師。陛下敬天尊親，不應獨疑孔子王號爲僭。」上因大怒，疑貫借此以斥其追尊皇考之非，詆爲奸惡，下法司會訊，褫其職。給事中王汝梅等亦極言不宜去王號，上皆斥爲謬論。

于是禮部會諸臣議：「人以聖人爲至，聖人以孔子爲至。宋真宗稱孔子爲至聖，其意已備。今宜于孔子神位題『至聖先師孔子』，去其王號及『大成文宣』之稱。改大成殿爲先師廟，大成門爲廟門。其四配稱『復聖顏子』，『宗聖曾子』，『述聖子思子』，『亞聖孟子』，十哲以下，凡及門弟子皆稱『先賢某子』，左邱明以下皆稱『先儒某子』，不復稱公、侯、伯。遵太祖首定南京國子監規制，製木爲神主，其塑像即令屏撤。春秋祭祀，遵國初舊制十籩十豆，天下各學八籩八豆，樂舞止六佾。至從祀之賢，不可不考其得失：申黨即申棖，釐去其一；公伯寮、秦冉、顏何、荀況、戴聖、劉向、賈逵、馬融、何休、王肅、王弼、杜預、吴澄罷祀；林放、蘧瑗、盧植、鄭衆、鄭玄、服虔、范寗各祀于其鄉；后蒼、王通、歐陽修、胡瑗宜增入。」命悉如議行。行人薛侃議進陸九淵從祀，上亦從之。

于時兩廡從祀凡九十一人。而敕天下學官別建啓聖公祠，春秋祭祀與文廟同日。遂爲定制。

辛丑，頒示天下。【考異】更定文廟祀典及從祀先賢、先儒人名，俱詳明史禮志，而三編質實尤詳核云。

三編發明曰：自唐以後加孔子號爲文宣王，蓋亦不免史遷作世家之見。張璁請更正祀典，改稱「至聖先師」，其議頗當。乃黎貫輩狃于聞見，猶引祖制相爭，豈知孔子以布衣爲萬世師，欲尊孔子，固不繫王號之追崇。璁以議禮見寵，恣睢政府，伐異黨同，爲世所詬病，其人固不足取。若更定孔廟祀典之議，史册具在，又豈可以人廢言哉！

42 甲辰，上視牲于南郊。【考異】自建文元年後，皆以正月南郊之前一月視牲，蓋太祖初制如此。實録，是年禮部所上儀注，係前期十日，大明會典同。又稽之明史禮志，嘉靖十一年更定冬夏至祈穀，俱祭前五日視牲。而九年初定分祭，視牲于甲辰，正祀在己酉，則亦前五日。或禮部所上，帝自更之，至十一年遂定以爲例耳。今據書之。

43 己酉，祀昊天上帝于南郊。禮成，大赦，頒詔于天下。

44 十二月，丁巳，免湖廣武昌等府衞被災秋糧。

45 是月，工部尚書章拯致仕。先是，上命桂蕚等覈巡撫去留，召河南巡撫蔣瑶還，至是拯去，遂以瑶代之。

十年（辛卯、一五三一）。

1 春，正月，辛卯，祈穀于大祀殿，奉太祖、太宗並配。禮畢，上心終以爲未當，諭張璁曰：「自古惟以祖配天，今二祖並配，決不可法後世。

嗣後大報與祈穀，俱奉太祖配。」明年，遂行之。

2 甲午，更定廟祀，遂祧德祖。

初，太祖定廟祀，孟春特享群廟，各南向；三時祭于德祖廟，序用昭穆。後罷特享，四孟、歲暮俱以昭穆序。北京既建廟，制一如南京。及憲宗升祔，則德、懿、熙、仁四祖，太祖、太宗及仁、宣、英三宗，九室已備，用禮官議祧懿祖。孝、武繼祔，復祧熙、仁二祖，獨德祖以始祖不祧，每時享，太祖位猶東向。上以太祖不得正南向之位，乃于九年春復行特享禮，令祠官于殿內設帷幄如九廟，位皆南向，各奠獻如儀。至是更定，遂遷德祖主于祧廟，奉太祖主于殿正中，七宗以序進遷。于是太祖始正南向位，而德祖不復與時享矣。

丁酉，上詣太廟，行特享禮。【考異】明史本紀，「是月甲午，更定廟祀，奉德祖于祧廟。」據實録，甲午乃祭告之日，丁酉乃特享之日。證之禮官所上儀注，定以正月初九日祭告，謂告于太祖及德祖也。是日，遂遷德祖神主于祧廟，奉太祖神主于寢殿正中，擇于十二日行特享禮。甲午乃是月九日，丁酉十二日。考之明史禮志，亦云「丁酉，帝詣太廟，行特享禮」，與實録同。今據而分書之。

3 乙巳，桂萼致仕。

萼初鋭意功名，勇于任事，不恤物議；驟被摧抑，氣爲之懾，再入閣，不敢復放恣。居數月，屢引疾，上輒優旨慰留，至是始得請。歸，卒于家。

4 二月，甲子，以甘露降顯陵，祭告世廟。

5 丁卯，上親祀歷代帝王于文華殿。

初，洪武定制，每歲郊祀，以歷代帝王祔祭于大祀殿。上更定郊制，罷之，令建歷代帝王廟于都城西，歲以春秋致祭。至是廟尚未成，權于文華殿行之。

6 甲戌，免廬、鳳、淮、揚四府被災秋糧。

7 庚辰，上親祀大明于朝日壇。

8 壬午，賜閣臣張璁名曰孚敬。

璁自以名嫌御諱，屢請改之，至是始更名，並字曰茂恭，御書四大字賜焉。【考異】孚敬更名在壬午，明史本紀作「壬申」，而敘次乃在甲戌下，蓋「申」字之誤也，今據實録刊正。

9 三月，丙申，寇犯甘肅，掠莊浪、甘州。丁酉，又犯大同。

10 戊申，罷四川鎮守中官。

是時分守四川太監閻良，貪縱不法，巡按御史邱道隆劾其贓罪，因請罷遣内臣以恤民瘼。下兵部議覆，從之。

11 是月，兵部尚書李承勛卒。

承勛代胡世寧主兵部，兼督團營。時言官攻張璁、桂萼黨，並及承勛，承勛連章求退，輒温旨留之。

中官出鎮者率暴横，承勛因諫官李鳳毛等言，先後裁二十七人，又革錦衣官五百人，監局冒役數千人。獨御馬監未汰，復因給事中田秋奏，多所裁減，而請以騰驤四衛歸兵部，覈其詭冒者，上皆從之。

是春，大風晝晦，上憂邊事。承勛言：「去歲冰合，敵騎盡入河套，延寧、固原皆宜警備。」又言：「曩河西患土爾番，今額布訥又深入。兩寇雲擾，孤危益甚。套寇出入並經莊浪，急宜繕塞設險，斷臂截踵，使不得相合。烏梁海逼近京師，雲南安鳳之叛，軍民困敝，而交阯世子流寓老撾，皆足爲患。惟急用人理財以固邊鄙。」上嘉納之。

承勛沈毅有大略，上所信任。自輔臣外，惟世寧、承勛，有大事（輕）〔輒〕咨訪之；世寧卒半歲，至是承勛亦卒。上深嗟悼，贈少保，賜謚康懿。

12 夏，四月，丁巳，皇后親蠶于西苑。

先是禮臣言：「去歲皇后躬行采桑，已足風厲天下。今先蠶壇殿工未畢，宜且遣官行禮。」上初不可，令如舊行。

已而以皇后出入不便，命改築壇于西苑。壇之東爲采桑臺，臺東爲具服殿，北爲蠶室，左右爲廂房。其後爲從室，以居蠶婦。設蠶宫署于宫左，令一員，丞二員，擇内臣謹恪者爲之。

至是遂于西苑行禮。上謂「親耕無賀，此安得賀！第行叩頭禮。女樂第供宴，勿前導。」

13 甲子，禘于太廟。

初，上以禘祫義詢輔臣張孚敬，令與夏言議。言撰禘義一篇獻之，大意謂：「自漢以下，譜牒難稽，欲如虞、夏之禘黄帝，商、周之禘帝嚳，不能盡合。謹推明古禮，采酌先儒精微之論，宜爲虚位以祀。」上深然之。會中允廖道南謂「朱氏爲顓頊裔，請以太祖實録爲據，禘顓頊。」遂以道南並言疏俱下禮部會官詳議。議者皆謂「稱虚位則茫昧無據，尊顓頊則世遠難稽。高皇帝既正始祖之位，當禘德祖爲正。」上意主虚位，令再議。

而言復抗論「禘德祖有四可疑」，且言「今所定太祖爲太廟中之始祖，非王者立始祖廟之始祖。」上並下其章。諸臣乃請「設虚位以禘皇初祖，南向；奉太祖配，西向。」禮臣因言：「大禮既歲舉，大禘請三歲一行，庶疏數適宜。」

上自爲文告皇祖，定丙、辛歲一行，敕禮部具儀擇日。至是行之。

14 復以王時中爲兵部尚書。

15 五月，壬子，始祀皇地祇于方澤，名其壇殿曰皇祇室。

16 是月，以夏春不雨，命順天府祈禱，並敕群臣修省三日。

17 六月，丁巳，雷震德勝門。癸亥，雷震午門。諭群臣修省三日，仍御製祝文，行露告禮于殿陛。【考異】實録作「癸丑」，乃五月之晦。又其事記于丁巳之後，誤也。明史五行志作「癸亥」，三編亦據書于是年六月。

18 閏月，戊子，免山東濟南等府被災税糧。

19 己丑，詔求開國功臣常遇春、李文忠、湯和、鄧愈後襲封。時劉基裔孫瑜已襲處州衛指揮使，吏部上其名，並命起送至京。

20 革鎮守浙江、兩廣、湖廣、福建及獨石、萬全、永寧鎮守中官。時上以次裁革鎮守太監，于是給事中張潤身劾奏鎮守鎮江等處太監鄧文等及分守獨石等處田霖等凡七人，遂有是命。

21 庚寅，都察院歷事監生詹岱，（初）〔劾〕奏吏部侍郎徐縉徇私納賄事，上以「糾察所歷衙門奸弊，乃歷事監生之本職，宜行都察院從公勘實以聞。」都察院汪鋐等具上其欺罔狀，得旨擬罪。

至是岱復發縉通賄事，詞連員外吴道南、郎中伍餘福等，並下都察院。會有人投牘于大學士張孚敬之門，孚敬發之，乃縉行賄于孚敬者，遂封奏之。上怒，諭廠衛密訪，會官廷鞫。

于是法司問成縉賄孚敬事，而以「啓挾私妄訐，宜並擬罪」，上先入孚敬言，不許。降調道南、餘福俱外任，而貰啓勿論。

22 丙申，陝西西安等府大旱，總制尚書王瓊請發倉粟庫銀振之，並免被災州縣夏税。

23 乙巳，彗星見于東井，芒長尺餘，指西南。庚戌，彗掃軒轅第一星，芒漸長至翼，長七尺餘，東北掃天罇，入太微垣，久之始斂。

24 辛亥，敕群臣修省，以來月二日爲始，俱青衣視事，至没而止。是時彗見凡二十四日。

25 是月，前少傅大學士謝遷卒，年八十有三，謚文正。

26 秋，七月，癸丑，上以陝西旱甚，益發帑金三十萬，遣侍郎葉相往振之。

27 戊午，張孚敬罷。

詹事夏言侍上眷，數以事訐孚敬，孚敬銜之，未有以發。會行人司正薛侃上疏言：「祖宗分封子弟，必留一人京師司香，有事居守或代行祭享，列聖相承，莫之或改。自正德間逆瑾懷貳，始悉令就封。乞稽舊典，擇親藩賢者居京師，慎選正人輔導，以待他日皇嗣之生。此宗社大計。」

屬稿定，以示太常卿彭澤。澤與侃及言皆同年生，而澤附孚敬。知孚敬方欲傾言，因默計上方祈嗣，侃所言觸上諱，必興大獄，誣言同謀，可禍也。給侃稿示孚敬，因報侃曰：「張公甚稱善。此國家大事，當從中贊之。」與爲期，趣之上。

孚敬乃先録侃稾以進，謂「出于言，請勿先發，以待疏至」，上許之。及侃疏上，上果震怒，下獄，廷鞫，究交通主使者，拷掠備至。侃獨自承，累日，獄不具，澤挑使引言，侃瞋目曰：「疏我自具，趣我上者爾也。爾謂『張少傅許助之』，言何預！」都御史汪鋐欲坐言主使，言拍案大罵，幾欲（歐）〔毆〕之。給事中孫應奎、曹汴乃揖孚敬令迴避，孚敬怒，遂疏聞。

詔下言並應奎、汴于獄，命郭勛、翟鑾及司禮中官會廷臣推鞫再三，「侃疏實出己意，澤誣以言所引皆無證。」上乃釋言等，出孚敬密疏二示廷臣，斥其忮罔。于是上頗不直孚敬。

會御史譚纘端、廷赦，唐愈賢交章劾之，乃聽致仕。侃黜爲民，澤論戍，獨貰言勿問。

【考異】事見明史張璁及薛侃傳，三編據之。惟當侃廷辨時，孫應奎、曹汴揖孚敬令避，證之實録，蓋避夏言也。時汪鋐欲坐言主使，言大詈罵，幾欲毆之，故應奎等揖孚敬，告以（歐）〔毆〕鋐將並及孚敬也。明史侃傳脱此數語，上下文氣不屬，今據實録，敘入孚敬致仕下。

28 辛巳，鄭王厚烷獻白雀二，上命薦之宗廟，獻之兩宮。傳示廷臣，多有獻白雀頌、賦者。

29 是月，召方獻夫還，獻夫疏辭，舉梁材、汪鋐、王廷相自代，不允，遣行人蔡靉趣之。

30 八月，癸未，上親祀夜明于夕月壇。

31 丁酉，免揚州、淮安旱蝗稅糧。

32 戊戌，謫前吏部郎中夏良勝于極邊衞充軍。

初，良勝既黜爲民，乃撮其部中章奏，名曰銓司存稿，凡議禮諸疏具在，爲讎家所發，凡兩下獄，三年不決。至是御史秦武始具以進，法司會錦衣衞論杖當贖，上以爲輕，特旨謫戍遼東三萬衞。

踰五年，卒于戍所。隆慶初，贈太常卿。

33 辛丑，改安陸州曰承天府。

先是有請建京師于安陸者，下禮部議，以「京師之建，于典禮無據。太祖發祥濠州，改州爲府；核之安陸，事體相同，宜升爲府治。」上乃更定府名，又設鍾祥縣爲府治。

34 甲辰，總制三邊王瓊等奏甘露降于固原，上之，命薦之內殿，獻兩宮。

35 乙巳，免山西太原等府旱災稅糧。

36 九月，丙辰，罷南京郊祀。

初，上命修輯郊社諸壇未成，南京太常寺卿黄芳等言：「天地社稷山川，既統祀于京師，其在南京者可弗舉也。若有時祭告及災變修理等事，因事行之，亦非常祭之比。宜祭告孝陵及山川諸神，不必備物，酒醴脯醢而已。」上以爲然，遂罷之。

37 乙丑，修葺西苑宫殿成，特設成祖位祭之。

先是上率閣臣、尚書及侍郎夏言等同往西苑視工，遂御豳風亭，召群臣親覩收穫。因諭曰：「西苑乃我文祖臨御之地，宜設位致祭。其令禮部具儀擇日以聞。」至是行之。祭畢，行落成禮，宴群臣于西苑。

38 丙寅，以禮部尚書李時兼文淵閣大學士，預機務。

初，張孚敬、桂萼在閣，與費弘、楊一清等相傾軋不已；萼先卒，孚敬尋罷，翟鑾獨秉政者兩月。至是時入，二人皆遜順無齟齬，政府稍寧。

39 壬申，御無逸殿，命閣臣進講無逸及豳風七月篇，武定侯郭勛及九卿翰林俱侍講。講畢，宴儒臣于豳風亭。

40 是月，户部尚書梁材以憂去，改刑部尚書許讚代之。又改兵尚王時中于刑部。

41 以夏言爲禮部尚書，代李時也。

時士大夫多惡張孚敬，恃言抗之。言既以開敏結主知，又折節士大夫得聲譽，朝廷制作一出于言，閣臣取充位而已。

42 手敕召王瓊還，以主吏部乏人也。

先是葉相奉詔督陝西振事，已而有疾。上召閣臣翟鑾、李時于西苑，問：「誰可代相者？」時舉劉天和，鑾舉徐瓚。上曰：「唐龍何如？」皆頓首曰：「善！」已，復諭曰：「吏部事重，龍既去，朕欲用王瓊爲吏部尚書，即以龍代瓊爲總制，何如？」復頓首曰：「善！」遂陞龍爲兵部尚書兼右都御史，總制陝西三邊，兼理振事。【考異】明史本紀系葉相振陝西于七月，三編據書之，因及唐龍代相事，蓋牽連並記也。證之實録，則龍始以吏部侍郎往，及上欲召王瓊還，乃陞龍尚書代之。相之引疾，龍之奉詔，皆非同月事，今據實録分書之。七卿表系王瓊任吏部于十二月，蓋以九月召，十二月至京視事也，今並彙記于授龍總制之下。

43 冬，十月，甲申，詔罷改遷陵寢之議。

是時議遷顯陵者數輩，至有謂上震位久虚，歸咎于陵寢者。上令廷臣會議，尚書夏言力陳其不可，且請「自後有妄議遷陵者罪之」。會有湖廣聽選官黄惟臣等數奏遷陵，上廉得其情有所希冀，乃命錦衣衛逮送法司拷訊。自是議始息。

44 乙酉，寇犯大同，以六萬餘騎驟至，應、朔二州告急，詔鎮、巡守官悉力禦之。

45 是月，帝社、帝稷壇成。

初，上欲建雩壇于南城，既，以南城乃游觀之地，非祭天所宜，因欲于奉天殿丹陛上行大雩禮。尚書夏言言：「按左傳：『龍見而雩』，蓋巳月萬物始盛，待雨而大，故祭天，爲百穀祈膏雨也。月令：『雩帝用盛樂，乃命百縣雩祀，祀百辟卿士有益于民者，以祈穀實。』通典曰：『巳月雩五方上帝，其壇名雩，禜于南郊之傍。』先臣邱濬，亦謂『天子于郊天之外，别爲壇以祈雨。』濬意蓋欲于郊傍擇地爲雩壇，孟夏後行禮。臣以爲孟春既祈穀矣，苟自二月至四月，雨暘時若，則大雩之祭可遣官攝行。如雨澤愆期，則陛下躬行禱祀。」從之

至是建崇雩壇于圜丘壇外泰元門之東，爲制一成，歲旱則禱，奉太祖配。

46 十一月，甲寅，祀天于南郊之圜丘。

47 丙辰，中允廖道南請更定廟制。

先是上諭閣臣李時等，以「宗廟之制，父子兄弟同處一堂，于禮非宜。太宗以下，皆宜立專廟，南向。」尚書夏言奏：「太廟兩傍隙地無幾，宗廟重祀，始謀宜慎。」未報。

至是道南言：「太宗以下，宜各建特廟于兩廡之地。有都宮以統廟，不必各爲門垣；有夾室以藏主，不必更爲寢廟；第使列聖各得全其所尊。皇上躬行禮于太祖之廟，

餘遣親臣代獻，如古諸侯助祭之禮。」上悦，命會議。

言等言：「太廟地勢有限，恐不能容；小其規模，又不合古禮。且使各廟既成，陛下偏歷群廟，非但筋力不逮，而日力亦有不給。若以代獻而言，古諸侯多同姓之臣，今陪祀執事者，可擬古諸侯之助祭者乎？先臣邱濬謂『宜間日祭一廟，歷十四日而徧』，此蓋無所處而强爲之説耳。若以九廟一堂嫌于混同，請以木爲黄屋，如廟廷之制，依廟數設之，又設帷幄于其中，亦足以展專尊之敬矣。」議上，不報。

48 戊辰，免陝西被災秋糧。

49 丁丑，召張孚敬復入閣。

時夏言益用事，李時、翟鑾在閣，未幾方獻夫復入，孚敬亦不能專恣如曩時矣。【考異】召孚敬在是年冬月，還朝在明年三月，今據明史本紀。

50 是月，召原任左都御史王憲爲兵部尚書，代王時中也。

51 十二月，戊子，下監察御史喻希禮、石金于錦衣衛獄。

時上方修醮祈嗣，設壇于欽安殿，令文武大臣日輪一員進香行禮。後二日，上親詣壇行禮，尚書夏言等請照例遣官，不許。于是禮部侍郎顧鼎臣、湛若水皆以爲言，不報。

至是希禮上言：「陛下祈嗣禮成，瑞雪遂降。臣以爲召和致祥，不盡于此。往者大赦，今歲免刑，臣民盡沾惠澤。獨議禮、議獄得罪諸臣，遠戍邊徼，乞量移近地，或特賜赦免，和氣薰蒸，前星自耀。」上大怒曰：「謂朕罪諸臣致遲嗣續耶？所司參議以聞。」

議未上，金亦言：「陛下一日萬幾，經理勞瘁，何若中涵太虚，物來順應！凡人才之用舍，政事之敷施，始以九卿之詳度，繼以内閣之咨謀。其弗協于中者，付諸臺諫之公論。陛下恭默凝神，挈其綱領，使精神内藴，根本純固，則百斯男之慶自不期而至。王守仁首平逆藩，繼靖巨寇，乃因疑謗，泯其前勞；大禮、大獄諸臣，久膺流竄，困鬱既久，物故已多；望録守仁功，寬諸臣罪，則太和之氣塞宇宙間矣。」上不悦，曰：「金欲朕勿御萬幾，即古奸臣導其君不親政之意。其并察奏。」

夏言等言「二人無他腸」，上益怒，下二人詔獄，而責言等陳狀；伏罪，乃宥之。二人並謫戍邊衛。

52 丁酉，祫享太廟。

是時罷歲除之祭，以冬季中旬行大祫禮。設德祖位于太廟正中，南向，懿祖而下，以次東、西向。

53 是冬，滹沱河決。

巡按御史傅漢臣言：「滹沱流經大名，故所築二堤衝敗，宜修復如舊。」乃命撫按官會議。

其明年，敕太僕卿何棟往治之。棟言：「河發渾源州，會諸山之水，東趨真定，由晉州紫城口之南入寧晉泊，會衞河入海，此故道也。晉州西高南下，因衝紫城東溢，而束鹿、深州諸處遂爲巨浸。今宜起藁城、張村至晉州故堤，築十八里，高三丈，廣十之，植椿、榆諸樹。乃濬河身三十餘里，導之南行，使歸故道，則順天、真、保諸郡水患俱平矣。」又用郎中徐元祉言，「于真定濬滹沱河以保城池，又導東鹿、武强、河間、獻縣諸水循滹沱以出」，皆從之。自後數十年，水頗戢，無大害。

十一年（壬辰、一五三二）

1 春，正月，己巳，免四川被災稅糧。

2 辛未，祈穀于圜丘。

上既罷二祖並配之制，尋親製祭文，更定儀注，改用驚蟄節。禮視大祀少殺，不設從壇，不燔柴，著爲定式。

至是將行，會上躬有疾，乃命武定侯郭勛攝事。于是給事中葉洪言：「祈穀大報，名雖不同，其爲郊一也。祖宗以來，無不親郊。成化、弘治間，或有他故，寧展至三月，不宜攝行。」

已而主事趙文華亦言「勛武臣，不宜代祭。」疏入，奪文華俸五月。

3 甲戌，振保定、河間饑。

4 二月，庚辰朔，上疾有瘳，始視朝。

先是武定侯郭勛以上體已平，請于顯靈宮建醮祝釐，上嘉其忠愛，許之。于是閣臣李時等以「聖嗣未降，請上自製祝文，遣廷臣詣岳鎮名山祈禱。」上命武定侯郭勛等詣地祇壇行禮，仍望祭天下山川，復擇日卜筮于太廟。

5 戊戌，免湖廣武昌等十二府旱災稅糧。

6 三月，癸亥，寇犯延綏。

先是小王子求通貢，未得朝命，遽擁十萬騎入寇；總制唐龍欲從其請，上怒其桀驁，不許，命兵部亟議往勦。時兵部尚書王憲等集廷議，上平戎十一事，詔依擬行之。

7 戊辰，賜林大欽等進士及第、出身有差。

8 夏，四月，辛卯，續封開國功臣常遇春、李文忠、鄧愈、湯和後皆爲侯。【考異】（倨）〔據〕實録，「遇春後封懷遠侯，文忠後封臨淮侯，愈後封定遠侯，和後封靈璧侯，于是開平、岐陽、寧河、東甌四王皆延世緒。」又，遇春八世孫世振，文忠七世孫性，愈六世孫繼坤，和六世孫紹宗，皆見明史功臣表中。

9 癸巳，太白晝見。

10 是月，諭吏部：「用人兼取三途。自進士外，如有舉人歲貢，才能卓異者，皆行取以備科、道官之選。新進士授職者，皆遵舊制習知民事，俟有年勞，始如例行取選用。著爲令。」

11 五月，戊午，夏至，祀皇地祇于方澤，遣武定侯郭勛攝事。——二郊之攝自此始也。

12 丙子，方獻夫入閣。

先是獻夫被召，潛入廣州之西樵山，以疾固辭；使命再至，乃就道。至是命以吏部尚書兼武英殿大學士，預機務。

13 六月，壬午，免順天、河間、保定等府被災秋糧，並發太倉庫銀二千兩振之。

14 甲申，封故誠意伯劉基九世孫瑜爲誠意伯，予誥券，世襲。

15 秋，七月，戊辰，免南直隸應天、太平等府被災夏稅。

16 是月，遣工部郎中徐元祉往振河間、保定。

元祉因上言：「地方之災，由于河患。河本以洩水，今反下壅；淀本以瀦水，今反上溢；故畿輔常苦水，順天利害相半，真定利多于害，保定害多于利，河間全受其害。弘、正間，嘗築長堤，排決口，旋即潰敗。今惟疏濬可施，其策凡六：

一濬本河，俾河身寬邃。九河自山西來者，南合滹沱而不侵真定諸郡，北合白溝而不侵保定諸郡，此第一義也。一濬支河，令九河之流經大清河從紫城口入，經文都村從涅槃口入，經白洋淀從藺家口入，經章哥窪從楊村河入，直遂以納細流，水力分矣。一濬決河。九河安流時，本、支二河可受，遇漲則岸口四衝，宜每衝量存一口，復濬令合成一渠，以殺湍急，備淫溢。一濬淀河，令淀淀相通，達于本、支二河，使下有所洩。一濬淤河。九河東逝，悉由故道，高者下，下者通，占據曲防者抵罪。一濬下河。九河一出青縣，一出丁字沽，二流相匝于苑家口。故施工必自苑家口始，漸有成效，然後次第舉行，庶減諸郡水害。」上嘉納之。

17 吏部尚書王瓊卒。

瓊之召長吏部也，南京御史馬敭等十人力詆爲先朝遺奸，上大怒，下敭等詔獄，慰諭瓊。至是，卒。贈太師，諡恭襄。

當正、嘉間，瓊與彭澤並有才略，中傷不已，亦迭爲進退，而瓊險忮，公論尤不予。然在本兵時功多，而其督三邊也，人以比楊一清云。

初，方獻夫去，上虛吏部以待者一年。洎獻夫初辭不赴，乃召瓊。瓊病，會獻夫入閣，上令署吏部。至是瓊卒，乃詔獻夫以內閣掌部事。

18 八月，己卯，彗星見東井，芒長丈餘，東北行，歷天津，掃太微垣及角宿天門，漸長至丈餘，凡一百十有五日乃滅。

19 戊子，以星變，敕群臣修省。禮部「請敕百官素服辦事三日，仍通行九卿、六科、十三道，條時政得失以聞。」【考異】明史本紀書是月戊子，據下詔修省之日也。證之明史五行志及實録，彗星見己卯，今分書之。

20 甲午，歷代帝王廟成，上躬祭于廟。

21 辛丑，張孚敬罷。

先是上以星變，心疑大臣擅政，孚敬因求罷，猶慰留之。至是給事中魏良弼引古占書，言「彗晨見東方，君臣爭明；彗孛出井，姦臣在側」，因劾「孚敬專橫竊威福，致妖星示異，亟宜罷黜。」孚敬疏辨，言：「良弼以濫舉京營官奪俸，由臣擬旨，遂挾私報復，坐臣專權。夫臣爲皇上守法，顧來專權之毁；而人之曲法媚人者，乃獲稱情之譽；臣恐自是效忠無地矣。」

于是給事中秦鰲劾「孚敬強辨飾奸，言官論列，輒文致其罪。擬旨不密，引以自歸，明示中外，若天子權在其掌握。臣愚以爲不去孚敬，天意終不可得而回也。」上是鰲言，令孚敬陳狀，遂准致仕去。尚書李時請給廩隸、敕書，不許；再請，乃聽馳傳歸。

22 是月，河決魚臺。

總督河道、御史言：戴時宗，請委魚臺爲受水之地，言：「河東北岸與運道鄰，惟西南流者，一由孫家渡出壽州，一由渦河口出懷遠，一由趙皮寨出桃源，一由梁靖口出徐州小浮橋。往年四道俱塞，全河南奔，故豐、沛、曹、單、魚臺，以次受害。今患獨鍾于魚臺，宜棄以受水，因而導之，使入昭陽湖，過新開河，出留城金溝境山，乃易爲力。至塞河四道，惟渦河經祖陵，未敢輕舉，其三支河頗存故迹。宜乘魚臺壅塞，令開封河夫，捲埽填堤，逼使河水分流，則魚臺水勢漸減。俟水落畢工，并前三河共爲四道以分洩之，河患可已。」詔下工部會廷臣議之。

23 九月，丁巳，振陝西饑。

24 侍讀學士吳惠、郭維藩進講經筵。既退，上諭輔臣李時等曰：「惠言『省無益之費，停得已之役』，維藩言『去操切更張之弊，務淳厚寬大之體』者云何？卿等可以朕意問之。可補救時宜者，令條列以對。」

于是惠疏言：「方今民窮財竭，而宮殿興作不已，采木燒磚，大爲川、廣、蘇、松之患，此宜停罷。各省歲辦物料，敕有司准以折色解京，從宜置辦，毋使民困于徵解之苦，此宜節省。且自鹽法沮壞，糧草改折，諸邊積貯空虛，宜減價惠商，疏通餘鹽。其輸邊糧草，可仍復本色，以爲足國經久之計。」

維藩疏言：「今士風漸漓，一切好更張以取聲譽。以譸張爲變通，安靜爲迂腐，嚴急爲才幹，寬厚爲無能，好惡任情，不以爲恥。此則俗薄而政龐，非細故也。宜申飭臣工，崇本實，修職業；毋徇操切之論，求人過甚，立法太嚴，以養成淳厚寬大之體。且請復庶吉士之選以育人才，停選貢之條以疏壅滯。」

疏入，俱報聞。二臣頗有所指切，上亦不罪也。

庚申，上以星變，召見輔臣李時等于文華西室，諭以引咎修省之意，因從容語及人才，上曰：「過猶不及。」

時等乃退而條三事上之：「一曰務安靜。所謂安靜者，非無所事事也，虞廷之上，不廢都俞。方今議事之臣，倘如聖諭中正可行者，有何不可！惟其用心過當，務求勝人，言利未必可興，言弊未必可革。至使在職者搖奪，奉行者觀望，一旦事出倉猝，靡所適從，爲害非細。宜敕群僚遵守舊章，各安職守，勿過論以爲高，勿趨利以干進，則政本清而天下之治成矣。

二曰惜人才。惟天地無棄物，聖人無棄人，要在包容教育以適于用耳。近日謫降諸臣，有生于朴忠，發于狂直者，跡雖難宥，情在可原。宜舍短取長，敕吏部量加甄録，責以後效，則人無棄才而政事畢舉矣。

三曰慎刑獄。刑獄出入，民命攸關。近日刑官不守律例，任意出入，欲遠嫌疑而以深刻自明，承望風旨而以鍛煉求合。事干證佐，沈滯經年，展轉駁查，求其罅隙。或罪本不大而重參兩請，或事實無干而羅織逮繫。至于外省問刑衙門，箠楚任其喜怒，冤抑至于垂亡，傷和召災，莫此爲甚！乞敕法司痛革前弊，當平反者勿以輕出爲嫌；涉觀望者止照律例議擬；衆證明白，不必駁查；勘報稽遲，指名參究；如此，則欽恤之仁達于窮巷，而災沴可弭矣。」疏入，上嘉納之。

26 丁卯，免廬、鳳、淮、揚四府，滁、和、徐三州被災税糧。

27 是月，以汪鋐爲吏部尚書，加太子太保。

都給事中魏良弼，劾「鋐貪恣邪佞，不宜處以銓衡重任」，工科給事中葉洪亦乞罷鋐。上方嚮用鋐，于是良弼、洪俱各奪俸半年。

召前都御史聶賢爲工部尚書，巡撫順天副都御史王大用爲右都御史。

28 冬，十月，甲申，復考選庶吉士例。

先是大學士方獻夫，言「館職缺員，請下兩京科道部屬推補。」大學士李時，以「舉薦未必公，宜如考選庶吉士例，凡各衙門所舉者，臣等會同吏部試之內閣」，報可。尋諭：「于新進士未選者，自年三十五以下悉令就試。」時等選取進士錢亮等凡二十一人以聞，上閱卷彌封姓名，疑有私，遂報罷。已而編修程文德疏「請試于文華殿，上自裁定。」上曰：「朕既委之輔臣及吏、禮二部，又何以親臨爲！」復命時等覆考，得進士呂懷等二十一人，奏改翰林院庶吉士。從之。

自張璁建議諸庶吉士皆除部屬、知縣，遂停考選庶吉士例，至是始一行之。

29 下翰林院編修遂寧楊名于詔獄。

先是名以星變應詔陳言，謂上「喜怒失中，用舍不當」，語甚切直。上銜之，而答旨褒其納忠，令盡言無隱。

至是名再上疏言：「吏部諸曹之首，尚書百官之表，而汪鋐小人之尤也。武定侯郭勛，奸回險譎；太常卿陳道瀛、金贇仁，粗鄙酣淫；數人者群情皆曰不當用，而陛下用之，是偏于喜也。諸臣建言觸忤者，心實可原。大學士李時以愛惜人才爲請，即荷嘉納，而吏部不爲題覆，以虛文塞責。夫此得罪諸臣，群情以爲當宥，而陛下不終宥，是偏于怒也。真人邵元節，猥以末術，過蒙采聽，嘗令設醮內府，且命左右大臣奔走供事，遂至不肖之徒，有昏夜乞哀，出其門者，書之史册，後世其將謂何！ 凡此皆聖心之稍有所偏者，故臣敢抒其狂愚。」疏入，上震怒，立命錦衣衛執送鎮撫司拷訊。

鋐疏辨，謂：「名乃楊廷和鄉人，妄思報復，故攻及臣。臣蒙上簡用，欲一振舉朝廷之法，而議者輒病臣操切。且内閣大臣率務和同，植黨固位，故名敢欺肆至此。」上深入其言，益怒，命所司窮詰主使。名數瀕于死，無所承，言「曾以疏草示同年生程文德」，乃並文德下獄。

侍郎黄宗明等數救之，先後皆下獄。法司再擬名罪，皆不當上指。特詔謫戍邊衛，文德降邊方雜職，宗明亦調外任。【考異】明史本紀系之十月甲申，據實録，楊名下獄之月日也。三編系之八月彗星見東井之月，類記之耳。證之實録，名兩上疏，皆在十月，一戊寅，一甲申，故明書及通紀皆書之十月。今並記于甲申下。

30 丙戌，免山東七十九州縣被災税糧。

31 戊子，太白晝見。

32 辛卯，免河南歸德、祥符等八十五州縣被災税糧。

33 丙申，御史郭弘化以星變上疏，言：「按天文志，井居東方，其宿爲〔水〕〔木〕。邇者彗出于井，必土木繁興所致。臣聞四川、湖廣、貴州之采大木者，江西、浙江之采雜木者，勞頓萬狀。而應天、蘇、松、常、鎮五府，又以成造大磚，民間耗費不貲，而窯户之逃竄者多矣。至于廣東，以珠池之役，激窮民爲盜。凡此皆上干天和，召星變也。請停不急之工，罷采木采珠之役，則彗滅而前星曜矣。」

章下户部。尚書許讚等言：「近以工興，采木燒造之役半天下。且五年間凡三采珠，物力易殫，民困日深。弘化言宜聽。」

上怒曰：「采珠舊例，非朕所增。若以前星之曜爲言，則朕未立嗣，豈以采珠致耶！」因詰責讚等附和。黜弘化爲民，詔吏部錮勿用。

34 南京巡按御史松江馮恩上言：「彗星之見，變不虚生，人召之也。欲舉時政之得失而更張之，不若舉臣工之邪正而進退之。」因言：「大學士李時，小心謙抑，應變非長；翟鑾附勢持禄，遇事模棱；户部尚書許讚，雖乏剸斷之才，尚無不經之費；禮部尚書夏言，多蓄之學，不羈之才，駕馭任之，庶幾救時宰相；兵部尚書王憲，剛直不屈，通達有爲；刑部尚書王時中，進退昧幾，委靡不振；工部尚書趙璜，廉介自持，制節謹度。」次及六部侍郎，皆有評論，而極論大學士張孚敬、方獻夫、都御史汪鋐三人之奸，以「孚敬爲根本之彗，鋐爲腹心之彗，獻夫爲門庭之彗，三彗不去，百官不和，庶政不平，雖欲弭災，不可得矣。」疏入，上大怒，立命錦衣官校扭械來京。【考異】馮恩上疏與楊名同月，皆據實録日分。其實恩之上疏在楊前。其時未知張孚敬罷，故首論之，實録據其奏至之月日耳。

35 己亥，免山西石、澤、沁、絳等二十州縣被災税糧，並以河東鹽銀二萬兩振之。

36 是月，改工部尚書聶賢爲左都御史。王大用巡撫、右都御史如故。

37 十一月，甲寅，巡撫四川、都御史宋滄獻白兔。

上好文飾太平，而彗星連月不滅，雖循故事敕群臣言時政，然實不樂聞讜言。自楊名、馮恩以言事下獄，而南京副都御史萬鏜復應詔陳事，勸上黜虚文，崇實政，亦大怒，黜爲民。于是滄希旨獻白兔，詭稱祥瑞，上喜。廷臣表賀。

38 庚申，祀天于南郊之圜丘。

39 是月，改南京户部尚書秦金爲工部尚書。

40 十二月，乙亥，免畿内、河間、真定等府被災税糧。

41 辛巳，褫侍讀學士郭維藩職。

時群臣表賀白兔，皆有詩歌賦頌，上優答焉。維藩以獻賦忤旨，遂論黜。

己亥，免山西蒲、解二州被災秋糧，仍以河東鹽銀一萬兩及儲庫事例銀振之。【考異】明史：「十二月，己亥，免畿内被災税糧。」證之實録，則乙亥也。又，明史稿：「十二月，乙亥，振山西饑。」證之實録則己亥也。蓋「己」「乙」二字皆因形近而誤，今並刊改。

明通鑑卷五十六

江西永寧知縣當塗夏燮編輯

紀五十六 起昭陽大荒落（癸巳），盡柔兆涒灘（丙申），凡四年。

世宗肅皇帝

嘉靖十二年（癸巳、一五三三）

1 春，正月，甲辰朔，下左副都御史王應鵬于獄。應鵬以所進章疏遺漏職名，上怒，令執送鎮撫司拷訊。禮科給事中魏良弼言：「此係失誤。況當履端之始，不宜以微過繫大臣，請示薄罰。」不聽。坐應鵬不敬，褫職，並奪良弼俸半年。已，御史陳邦敷復爲申救，謫貴州驛丞。

2 丙午，河南巡撫、都御史吳山獻白鹿，禮部請告太廟、世廟，百官表賀。自是諸瑞異表賀以爲常。

3 丙辰，復召張孚敬入閣，遣鴻臚寺少卿陳璋趣之。

4 是月，免浙江、河南被災税糧。

5 二月，丙子，始以驚蟄節祈穀于圜丘，遣武定侯郭勛攝行。

6 戊寅，以巡撫宣府、右副都御史劉源清爲兵部侍郎，總制大同、宣府、偏關、保定等處軍務。

先是北寇謀屯套内，屢犯邊，密雲四鎮告急無虚日。兵部請簡文武大臣各一員節制宣大等處，廷臣疏薦源清，故有是命。

7 辛巳，土爾番遣人奏三事：「一請追治前巡撫陳九疇罪；一請遣官議和；一請歸叛人伊蘭。」詞多誖謾。兵部言：「土爾番恃通貢益桀驁，漸不可長。宜傳諭戒飭，但修職貢，無妄言。」然亦卒不能罪也。自舍音和珊既誅，伊蘭復被羈留，于是莽蘇爾失其所倚賴，勢亦漸孤。部下各自雄長，稱王入貢者多至十五人，政權亦不一矣。

8 乙酉，振雲南饑。【考異】明史本紀作「乙酉」，明史稿作「己酉」。證之實録，乙酉是也，己酉乃三月干支，非二月。

9 壬寅，寇犯延綏。

先是北部額布訥、卜爾噶等舊作卜兒孩。額布訥即亦卜剌，譯見前。與小王子仇殺，逃至西海，求款于我，方下守臣勘議。

無何，小王子之從父行濟農等，即吉囊，譯見前。擁十餘萬衆屯套内，遂犯延綏花馬池。已，復掠固原，各邊戒嚴，不得間。乃突出四五萬騎，循河南濟，西襲額布訥等二部，大破之。總制尚書唐龍以聞，且言：「二部衰敗遠徙，西海獲寧，請無更議款事。」

濟農等既破西海，旋竊入宣府永寧境，大掠而去。

10 是月，下南御史馮恩于獄。

先是恩至京師，下錦衣獄，究主使名。恩日受搒掠，瀕死者數，語卒不變，惟言「御史宋邦輔嘗過南京，談及朝政暨諸大臣得失」，遂並逮邦輔下獄，奪職。尋復移之刑部獄。

上欲坐以上言大臣德政律置之死，尚書王時中等，言「恩疏毀譽相半，非專頌大臣，宜減戍。」上怒曰：「恩非專指孚敬三臣也，徒以大禮故，仇君無上，死有餘罪，時中乃欲欺公鬻獄耶！」遂褫時中職，奪侍郎聞淵俸，貶郎中張國維、員外郎孫雲極邊雜職，而恩竟論死。

恩長子行可，年十三，伏闕訟冤，日夜匍伏長安街，見冠蓋者過，輒攀輿號救，終無敢言者。時汪鋐已遷掌吏部，王廷相代爲都御史，以恩所坐過當，疏請寬之，不聽。

比朝審，鋐當主筆，東向坐，恩獨向闕跪。鋐令卒拽之西面，恩起立不屈，卒呵之，恩怒叱卒，卒皆靡。鋐曰：「汝屢上疏欲殺我，我今先殺汝。」恩叱曰：「聖天子在上，汝爲大臣，欲以私怨殺言官邪？且此何地，而對百僚公言之，何無忌憚也！吾死，爲厲鬼擊汝！」鋐怒曰：「汝以廉直自負，而獄中多受人餽遺，何也？」恩曰：「患難相恤，古之義也，豈若汝受金錢鬻官爵邪！」因歷數其事，詆鋐不已。鋐益怒，推案起，欲毆之，恩聲愈厲。尚書夏言及廷相引大體爲緩解，鋐稍止，然猶署「情真」。

恩出長安門，士民觀者如堵，皆嘆曰：「是御史非但口如鐵，其膝、其膽、其骨皆鐵也！」因稱「四鐵御史」。恩母吳氏，擊登聞鼓訟冤，不省。【考異】馮恩事見明史本傳。諸書皆系之十一年十月，據其上疏之月牽連記之也。明史本傳，恩下刑部獄在是年之春，則下錦衣獄又在前，其逮至京師當在去年，故傳以爲「明年春下獄」也。至其免死謫戍，據諸書在明年之冬，今分書之。

11 三月，乙巳，初開經筵。

12 丙辰，上幸太學，釋奠于先師孔子，遣官祭啓聖公。禮畢，上御彝倫堂，祭酒林文俊等進講畢，還宮。侍講廖道南獻臨雍崇教頌，優詔褒答。

13 夏，四月，乙亥，張孚敬至京師。

14 己卯，諭吏部曰：「部、院考察京官及科、道拾遺事既竣，獨科、道互相糾劾，業有成命。今數日未見題請，顯有畏附之私。宜遵例令兩京十三道、六科從實互舉，以聽去留。」于是科、道官復互糾劾如初。

15 是月，改聶賢爲刑部尚書，以南京兵部尚書王廷相爲左都御史。【考異】明史七卿表，賢以去年九月召爲工部尚書，十月改左都御史，證之實録，皆未赴也。賢改左都，本代汪鋐，而賢實未莅左都之任，故明史傳中以爲王廷相代鋐耳。廷相之任左都在四月，則治馮恩之獄，或先已代署，抑或奏請寬免在後，史家牽連記之，未分析耳。

16 五月，乙巳，以春久不雨，命禮官祈于山川城隍之神。

17 丙辰，禮部尚書夏言等言：「古者大雩之祀，命樂正習盛樂，舞皇舞，蓋假聲容之和以宣陰陽之氣。請于三獻禮成之後，九奏樂止之時，樂奏雲門之舞，仍命儒臣括雲漢詩詞制雲門一曲，使文武舞士並舞而合歌之。蓋雲門者，帝堯之樂，周官以祀天神，取雲出天氣，雨出地氣也。」因上其儀，視祈穀禮。又言：「大雩乃祀天禱雨之祭，凡遇亢旱，則禮部于春末請行之。」詔「用仲夏之吉，令欽天監擇日以請，餘如議。」

18 六月，辛巳，彗星見五車，芒長五尺餘，尾指西南。

越日，大學士張孚敬，以星變請避位，不許。

壬辰，詔群臣修省。

19 己亥，彗掃大陵及天大將軍，芒長丈餘。

20 秋，七月，甲寅，彗掃閣道，犯螣蛇，至八月二十八日而没。

21 是月，起服闋詹事霍韜爲吏部右侍郎，仍兼翰林院學士。

22 八月，辛未朔，日有食之。

23 己丑，皇第一子生。

乙未，頒詔天下，「大赦，惟大體大獄得罪者及建言諸臣馮恩等皆不原。」【考異】明史書「乙未」，據下詔之日也。實録及明書皆作「己丑」，今分書之。

24 丁酉，京師地震。

25 九月，庚戌，廣東巢賊亂，糾衆攻城，劫庫殺人，積年，官軍不能制。至是提督侍郎陶諧調兵分道進剿，破其巢寨一百二十，斬三千八百人，遂平之。

26 丁巳，復召前兵部侍郎黄宗明爲禮部右侍郎。宗明以論救楊名謫外。至是廷推禮侍，凡三上，皆不用，尋特旨以宗明任之。

27 冬，十月，乙亥，大同兵變，殺總兵官李瑾。

先是小王子屯大同塞外，瑾督役浚濠急，役卒王福勝、王保等數十人鼓譟，焚殺瑾，因焚巡撫潘倣署，恣虜掠。代王聞變，奔宣府之西城。倣新任，倉猝不知所爲，乃以瑾激變聞。

廷議發兵，尚書王憲，「請以撫剿事宜責之鎮、巡官，俾之便宜從事。」上曰：「逆軍蔑視國法，屢肆叛亂，罪不容誅。」乃詔總督劉源清會總兵官郤永討之。以都督僉事魯綱代瑾，趣之行。

倣屢上疏爲叛卒乞命，爲都給事曾汴所劾，褫其官，以江西布政司參政樊繼祖爲僉都御史代倣。【考異】明史本紀，「是月乙亥，大同兵變」，蓋據殺李瑾之日分也；實録系之庚辰，據奏至之日分也。據原奏，殺李瑾在是月六日之夜，是月庚午朔，乙亥正六日也，明書亦系之乙亥。今日分仍據明史本紀書之。

28 丙子，下建昌侯張延齡于獄。

初，正德間曹祖之死，事見正德十年。延齡以太監錢寧等之援，獄遂解。其後指揮司聰與天文生董杲子至，謀首其事以脅延齡賄，延齡復執聰，幽殺之，焚其尸。聰子昇噤不敢言，常憤詈至，至慮事發，是年九月，乃摭聰前奏上之。上以昭聖皇太后遇其母蔣太后無加禮，方銜張氏，得至奏，欲坐以謀逆，族其家。昭聖太后窘迫無所出，欲爲之請，上謝不見；使人請，不許。

獄既具，大學士張孚敬言：「延齡守財虜耳，何能反！若坐謀逆，恐傷皇太后心。」上手敕報曰：「天下者，高皇帝之天下。孝宗皇帝守高皇帝法，卿慮傷伯母心，豈不慮傷高、孝二廟心邪？」乎敬復奏曰：「陛下嗣位時，用臣言稱『伯母皇太后』，朝臣歸過陛下，至今未已。茲者大小臣工嘿無一言，誠幸太后不得令終以重陛下過耳。夫叛逆之獄成，當坐族誅，昭聖獨非張氏乎？陛下何以處此？」

時法司逮延齡及諸奴雜治。延齡嘗買没官田宅，造園池僭侈踰制；又以私憾殺婢事併發覺，竟坐違制殺人，論死。

延齡上疏自明，上以延齡罪重，責通政司不宜與封進，奪通政俸半年，並削昌國公鶴齡爵。延齡遂繫獄待決。

29 己卯，皇長子薨，諡曰哀沖。

30 戊子，都御史朱裳代戴時宗總理河道，乃條治河二事。略言：「一塞黃河之口以通運河。夫黃河之當殺者有三大支，孫家渡、趙皮寨、梁靖口是也；三支開，則河流可去其七。其三分自梁靖口迆東由魚臺入運河，謂之岔口。冬春水涸之時，計岔口半月可塞，塞則黃河之水資其捍禦，則穀亭鎮迆南二百餘里淤者可以及時疏濬矣。一借黃河之水以資運河。夫黃河自穀亭鎮轉入運河，順流而南，三日即抵徐州，徐州逆流而北，四日乃抵穀亭，黃河之利莫大于此。但河流有北趨之勢，或由魚臺、金鄉、濟寧漫衍而至安平鎮，則運河堤岸爲之衝決，或三支之水一有壅淤，則穀亭鎮迆南運河，亦難保其不衝決也。二者非繕築堤岸以東黃入運不可。」

疏入，下廷臣議。詔「裳相度處置，毋避難以貽後患。」

31 己丑，湖廣道御史郭宗皋上言：「災異之來，有先事而爲兆者，有後事而爲應者。或兆或應，在防患于未然而已。」疏入，上謂「宗皋職居言路，自當明白敷奏，何以隱約其詞？」命逮下詔獄，審其情實以聞。

于是宗皋對狀，謂「始因星變及大同事」，上怒，命廷杖四十，釋之。

32 十一月，己亥，振遼東饑。

33 劉源清、郤永討亂兵，至大同，榜令解散，而榜中有「五堡之變，朝廷處之太寬」等語，五堡遺孽大懼。

師次陽和，潘倣與僉事孫允中、督餉郎中詹榮等密捕亂卒，杖死十餘人，繫賊首王保等七十餘人，令允中詣源清所獻之，請旋師。源清懲昔胡瓚事，不欲已，以囚屬御史蘇祐。因妄言「前總兵朱振失職首亂」，且多引無辜。源清遣參將趙綱入城大索，城中訛言城且屠，復夜譟，殺千户張欽。會允中自源清所至，諭源清意撫慰之，始定。振前爲亂卒所擁，實不反，詣源清自明，因言「亂黨捕且盡，可毋煩兵」，不許，振發憤自殺。

永兵圍城，欲盡得亂卒遺孽，遂盡反，迎戰，殺游擊曹安等數十人。官軍益攻城，晝夜圍擊，亂卒出前參將黄鎮等于獄，奉爲帥，死守。儆與鎮國將軍俊櫍等登城，止毋攻，俊櫍出見永，請緩兵，皆不聽。允中縋城出，言將士妄殺狀，源清叱曰：「汝爲賊游説邪？」欲囚之，允中不敢歸。

源清因多設邏卒，遏王府及有司章疏，而請益師五萬，上遣侍郎錢如京、都督江桓統京軍八千往。已，忽悟大同小變，不足煩大兵，罷弗遣，專責源清、永討賊。

儆馳疏言：「將士妄殺激變，速旋師，亂可已。」源清亦詆儆媚賊。張孚敬及廷議皆右源清；侍郎顧鼎臣、黄綰言用兵之謬。上久不決，乃詔源清「内討外禦，勿致疎虞」，且敕「入城之日，務求分別善惡，毋致濫殺。」

34 癸丑，大學士翟鑾以憂去。

35 乙丑，祀天于南郊之圜丘，上以疾遣武定侯郭勛攝行。——南郊遣代自此始。

36 十二月，己卯，濟農犯寧夏鎮遠關，總兵官王效、延綏副總兵梁震擊却之。

十三年（甲午、一五三四）

1 春，正月，壬寅，詔遼東都指揮史俊充參將，領兵三千應援大同，從劉源清之請也。是時小王子犯大同，至教場北，官軍擊却之。城中叛卒出應寇，官軍捕斬百三十七人。

2 癸卯，廢皇后張氏。

3 壬子，立德妃方氏爲皇后。

后以十年三月選入宮，上欲仿古禮爲九嬪之選，册妃曰德嬪，與鄭氏、王氏、閻氏、韋氏、沈氏、盧氏、沈氏、杜氏同册爲九嬪。上衮冕告廟，還，服皮弁，御華蓋殿，傳制遣大臣行册禮，蓋創禮也。上以后行禮敬，且升降有儀度，悦之，至是遂册爲后，而封沈氏爲宸妃，閻氏爲麗妃，副之。

復下禮臣議廟見禮。于是禮臣議：「天子立三宮以承宗廟，禮經有廟見之文。」乃考據典禮，參大明集禮，擬儀注以上。至是上率后謁太廟及世廟。乙卯，頒詔天下。

4 是月，河道都御史朱裳復言：「今梁靖口、趙皮寨已通，孫家渡方濬，惟渦河一支，因趙皮寨下流睢州野雞岡淤，正河五十餘里漫于平地，注入渦河。宜挑濬深廣，引導漫水歸入正河，而于睢州張見口築長堤至歸德郭村，凡百餘里，以防汎溢，更時疏梁靖口下流，且挑儀封月河入之，達于小浮橋，則北岸水勢殺矣。

夫河過魚臺，其流漸北，將有越濟寧趨安平東入于海之漸。嘗議塞坌河之口以安運河，而水勢洶涌，恐難遽塞，塞亦不能無横決，黄陵岡、李居莊諸處不能無患。徐州迤上至魯橋，泥沙停滯，山東諸泉水微，運道必澀。請創築城武至濟寧縷水大堤百五十餘里，以防北溢，而自魯橋至沛縣東堤百五十餘里，修築堅厚，固之以石，自魚臺至穀亭，開通淤河，引水入漕，以殺魚臺、城武之患，此順水之性，不與水爭地者也。

孫家渡、渦河二支，俱出懷遠，會淮流至鳳陽，經皇陵及壽春王陵至泗州，經祖陵，皇陵地高無慮，祖陵則三面距河，壽春王陵尤迫近。祖陵宜築土堤，壽春王陵宜砌石岸，然事體重大，不敢輕舉也。清江浦口正當黃、淮會合之衝，二河水漲，漫入河口，以致淤塞滯運。宜濬深廣，而又築堤以防水漲，築壩以護行舟，皆不可緩。往時淮水獨流入海，而海口又有套流，安東上下又有澗河、馬邏諸港以分水入海。今黃河匯入於淮，水勢已非其舊，而諸港套俱已堙塞，不能速洩，下壅上溢，梗塞運道。宜將溝港次第開濬，海口套沙，多置龍爪船往來爬盪，以廣入海之路，此所謂殺其下流者也。

河出魚臺，雖借以利漕，然未有數十年不變者也，一旦他徙，則徐、沛必涸。宜大濬山東諸泉以匯于汶河，則徐、沛之渠不患乾涸，雖岔河口塞，亦無虞矣。」

工部覆如其議，詔允行。

5 以册后禮成，晉張孚敬少師，李時、方獻夫及夏言俱少保。

6 二月，癸酉，上以大同亂久不定，乃奪劉源清職，閒住，以督餉侍郎張瓚兼右副都御史代之。

先是叛卒被圍久，大困，毁王府及諸廨舍供爨。兵部復下安撫令，源清亦樹幟招降，叛卒稍稍自投。首惡黄鎮等亦分日出見，乞通樵採路，郤永許諾。翌日，採薪者出，永悉執之，城中益懼。

亂卒復叛，勾韃靼爲助，永遇之，大敗而遁。叛卒遂引寇騎十餘入城，指代府曰：「以此爲諾延居。」即那顔，見前。——「諾延」者，華言大人也。——城中人聞之，皆巷哭。韃靼知叛卒不足賴，倒戈擊尋韃靼攻東、南二關，叛卒與犄角，官軍殊死戰，互有殺傷。韃靼知叛卒不足賴，倒戈擊之，大詬而歸。

是時韃靼游騎南掠至應朔，源清請募九邊兵，增總制官禦之，已得一意攻城，上不許。源清乃百道攻，穴城爲毒烟熏，死者相枕藉，復壅水灌之。

上聞，語閣臣曰：「宣大爲京師北門要地，如手臂之衞頭目也。今誰非祖宗遺民，而源清必欲城破人誅，忠乎否耶？朕今欲罪去二臣，掣還諸路人馬，别遣文武大臣識事者專備北寇，密令多方計禽叛卒之爲首者，庶免老師費財。」皆曰：「善！」

已，源清亦知事不可爲，自劾求去，乃有是命。兵部請並罷永，上以永謀勇素著，留之。

7 兵科都給事中曾忭言：「今團營務重，王憲職任本兵，勢難兼顧。況當邊報旁午，營務視昔加重，請改都御史王廷相提督團營，俾憲得專心部事，經理邊務。」從之，乃加廷相兵部尚書，仍掌院事，提督團營。

8 乙亥，南京禮部侍郎黄綰調外任，已，復留之。

先是夏言長禮部，以上方嚮用綰，乃潛附之，與張孚敬左。南郎中鄒守益引疾，詔綰覈實，久不報，而守益竟去。吏部尚書汪鋐希孚敬指發其事，奪守益官，並劾綰欺蔽，孚敬調旨削三秩，出之外。會禮部請祈穀導引官，詔留綰供事。

鋐于是再疏攻綰，且掇及他事，上復命調外。綰上疏自理，因詆「鋐爲孚敬鷹犬，乞賜罷黜以避禍。」上終念綰議禮功，仍留任如故。綰自是顯與孚敬貳矣。

9 己丑，侍郎張瓚撫定大同亂卒，平之。

先是瓚未至大同，管糧郎中詹榮在城中，密約都指揮紀振、游擊戴濂、鎮撫王寧同盟討賊，察叛卒馬昇、楊麟無逆志，許宥其死，俾自（効）〔効〕，昇、麟遂結心腹，禽首惡黄鎮等九人，戮之。會巡撫樊繼祖來代，潘倣開城延之入，復捕斬二十六人，亂乃定。

及瓚至，麾兵退二舍，鼓吹入城，大集文武將吏，置酒高會，賞有功將士。于是城中自宗室而下，無不室家相慶。瓚還駐宣府，所調京營及諸路兵悉罷之，惟留梁震、史俊于大同東、西二路以備北寇。

10 辛卯，代王返大同。

11 給事中曾忭等上言：「大同雖已撫定，亦苟且姑息而已，不足以彰天討，懲後亂。請令兵部議所以整飭善後者。並覈被兵之地，量行振救，罹鋒刃者周給埋葬。」給事中周崑言：「昨該鎮軍變，有耿指揮、錢指揮等數家，並以忠義闔門受禍最慘，宜賜優恤，令有司建祀歲祭。」俱報可。

12 閏月，庚申，太白晝見，自去歲十一月十六日至于是日，光曜與日爭明。【考異】明史天文志書「是月庚申，太白晝見」，證之實録，始自去年十一月十六日，至此凡晝見一百二十七日也，今據增。

13 魏國公徐鵬舉，俌孫也，俌之父承宗，自天順初守備南京，遂及三世。都御史王廷相，言「南京守備權重，不宜以徐氏世典。」上從之。

已，鵬舉疏請解兵柄，不許；給事中曾忭復以尾大爲言。是月，乃詔兵部舉代者。

14 三月，壬申，命禮部侍郎黃綰振撫大同，並勘明功罪以聞。

初，大同之變，綰言用兵非策，上是之。至是亂定，代王請遣大臣綏輯，張孚敬力持不欲遣，而禮尚夏言以爲宜許，因極詆前用兵之謬，語侵孚敬。上委曲諭解之，乃特以命綰。

15 乙酉，濟農犯響水波羅堡，參將任傑設伏大破之。

16 夏，四月，丁酉朔，時享太廟，遣武定侯郭勛攝行。

上久不親祀事，皆勛代之。户科給事中張選言：「宗廟之祭，惟誠與敬。孔子曰：『吾不與祭如不祭。』傳曰：『神不歆非類。』孟春廟享，遣官暫攝，中外臣心知非得已。茲孟夏祫享，倘更不親行，則迹涉怠玩。或聖體初復，未任趨蹌，宜明詔禮官，先期告廟，陛下亦宜静處齋宫以通神貺。」上大怒，下之禮部。

尚書夏言等言：「代祭之文，載之周官。論語曰：『子之所慎，齊、戰、疾。』疾當慎無異于祭，選言非是。但小臣無知，惟陛下曲赦。」上愈怒，責言等黨比。

命執選闕下，杖八十，上出御文華殿聽之。每一人行杖畢，輒以數報，杖折者三，曳出已死。

上怒猶未釋，是夕，入大内，遶殿走，制祭祀記一篇，一夕録成，明旦，分賜百官。

選出，家人投良劑得甦，竟坐削籍。

17 己酉，方獻夫致仕。

初，獻夫致仕，家居自尊大，監、司謁見，輒稱疾不報。鄉人屢訐告獻夫，以屬僉事龔大稔。會大稔坐事落職，疑獻夫爲之，遂條上其不法數事，詞連霍韜。時上方眷獻夫，大稔遂被逮削籍。獻夫既被召，馮恩以爲彗見之應，上下恩于獄；獻夫中恧，引疾乞休，不許。自是雖執大政，氣厭厭不振，獨上欲殺張延齡，常力爭。而是時桂萼已前卒，張孚敬罷相者屢矣，霍韜、黄宗明言事一不當，輒下之吏。獻夫見上恩威不測，居二歲，三疏引疾。至是始許之，令乘傳予道里費。家居十年卒。

18 是月，户科都給事中管懷理，上疏論餘鹽，略言：「私鹽四出，官鹽不行，市易之難，正課壅矣，而司計者因設餘鹽以佐之。餘鹽利厚，商固樂從，然不以開邊而以解部，雖歲入巨萬，無益軍需。嘗考祖宗時，商人中鹽，納價甚輕，而竈户煎鹽，工本甚厚。今鹽價十倍於前，而工本不能十一，何以禁私鹽使不行也？故欲通鹽法，必先處餘鹽；欲處餘鹽，必多減正價。大抵正鹽賤則私販自息，今宜定價，每引正鹽銀五錢，餘鹽二錢五分，不必解赴太倉，俱令開中關支，餘鹽以盡收爲度。正鹽價輕，既利于商；餘鹽收盡，又利于竈；未有商竈俱利而國課不充者也。」

事下所司，户部覆，以爲「餘鹽銀仍解部如故」，而邊餉益虛。

19 五月，丁卯朔夜，有客星見于螣蛇，歷天廐，入閣道，凡二十四日而滅。

20 癸巳，月與太白同晝見。

21 上以疾，久不視朝，至是召見輔臣張孚敬等于重華殿，並觀江西所進祭器及恭和宣宗御製閱輿地圖詩。

22 黄綰之至大同也，有爲亂卒通問韃靼者，綰執而戮之，于是亂卒復相懾。綰大集軍民，曉以禍福。罹害者陳牒，綰佯不問，而密以牒授給賑官按里覈實，一日捕首惡數十人。亂卒尚欽者，曾殺一家三人，懼不免，鳴金倡亂，無應者，遂就禽。綰復圖形購首惡數人，軍民乃不復虞詿誤。

事畢還朝，上疏極詆劉源清、郤永，請逮治。給事中曾忭言：「宸濠亂，源清有保障功，當蒙八議之貸。」上怒，下忭詔獄，逮源清治之。

獄久不決，綰以憂去，乃減死，斥爲民。

23 六月，乙巳，張孚敬引疾乞休，不許。

孚敬以大同議不用，乞休疏凡三上，已而子死，請益力。報曰：「卿無疾，疑朕耳。」孚敬不引咎，復上疏歷詆議禮之萼、獻夫、韜、綰等。上詰責之，乃復起視事。

24 甲子，南京太廟災。

上以南京祖宗根本之地，令禮部擇日，上易服親詣太廟祭告，專遣大臣一人往南京祭告，仍遣官祭告天地社稷山川之神，並敕群臣一體修省，應詔直言。【考異】明史五行志書「是月甲子」，據實録奏至之月日也。甲子爲六月二十九日，其太廟火亦當在六月，史文不具耳。今據書之。

25 秋，七月，丁丑，建神御閣于南内。

先是上諭内閣，以「祖宗御容、寳訓、實録，宜有尊崇之所，訓、録宜再以褚書，總作石櫃藏之」，遂有是命，加汪鋐柱國兼兵部尚書，督大工。

26 八月，丁未，重建京師太廟。

先是上欲更營太廟，命夏言等相度規制。會南京太廟災，禮部尚書湛若水，「請權將南京太廟香火并于南京奉先殿，重建太廟，補造列聖神主。」

上召言會廷臣集議。言與輔臣張孚敬等言：「國有二廟，自漢惠始；神有二主，自齊桓始。周之三都、三廟，乃遷國立廟，去國載主，非二廟、二主也。子孫之身乃祖宗所依，聖子神孫既親奉祀事于此，則祖宗神靈自當陟降于此。今日正當專定廟議，一以此地爲根本。南京原有奉先殿，其朝夕香火，當合併供奉如常。太廟遺址，當仿古壇墠壝意，高築牆垣，謹司啓閉，以致尊嚴之義。」言又言：「京師宗廟，行將復古，而南京太廟遽災，殆皇天列祖啓佑默相，不可不靈承也。」時上雖循故事因廟災求直言，然實喜言等緣飾之詞，以災爲幸，乃諭以春和興工。禮部請以所頒敕議刊示天下，從之。【考異】諸書記營太廟及定九廟制于十一年，據始議之年月也。三編書營太廟于是年六月，因南京廟災類記也。今據實録月日分書之。

27 壬子，濟農擁十餘萬騎由花馬池入，將窺固原，副總兵梁震及總兵劉文拒却之。

28 九月，辛未，始議建九廟。

初，上欲改同堂異室之制，各立專廟。會南京太廟災，上意欲中止，而夏言復以原議請。于是禮部會廷臣議，「于太廟南左爲三昭廟，與文祖、世室而四，右爲三穆廟，虛其上以待有功德之宗。群廟各深十六丈有奇。世室殿寢稍崇，縱横深廣與群廟等，列廟總門與太廟戟門相並，列廟後垣與太廟、祧廟後牆相並。」具圖進。

上以世室尚當隆異，令再議。言等「請增拓世室前殿，視群廟崇四尺有奇，深廣半之，寢殿視群廟崇二尺有奇，深廣如之。」制曰：「可。」【考異】按建九廟之議始于十一年，興工于十四年之二月，成于十五年之十二月，故諸書所記各不同。此據實録，爲禮部定議之始事。

29 辛卯，以孟冬時享，先期命侍郎顧鼎臣、霍韜捧主。會二人皆有期功之服，有謂「古禮，期服諸侯絶，大夫降。今之公卿即古之諸侯，與祭重事，不得以私妨公。」下禮部議。

尚書夏言奏：「封建法廢，世無諸侯久矣。古之諸侯，建邦啓土，世有其國，伯叔兄弟皆其臣也，故期服可絶。今之公卿，豈其比乎？且二臣所服非小功緦麻，皆服之重者也；太廟捧主，禮之重者也；以服之重而與于禮之重者，是豈得謂之知禮乎？」乃敕鼎臣、韜回避，以侍郎黃宗明、林廷棉代之。

30 是月，起服闋尚書梁材仍爲户部尚書，以許讚請歸省，代之也。

31 冬，十月，乙未，兵部勘覆：「大同之亂，陣亡都指揮、僉事李榮等七百十九人；其忠義將士，因捕諸首惡爲亂軍所戕者，總旗王安等三人，全家被害，其身尚存；指揮等三十三人，身已被殺，妻子間存；俱賜贈恤，給贍蔭。軍士張宗等十七人，身亡世絕，宜表其門閭。」又以黃綰奏，「旌大同節婦董氏等三人，烈婦王氏一人，孝子温越一人」，俱報可。

32 己酉，南京兵部主事劉世龍，以南京太廟災，應詔陳三事：「一杜諂諛以正風俗；二廣容納以開言路；三慎舉動以存大體。」末言：「張延齡憑寵爲非，法難容假。側聞長老之言，孝宗時待之過厚，遂釀今日之禍。顧區區腐鼠，何足深惜！獨念孝宗在天之靈，太皇太后垂老之景，乃至不能自庇其骨肉，於情忍乎？恐陛下孝養兩宮，亦不能不爲一動心也。頃創造神御閣、啓祥宮，特令大臣督理其事，臣以爲南京太廟方被災，工役之急，當無過此。今興作頻年，四方凋敝，正時絀舉贏之會，亦宜量酌緩急而爲之以漸，此皆應天以實之道也。」疏入，帝震怒，謂「世龍訕上庇逆」，械繫至京，下詔獄拷掠。獄具，復廷杖八十，斥爲民。

時夏言等以災爲幸，希旨議禮，故世龍首及之。又上以張太后故，必欲殺延齡，故世龍得罪尤重云。【考異】事見明史世龍本傳。三編類記于六月南京太廟災之下，今據實録月日。

33 十一月，甲子，免南畿被災税糧。

34 庚午，祀天于南郊之圜丘。

35 總督河道都御史朱裳以憂去，命副都御史劉天和代之。

未幾，河決趙皮寨，入淮，穀亭流絶，廟道口復淤，天和役夫十四萬濬之。已而河忽自夏邑大邱、回村等集衝數口，轉向東北，流經蕭縣，下徐州小浮橋。天和言：「黄河自魚、沛入漕河，運舟通利者數十年，而淤塞河道，廢壞閘座，阻隔泉流，衝廣河身，爲害亦大。今黄河既改衝，從虞城、蕭、碭下小浮橋，而榆林集、侯家林二河分流，入運者俱淤塞斷流，利去而害獨存。宜濬魯橋至徐州二百餘里之淤塞。」制可。

36 十二月，辛丑，逮直隸巡按御史李新芳、大名兵備副使楊彝下獄。

先是新芳行部至廣平，以城門銃猝發被驚，笞銃手並知縣周謐。又用左右譖，謂「謐居官多不法，恐見按治，故使銃手謀害」，遂執謐。謐不服，廣平知府李騰霄亦不平，詣新芳辨折頗厲，新芳遂誣奏騰霄主使謐謀害。尋遣推官楊經、秦新民馳府執騰霄，騰霄拒之，稍集衆自衞。新芳復劾其拒城爲亂，檄彝勒兵二千往捕之。騰霄棄官走，通判吴子孝、推官侯珮、經歷吴尚質皆走，郡地一空。新芳復遣數百人追執騰霄等于趙州，並子孝珮、尚質，皆笞之數十，尚質立斃。

于是騰霄、謚等交訴于朝，巡撫都御史周金，亦奏新芳謬妄及發兵幾激變狀，上命新芳回籍聽勘。遣給事中王禎、郎中李櫝往，得實以聞。遂下新芳獄，與彝俱黜爲民。新芳擅作威福，調官兵，而尚質之死不究，時以爲失刑云。

37 上以疾，又值憲廟妃楊氏薨，詔免明年元旦朝賀，並輟視朝六日。

38 南御史馮恩繫獄待決，其子行可上書請代父死，不許。是年冬，事益迫，行可乃刺臂血書疏，自縛闕下，謂：「臣父幼而失怙，祖母吳氏，守節教育，底於成立，得爲御史。舉家受祿，圖報無地，私憂過計，陷於大辟。祖母吳，年已八十餘，憂傷之深，僅餘氣息。若臣父今日死，祖母吳亦必以今日死；臣父死，臣祖母復死，臣煢然一孤，必不獨生。冀陛下哀憐，置臣辟而赦臣父，苟延母子二人之命。陛下戮臣不傷臣心，臣被戮不傷陛下法，謹延頸以俟白刃。」通政使陳經爲入奏。上覽之惻然，令法司再議，得免決。【考異】據明史本傳在十三年之冬，正是年秋決之期，所謂「又明年」者，據恩上書數之也。通紀彙書于十二年下，特系之曰「甲午冬」，今從之。

十四年（乙未、一五三五）

1 春，正月，壬戌朔，上不視朝。召輔臣張孚敬、李時、武定侯郭勛、尚書汪鋐、夏言于文華殿，示以元旦詩一章，令孚敬等賡之。

2 壬申，罷督理倉場中官。

初，孫交爲户部尚書，請「盡罷監督倉場中官，並臨清、淮、徐諸倉一切勿遣」，上爲撤其半，餘如故。至是監督中官王奉、李順，互以奸贓訐奏，下法司按問，給事中管懷理因言：「倉場錢穀，皆户部事。今參用内官，惟肆貪饕，無裨國計，請悉撤回。」從之。

3 癸酉，御奉先殿，文武百官行慶賀禮。

4 丙戌，莊肅皇后夏氏崩。

禮臣上喪儀，上曰：「嫂叔無服，且兩宫在上，朕當服青，臣民如母后禮。」夏言曰：「皇上以嫂叔絶服，則群臣不敢素服見皇上，請暫罷朝參。」許之。

5 二月，己亥，始建九廟。

先是上諭閣臣曰：「今擬建文祖廟爲世室，則皇考『世廟』字當避。」張孚敬言：「世廟著明倫大典，頒詔四方，不可改。文世室宜稱『太宗廟』。其餘群廟，不用『宗』字，用本廟號，他日遞遷，更牌額可也。」從之。于是盡撤故廟，又以避渠道，遷世廟，悉改建之。諸廟各爲都宫，廟各有殿有寢，太祖廟寢後有祧廟，奉祧主藏焉。太廟門殿皆南向，群廟門東西向，內門殿寢皆南向。

6 丁未，禁冠服踰制，從直隸提學方一桂之請也。

7 己酉，禮官議莊肅皇后尊謚，張孚敬言：「大行皇后，上嫂也，與累朝元后異，宜用二字或四字。」李時言「宜用八」，左都御史王廷相、吏部侍郎霍韜等曰：「均帝后也，何殊焉！」

夏言集衆議，因奏曰：「古人尚質，謚法簡嚴，稱美之詞無幾。後世增加，亦臣子至情也，生今世宜行今制。大行皇后宜如列聖元后謚二，四及八于禮無據。」

上不從，命再議。群臣請如孚敬言，上曰：「得六，合陰數焉。」越月，上尊謚曰孝靜莊惠安肅毅皇后。

既而上覺孚敬言非是，明年，復敕曰：「孝靜皇后謚不備，不稱配武宗，仍改上十二字。」

8 三月，戊子，葬孝靜皇后于康陵。

9 己丑，遼東軍亂。

故事，遼東諸衛所，每軍一，佐以餘丁三，每馬一，給牧地五十畝。巡撫、副都御史呂經到任，損餘丁之一編入均徭册，盡收牧地還之官，衆已怨之。至是經巡視遼陽，檄將吏增築邊牆，將吏承經意，督役嚴急。諸軍大譟，群擁詣經，乞罷工及免牧地租，都指揮劉尚德叱之不退。經怒，呼左右搒訴者，衆益閧，爭起毆尚德及指揮李鉞，經倉皇踰垣走匿。亂卒遂毁府門，火均徭册，鳴鐘鼓糾衆，驅途人授之械刃，盡閉諸城門。出故游擊將軍高大恩于獄，欲擁以爲主。搜得經，盡裂其衣冠，幽之都司署。

于是鎮守總兵官劉淮以狀聞，兵部「請從實查勘，先令副總兵李鑑入城宣示恩威，令諸軍守法歸伍。一面查明生事激變之吕經、劉尚德等以聞。」

10 是月，兵部尚書王憲致仕，召提督兩廣軍務、兵部侍郎張瓚代之，趣赴任視事。

11 夏，四月，辛卯朔，時享太廟、世廟。時方修建宗廟，暫于奉先殿、崇先殿行禮。

12 張孚敬以疾在告，屢疏乞休，不許。至是遣中官賜藥餌，手敕言：「古有翦鬚療大臣疾者，朕今以己所服者賜卿。」孚敬得温諭，不自安，仍乞骸骨。上雖眷孚敬不衰，而與李時言，頗及其執拗，且不惜人材以叢衆怨狀。甲午，復請致仕，許之，命行人御醫護歸，有司給廩隸如制。

先是，上與時論孚敬，因言：「内閣乏人，朕欲取舊老費弘來與卿共事，何如？」時遜謝，稱善，及孚敬罷，遣行人即其家起弘官如故。【考異】據明史本紀，召費弘入閣與孚敬致仕同日，七卿表則云七月召，八月入閣。按實録，與李時言召弘，即在孚敬致仕之前，而弘以七月至京師，亦見實録。又證之明史費弘本傳，言「璁去位，帝始追念弘，四月再遣行人即家起官如故，七月至京師。」據此，則本紀書之四月甲午者近之，而年表「四」字誤作「七」，「七」字又誤作「八」字，今刊改。

13 丙申，賜韓應龍等進士及第、出身有差。

是年廷試，以莊肅皇后之喪，越月始行之。

14 己亥，以僉都御史韓邦奇爲副都御史，巡撫遼東。召呂經還。

先是遼陽之亂，巡按御史曾銑方按金復，聞變，亟檄副總兵李鑑撫諭亂卒，凡經所措置衆不便者悉罷之，亂卒稍稍就約束，城門始開，高大恩自投于獄。銑亦馳至遼陽，分部諸亂卒令就伍，劾「劉尚德等希經指激變」，而爲亂卒乞原。

下都察院議。都御史王廷相言：「(在)〔往〕年大同叛卒戕害主將，罪在不宥，撫臣輒爲請赦，蓋一時苟且之計。今遼陽復抗軍令，辱大臣，竟置亂卒不問，而盡劾諸將吏以娛之，恐士氣益驕，無以懲後。」詔下兵部再議，皆是銑言，乃召經還朝，而以邦奇代之。

15 庚子，奉孝静皇后神主祔廟。

16 丙午，廣寧兵亂。

先是呂經既被召還，入廣寧治裝。都指揮袁璘者，素諂事經，擬扣諸軍所給草價爲經飭裝具，悍卒于蠻兒遂鼓衆倡亂，出獄囚。囚有陳孝兒者，先以積惡爲經摘發，尤恨經，率衆持梃突入署，執經數之，毁膚裂髮，裸而置之獄。縱火爇公署，劫軍器庫，分其黨爲四部，鳴鐘鼓竟日夜。尋又反接經及璘，揭白幟標其姓名，環遊城市，孝兒且行且批其頰，窘辱備至，仍繫之獄。脅督餉郎中李欽昊發帑給衆，又脅鎮守太監王純、總兵劉淮疏劾經、璘罪，乞逮治。

于是禮部侍郎黄宗明言：「前者遼陽之變，固生于有所激。近重賦苛徭悉已釐正，復囂然而起，又誰激之？法不宜復赦。請令新撫臣韓邦奇勒兵壓境，揚聲討罪，取其首惡，用振國威。」上不聽，竟從純、淮請，遣官〔梭〕〔校〕逮經、璘，止邦奇毋行，以山西巡撫任洛代之，而以邦奇代洛。

是時撫順備禦指揮劉雄，以掊克斂怨，部卒王經等見遼陽倡亂，乃乘機夜糾衆突入雄署，掠其囊篋，執雄父子，幽之空館。閉城門，鳴鐘鼓，一如鑾兒等所爲。

會官校逮吕經者至，廣寧諸亂卒疑其詐，曰：「是僞爲錦衣以脱經也。」並置諸獄。總鎮官諭以禍福，乃出官校，以經付之。曾銑具以其事聞，然官校被繫事，疏中未之及也。

17 五月，辛未，兵部以「遼陽、廣寧連日告變，請遣大臣往勘」，詔遣工部侍郎林庭棉兼僉都御史以行。已，給事中曾忭等言：「自大同以來，撫鎮苛刻之過，軍士驕悍之習，國家姑息之久，三者相因而成。今元惡不盡捕之，明正其罪，恐奸邪得意而亂臣接踵也。」詔庭棉勘報。

18 癸酉，祭地于方澤，上躬詣行禮。【考異】祀方澤，本紀不書，此以親祀書也。

19 六月，己亥，大理寺丞林希元，見大同兵變以來，朝廷專務姑息，而廣寧之變，曾銑奏不以實，乃抗疏曰：「自大同之變處之過寬，故諸悍卒咸有輕侮心，一有觸發則攘臂而起。夫都御史天子重臣，庸隸下卒敢執縛囚辱之，是無朝廷也。近聞所遣官校亦被囚繫，狂悖視大同尤甚。本兵大臣因循不振，致叛卒益無忌憚，朝廷號令不行，此不忠之大者也。」疏入，上責希元妄言，下錦衣衛，令對狀。而錦衣指揮王佐等亦諱言囚繫事，遂降希元外任。

20 南御史馮恩既免死，長繫獄中，尚書聶賢與都御史王廷相，言「前所引律，情與法不相麗，宜用奏事不實律輸贖還職」，上不許。至是復言「恩情重律輕，請戍之邊徼」，報可，遂遣戍雷州。越兩月，而汪鋐亦報罷矣。

恩後遇赦家居。隆慶初，録先朝直言臣，即家拜恩大理寺丞致仕，年八十一卒。子行可亦以孝行旌。【考異】見明史本傳，蓋恩之免決在去年之冬，其謫戍則在是年之六月，故傳云「恩論戍而鋐亦後兩月罷矣」，蓋鋐罷在是年九月也。今皆據實録分書之。

21 是月，濟農犯大同，總兵官魯綱督參將段堂等戰敗之，斬首八十級。

22 秋，七月，甲申，巡按御史曾銑討廣寧叛卒，平之。

先是有亂卒趙劓兒者實倡亂，聞侍郎林庭㭿將至，懼不免，潛詣廣寧，與于蠻兒合謀爲逆。劉淮偵知之，不得逞，復結死囚王杲等，欲俟庭㭿至，閉城門舉兵反。而是時銑已刺得二賊及撫順爲逆者姓名，密授諸將，遂同日捕獲劓兒等數十人。因具奏其事，且請重治失事之呂經、劉尚德等。上以首惡既禽，乃召還庭㭿，命銑勘實，悉斬諸首惡，梟示邊城。全遼遂定。擢銑大理寺丞，經謫戍。【考異】遼陽之變在三月，廣寧之變在四月，平在七月，明史本紀悉據實録。諸書系之九月者非。

23 是月，費弘至京師，復命入閣。

24 刑部尚書聶賢致仕，召總制三邊、尚書唐龍代之。

25 八月，乙巳，召輔臣費弘等于無逸殿，因論遼東兵變事，上曰：「撫臣處置失當耳。」弘因言：「推舉巡撫，内地者向由吏部會户部，邊方則會兵部，恐不能盡得人材。臣欲會九卿推之，如京堂例。」上曰：「善！」命著爲令。

26 丁未，詔起原任右都御史姚鏌爲兵部尚書，仍兼原官，總制陝西三邊。

費弘初薦鏌，上命廷推。既而曰：「朕既用之，安用推爲！」至是遂命之。

27 是月，以林庭㭿爲工部尚書。時秦金改南京兵部，以廷㭿代之。

28 九月，己未，汪鋐罷。

鋐長吏部，不協清議，屢爲言官所劾，上眷亦衰。會御史曾翀論劾南京兵部尚書劉龍、刑部尚書聶賢等，詔吏部秉公覈議。鋐言「龍等無大過，不宜遽棄。」上不悅，謂李時等曰：「近來言路不開，外廷咸歸罪張孚敬。今觀吏部此疏，似是愛惜人材，然亦私意耳。」已而給事中薛宗鎧、孫應奎，交論「鋐奸回誤國，擅作威福。」鋐上章自理，並以宋言官結黨論范、富、歐陽等事爲比。于是翀復劾「鋐不畏朝廷，鴟張彌甚。」疏入，留中不報。一日，語輔臣費弘、李時等曰：「鋐六卿之長，被論如此，何顏復列班行！聽致仕去。」已，復出翀等疏，責以挾私報復，乃下翀及宗鎧于錦衣衛獄。一時給事御史降調外任及黜爲民者凡十餘人。【考異】薛宗鎧，明史附馮恩傳，特書云「十四年九月朔」也。是月己未朔，實録，鋐罷在己未，今據之。

29 甲申，免山西大同等府、渾源等州被災税糧。

30 冬，十月，戊申，大學士費弘卒。

弘再入閣，上眷遇益厚，每召見，移時始出，賜銀章曰「舊輔元臣」。弘承璁、萼操切之後，易以寬和，朝士皆慕樂之。

上聞其卒嗟悼，賻恤加等，贈太保，謚文憲。

弘三入内閣，佐兩朝殆十年。中遭讒搆，訖以功名終。

31 十一月，乙亥，冬至，祀天于南郊之圜丘。

32 十二月，壬辰，免湖廣武昌府被災税糧。

33 乙未，以冬深無雪，命順天府官祈禱，仍遣尚書夏言等徧祭群神。

34 丁未，廣西田州土目盧蘇，殺本州州判岑邦相，因糾歸順州土官岑瓛，搆引夷兵，攻毁鎮南府，居民遇害者無數。

巡按、御史曾守約以聞，兵部以「土目自相仇殺，不宜遽興問罪之師，驅吾民于鋒鏑。宜先降旨詰責，宣布恩威。」乃詔守臣勘處以聞。【考異】盧蘇殺岑邦相事，見明史土官傳。傳言「御史曾守約以聞，帝命守仁亟爲勘處」，誤也。守仁卒于嘉靖七年，即令盧蘇殺岑邦相事在前，而實録奏報乃在是年十二月，安得有命守仁勘處之事？再檢實録，乃「命守臣亟爲勘處」，明史傳寫誤「臣」爲「仁」也。今刊改，仍據實録書之。

35 是月，總理河道都御史劉天和條上治河數事，大略言：「黄河之當防者，惟北岸爲重。當擇其去河遠者大堤、中堤各一道，修補完築，使北岸七八百里間聯屬高厚，則前勘應築諸堤舉在其中，皆可罷不築。」從之。

十五年（丙申、一五三六）

1 春，正月，壬戌，改湖廣上湖南道分巡僉事爲兵備僉事，駐劄蘄州，專管漢陽，而下至蘄黃、德安等處，名曰「下江防道」。原駐岳州僉事，專管武昌，而上至沔陽、岳州、常德、長沙等處，名曰「上江防道」。各給敕書關防。從湖廣巡撫、都御史翟瓚請也。

2 改劉天和兵部侍郎兼右副都御史，總制陝西三邊軍務，代唐龍也。時天和總理河道候代，趣令赴鎮，暫令管河郎中攝河道事。先是濟農居套中，西抵賀蘭山，限以黃河，不得渡，用牛皮爲渾脱渡。入山後，諳達即俺答，俱見前。亦自豐州入套，相率爲邊患。龍雖遣將屢敗之，然蹂躪迄無寧歲。至是龍內召，遂有是命。

3 二月，癸巳，振湖廣災。

4 三月，丁巳，徙豐縣于故城。

初，河決豐縣，徙治華山，至是河流南徙，民懷故土，遂復之。

5 戊午，有客星見于天棓，東行歷天廚，入天漢，踰月而滅。

6 丙子，上奉章聖皇太后如天壽山謁陵。免昌平今年稅糧三之二，賜高年粟帛。

癸未，謁恭讓章皇后、景皇帝陵。

是日，還宮，上過沙河，見居民蕭條，顧謂輔臣李時等曰：「七陵在此，宜加守護。」時對曰：「昔邱濬建議，京師當設四輔，以臨清爲南，昌平爲北，薊州、保定爲東、西，各屯兵一二萬。今若于昌平增一總兵，可南衞京師，北護陵寢。」上乃下廷臣勘議，于沙河築鞏華城，爲置戍焉。三編質實，鞏華城在昌平東南二十里，地本名沙河店，今有同知及都司戍此。

7 夏，四月，癸巳，皇后不親蠶，遣女官祭先蠶之神。

8 詔建山陵。

諭輔臣李時等曰：「朕法祖宗，預作幽宮。茲擇地于長陵之左十八道嶺，咨問臣民，皆曰吉，其議建之。」

9 丙申，行大禘禮于太廟。

10 癸卯，以建山陵，親詣七陵行祭告禮。時禮部請遣官，不許。

是日，車駕發京師。癸丑，還宮。

11 是月，濟農以十萬衆屯賀蘭山後，分兵寇涼州，副總兵王輔禦之，奪其纛，斬五十七級。又入莊浪，總兵官姜奭禦之于分水嶺，三戰三敗之。

捷聞，進劉天和右都御史。

天和赴鎮，修戰具，飭邊備，增築城堡。時兵車皆雙輪，用二十人，遇險即困，又行運不適于用。天和乃仿前總督秦紘雙輪車，上置礮槍弩戟，前樹狻猊牌，左右虎盾，連二車，蔽三四十人，一人輓之，推且翼者各二人。戰則護騎士其中，敵遠則施火器，稍近發弓弩，又近乃出短兵，敵敗則騎兵追之。復製隨車小帳，令士不露宿。又毒弩矢，修牆塹，以爲禦敵之備。議上，皆從之。【考異】明史本紀，寇甘、涼在是月。證之韃靼傳，先寇涼州，爲王輔所敗，復寇莊浪，爲姜奭所敗，較本紀爲詳。三編統系之正月下，據授劉天和總制三邊彙記之也，今據明史月分。

三編御批曰：兵車雖古制，亦不過施于平原，彼此伎倆相等者耳。後世地利不同，用之即難取效。房琯、陳濤之敗，已事可徵。至宋而李綱、宗澤，間一議行，卒未收其實用。況雙輪人挽，運用鈍遲，欲以此挫鋭衝堅，殆如兒戲。劉天和恃爲變通良法，輒用以練習邊兵。不知一車之上，而弩戟牌盾錯置雜陳，勢必艱重難勝，所謂適用者安在？況邊隅攻戰，全在精騎摧鋒，豈可轉以連車礙其馳騁！書生迂拙之見，真不值一哂耳。

12 起前任户部尚書許讚爲吏部尚書。

時讚以母憂家居，詔俟服闋赴任。

13 五月，丁巳，免順天永平府屬被災税糧。

14 乙丑，毁禁中佛像。

禁中舊有大善殿，元時所建，藏金銀諸佛像及佛骨佛牙等物。上欲撤之，以其地爲皇太后宫，乃偕輔臣及郭勛、夏言等入視殿址。言請敕有司將佛骨等物瘞之中野，上曰：「邪穢之物，其燬之便。」于是燔之通衢，金銀佛像凡一百六十九座，函物凡萬三千餘斤。【考異】明史紀事本末言「夏言力請焚瘞」，證之實録，「言請瘞之中野，上曰：『此邪穢之物，其焚之便。』」今從實録。

15 六月，壬子，以吏部侍郎霍韜爲南京禮部尚書。

韜素剛愎，佐吏部，屢與尚書汪鋐争，鋐等亦憚之。鋐既罷，上久不置尚書，以韜掌部事。

閣臣李時，傳旨用鴻臚王道中爲順天府丞，韜仍循故事，列道中及應天府丞郭登庸二人名上。上以韜守成法，乃用登庸而改道中大理少卿。

未幾，韜復上書言：「博士行人等官，皆當由吏部考選，不宜以歷俸得之。」禮部觀政進士盧楩，劾其「移甲第之權，開鑽刺之路」，上是楩言，令吏部照舊銓除，不必更議。尋改韜爲南尚書。

16 是月，巡茶御史劉良卿上言：「律例，『私茶出境與關隘失察者，並凌遲處死。』蓋西陲藩籬莫切于諸番，番人恃茶以生，故嚴法以禁之，易馬以酬之，以制番人之死命，壯中國之藩籬，斷匈奴之右臂，非可以常法論也。洪武初例，民間蓄茶不得過一月之用。弘治中，召商中茶，或以備振，或以儲邊，然未嘗禁內地之民使不得食茶也。今減通番之罪止於充軍，禁內地之茶使不得食，又使商私課茶悉聚於三茶馬司。夫茶司與番爲鄰，私販易通，而禁復嚴於內郡，是驅民爲私販而授之資也，以故大姦闌出而漏網，小民負升斗而罹法。今計三茶馬司所貯，洮河足三年，西寧足二年，而商私課茶又日益增，積久腐爛而無所用，茶法之弊如此。番地多馬而無所市，吾茶有禁而不得通，其勢必相求，而制之之機在我。今茶司居民，竊易番馬以待商販，歲無虛日，及官易時而馬反耗矣。請敕三茶馬司止留二年之用，每年易馬當發若干正茶之外，分毫毋得夾帶。令茶價踴貴，番人受制，良馬將不可勝用。且多開商茶，通行內地，官榷其半以備軍餉，而河、蘭、階、岷諸近番地禁賣如故。更重通番之刑如律例，洮、岷、河責邊備道，臨洮、蘭州責隴右分巡，西寧責兵備，各選官防守，失察者以罷軟論。」奏上，報可，于是茶法稍飭。

17 秋，七月，壬戌，下順天府尹劉淑相于獄。

淑相坐所親贓私被鞫，疑夏言姻通判費完陷之，因訐言請屬事。上怒，遂下詔獄。淑相與霍韜善，言亦疑韜主之，遂訐「韜扈蹕謁陵，遠遊銀山寺，大不敬。」韜自訴，因論

「言請謚故少師費弘爲文憲，『憲』乃純皇帝廟號，人臣安得用！」會南京給事中曾鈞騎馬，不避尚書劉龍、潘珍轎，龍與鈞互訐奏。韜劾鈞，且請禁小臣乘轎。給事中李充濁、曹邁等，交章言「近侍之臣不當避道」，雜舉公會宴次得與尚書同列以證，語頗侵韜。韜疑充濁倚言爲内主，訐充濁爲奸黨，復摭言他事。言益怒，奏韜大罪十餘事，且言「彭時、宋濂皆于正德間謚文憲，不避廟號。韜陋，不知故事。」上方不直韜，淑相復自獄中摭言他事，上益怒，命拷訊，詞服韜主使。仍斥淑相爲民，降韜俸一級。

18 丁丑，神御閣成，奉御容、祖訓、實録于其中。其訓、録所藏，更名曰皇史宬。

19 九月，庚午，車駕發京師，至天壽山躬祭七陵。丁丑，還宮。

20 改謚悼靈皇后爲孝潔皇后，從禮官夏言之請也。

21 是月，罷奉慈殿。

初，孝宗建奉慈殿祀孝穆紀太后，其後孝肅周太后，孝惠邵太后皆入祀焉。至是上以「三太后别祀奉慈殿，不若奉于陵殿爲宜」，下廷臣議，言：「古者天子宗廟惟一帝一后，所生母薦于寢，身没而已。孝宗奉慈殿之祭，蓋子祀生母，以盡終身之孝焉耳。然禮：『妾母不世祭。』疏曰：『不世祭者，謂子祭之於孫，則止以繼祖重故，不復顧其私祖母也。』今陛下于孝肅，曾孫也，孝穆，孫屬也，孝惠，孫也，禮不世祭，議當祧。攷宋熙寧罷奉慈殿故事與今同，宜遷主陵廟，歲時祔享如故。」

言等又言：「孝潔皇后先因祔于所親，暫祔奉慈殿孝惠太后之側。茲三后神主既擬遷于陵殿，則孝潔亦宜暫遷奉先殿旁室，享祀祭告則一體設饌。」從之。

22 是秋，濟農復犯延綏。劉天和知西有備，寇必東，密檄延綏副將白爵宵行，與參將吳瑛合，寇果東至黑河墩，遇伏，大創而去。既，又入蒺藜川，爵尾擊之，敵多死傷。尋又爲爵、瑛所敗，其分犯寧夏者，亦爲王效所敗。

捷聞，進天和左都御史。【考異】寇入延綏、寧夏，明史本紀系之是秋。三編據實録書之，即本紀所稱「四戰皆敗」者也，今據三編。

23 冬，十月，戊子，皇子生。

24 戊戌，改題三后神主。

時禮官言：「奉慈殿之祀，乃子上尊號于母，孫上尊號于祖母，故有『皇太后』、『太皇太后』之稱。今遷于陵殿，實在裕陵、茂陵之側，宜去子孫之稱，仍從夫婦之義。乃定制止稱皇后謚號，去『睿』字『純』字以別于適。」制曰：「可。」

25 己亥，更定世廟曰獻皇帝廟。

先是上諭禮部夏言曰：「前以皇考廟比世室之義，名曰『世廟』。今分建宗廟，惟太宗及世室不遷。而『世』之一字，來世或用加宗號，今加于考廟，又不得『世宗』之稱，徒擁虚名，不如別議。」言等議未上，上復諭曰：「皇考廟名如題曰獻皇帝廟，庶別宗稱，且見推尊之意。」于是言等議：「廟以謚名，既合周典，又與列聖廟號同符。請敕有司擇吉題額，並宣付史館。」

26 戊申，以三后遷陵殿禮成，車駕發京師。越日，至天壽山。壬子，還宮。

27 是月，京師及順天、永平、保定所屬州縣及萬全都司各衛所俱地震有聲，詔修省。

28 以工部侍郎甘爲霖爲本部尚書，專督大工。

29 張延齡之下獄也，提牢主事沈椿等，以戚畹故寬其械繫，聽其奴出入，因得私通親知往來，或置酒獄中以爲樂。有獄囚劉東山者，發延齡手書訕上事，得免戍，又陰搆奸人劉琦，誣延齡盜宮禁内帑。所告連數十百人，上以爲實，令仍照原議處決。

30 十一月，戊午，以皇子生，頒詔赦天下。【考異】明史本紀書「是月戊午」，據頒詔之月日也。實録，皇子生在十月戊子，今分書之。

31 辛巳，冬至，祀天于南郊之圜丘。

32 是月，設宣大總督。時以邊警，從御史徐九臯、胡鰲議也。事體與總制陝西三邊同。尋俱更名總督。

33 十二月，辛卯，九廟成。上奉安德、懿、熙、仁四祖神主于祧廟，太祖神主于太廟。自太宗、獻廟以下，皆分日行之。

34 霍韜之議乘轎也，時夏言被劾不預。都御史王廷相會禮部侍郎黄宗明、張璧，請禁飭小臣乘轎如韜奏，而南京諸給事御史自如。韜請復加申飭，衆不悦。給事中曹邁及同官尹相等，遂與韜忿争，相劾「韜遷南部怨望，擅取海子魚，與鄉人群飲郊壇松下。」韜上疏自理。下廷議，上爲停韜俸四月。

韜復上書力詆言，此之李林甫、秦檜，而給事中李鶴鳴並摭韜居鄉不法諸事，上兩置之。

35 閏月，甲寅，以定廟制，加上昭聖皇太后徽號曰「昭聖恭安康惠慈壽皇太后」。戊午，加上章聖皇太后徽號曰「聖母章聖慈仁康静貞壽皇太后」。癸亥，頒詔天下。【考異】兩宫徽號，明史本紀統系之是月癸亥，據頒詔之日也。今據實録分書之。

36 乙丑，以禮部尚書夏言兼武英殿大學士，入内閣，預機務。

張孚敬、方獻夫等相繼去，言寵益專，數召見諮政事，善窺上旨，有所傅會。皇子生，賜予甚渥，疊加宫銜，至是入閣。李時雖爲首輔，政多自言出焉。

37 丙寅，享九廟。

38 甲戌，以道士邵元節爲禮部尚書。元節自三年召入京師，見于便殿，大加寵信，令專司禱祠，封真人，總領道教，班二品。至是以皇儲生，嘉其禱祀功，遂有是命。【考異】邵元節擢禮部尚書，明史紀事本末及三編皆書之十二月。實録系之閏月甲戌，今據之。

39 是月，以嚴嵩爲禮部尚書，代夏言也。嵩久擢禮部尚書，至是始管部事。

40 是冬，濟農復犯大同，入掠宣大塞，總制、侍郎劉天和，總督、尚書楊守禮及巡撫、都御史楚書，悉力禦却之。

41 初，安南莫登庸用事，事見元年。黎譓走居清華，登庸立其庶弟懬。嘉靖五年，遣使求封，爲總督張嵿所格。六年，登庸令其黨范嘉謨僞爲懬禪詔，篡其位，改元明德，立其子方瀛爲太子，旋酖殺懬。九年，登庸禪位于方瀛，自稱太上皇。其年九月，譓卒于清華，國亡。

上自踐阼，遣使詔諭其國，道不通而還。是年冬，皇子生，當頒詔安南。禮官夏言言：「安南不貢已二十年，兩廣守臣謂『黎譓、黎懬均非黎晭應立之嫡，莫登庸、陳暠均彼國簒逆之臣』，宜遣官按問，求罪人主名。且前使既以道阻不通，今宜暫停使命。」下兵部議，本兵張瓚等主用兵，上亦以安南久不貢，宜致討，武定侯郭勛力贊之。詔遣錦衣官問狀，中外嚴兵待發。

侍郎唐胄上疏諫曰：「今日之事，若欲其修貢而已，兵不必用，官亦無容遣；若欲討之，則有不可者七，請一一陳之：

古帝王不以中國之治治蠻夷，故安南不征，著在祖訓，一也。

太宗既滅黎季犛，求陳氏後不得，始郡縣之。後兵連不解，仁廟每以爲恨，章皇帝成先志，棄而不守，今日當率循，二也。

外夷分爭，中國之福。安南自五代至元，更曲、劉、紹、吴、丁、黎、李、陳八姓，迭興迭廢，而嶺南外警遂稀。今紛爭，正不當問，奈何殃赤子以威小醜，割心腹以補四肢？無益有害，三也。

若謂中國近境，宜乘亂取之。臣考馬援南征，深歷浪泊，士卒死亡幾半，所立銅柱爲漢極界，乃近在今思明府耳。先朝雖嘗平之，然屢服屢叛，中國士馬物故者以數十萬計，竭三十餘年之財力，僅得數十郡縣之虚名而止。況又有征之不克如宋太宗、神宗、元憲宗、世祖朝故事乎？此可爲殷鑒，四也。

外邦入貢，乃彼之利，一則奉正朔以威其鄰，一則通貿易以足其國。故今雖兵亂，尚累累奉表牋，具方物，款關求入，守臣以姓名不符却之。是彼欲貢不得，非抗不貢也。以此責之，詞不順，五也。

興師則需餉，今四川有採木之役，貴州有凱口之師，而兩廣積儲數十萬，率耗於田州岑猛之役。又大工頻興，所在軍儲，悉輸將作。興師數十萬，何以給之？六也。

然臣所憂又不止此。唐之衰也，自明皇南詔之役始；宋之衰也，自神宗伐遼之役始。今北寇日强，據我河套；邊卒屢叛，毁我藩籬。北顧方殷，更啓南征之議，脱有不測，誰任其咎！七也。

錦衣武人，闇於大體，倘稍枉是非之實，致彼不服，反足損威。即令按問得情，伐之不可，不伐不可，進退無據，何以爲謀？且今嚴兵待發之詔初下，而征求騷擾之害已形，是憂不在外夷而在邦域中矣。請停遣勘官，罷一切征調，天下幸甚！」章下兵部，請從其議，得旨，「待勘官還更議」。

明通鑑卷五十七

江西永寧知縣當塗夏燮編輯

紀五十七起彊圉作噩（丁酉），盡重光赤奮若（辛丑），凡五年。

世宗肅皇帝

嘉靖十六年（丁酉、一五三七）

1 春，正月，戊子，徽王厚爝獻白兔，並撰頌上之，上留之宮中，（言）〔命〕頒付史館。

2 己丑，發太倉糧京師平糶，以振貧民，從御史韓岳之請也。

3 癸卯，皇第三子生。

4 先是廷議征安南，上命起守制副都御史毛伯温爲都察院右都御史，蓋欲畀以征討事也。是月，伯温以服未闋辭，詔奪情來京，並諭吏部趣之。【考異】伯温起右都御史，當在上年之冬，實録不具，但于十六年正月書「伯温以服未闋辭新命」，是起官在上年之冬明矣。且實録言「上報伯温，言將畀以征討事」，據此，則伯温初起爲都御史，尚無征安南之命。諸書牽連並記，今分書之。

5 二月，辛亥，刑部奉詔，録上謫戍文武臣凡一百四十二人，内有建言之豐熙、楊慎、王元正、劉濟、張翀等，均以大禮被罪，又馮恩、邵經邦亦預焉。詔皆不宥。

6 壬子，安南黎寧遣國人鄭惟僚等赴京師告難。寧，譓之子也，譓卒，國人立寧爲世孫，權主國事，屢馳書邊臣告莫登庸簒弑狀，俱爲登庸邀殺。至是惟僚等始至，乞興師問罪，亟除國賊。禮部嚴嵩，謂「其言未可盡信，請羈僚等，待勘官回奏」，從之。

7 己巳，詔罷親蠶禮。

8 癸酉，清明節，上奉章聖太后如天壽山謁陵。三月，癸未，幸金山。甲申，還宮。

9 壬寅，寇犯甘州。

10 丙午，幸大峪山，視壽陵。

11 先是上將征安南，命錦衣千户陶鳳儀、鄭璽等分往廣西、雲南勘事，並敕四川、貴州、湖廣、福建、江西守臣預備兵食候征調。

及是月，鳳儀等至梧州，廣東廉州知府張岳言于總督潘旦曰：【考異】總督潘旦，明史張岳本傳作「張經」。按經代潘旦爲兩廣總督，其涖任在下年，而此時張岳疏中已有「林希元請討安南」之語，又昭代典則載其移鎮、巡三司書，與此語大略同。則明史以爲張經者，當爲潘旦之誤，今刊改。「莫氏篡黎，可無勘而知也。使往，受謾詞辱國，請留使者毋前。」且不可。

時欽州知州林希元，方上書陳討安南策，岳私書亟止之，因上書言：「自古夷狄，惟猾夏則誅，逆命則誅，未聞以不通貢勞問罪之師也。今用兵之聲先已傳布，誠恐往勘之使，生事樂禍，迎合附會，謀動干戈。」因力陳目前事勢之不可者六事。

復爲書貽執政曰：「今莫登庸立黎譓之幼弟廮，卒弒之，而譓之子在清華，陳暠在諒山。安南國分爲三：黎在南，莫居中，陳在西北；後諒山亦爲登庸所有，陳氏遂絶。而黎所居即古日南，地與占城鄰，限以大海，登庸不能踰之南，故兩存。近登庸又以交州付其孫福海，而自營海東府地居之。安南諸府，惟海東地最大，即所謂王山郡也。此賊負篡逆名，常練兵備我，又時揚言求入貢，邊人以非故王不敢聞。愚以爲彼自内亂，未嘗有所侵犯，我不若姑置之，待其亂定，責貢未晚也。」

上是時方主用兵，趣毛伯温至京師，以是執政不能決。【考異】諫征安南，諸書及三編但記唐胄力諫事。惟黄光昇昭代典則全載張岳自粤東所上疏，而未言登庸踞海東爲目前事勢，亦見明史岳傳中。惟本傳無月日，據原疏，言「勘使以是年三月初一日至梧州，請止勿行。」證之明史安南傳，言「上尋召鳳儀等還」，則岳言未嘗不納也。蓋帝亦無必討意，特欲威服之，故伯温久而後遣，卒以撫終，此可見矣。諸書類記前後之文，年月多倒置，此據岳原疏之文確有月日可考者增入之。

12 夏，四月，壬子，上駐蹕沙河，議建行宫。癸丑，還京師。

13 庚申，禮、兵二部會廷臣議，列莫登庸十大罪，請尅期征討。詔以南京刑部侍郎胡璉、原任巡撫江西、副都御史高公韶俱爲户部侍郎兼副都御史，先馳雲、貴、兩廣調度軍食；以都督僉事江桓、牛桓爲左、右副總兵，其大將需後命。兵部復奉詔條用兵機宜十二事，從之。【考異】此據明史安南傳，然其言「是時起毛伯温參贊軍務」，則實録不載。蓋上欲用伯温，而征討之命未下，故明史本紀書伯温參贊軍務于十七年三月癸酉，與仇鸞並命，所謂「大將需後命」者是也。今年月悉據本紀參實録書之。

14 辛酉，罷兵部侍郎潘珍，褫職閒住。

時兵部議討安南，珍上疏諫曰：「陳暠、莫登庸，皆弑逆之賊，黎寧與其父譓，不請封入貢亦二十年，揆以大義，皆所當討，何獨徇寧請爲出師耶？且其地不足郡縣，叛服無與中國。今北敵日蕃，聯帳萬里，烽警頻聞，顧釋門庭之防，勞師襲遠，非計之得。宜遣大臣有文武才者，聲言進討，檄數登庸罪，赦其脅從，且令黎寧合剿，使一國之人，借我天聲，壯彼士氣，可坐收其功也。」上責珍撓成命，遂被黜。尋以恩詔復官，致仕。

15 壬申，罷各處私創書院。

時御史游居敬論劾王守仁、湛若水僞學私創，故有是命。

16 五月，丁亥，毛伯温至京師，上命且管院事，俟征討安南之命。伯温因條上議處安南六事。

先是潘珍諫征安南；兩廣總督潘旦，亦馳疏請停前命，言「朝廷方興問罪之師，登庸即有求貢之使，宜因而許之，戒嚴觀變，以待彼國之自定。」嚴嵩、張瓚窺上旨，力言不可宥，且言「黎寧在清都圖恢復，而旦謂彼國俱定，上表求貢，決不可許。」旦疏遂寢。至是伯温復希執政旨，以旦不可共事，請易之。奏上，上意忽中變，謂「黎寧誠僞未審」，令三方守臣從宜撫勦，參贊、督餉大臣俱暫停。旦調用，以副都御史張經代之。伯温在院管事如故。

于是御史何維柏請聽伯温終制，不許。伯温引疾不出，服除，始起視事。【考異】「張經」，諸書作「蔡經」。據明史經傳，經初冒蔡姓，久乃復也。又傳言「經以兵部右侍郎總督兩廣軍務」，而據實録，張經是時方進副都御史，及受兩廣之命，乃進兵侍。今仍據實録書之。

17 戊戌，雷震謹身殿鴟吻。

上問廷臣修省之宜，禮部言：「謹身殿即古路寢，天子肅容之所也。上天示戒，宜求刑正之所以失者而改之。」報聞，仍詔修省如例。

時給事中謝廷茝、御史徐九皋應詔陳言，俱請罷征安南之師，而給事中朱隆禧謂「宜舍安南專事西北鎮」。疏入，皆奪俸。

18 六月，癸酉，濟農寇宣府，指揮趙鏜戰死。

19 是月，工部尚書林庭棉以被劾致仕，許之。以吏部侍郎温仁和代。

20 秋，七月，癸卯，免寧國、太平、安慶等府被災税糧。

21 八月，壬戌，遣官振湖廣災民。

時掌詹事府顧鼎臣言：「今歲夏秋多雨，京城内外房舍傾圮，軍民多壓死者。又聞南、北直隸、山東、河南、陝西、江、浙各被水災，而湖廣尤甚，衝没城邑，人多漂溺。幸而存者，家産蕩盡，勢必聚而爲盜，請敕行優恤。湖廣災重，仍宜遣大臣徧祀山川，循行郡邑，振救安輯，分遣有司掩骼埋胔。」詔從之。尋遣成國公朱希忠祭告顯陵。

22 甲子，免順天、永平、保定、河間四府税糧，仍命有司振之。

23 甲戌，濟農寇大同，擁四萬騎從偏頭關東入，副總兵郝鏜、中路參將張世忠等，各率所部與三關軍合禦之。兩鎮兵共一萬四千人，衆寡不敵，乃調延寧游兵分布要害，又選保定漢、達官軍三千保偏頭關。是時寇復分兵再犯宣府，殺參將張國輔。

24 是月，雲南巡撫汪文盛，以獲登庸間諜及所撰僞大誥上聞，上大怒，命守臣仍遵前詔征討。

時文盛招納黎氏舊臣武文淵，得其進兵地圖，謂登庸必可破，上之朝。廣東按臣余光言：「莫之篡黎，猶黎之篡陳，不足深較。但責以久不修貢，不必遠征，罷敝中國。臣已遣使宣諭。彼若來歸，宜因而撫之。」上以光輕率，奪俸一年。

25 九月，己丑，免江西被災稅糧。

26 辛卯，命咸寧侯仇鸞掛印充總兵官，鎮守寧夏。——鸞，鉞之孫也。

27 癸卯，南京應天府進呈鄉試録，上閱其策題，以國家祀、戎大事爲問，所對語多譏訕。考官諭德江汝璧、洗馬歐陽衢，令錦衣官校逮至京師。尋謫汝璧福建提舉市舶司，衢廣東南雄府通判。並敕所取貢士不許會試。

28 冬，十月，乙卯，免山東被災稅糧。

29 十一月，丙戌，冬至，祀天于南郊之圜丘，以足疾，遣郭勛攝行。

30 是月，逮故昌國公張鶴齡下獄。

初，鶴齡既削爵，降南京錦衣指揮。至是有奸人班期、于雲鶴，誣告「延齡兄弟挾左道咒詛」，辭及太后。鶴齡遂自南京坐逮，瘐死獄中。期、雲鶴亦坐誣謫戍。【考異】明史本紀系逮張鶴齡于是月，明史稿系之是月丁亥。證之實録，統叙于明年正月，而以班期、雲鶴之告追書去年冬事，是本紀系之十一月者正合。今並瘐死事統系之十一月之末。

31 十二月，癸亥，以順天、永平二府災尤重，詔發太倉銀二萬兩、通州倉米二萬石振之，都御史巡撫順天黨以平請之也。

32 是月，工部尚書甘爲霖，以陵工稽遲，爲武定侯郭勛所劾，褫職閒住。以右都御史毛伯温代之。

33 是冬，詔開地邱店、野雞岡諸口上流四十餘里，由桃源集丁家道口入舊黄河，截渦河水入河濟洪，從總河副都御史于湛議也。

34 初，田州岑邦相之立也，其庶兄邦彦有子曰芝，依大母林氏、瓦氏居，官給養田。會盧蘇之亂，（蘇殺邦相事見嘉靖十四年。）邦相又侵削二氏原食莊田，二氏遂與蘇合謀，以芝奔梧州，赴軍門求襲。尋瓦氏與蘇搆殺邦相，國遂無主。是歲，巡按、御史諸演，以「芝承襲未定，致令鄰封覬覦，請給劄付令芝管事。」是時蘇亦悔罪，請給芝冠帶，而已願裹糧立功及追補累年逋賦。疏入，部議以「土蠻自相仇殺，當從末減，皆令立功方准贖罪復官」，從之。

十七年（戊戌、一五三八）

1 春，正月，丙申，下巡視東城御史陳讓于獄。

初，奸人劉東山，以射父坐死戍邊，復亡命，讓檄兵馬司捕獲之。東山復謀脱己罪，乃誣告張延齡，並搆讓及遂安伯陳鏸數十人，冀以悦上意。奏入，下錦衣衛窮治。

讓在獄中上疏言：「東山扇結奸黨，圖危宫禁。陛下有帝堯既睦之德，而東山敢爲陛下言漢武巫蠱之禍；陛下有帝舜底豫之孝，而東山敢導陛下以暴秦遷母之謀；離間骨肉，背逆不道，義不可赦。」疏入，上頗悔悟。

指揮王佐典其獄，鉤得東山情奏之，乃械死東山，赦讓、鏸等，而延齡長繫如故。

2 是月，廣西道御史吴悌，疏「請宥應天中式貢士，容赴禮部試」，上怒其違旨奏擾，命錦衣衛執送鎮撫司拷問，尋宥之。

後南京事竣，禮部復以諸生爲請，乃詔送國子監肄業。

3 二月，癸丑，免順天府被災税糧。

4 戊辰，以清明節，謁天壽山陵。是日，車駕發京師。壬申，還宫。

5 三月，壬辰，賜茅瓚等進士及第、出身有差。

6 辛丑，命咸寧侯仇鸞佩征夷副將軍印，充總兵官，兵部尚書毛伯温參贊軍務，討安南莫登庸也。

先是雲南巡撫汪文盛傳檄安南：「登庸如東身歸命，籍上輿圖，待以不死。」于是登庸父子遣使奉表乞降，且投牒文盛及黔國公沐朝輔，具述「黎氏衰亂，陳暠叛逆，已與子方瀛有功，爲國人歸附。所有土地，已載一統志中。乞貰其罪，修貢如制。」

至是朝輔等奏聞。而黎寧承前詔，懼天朝竟納其降，備以本國篡弑始末及軍馬之數、水陸進兵道里來。上俱下兵部集廷臣議，僉言「莫氏罪不可赦，亟宜進師」，遂有是命。

7 是月，禮部尚書梁材致仕。詔倉場侍郎李廷相回部代之。

8 是春，三衛入寇大清堡，總兵馬永擊却之。

先是指揮徐顒誘殺泰寧部九人，故三衛復叛。

9 夏，四月，庚戌，如天壽山。

癸丑，躬祭太宗聖蹟亭。——亭在天壽山之東，太宗昔年駐蹕地也。

甲寅，還京師。

10 戊午，罷征安南。

先是張經至粵，上言：「安南進兵之道有六，兵當三十萬，一歲之餉需百六十萬，舟馬制器犒軍之費又須七十餘萬。況我調大衆，涉炎海，與彼勞逸殊勢，不可不審處也。」

疏方上，欽州知州林希元復力陳登庸可取狀。兵部不能決，復請廷議。

及議上，上不悅曰：「朕聞卿士大夫私議，咸謂不宜興師。爾等職司邦政，漫無主持，悉委之會議。既不協心謀國，其已之！」仇鸞、毛伯溫，令在京別用。

11 武定侯郭勛，請「復各處鎮守內臣，命取礦課以資國用」，上命于雲南、兩廣、四川、福建、湖廣、江西、浙江、大同各用一人。

都給事中朱隆禧等言：「前此罷革內官，中外臣民，一時稱快。勛因取礦一事而欲併復鎮守，誠恐黷貨殃民，自此無已也。」上是其言，竟已之。

12 甲子，以春久不雨，上親詣郊壇行大雩禮。戊辰，雨。

13 辛未，寇犯大同，參將張世忠等禦却之。

14 是月，命毛伯溫以兵部尚書仍管右都御史事，以刑部侍郎楊志學爲工部尚書，督工。

15 詔户部撥銀米振京城內外饑民，旱故也。

16 五月，改楊志學刑部尚書，以右都御史周敍代爲工部尚書。

17 六月，丙辰，始定明堂大享禮。

初，洪武定郊祀大典，別無明堂祀上帝及配位之制。至是有致仕揚州府同知豐坊，熙之子也，上疏言：「孝莫大于嚴父，嚴父莫大于配天。宜建明堂，尊皇考爲宗以配上天。又，天下郡邑宜各立明堂，歲時祝拜君上以尊朝廷，勿寄位釋宮褻體統。」下禮部議。

尚書嚴嵩上言：「諸儒論禮不一。臣惟明堂、圜丘，皆以事天地，今大祀殿在圜丘之北，正應古之方位，明堂秋享之禮，即此可行，不必更建。至於侑享之禮，傳以爲萬物成形於秋，故秋祀明堂，以父配之，自漢武迨唐、宋諸君，莫不皆然，主親親也。至於錢公輔、司馬光、孫抃、程、朱諸賢所論，主祖宗之功德，今以功德則宜配文皇，以親則宜配獻皇。第揆以嚴父之旨，以皇考而不得配，陛下庸有所弗寧矣。至於稱宗之禮，則未有稱宗而不祔太廟者，臣不敢妄議，惟聖明裁擇。」

上以示夏言，言不敢議。上曰：「明堂秋享，宜於奉天殿行之。其配享皇考稱宗，不爲過情，何在爲不宜也？」復命集議。

户部侍郎唐胄疏争之曰：「三代之禮，莫備於周。孝經曰：『郊祀后稷以配天，宗祀文王於明堂以配上帝。』又曰：『嚴父莫大於配天，則周公其人也。』説者謂周公有聖人之德，制作禮樂，而文王適其父，故引以證聖人之孝，答曾子之問而已，非謂有天下者皆必以父配天，然後爲孝。即周公歸政之後，未聞成王以嚴父之故，廢文王配天之祭而移于武王也，及康繼成，亦未聞以嚴父之故，廢文王配天之祭而移於成王也。後世祀明堂皆配以父，此乃誤識孝經之意而違先王之禮。故有問於宋儒朱熹者曰：『周公之後，當以文王配耶？當以時王之父配耶？』朱熹曰：『祇當以文王配。』又問：『繼周者如何？』

熹曰：『祇以有功之祖配之，後來第爲嚴父説所惑耳。』由此觀之，明堂之配不專於父明矣，皇上嗣統之初，廷臣執爲人後之説，於是力正大倫。惟張孚敬、席書諸臣及何淵有建廟之議，陛下嘉答諸臣，亦云『朕奉天法祖，豈敢有干太廟！』顧今日乃惑于豐坊之説乎？臣謂明堂之禮誠不可廢，惟當奉太宗配，于禮爲宜。若獻皇帝得聖人爲之子，不待稱宗議配，【考異】三編「待」作「得」，武英殿底本作「待」，似作「待」文義爲順，今從之。而專廟之享百世不遷矣。」疏入，上大怒，下胄錦衣獄，黜爲民。

尚書嵩乃上言：「考秋享成物之旨，嚴父配天之文，皇考侑享，允合周道。」上嘉納之。【考異】明史本紀書定明堂大享禮于是月丙辰，據實録也。諸書皆系之九月，據睿宗祔太廟及配位之月日也。明書及通紀並系之六月，實據議禮之始，而實録所載，則並稱宗祔廟皆類記于六月。惟本紀、三編分書定大享禮于六月，稱宗祔太廟于九月，今悉據之。

18 是月，寇犯宣府，都指揮周冕死之。

19 秋，七月，辛卯，開雲南大理等府、河南宜陽等縣銀礦。

上初即位，閉大理銀場，其後薊、豫、齊、晋、川、滇，所在進礦砂金銀。會大工頻興，復議開採，遂有是命。

20 癸巳，慈寧宮成，即毁禁中佛殿爲之也。

21 八月，甲辰，濟農犯河西，總督劉天和率部卒禦之，斬首八十餘級。

上嘉天和功，進兵部尚書。

22 丙辰，禮部尚書、掌詹事府事顧鼎臣兼文淵閣大學士，預機務。

時李時爲首輔，而夏言苟上眷，專甚，鼎臣素柔媚，不敢與抗，惟充位而已。

改工部尚書溫仁和于禮部，掌詹事府。

23 九月，戊寅，免畿內順天、保定、河間、真定、廣平、順德、大名、永平諸府被災秋糧。

24 辛巳，上太宗文皇帝廟號曰成祖。同日，上獻皇帝廟號曰睿宗。遂奉睿宗神主祔太廟，躋武宗上。

先是上既定明堂大享配位，乃命議稱宗祔廟之禮，集文武大臣于東閣。嚴嵩等初議稱宗，不及祔廟，上大不悅，乃著明堂或問以難之。嵩等惶恐，盡改前說，乃言：「古者父子異昭穆，兄弟同世次。故殷有四君，一世而同廟，宋太祖、太宗同居昭位，前事可據。今皇考與孝宗當同一廟。」奏上，群臣無敢異議。

上又念太宗永無配享，無以謝廷臣，至是復諭曰：「文皇帝與高帝同創大業，宜同稱祖號。獻皇帝躬備大德，延及朕躬，宜薦宗稱。」于是議遂定。

辛卯，大享上帝于元極寶殿，奉睿宗配。時議撤大祀殿，建大享殿，未成，權于元極殿行之。——殿在宮右乾隅，即舊欽安殿也。

初，張璁之議大禮也，有同年生胡鐸，意亦主考興獻王，與璁合，璁要之同署，鐸曰：「主上天性固不可違，天下人情亦不可拂。考獻王不已則宗，宗不已則入廟，入廟則當有祧。以藩封虛號而干治世之宗，可乎？且入廟則有位，將位于武宗上乎，武宗下乎？生爲之臣，死不得躋于君。然魯嘗躋僖公矣，恐異日不乏夏父之徒也。」至是果如其言。

25 乙未，如天壽山行秋祭禮，車駕發京師。丁酉，還宮。

26 是月，以南京工部尚書蔣瑶爲工部尚書。

27 冬，十月，甲子，上以天垂景雲，祭告元極寶殿。旋詣南郊，恭上上帝尊號曰「皇天上帝」。

先是上將舉大享，有雲祥。于是禮部尚書嚴嵩奏「慶雲見，請受群臣朝賀」，又爲慶雲賦及大禮告成頌上之。上悦，命宣付史館，尋命禮部擇日進册表。

28 十一月，辛未朔，上詣南郊，恭上皇天上帝册表。還，詣太廟，加上高皇帝、高皇后尊號。是日，皇后捧高皇后主同詣太廟行亞獻禮，文武官及命婦皆陪祀。【考異】上皇天上帝尊號，明史本紀、三編皆系之十一月，據上尊號之月日也。其慶雲見及祭告南郊，據實録在前月甲子，故三編目中系以「先是」二字，今分書之。

29 乙酉，振湖廣武昌府屬災，户部「請將京庫折銀停徵，而以本年京庫折米銀及太和山香錢、荆州抽分料銀、倉庫銀穀相兼振之。」

30 辛卯，祀天于南郊之圜丘。詔赦天下。

31 乙未，免江西被災税糧。户部仍請振之，報可。

32 十二月，癸卯，章聖皇太后蔣氏崩。

33 乙巳，詔議大行皇太后合葬禮。

先是上營壽陵于大峪山，欲遷顯陵改葬焉。至是太后崩，諭禮、工二部曰：「大峪山在成祖長陵之西南，林木茂鬱，岡阜豐衍，别在諸陵之次，實爲吉壤。朕欲奉皇考山陵遷祔于此，其詳議以聞。」

尋又諭禮部曰：「兹事重大，不可緩。其即奏遣重臣，于天壽之大峪山建造顯陵，一面南奉皇考梓宮來山合葬。」于是武定侯郭勛、大學士夏言等議，以「皇考山陵遠在江漢，每廑陛下歲時之感。兹慈馭上賓，聖情中切。合葬之事，揆之古禮而正，即之聖心而安，此皇上大孝舉也。」

丁未，命駙馬都尉崔元、尚書張瓚等爲奉迎禮儀使。

壬子，上素服親詣大峪山相視山陵。甲寅，還京師。

34 乙卯，李時卒，贈太傅，謚文肅。

35 戊午，振寧夏災。

36 方車駕之發京師也，直隸巡按御史陳讓上言：「合葬之舉，出自陛下誠孝之一心。然臣聞葬者藏也，欲人之不得見也。今出皇考體魄于所藏之地，竊非所宜。昔黃帝衣冠之陵，在陝西者曰橋陵；舜葬九疑，二女不從。古人事死之禮，先廟而後墳，重魂而後魄。臣以爲宜奉睿宗皇帝遺衣冠與章聖皇太后合葬于大峪山，又以章聖皇太后遺冠帔奉以合葬于顯陵，如此則體魄不動，陟降有歸，仁之至，義之盡也。」疏入，上責其阻撓成議，黜爲民。

已而上自大峪山還，己未，諭輔臣曰：「遷陵一事，朕中夜思之，皇考奉藏體魄將二十年，一旦啓露于風塵之間，撼摇于道路之遠，朕心不安，即皇考亦必不寧，聖母尤大不寧也。今欲決以禮之正，情之安，莫如奉慈宮南詣，合葬穴中。其令禮臣再議以聞。」嚴嵩等言：「靈駕北來，慈宮南詣，共一舉耳，宜如初議。」

上意終不決，因止崔元等且勿行，而令指揮趙俊南往，啓視幽宮。于是親幸承天之議起。【考異】陳讓此疏，實録書于上幸大峪山之下。雖以阻撓被黜，而上意中變，欲奉慈宮南詣合葬顯陵。觀讓疏所論衣冠合葬數語，精當不易，不知諸書何以遺之，今據實録增入。

37 丙寅，上大行皇太后尊謚曰慈孝獻皇后。

38 以大行皇太后之喪，罷明年元旦朝賀。時禮部以十二月三十日已當二十七日除服之期，仍復疏專請是日御殿受朝，奉旨詰責。然猶素服御殿，百官行八拜禮，鳴鐘，鼓鞭，奏堂下樂，上以服除，令如議行，皆嚴嵩等所請也。

十八年（己亥、一五三九）

1 春，正月，辛未，上諭輔臣考定喪服冠裳衰絰之制，繪圖注釋，編輯成書上之。並命禮部擇日恭奉大行皇太后梓宮南祔。

2 丁酉，禮部以上帝尊號及皇祖謚號禮成，奏遣使詔諭朝鮮。上曰：「安南亦朝貢之國，未可以邇年叛服之故，不使預聞。」踰月，起侍郎黄綰爲禮部尚書，充正使，諭德張治副之。

3 是月，以尊號禮成，武定侯郭勛進封翊國公。晉夏言特進光禄大夫、上柱國、少師。舊制，人臣無加上柱國者，言所自擬也。又晉顧鼎臣少保兼太子太保。

4 總河都御史胡纘宗，請「開考城孫繼口、孫禄口黄河支流以殺歸、睢水患，且灌徐、呂，因于二口築長堤及修築馬牧集決口。」報可。

5 二月，庚子朔，立皇子載壡爲皇太子，封載垕爲裕王，載圳景王。辛丑，頒詔天下，大赦。

6 壬寅，起舊輔臣翟鑾爲兵部尚書兼右都御史，充行邊使，以將南狩故也。

7 丁未，祈穀於元極寶殿。

初，上定祈穀之祭，奉太祖高皇帝配。至是禮部嚴嵩等請以皇考配，上難之，自此遂停配祀。

8 遣官致祭先師孔子。詔授先賢曾子裔孫質粹爲翰林院，世襲五經博士。

9 壬子，遼東饑，户部請「以本鎮採買銀一萬二千餘兩及舊振餘銀一萬六千餘兩振之」，報可；並給遼東等衛官衣服，各折銀有差。

10 癸丑，安南莫方瀛遣使款鎮南關乞降，並籍其土地户口，聽天朝處分。詔納之，下禮、兵二部協議。

11 乙卯，上幸承天。

先是趙俊自承天還，言「顯陵不吉」。上欲親詣承天，周閲卜兆，九卿大臣許讚、呂枏等皆諫，上曰：「朕豈空行哉！爲吾母耳。」

已而給事中曾烶、御史劉賢、郎中岳倫皆諫。倫及聽選歲貢陳良弼言：「陛下之孝，當在於愛養斯民，不在乎躬親送葬之末。」上怒，俱下錦衣衛逮訊。

于是命宣城伯衛錞、遂安伯陳鏸及大學士顧鼎臣等輔皇太子監國。是日，車駕發京師，夏言、嚴嵩扈從。

12 辛酉，次真定，望於北嶽。

13 丁卯，車駕次衛輝。夜四鼓，行宮火，從官倉猝不知上所在。錦衣指揮陸炳排闥負上出御乘輿，後宮及內侍有殞於火者。——炳之母，上乳媪也，自是炳益愛幸。

先是上過趙州及臨洺鎮，皆於駕發後行宮火，乃命有司嚴捕治之。

14 初，張孚敬既致仕踰年，上復遣官齎手敕視疾，趣其還。行至金華，疾大作，乃歸，至是卒。

孚敬以大禮、大獄叢詬沒世，然上終始眷禮，廷臣卒莫與二，嘗稱「少師蘿山」而不名。既卒，嗟悼不已。禮官請諡，上取危身奉上之義，特諡文忠，贈太師。

孚敬以剛果不避嫌怨，既遇主知，亦時進讜言，如清勳戚莊田，罷天下鎮守內臣先後殆盡，皆其力也。

張延齡之獄，孚敬以恐傷昭聖皇太后心，強諍之，上恚，責曰：「自古強臣令主非一，若今愛死囚令主矣。當悔不從廷和事敬皇帝邪！」蓋欲以危語愒止孚敬，而孚敬意不已，以故終昭聖皇太后世，延齡得長繫云。【考異】張孚敬以是月卒，見明史本傳，實録亦系之是月乙巳。惟實録所載大臣卒多據奏報月日，而孚敬之卒，本傳言「帝在承天，聞之傷悼不已」，似奏至當在三月後，實録所記，據其赴至京師也，今從之。

15 車駕之南巡也，武定侯郭勛兼領後府兵扈從。勛侍寵，請以五世祖英侑享太廟，廷臣持不可，侍郎唐胄諍尤力，不納。英竟得侑享。

16 三月，己巳朔，車駕渡河，祭大河之神。

17 辛未，至鈞州，望祭中嶽。

18 甲戌，免畿内被災税糧。

19 庚辰，車駕至承天府。

辛巳，謁顯陵，還，御龍飛殿。

20 甲申，享上帝於龍飛殿，奉睿宗配。禮成，遂秩於國社、國稷及境内山川、河瀆，徧於群祀。頒胙於陪祀諸臣。

21 丁亥，作顯陵新宮。

22 戊子，以大享禮成，御龍飛殿，受群臣朝賀，頒詔天下。

初，禮臣請表賀行在，輔臣夏言謂「宜俟乘輿至京」，上乃報罷，意大不懌。至是嵩復以爲請，上曰：「夏言請俟回京，是也。雖然，禮樂自上出，何害！」乃受之。

詔赦天下，給復承天三年，免湖廣明年田賦五之二，畿内、河南三之一。

23 庚寅，辭顯陵。

壬辰，車駕發承天。

24 夏，四月，戊申，車駕還都，過堯母墓。監察御史謝少南言：「慶都縣城外有堯母墓，當時祀典失於紀載，乞修建，與歷代帝王陵寢三年一遣祭爲定制。」從之。

尋諭禮部曰：「帝堯父母異陵，可徵合葬非古也。」自是遷陵議遂寢。

25 庚戌夜，彗星見，芒長三尺許，光指東南，掃軒轅北第八星，旬日始滅。

26 壬子，車駕還京師。

27 壬戌，免湖廣被災税糧。

28 癸亥，太白晝見。

29 甲子，幸大峪山，駕發京師。丙寅，還宮。

先是上欲葬皇太后於大峪山，至是周歷審視，召嚴嵩於行宮，諭曰：「大峪不如純德。」——純德者，即承天之松林山更名也，于是奉梓宮南祔之議遂定。

30 是月，山西聞喜、安邑、平陸、猗氏、夏縣各地震，有聲如雷。越二日，復震。

31 五月，己巳，夏言罷，尋諭留之。

言爲首輔，郭勛害其寵。嚴嵩與言同鄉，謹事之，而言畜以門客，嵩恨甚；至是以言在承天失上意，遂與勛交構之。會上還京，復幸大峪山，言進居守敕稍遲，大怒，責言「怠慢不恭」，命還前賜銀章、並累降手敕。言惶懼謝罪，請「免追銀章手敕，爲子孫百世榮」，詞甚哀。上怒不已，疑言毁損，令禮部追取。言乃以手敕四百餘並銀章上之。尋削言勳階，令致仕。

越數日，上怒解，命止其行，復諭以禮部尚書、武英殿大學士入閣。言疏謝，諭以「秉公持正，毋爲衆怨。」言知所云「衆怨」者勛輩也，再疏謝，謂「自處不敢後他人，一志孤立，爲衆所忌」，上復不悦，詰責之，惶恐謝，乃已。未幾，以所追銀章、手敕還之。

32 己卯，寇犯遼東。

33 甲申，大行皇太后梓宮南行，由運河水道達承天。

34 是月，復以梁材爲户部尚書，代李廷相也。

材初長户部，以力除宿弊忤權貴，失上眷，遂以侍郎閒住。至是上知其廉，廷臣復交薦之。會廷相致仕，召復原官。未幾，考察京官，特命材監之，又命兼掌刑部事。上嘗曰：「尚書得如材者十二人，無憂天下矣。」

35 六月，丁酉朔，雷震奉先殿左吻及東室門槅。同時，皇城北鼓樓燬。詔諸司修省三日，並條時政得失。

越日，都御史王廷相應詔自陳曰：「人事得而後天道順，大臣法而後小臣廉。今廉隅不飭，賄賂公行，大小效尤，内外征利。每遇一官有缺，必有數人爭之，要路權門，終日十至。且都御史職在糾察百僚，振肅風紀。臣叨茲任，既不能正身格物，使弊絶風清，復不能抗疏論列，乞賜罷黜以儆有位。」疏意蓋指斥嚴嵩、張瓚輩也。上但諭留而已。

36 是月，以右都御史周期雍爲刑部尚書，以楊志學致仕也。

37 秋，七月，庚午，頒御製大狩龍飛録於文武群臣。

38 壬午，免山東濱州、德州等處被災税糧。

39 是月，召南京吏部郎中鄒守益爲司經局洗馬。

時霍韜長南吏部，以「皇太子幼，未能出閣，惟日聞正言，見正事，可爲養正之助」，乃與若水上聖功圖，自神堯茅茨土階、文王爲世子及上在西苑耕稼、蠶桑，凡爲圖十有三。奏入，上以爲謗訕，幾得罪。久之，以韜故得解。【考異】事見明史湛若水傳，月日據實録也。（賢）〔實〕録詳載十三事，實蒙養之切要，諸書遺之，今據增。

40 閏月，己亥，遼東軍復亂，總兵官馬永討平之。

遼東自十四年軍變，但禽首惡數人，而遺孽未盡，時有不逞心。至是因歲饑，糾惡少四十餘人，乘夜倡衆爲亂，城中人無應者。永率家丁三百餘人捕之，千户張斌先登，被殺；衆兵繼進，斬首四十級，生禽二賊，無一人得脱者。

事聞，賜敕獎勵，陞永左都督。

41 丙午，免浙江被災税糧。

42 庚申，葬獻皇后於顯陵。

43 辛酉，罷禮部尚書黄綰，復議征安南。

綰之奉使安南也，上方幸承天，趣赴行在受命。綰憚往，至徐州，以疾請緩期，奉旨詰責，宥之。綰數陳便宜，「請得節制兩廣、雲貴重臣，又請遣給事、御史同事，仍擇郎官二人備任使」，上悉從之。至是又爲其父母請贈，且援建儲恩例，請給誥命如其官，上怒，遂寢新命，令以侍郎閒住。

上既責綰，謂「征南之議發自夏言，衆皆隨之。今乃訕上聽言計，共作慢詞。此國應棄應討，何無定議耶？」於是張瓚及廷臣惶懼，「請如前詔仍命仇鸞、毛伯温南征。如登庸父子束心歸命無異心，則待以不死」，從之。【考異】此據實録月日也。事見明史黄綰〔傳〕，參安南傳書之。傳言「綰至七月尚未行」，而七卿表言「伯温以四月回任，七月征安南。」證之本紀，是綰罷及命伯温皆在閏月，今據之。

44 八月，辛未，奉慈孝獻皇后神主祔睿宗獻皇帝廟。

45 癸巳，免河南及陝西被災税糧。

46 九月，乙未朔，日食三分，詔免救護。【考異】明書，「是月乙未朔，日有食之」，本紀不書，以免救護也。今據實録。

47 免畿内被災税糧。

48 辛酉，以奉安成祖陵碑詣天壽山。

是日，車駕發京師。敕駙馬都尉崔元、刑部尚書周期雍居守。

49 以河南災甚，請遣大臣賫帑往振，上命推素有才識者，乃遣户部侍郎王杲往。

杲上言：「河南已奏報死亡十萬有餘，其存者旦夕冀得升合以延殘喘。彼處倉庫所貯錢穀，恐不足用，待其查勘往返，動淹累旬。救荒如救焚，未可稍緩，請先發内帑銀十萬兩，會撫按官分行振濟。」

下户部議。户科給事中郭鋆等亦以爲言，詔「發臨清倉糧價銀五萬兩」。杲以「民饑甚，僅足資兩月之用，來春青黄未接，勢難坐視，必增銀十五萬兩乃可。」户部議「發德州倉銀五萬二千七百餘兩及河南布政司庫解京銀並開封府河道贓罰銀八萬兩與之」，詔從之。【考異】明史本紀，「九月辛酉，振河南(畿)〔饑〕」，據實録也。實録，「八月免河南税糧」，「九月遣王杲振之」。三編統系之閏七月，蓋據巡撫之請也，今從本紀。

50 是秋，寇兩犯宣府，軍卒楊思忠等六人戰死。又犯榆林，總兵官周尚文敗之。

51 吏科都給事中蔣廷寵，以考察劾尚書嚴嵩、張瓚等，上曰：「嵩、瓚，朕所簡用也。」嵩等以被論自陳，崇言「今日之臣，必使主孤立自勞，率皆觀望禍福。」上以爲然，命「盡心供職，不必辭避。」

52 冬，十月，乙丑朔，上躬祭長陵。丙寅，還京師。

53 十一月，丙申，冬至，祀天於圜丘。

54 己亥，免江西被災税糧。

55 癸卯，免山西被災税糧。

56 十二月，乙亥，免浙江被災税糧。

57 是冬，大同五堡成。

大同自五堡之役殺張文錦，尋又殺總兵李瑾，由是兵益驕，文武大吏不敢要束。廷議以爲憂，移陝西總兵官梁震往鎮大同。震畜健兒五百人，至則下令申約束，無不帖服。

寇至，累破之。會毛伯温督師巡邊，震議修五堡，不數月工成。至是震卒。先以功贈太子太保，尋加贈太保，謚武壯。嘉靖間，西北推名將者，震爲首，次及馬永、周尚文。震死，健兒無所歸，守臣請編之行伍，邊將猶頗得其力云。

十九年（庚子、一五四〇）

1 春，正月，甲午朔，上以疾不視朝。

壬寅，始受群臣朝賀，嚴嵩等請之也。是日，上拜于元極殿，禮畢，遂御朝。

2 丙午，翟鑾行邊還，詔以原職太子少保、禮部尚書兼武英殿大學士，預機務。鑾之行邊也，文武大吏俱櫜鞬郊迎，餽遺不貲；既事歸裝用以遺貴近，遂復入閣。

3 辛亥，濟農寇大同，以五百騎伏大廟灣，而遣四十餘騎分掠。參將張世忠等追之，伏發，殺指揮周岐等二十九人。【考異】明史本紀，「是月辛亥」，實録系之五月之末，蓋據兵部議功罪之月日也。原奏稱「正月十八日寇入大同」云云，是月甲午朔，正正月十八日也。實録多據奏報月日，而原奏所載勝負月日之可據者，史家多因之，紀實也。周岐等二十九人，亦見實録中。

4 二月，辛未，振河南、湖廣饑。時侍郎顧璘督理顯陵工程，因言：「河南、湖廣旱災，會顯陵興工，饑民皆赴工就食。

至是工竣，失所之民不振，將有嘯聚之患，請量留二省無災府縣兑運正糧濟之。」户部議覆：「兑運正糧許量折每石七錢。」湖廣清軍御史姚虞，因上流民圖，極言「承天工所流民宜行拯恤」，詔璘「會同撫按官設法振濟，毋使流亡失業。」

5 己卯，罷武科鄉試。時兵部請開武科，上以累科未見得人，遂報罷。給事中王夢弼，「請以六年一試，著爲令」，上責其妄議，奪俸二月。

6 三月，戊戌，詔修西苑仁壽宫。

7 是月，濟農寇延綏，總兵周尚文迂道會援，副總兵楊信稱病不出，寇大掠而去。【考異】明史稿作「戊戌」，實録系之壬寅，似皆據奏報月日也。今系之三月下。

8 夏，四月，庚辰，上以入春雨澤愆期，躬禱宫中，復行所司祈禱。

癸未，雨。于是輔臣夏言、尚書嚴嵩等皆表賀。

9 五月，丙申，國子司業王同祖言：「世禄之家，鮮克由禮，失教故也。請敕兩京公、侯、伯子弟，凡未仕者悉入成均，俟學有成，方請敘蔭，不率者治之。」上是其言，尋命已任事者亦送監肄業。自是少年勳戚頗以入學爲榮。

10 是月，工部尚書蔣瑤，以逾七十令致仕，仍敕馳驛歸。

瑤既改北部，會大工頻仍，歲募民充役，費二百餘萬，瑤以爲言，請停不急者。又嘗建率役京軍，多爲豪家占匿，瑤清出之。上亦浸不悦，遂以老罷。

瑤既歸，僻處陋巷，以清介稱。卒年八十九，贈太子太保，謚恭靖。

11 瑤之罷也，同時南京兵部尚書湛若水亦以年逾七十致仕。

若水與王守仁同講學，後各立宗旨，守仁以致良知爲宗，若水以隨處體認天理爲宗。守仁言「若水之學爲求之于外」，若水亦謂「守仁格物之説有不可信者四」。又曰：「陽明與吾言心不同。彼所謂心，指方寸而言。吾所謂心者，體萬物而不遺者也，故以吾之説爲外。」一時學者遂分王、湛之學。

卒，年九十五。

12 六月，丁卯，户部尚書梁材罷。

時大工頻興，役外衛班軍四萬六千人。翊國公郭勛，籍其不至者，責輸銀雇役，廩食視班軍。當李廷相在户部，嘗量給之。材既代，堅持不予，勛遂劾材，上命補給。勛又以軍不足，籍逃亡軍布棉折餉銀募工。材言「今京班軍四萬餘已足用，不宜藉口耗國儲」，上從其奏。勛益怒，劾材變亂舊章。

先是宮中醮壇須龍涎香，材不以時進，上銜之。至是遂責材沽名誤事，落職閒住。材歸，尋卒。隆慶初，贈太子太保，謚端肅。

嘉靖中歲，大臣多阿上取寵，材獨不撓，以是終不容。自材去，邊儲國用大窘。上乃嘆曰：「材在，當不至此！」

13 庚午，增設鎮守江淮總兵官。

上即位之八年，江（洋）〔淮〕盜發。時夏言爲兵科給事中，奏請專設鎮守江淮總兵官，督兵剿捕。未幾，賊平，兵部奏革，以其重任仍歸操江武臣如故。凡浙江糧運，自蘇州、常州裏河取道者，由鎮江京口閘抵儀真，其閘河土疏易淤，府縣必歲時濬治，然後糧運無阻。是年，京口閘淤阻，漕運咸撥民船，多爲海寇所掠，甚至執戮官吏。南京兵科給事中楊雷以其事聞，下兵部，以設官本末查覆，因請「設總兵官，命以旗牌敕符俾駐劄鎮江，提督沿江上下兵防，西自九江、安慶，東及淮、揚、蘇、常諸郡。凡備倭守備衛所及有司巡捕官，悉受節制。」從之。已而金山、儀真守備官各加以將領之號，分領江南、江北地方，凡衛所掌印巡捕諸官，悉令服屬。

14 辛巳，衛拉特即瓦剌，見前。部長款塞。

初，衛拉特既衰，其酋仍稱太師，遣使朝貢。土爾番之據哈密也，故都御史許進以金帛咱衞拉特，令以兵擊走之。正德十三年，土爾番復犯肅州，副使陳九疇復遣衞拉特綵幣，使乘虚襲土爾番三城，殺掠以萬計，土爾番畏逼，與之和。其後復以議婚相仇隙，土爾番益强，衞拉特數困敗，又所部輒自殘，多歸中國。

于是衞拉特部長卜六王者，以西番侵掠不支，亦求内附。下兵部議。已，甘肅巡撫丁汝夔，疑其詐與土爾番交惡，爲合勢内侵之計，兵部並上其事，詔遣之出關。後遂不知所終。

是月，改南京工部尚書李如圭爲户部尚書，以户部侍郎張潤爲工部尚書。

先是蔣瑶在工部，以「節年營建，兵部撥軍，户部支糧，工部止于辦料。邇年以軍數不足，議令工部雇夫津助，計内外工程共用銀六百三十四萬七千餘兩，中間辦料約四百二十餘萬，其餘盡係雇夫車價之數。請將各衙門工程悉暫停止。」上不許，令工部會户、兵二部詳議以聞。

潤既代瑶，乃復上四事：「一議工部節慎庫見貯止六萬餘兩，而所欠夫匠物料尚二十七萬，無從措辦，擬借户部每年扣省通惠河脚價及崇文門税、皇莊草場子粒等項銀兩。一議户、兵二部見食糧官軍宜赴工者，計各營錦衣衞等處共六萬餘名，查擬分撥，可省雇役之費。一議暫停西苑仁壽宮及鼓樓等，俟前工告完，以次舉行。一議四郊所費銀兩不過四十六萬，慈寧宮不過四十八萬。乃今慈寧宮已用銀七十一萬有奇，一號等殿已用銀七十六萬有奇，費漸侈矣而工猶未完，乞敕内外撙節。」

疏入，惟西苑及殿工宜併力速成，餘暫停止。

16 秋，七月，癸卯，濟農寇萬全衞，總兵官白爵與戰于宣平，敗之，追至北莊，又大敗之。壬子，寇涉桑乾河，官軍半渡急擊，三敗之，斬百餘級。

捷聞，兵部以爲宣府數十年未有之功，詔進爵都督同知。【考異】明史本紀，寇萬全在是月癸卯。實録系之八月，據奏捷月日也。原奏稱「七月十四日」，是月庚寅朔，癸卯正十四日也。又云，「二十三日敗敵于桑乾河」，正壬子也，今據書之。

17 戊午，振江西水災。

時南昌府及新建等縣俱水，户部議，「以新建等縣兑運正米内量改折色十一萬石，並留派剩南糧四萬石振之。」

18 八月，壬戌，禮科給事中曾鈞言：「用人之術，莫先於端士習。士習之敝，則廉污之介弗嚴也，静躁之分不明也。今之下僚，多以挾貲得顯擢，一有員缺，則自衒求進，交争而不慚。至於大臣之自處，尤有可議者。古者大臣慮周四方，今則守局循常矣；古者大臣恭儉率物，今則窮奢競靡矣；古者大臣被論，惶恐待罪，今則强辨傷體矣；古者大臣同寅協恭，今則交惡相傾矣。故夫忠佞之辨，在陛下加之意而已。」疏入，上以鈞所論深中時弊，嘉納之。

19 甲戌，寇犯平涼，流劫岢嵐、石州等處。

20 丁丑，杖太僕卿楊最死。

上好神仙術，給事中顧存仁、高金、王納言皆以直諫得罪。會有方士段朝用者，以所煉白金器百餘，因郭勛以進，云「以盛飲食物，供齋醮，即神仙可致也。」上立召與語，大悦。朝用因言上，「深居無與外人接，則黄金可成，不死藥可得」，上益悦，諭廷臣，「令太子監國，朕少假一二年，親政如初」，舉朝愕不敢言。最抗疏諫曰：「陛下春秋方壯，乃聖諭及此，不過得一方士，欲服食求神仙耳。神仙乃山棲澡練者所爲，豈有高居皇屋，衮衣玉食，而能白日翀舉者！臣雖至愚，不敢奉詔。」上大怒，立下詔獄，重杖之，杖未畢而死。尋監國議亦罷。【考異】楊最事見明史本傳。通紀、明書或系之去年八月，或系之六年十月。惟明史本紀書杖楊最於是年八月丁丑，而實録不具，疑漏脱，否則史臣諱書之也。然證之實録，「是年七月，賜段朝用紫府宣忠高士名號，並加郭勛禄米歲百石。」又「八月丁丑，指揮同知劉永昌言：『伏聞皇上欲命東宮監國，暫攝聖躬，此盛德事。而諸大臣乃固争之如此，則當幸承天時監國亦非也。』上以『監國重事，朝廷自有處分，非永昌所宜言』，下鎮撫司拷問」云云，據此，則明史系之八月丁丑，蓋同時事也，不知實録何以遺之，今據明史。

21 甲申，以秉一真人陶典真子世同爲太常寺丞，壻吳濬孫、陶良輔俱食博士俸。典真後更名仲文，初受符水訣于羅田萬五山，復與邵元節善，隨秩滿黄梅縣吏至京師，遂寓元節邸舍。元節年老，因薦仲文於上，以符水噀劍絶宫中妖，莊敬太子患痘，禱之而愈，益見寵異。去年南巡，元節病，以仲文代。次衛輝，有旋風遶駕，上問何祥，對曰：「主火。」已而果驗，上益異之，授秉一真人。至是上欲命太子監國，專事静攝，楊最杖死，廷臣震懾，大臣争諂媚取容，而神仙禱祀日亟矣。

22 是月，江西浮梁景德鎮民以陶爲業，聚傭至萬餘人。會大水食絶，遂肆虜掠，村鎮爲墟。

守臣以聞，詔巡撫、都御史王暐撫戢，因請「增設府佐一人，駐鎮督理」，從之。

23 九月，己酉，召仇鸞還。

鸞奉使南征，至粤，陵轢鎮守；令總兵安遠侯柳珣以戎服見，珣不聽，遂互訐於朝。上以鸞輕傲，命珣代佩征夷副將軍印，會同毛伯温議處安南事。

24 是月，以南京户部尚書錢如京爲刑部尚書，以周期雍致仕，代之也。

先是郭勛以風霾，「請如先年策免大臣故事，各令自陳，仍聽科、道拾遺。」於是閣部諸臣皆引咎乞罷；温旨諭留，獨期雍准致仕。——勛搆之也。

25 濟農寇固原，總督劉天和令總兵官周尚文與戰於黑水苑，大敗之，斬濟農子錫沙王。舊作小十王。寇遁，延綏總兵任傑追擊於鐵柱泉，又敗之。

是役也，三鎮斬獲至四百四十餘級。捷聞，上大嘉之。進天和太子太保，尚文以下皆（陛）〔陞〕賞有差。【考異】黑水之戰，實録系之是年冬月，據奏捷論功之月日也。原奏稱「寇以八月二十一日入境，九月十二日始去」，故明史本紀、明史稿皆系之是月，無日，今從之。

26 冬，十月，甲子。顧鼎臣卒。

27 是月，霍韜卒。

韜與夏言攻訐不勝，最後見郭勛與言有隙，乃陰庇勛，與共齮齕言。上雖置不問，然亦頗厭之。及卒，賜祭葬如例。

韜舉進士，出毛澄門下，既以議禮不合，遂請削門生籍。初詆司馬光，後議薛瑄從祀，至追論光不可祀孔廟，其不顧公論如此。

28 十一月，壬寅，冬至，祀天於圜丘，郭勛攝行。

是日，太白晝見。

29 丙午，以巡撫寧夏副都御史楊守禮總督陝西三邊軍務。

時以邊寇甫退，恐其積忿報復，命推久任邊方諳練戎務者，廷臣咸薦守禮，遂任之。

30 壬子，上以久疾有瘳，嘉陶仲文祈禱有功，進少保、禮部尚書。

31 丙辰，慈慶宮成。

32 是月，晉輔臣夏言少師，翟鑾及尚書張瓚皆少保，以邊功敘録也。

33 十二月，戊辰，以冬深無雪，命有司祈禱。

34 乙亥，以沙河行宮成，免順天八府明年税糧三之一。

二十年（辛丑、一五四一）

1 春，正月，戊子朔，上以疾不御殿，百官於奉天門外，朝覲官、外蕃使於午門外行禮。

是日，雪。

2 丙申，上以陽九日拜天於元極殿。尚書嚴嵩等請拜畢御殿受群臣朝賀，從之。

3 壬寅，免南畿被災州縣税糧。

4 丙午，海西部長卜爾噶舊作卜爾孩，與額布訥先後竄西海者，見前卷。遣人獻金牌、馬匹款塞。兵部尚書張瓚等言：「卜爾噶據海西二十餘年，爲甘肅腹心之患。若果輸誠，則河西可轉危爲安。第其誠僞不可知，宜敕總督楊守禮勘議以聞。」從之。

5 二月，乙丑，顯陵成，給復承天三年。

6 丙寅，下監察御史楊爵錦衣衛獄。——爵，富平人。

時上經年不視朝，日事齋醮，工作煩興，嚴嵩等務爲諂諛。爵拊膺太息，乃上疏曰：「今天下大勢，如人衰病已極，腹心百骸莫不受患，即欲拯之，無措手地方。且奔競成俗，賕賂公行，遇災變而不憂，非祥瑞而稱賀。讒諂面諛，流爲欺罔，士風人心，頹壞極矣。諍臣拂士日益遠，而快情恣意之事無敢齟齬於其間，此天下大憂也。

去年自夏入秋，恒暘不雨，畿輔千里已無秋禾。既而一冬無雪，元日微雪即止，民失所望，憂旱之心，遠近相同。此正撤樂減膳憂懼不寧之時，而輔臣夏言等方以爲符瑞而稱頌之，欺天欺人，不已甚乎！翊國公郭勛，中外皆知爲大奸大蠹，陛下寵之，使稔惡肆毒，群狡趨附，善類退處。此任用匪人，足以失人心而致危亂者一也。

臣巡視南城，一月中凍餒死八十人，五城共計，未知有幾？孰非陛下赤子，欲延須臾之生而不能！而土木之功，十年未止，工部屬官增設至數十員，又遣官遠修雷壇。以一方士之故，朘民膏血而不知恤，是豈不可以已乎？況今頻年災沴，上下交空，尚可勞民糜費，結怨天下哉！此興作不已，足以失人心而致危亂者二也。

陛下即位之初，勵精有爲，嘗以敬一箴頒示天下矣。乃數年以來，朝御希簡，經筵曠廢。大小臣庶，朝參辭謝，未得一睹聖容；敷陳復逆，未得一聆天語。恐人心日益怠媮，中外日益涣散，非隆古君臣都俞吁咈，協恭圖治之氣象也。此朝講不親，足以失人心而致危亂者三也。

左道惑衆，聖王必誅。今異言異服，列于朝苑，金紫赤紱，賞及方外。夫保傅之職，坐而論道，今舉而畀之奇邪之徒，流品之亂莫以加矣。陛下誠與公卿賢士日論治道，則心正身修，天地鬼神莫不祐享，安用此妖誕邪妄之術列諸清禁，爲聖躬累也！臣聞上之所好，下必有甚。近者妖盜繁興，誅之不息，風聲所及，人起異議，貽四方之笑，取百世之譏，非細故也。此信用方術，足以失人心而致危亂者四也。

陛下臨御之初，延訪忠謀，虚懷納諫。一時臣工言過激切，多有獲罪。自此以來，臣下震於天威，懷危慮禍，未聞復有犯顔直諫以爲沃心助者。往歲太僕卿楊最出言而身殞，近日贊善羅洪先等皆以言罷斥。國體治道，所損甚多，臣爲最等惜也。古今有國家者，未有不以任德而興，拒諫而亡。忠藎杜口，則讒諛交進，安危休戚無由得聞。此阻抑言路，足以失人心而致危亂者五也。

望陛下念祖宗創業之艱難，思今日守成爲不易，覽臣所奏，賜之施行，宗社幸甚！」

上震怒，立下詔獄搒掠，血肉狼藉，關以五木，死一夕復甦。所司請送法司問罪，上不許，命嚴錮之。獄卒以聖怒不測，屏其家人，不許納飲食，屢瀕于死，處之泰然。

7 庚午，下方士段朝用于獄。

初，朝用以術進，復因陶仲文進銀萬兩，授紫府宣忠高士，並請歲進數萬金以資國用，上益悦之。已而其術不驗，會朝用有徒王子岩者，發其諸誣穢隱惡事，仲文懼爲所累，上章自理，詔下朝用鎮撫司拷訊，而置仲文不問。

8 三月，乙巳，賜沈坤等進士及第、出身有差。

9 壬子，以久旱，親禱雨于西苑，仍詔順天府祈禱。

10 是月，張潤以憂去。

先是甘爲霖以工部尚書督工，至是令回部管事，仍督大工。

11 是春，濟農寇甘肅之蘭州，參將鄭東以二百餘騎馳援，力戰被創，還營，卒。尋又寇鎮朔堡，寧夏總兵李義等迎敵，斬首四十九級。捷聞，賜敕奬勵。踰二年，按臣覈東死事狀，請賜贈恤。【考異】明史稿系寇甘肅于二月，寇鎮朔于三月乙巳。證之明史韃靼傳及實録所載，俱云「是春」，無月日，今並系之是春下。

12 夏，四月，己未，安南莫登庸納款請降，許之。

先是兵部尚書毛伯温奉命討安南，至廣西，徵集兩廣、福建、湖廣狼、土官兵，并檄雲南守臣及諸司俱集議。分正兵爲三哨，分奇兵爲二哨，烏雷山等處兵爲海哨，又將雲南別集之兵分三哨。與黔國公沐朝輔、安遠侯柳珣、提督軍務侍郎張經、巡撫都御史汪文盛等部署已定，乃馳檄安南臣民，諭以朝廷興滅繼絶之意，「討罪止于莫登庸父子，有能舉郡縣來降者，即以其郡縣授之；禽斬莫登庸父子來降者，賞二萬金，官顯秩。」申告再三。又諭登庸父子：「果能束身歸罪，盡籍其土地人民納款聽命，亦待以不死。」

伯温等駐師近邊，登庸聞之懼，遣使詣軍門乞降，詞頗卑切，伯温等承制許之。時登庸子方瀛已死，乃留孫福海守國，登庸與姪文明并酋首阮如桂等四十餘人入鎮南關，各尺組繫頸，徒跣匍匐，稽首上降表。復詣軍門，盡籍國中土地軍民職官，悉聽處分。于是伯温等宣諭朝廷威德，暫令歸國俟命。

伯温乃與諸守臣會疏言：「安南畏威，束身歸罪。其黎寧自稱黎氏之後，譜系不詳，無以爲據。乞宥納登庸，削故爵，量授新秩。」疏聞，上大喜。詔「改安南國爲安南都統使司，授登庸都統使，秩從二品，銀印，舊所僭擬制度悉除去。改其十三道爲十三宣撫司，各設宣撫同知、副使、僉事，聽都統黜陟，仍三歲一貢以爲常。并令覈黎寧真僞，如果黎氏後，劃所據四府，俾奉其祀事，否則已之。」伯温受命歲餘，不發一矢而安南定。

是役也，功成于伯温，而伐謀制勝，則巡撫雲南汪文盛功爲多。方文盛至滇，即檄安南所部來歸，諭以威福。其登庸部衆降者，文盛分地處置，皆當交、廣水陸之衝。安南懼逼，請降，伯温至南寧受之，卒如文盛議。及是論功，伯温及兩廣鎮巡官皆進秩，而文盛止賚銀幣。

13 辛酉，九廟災。是日薄暮，雨雹，風霾大作。入夜，火從仁宗廟起，延燒成祖廟及太廟、群廟，一時俱燼，惟睿宗廟獨存。其成祖、仁宗二廟，帝后神主皆燬焉。上親祭告南北郊、宗廟，青服，御西角門視事。丙子，頒詔天下，行寬恤之政，敕群臣修省。

14 壬午，杖户部主事周天佐，下獄死。天佐，晉江人，以楊爵下獄，欲論救之。至是因廟災，詔百官言時政得失，乃上疏曰：「陛下求言之詔，示人以言耳。國家置言官，以言爲職，今爵繫獄數月，而聖怒彌甚，一則曰小人，二則曰罪人。夫以盡言直諫爲小人，則爲緘默逢迎之君子不難也；以秉直納忠爲罪人，又孰不能爲容説將順之功臣哉！爵身非木石，命且不測，萬一溘先朝露，使諍士飲恨，直士寒心，損聖德不細。」上覽奏大怒，杖之六十，下詔獄。天佐與爵無生平交，入獄時，爵第隔扉相問訊而已。天佐體素弱，不勝楚。獄吏絶其飲食三日，即死。尸出獄，有大興民祭而哭之慟者。或問之，民曰：「吾傷其忠之至而死之酷也。」

天佐既死，復有文登浦鋐者，時巡按陝西，馳疏諫曰：「天下治亂，在言路通塞，言路通則忠諫進而化理成，言路塞則奸諛恣而治道隳。爵以言事下獄，幽囚已久。臣行部富平，皆言爵誠信孚鄉里，孝友式風俗。且爵本以論郭勛獲罪，今勛奸大露，則爵言未爲妄也。乞賜矜釋。」上大怒，趣緹騎逮之。秦民遠近奔送，舍車下者萬人，皆號哭曰：「願還我使君！」

鋐赴徵，業已病，下詔獄，搒掠備至。除日，復杖之百，錮以鐵柙。爵迎哭之，鋐息已絶，徐張目曰：「此吾職也，子無然。」繫七日而卒。

隆慶初，贈天佐光禄卿，鋐少卿。【考異】周天佐、浦鋐事，俱見明史本傳，三編據書于質實中。證之本傳。天佐諫在四月九廟災後，明史稿系之是月壬午，是也。鋐事，據傳同在是年，而本紀及實録皆不載。惟傳只有「除日復杖」之語，且正郭勛獲罪之後，是與天佐下獄死皆是年事也。今牽連並記于天佐下獄之下。

五月，丁亥，以兵部侍郎王以旂總理河漕。

是時黃河南徙，決野雞岡，由渦河經亳州入淮，舊決口俱塞，徐、吕二洪亦竭，漕舟膠。總河郭持平久治不效，降俸戴罪，乃命以旂往治之。以旂至，上言：「國初漕河惟通諸泉及汶泗，黄河勢猛水濁，遷徙不常，故徐有貞、白昂、劉大夏力排之，不資以濟運也。今幸黄河南徙，諸閘如舊，宜濬山東諸泉入野鷄岡新開河道以濟徐、吕，而築長堤沛縣以南，聚水如閘河制，務利漕運而已。」詔以旂便宜行之。

16 戊子，以修建九廟，遣工部侍郎潘鑑、左副都御史戴金等採木于湖廣、四川。

17 壬辰，三衛入犯開原，參將孫繼祖率兵禦之，斬首二十三級，指揮金潮死之。【考異】明史稿，「五月壬辰寇犯開原。」證之實録，蓋三衛求增入貢人數不許，遂肆劫掠。原奏稱「五月七日」，即壬辰也。金潮之死，亦見實録，今據之。

18 甲寅，振遼東饑。

19 六月，庚申，以順天府所屬州縣災傷，詔免税糧，仍發太倉銀二萬兩、通倉米二萬石及各州縣預備倉銀穀相兼振之，復出太倉米一萬石，減價平糶。又以永平大饑，發太倉庫銀六千兩、通倉米六千石振之。

20 戊辰，三衛復犯太康堡，參將趙國忠敗之，斬首一百二級。

21 壬申，振山西饑，並蠲免本年夏税。

22 秋，七月，丁酉，諳達即俺答，見前卷。及其屬阿布噶舊作阿不孩。遣其使石天爵款大同陽和塞求貢。

天爵，本中國人，被掠入寇中爲間諜。至是聲言，許貢當趣令一人歸報，彼即約束其下，不敢犯邊，否則徙帳北鄙，率精騎南下。

巡撫都御史史道以聞。兵部議，以「北部自弘治後不入貢且四十年，歲入邊侵暴，果其誠心歸款，未必非中國利。惟寇情多詐，或示和以緩我師，或乘間以擾我境，其却之便。」從之，仍敕嚴加防禦。以尚書樊繼祖督理宣大軍務，並懸賞格購諳達、阿布噶首以振國威。

23 是月，以山東災傷，復留臨、德二倉小麥各二萬石及動支倉庫錢糧相兼振之。又免山東及河南、陝西被災税糧。

24 左都御史王廷相罷。

初，廷相居憲職，請以六條考察差還御史，上允行之。及九廟災，詔廷臣修省，因責廷相曰：「卿總憲有年，自定六條後，不聞考黜一人，宜痛加修省。」廷相皇恐謝。

武定侯郭勛橫甚，廷相督團營，與勛共事，逡巡其間，不能有所振飭。會奉敕清軍役，令勛與廷相覈實奏聞，敕書既具，勛久不領。于是給事中章允賢劾勛肆慢，並劾廷相稽留四十餘日不覆爲畏勛權勢而慢朝廷。上以責勛，勛奏辨，有「何必更勞賜敕」之語，上大怒，言官復交章劾勛。上以廷相扶同抗違，遂褫職，黜爲民。勛亦自此得罪。【考異】廷相之罷，諸書俱系之九月郭勛下獄之後，明史廷相本傳亦同，惟七卿表書廷相罷爲民在七月。證之實録，亦書于九月郭勛下獄中，然其所載勛事本末，皆系以「先是」二字。如清軍役在是年之春，章允賢劾稽敕事在四月廟災應詔陳言疏中。據此，則廷相之罷，表以爲七月者似得其實，而毛伯温時在安南，以八月召回管院事，則廷相之罷在前尤可證也。今據七卿表，與郭勛下獄分書之。

25 八月，辛酉，昭聖皇太后張氏崩。

26 甲子，巡撫大同史道，言「諳達、阿布噶以求貢不允，將入犯山西」，詔保定副總兵周徹率所部守紫荆、倒馬等關，復發京營兵三千，命參將任鳳領之。

命甫下，山西巡撫陳講奏「北寇分道入犯，諳達、阿布噶下石嶺關，趨太原，濟農由平虜衛入，掠平定、壽陽諸處。」

時寇衆驟至寧武關石湖嶺，山西副總兵丁璋，遇敵死之。游擊周宇禦于太原之埸地溝，鏖戰移日，斬獲頗多，以援兵不至，死之。

事聞，命總兵官趙卿率京營二千往援。尋起原任都御史翟鵬督理畿輔、河南、山東軍務，兼理糧餉。【考異】明史本紀，「是月，諳達等分道入寇，」不書日。證之實録，是月甲子，巡撫史道奏「寇將犯山西」，此亦據奏報月日耳。是月警報迭至，原奏稱「八月十七日寇入寧武關」，是月甲寅朔，十七日則庚午也，明史稿系寇犯寧武于甲子者亦非。今但據實録所書，牽連並記，統系之甲子下，又參之明史韃靼傳書之。

27 丁丑，上大行皇太后尊謚曰孝康敬皇后。

28 庚辰，夏言罷。

言與郭勛交惡日甚。九廟災，言以疾在告，自陳乞罷，不允。昭聖皇太后崩，詔問太子服制，言報疏有譌字，上切責言，言謝罪，且乞還家治疾，上以「方廟災修省之初，昭聖大喪之際，不念主憂，敢于求逸」，因令致仕去。

29 是月，召毛伯温還，掌院事。

30 九月，乙未，郭勛有罪下獄。

先是四月廟災，給事中戚賢劾「勛擅作威福，網利虐民」，勛遂引疾在告。京山侯崔元新有寵，直内苑，忌勛。會夏言亦在告，上從容問元曰：「言、勛皆朕股肱，相妬何也？」元不對。上問：「言歸何時？」曰：「俟聖誕後乃敢請。」又問：「勛何疾？」曰：「勛無疾，言歸即出耳。」上頷之。言官窺上眷言而惡勛，因共劾勛。

會敕書之獄，上惡勛無人臣禮，于是給事中高時因盡發勛貪縱不法十數事，上大怒，遂下勛錦衣衛獄，然猶念勛曾贊大禮，諭鎮撫司勿加刑訊。奏上，當勛罪斬，上以奏當不明，令法司復勘。會給事中劉天直復劾勛未盡奸惡，並數其紊亂朝政凡十二事。于是法司更當勛不軌罪論斬，没入妻孥田宅，奏上，留中不下。上意在寬勛，屢示廷臣指，而諸臣惡勛甚，謬爲不喻指者，勛坐是踰年死獄中。

31 癸卯，免浙江台州府被災稅糧，仍敕巡按御史設法振之。

32 辛亥，寇犯山西，入石州。

先是山西、直隸巡按御史所報，皆言「寇從容出關，所謂延綏、大同兵並未見敵」，于是給事中龍遂，御史傅鎮請遣官勘實報聞。寇遂于是月七日復自平虜衛入山西，犯朔州；至是復犯石州，飽掠而去。

33 是月，以南京〔户部〕尚書劉天和爲兵部尚書。時樊繼祖督師宣大，以天和代之，並提督團營。以刑部侍郎吴山爲本部尚書，以錢如京致仕，代之也。

34 冬，十月，癸丑，以山西連被寇患，詔復徭役二年，仍發帑銀六萬兩，遣户部侍郎張漢往振之。

35 丁卯，復召夏言入閣。

先是言將出都，詣西苑齋宮叩首謝，上聞而憐之，特賜酒饌，俾還私第治疾，俟後命。會郭勛下獄，復有是命，且令疾愈入直。然言雖在告，閣事多取裁決，勛之獄皆其指授也。

36 是月，以寇出邊，山西解嚴，召翟鵬、趙卿還。

37 吏部尚書許讚，以四月九廟災，自陳免。居半歲，上難其代，至是復起讚任之。

38 十一月，辛卯，葬孝康皇后于泰陵。

39 丙申，免四川被災稅糧。

40 乙巳，太白晝見。

41 丁未，冬至，祀天于圜丘。

42 十二月，甲戌，詔發通州倉米十萬石于宣府，十五萬石于大同，並敕户部遣官督解。是時兩鎮旱荒，米價翔踊，從撫臣之請也。

43 是月，禮科給事中章允賢，劾奏「總督薊州、兵部侍郎胡守中，當郭勛勢盛之時，甘心比附，同惡相濟。及勛之敗，復觀望以圖反噬。今勛當會審之際，他無一言，惟言『守中負我』，此其爲黨明甚。」因條列守中在薊州諸不法狀。上方惡勛，得旨，「守中監候處決。」

明通鑑卷五十八

江西永寧知縣當塗夏燮編輯

紀五十八起玄黓攝提格（壬寅），盡柔兆敦牂（丙午），凡五年。

世宗肅皇帝

嘉靖二十一年（壬寅、一五四二）

1 春，正月，壬午朔，御奉天殿。以昭聖皇太后未祔廟，免百官稱賀，賜文武節錢鈔，免宴。

2 戊子，吏部尚書許讚，以「邊報屢警，軍需匱乏，請發內帑，借百官俸，並解山東、河南各贓罰以濟軍儲。」得旨，「內帑不必發，」餘俱報可。讚又請「括富民之財，開鬻爵之令」，上以非盛世事，不允。

3 是月，户部尚書李如圭條上鹽法四事。

先是上以「變亂鹽法由于餘鹽」，敕「罷之。淮、浙、長蘆悉復舊法，夾帶者割没入官，變賣者以時估爲準。並令户部詳議以聞。」至是如主議請：「一革餘鹽；一禁權勢囑託及占窩買賣之弊；一商人報中俱置印信簿籍，行各邊郎中或巡撫收掌收納，事完轉行巡鹽御史查驗；一各邊急缺糧草者，方令商人上納，其孤城遠堡，不得以兑支爲名，致多侵冒。」是時御史吴瓊，又請「各邊中鹽者皆輸本色」，詔皆從之。然令甫下，而尚書許讚復請「開餘鹽以足邊用」，部議從之，于是餘鹽卒不能禁。【考異】據明史食貨志，敕罷餘鹽事在二十年，實録統系之是年正月，今從之。

4 二月，癸亥，啓蟄，行祈穀禮于元極寶殿，遣成國公朱希忠代。命建春祈大齋于朝天宫三日。

5 丙子，詔暫罷耕藉。遣官祭先農。

6 三月，壬午，以僉都御史翟鵬爲兵部右侍郎兼都察院僉都御史，總督宣大軍務，兼理糧餉。

時樊繼祖被劾罷，宣大總督員缺，吏、兵二部會推毛伯温及鵬。上以鵬方督三省軍務，遂用之。

7 壬辰，承天督工、工部尚書顧璘還，進所輯興都志書，詔付史館取實録删定之。

8 是月，内閣夏言以九年考滿，復少師、吏部尚書、華蓋殿大學士勳階，兼官悉如舊，仍賜宴，禮部給予誥命。

自郭勛之敗，上復嚮用言，而嚴嵩之搆起矣。【考異】復夏言少師等官，明史宰輔表系之二月。證之實録則三月壬申也。今改系之三月下。

9 夏，四月，丙辰，建大享殿。

先是上命撤大祀殿以爲明堂大享之所。至是諭禮部曰：「周之明堂，與郊祀並重。曩以季秋享地未定，特祭于元極寶殿，朕心歉焉。茲朕自作制象，立爲殿以祀上帝，配以皇考睿宗恭薦，名曰『大享』，行禮如南郊，陳設如祈穀。其令工部速濟大工，以稱朕寅奉上帝之至意。」

10 庚申，大高元殿成。

先是上欲別祀天神，爲民祈福，命于西苑建殿，舉安神大典。至是成。詔：「自初十日始，停刑止屠，百官齋戒行香，至二十日止。仍令英國公張溶等分詣朝天宮及祠廟行禮。」【考異】明史本紀系之是月庚申，即實録所稱初十日是也。是月辛亥朔。

11 丙子，振順天永平府饑。

12 是月，總督兩廣軍務右侍郎張經，會同總兵安遠侯柳珣討思恩九姓土司，平之。

初，思恩既設流官，遂有土目王受及田州盧蘇之亂。新建伯王守仁一意招撫，檄受等破八寨之賊，因請列思恩地爲九土巡檢，管以頭目。其後九司頭目日恣，所轄蠻民不堪，于是土民劉觀、盧回等因之煽誘，聲稱「盡除九司之官，復流爲土」，至是亂且三年。經、珣會督田州土兵遣副使翁萬達等進剿。萬達因有事安南，計禽盧回，殺之，招撫從亂者三十餘人。思恩遂平。

13 五月，辛巳，張經、柳珣奏：「剿廣東瓊州黎賊，禽斬五千有奇，殲其賊首三十八人，俘獲男女一千二百餘人，招撫餘黨七千有奇。」捷聞，詔加珣少保，陞經兵部尚書。【考異】沈氏從信録以爲論平安南之功。明書記平瓊州賊于五月，與實録同。據實録，二人加官皆以平黎州賊功，非安南也，今從之。

14 丁酉，以久旱、夏疫，令太醫院及順天府惠民藥局措置藥物，散給居民。

上躬禱雨于太素殿。戊戌，雨，數日乃止。諸臣表賀，優詔答之。

15 閏月，戊辰，諳達復遣使石天爵款塞求貢，巡撫大同龍大有欲掩以爲功，誘天爵而縛之，詭言用計禽獲。

詔下兵部議，以「天爵本華民，爲寇驅使。去年守臣失計放還，遂至塗炭山西，震驚畿輔。茲復憑藉故智，叩關申請，宜禽斬以振國威。」詔磔天爵于市。自大有以下文武將吏，皆陞賞有差。于是邊患復熾。【考異】諸書皆系之六月諳達入寇之下，牽連並記也。明史本紀系誘殺諳達使于閏五月戊辰，據實録也。本紀但言「遣使」，證之韃靼傳，即石天爵也。實録所載較詳，今參書之。

16 庚午，總督宣大侍郎翟鵬奏：「頃據降虜言，寇已集兵三十餘萬，將入犯，乞亟調陜西、薊遼各兵赴鎮防禦。並敕户部多發鹽銀，分委召糴，以備兵需。」

鵬自蒞任以來，三請皆不許。至是，兵部復奏：「鵬尚駐宣府，宜令速赴朔州，以便調度。」上以「鵬新受命，首索銀幣，舉措已乖。又出京日久，尚駐宣府，抗命怠事，深負委任，令革職閒住。其邊務由兵部亟行各邊撫鎮戮力建功，總督官且罷設。」

17 六月，辛巳，上以久雨傷禾，切責内閣，因發夏言欺謗舞文各罪狀。

初，言復入閣，上雖優禮，然恩眷已不如初。慈慶、慈寧兩宮晏駕，郭勛嘗請改其一以居太子，言不可，與上意合。至是上猝問：「太子當何居？」言忘前語，念興作費煩，對如勛指，上不悦。又疑言官劾勛出言意。及建大享殿，命中官高忠監視，言不進敕稾。入直西苑諸臣，上皆令乘馬，又賜香葉、束髮巾，用皮帛爲履，言謂非人臣法服，不受，又獨乘腰輿。上積數憾欲去言，因手敕歷數其罪，而嚴嵩之間遂行。

嵩久恨言，會言失上意，嵩日以柔佞取寵。言懼斥，呼嵩與謀，嵩則已潛造陶仲文第，謀齮言代其位。言知，愠甚，諷言官屢劾嵩，上方憐嵩，不聽也。兩人遂大隙。一日，嵩燕見，頓首雨泣，愬言見淩狀。上使悉陳言罪，嵩因振暴其短。自是上不直言矣。【考異】此據明史夏言本傳，諸書多系之七月下。蓋罷言在七月，而先期責言罪狀並嚴嵩愬言見淩云云，傳中皆書于六月，證之實録同。今分書之。

18 辛卯，諳達因石天爵被殺之怨，遂率衆寇山西，駐朔州。

先是兵科給事中錢亮等言：「龍大有撤大同兵以守雁門，是舍門户而禦堂室也；宜留大同兵以遏敵衝，調陝西兵以備雁門。本兵議撤宣大兵而守居庸，是支東而傾其西也；宜留宣大兵以守藩籬，增調遼東兵以備居庸。」又言：「井陘乃河北諸郡襟喉，平陽爲山西全省要害，俱宜增戍。請調山東、河北民壯以守井陘，調河南、徐、邳軍壯以守平陽。而博訪將才，尤爲急務。」兵部覆議，從之。

上以「宣、大二鎮，凡戍重兵，正爲山西、畿輔藩籬，宜專責之守臣，協力戰守。」詔甫下而寇已入山西境矣。

19 上既歷數夏言之罪，復曰：「郭勛已下獄，而言猶千羅百織。言官爲朝廷耳目，專聽言主使。朕不早朝，言亦不入閣。軍國重事，取裁私家。王言要密，視等戲玩。欺謗君上，怒及神鬼。」言大懼，請罪。

居十餘日，丙申，值睿宗諱辰，猶召言入拜，候直西苑。言因謝恩，乞骸骨，語極哀。

疏入，留中八日。【考異】此亦六月事，而實録不具。今據明史本傳，言以七月朔日罷，而上疏乞骸骨在前八日。六月小建，則二十三日也。又考言七月再乞致仕疏，中言「六月十六日蒙皇上口宣，召臣入拜皇考忌辰。」證之實録，睿宗忌辰在丙申，爲六月十七日，則以先一日召言入拜也。傳中所記六月日分，皆與實録符，今從之。

20 壬寅，寇入雁門，犯廣武，官軍敗績。

丁未，犯太原，山西撫、按告急。兵部議撥寧武兵守省城，復調延綏、固原兵應之。寇至城外無所掠，大肆焚燒，遂引兵南下。

21 秋，七月，己酉朔，日有食之。

22 夏言罷。

言再疏乞骸骨，會日食，乃下手詔曰：「食過分，正坐下慢上之咎。其落言職閒住。」已，又降敕諭禮部，自引三失。「自明日爲始，修省三日，躬告于元極寶殿。期大小臣工各宜洗潔乃心，修舉職業，並令部臣刊刻，頒告天下。」

于是御史喬佑、給事中沈良才等皆具疏論言，且請罪。上大怒，凡貶黜十三人。而高時以劾郭勛故，遂同謫遠邊。【考異】十三人，據實録所載，降一級謫邊方者四人，喬佑、錢應揚、楊僎及高時也。對品調外任者九人，何允魁、章檗、白賁、朱篪、黎循典、焦璉、李臻、余爌、龍遂也。此外又有奪俸半年之王珩等三十六人，奪俸兩月之賈太亨等二十四人，以皆留用，故不在貶黜之列。而沈良才不預于貶黜十三人之數，疑亦從輕奪俸耳。又，實録言「高時初擬對調，上特改入降級調邊」，則傳中所言「以劾郭勛故」者是也。今附識于注中。

23 庚戌，寇自太原南下，欲犯平陽、澤潞，山西撫、按請發京兵赴援。上以京兵未可輕動，下兵部議。

部言：「寇既下平陽，則省城固已解嚴，各路阻隔官兵亦隨至矣。請將見在主客官兵摘發二枝，專守省城以固根本。至于寇入平陽，蓋有三路：中由靈石泠泉口趨霍州以入；東由介休趨沁州經岳陽、浮山以入；西由石州趨隰吉、石樓等處以入。竊計靈石天險，勢難突至。其中郭家溝、韓信嶺三四百里險甚，分兵伺之，寇可圖也。或由澤、潞衝突太行，越入懷慶，北去臨清、真定僅數百里，宜令諸路守臣伏兵堵截，使敵不得過太行，乃爲無虞。蓋潞安、黎城等處與河南武安接境，一下武安，則地曠難守，河南、山東、北直隸一帶俱爲可慮也。或知有備不至，又將由隰州入石州，趨偏頭、寧武，亦宜備之。諸凡賞格，宜各行榜諭以勵人心。」從之。

是日，我軍遇寇騎于孝義縣師同橋，斬首十三級，寇方移營北走。

會延綏巡撫萬潮奏：「頃得降者言，虜謀不獨寇山西，直欲趨盧溝橋以窺京師。」兵部言：「都城備豫久矣。儻盧溝橋有警，不得不調援宣、薊兵馬。除赴援別鎮外，餘即整掤以待。」上以「近日軍情警急，凡本兵題請奏討，許各部先發後聞，不必往復稽遲，以致誤事。」

24 乙卯，兵部言：「寇在山西，勢甚猖獗。各鎮守、巡官軍，因無總督大臣調度，未免各分彼此，不肯戮力。往年遼東、兩廣、河套有警，俱用總督專征，戎事有賴。近雖奉旨裁革，但今日邊事方殷，事權不一，乞敕吏部會同府、部、九卿、科、道，推舉在廷大臣忠誠有將略者，復令爲總督，則節制歸一，而邊患可無虞矣。」上從其請，令閒住侍郎翟鵬復任。

25 己未，寇犯潞安，大掠沁、汾、襄垣、長子等處。詔：「河南、山西巡撫各選精兵，趨山西之潞、黎及河南之磁州、臨洺等處以爲聲援。仍令翟鵬兼督山西、河南，巡撫以下俱聽節制，事寧之日如故。」

26 丙寅，寇復回太原，由忻、崞、代州而北，屯祁縣。參將張世忠督兵力戰，敵圍之數重，自巳至申，所殺傷相當。已而世忠矢盡見殺，百户張宣、張臣俱中流矢死。寇遂從雁門關故道去。【考異】明史本紀，「是月己未，寇犯潞安，掠沁、汾、襄垣、長子，參將張世忠戰死。」韃靼傳於寇潞安下，云「復從忻、崞、代而北，屯祁縣，張世忠力戰死」，據此，則世忠之死在祁縣也。實録系寇回太原于丙寅，贈張世忠于丁卯，蓋亦據奏報之文耳。世忠之死，當在己未以後，丙寅以前，今據實録書之。張宣、張臣之死，亦見韃靼傳中。證之實録，言「宣、臣中流矢死」，今據書之。

事聞。贈世忠右都督，謚忠愍。

27 八月，辛巳，詔募兵于直隸、山東、河南，「有忠勇願赴軍門立功者，各撫臣具籍奏聞。」從給事中李徵議也。

28 壬午，振山西被寇軍民，發太倉銀十萬兩，並免殘害地方田租二年。

29 戊子，寇復以四萬餘騎犯朔州。

時翟鵬方報寇已北遁，會延綏警報繼至，上曰：「寇擁衆入境，未及一舍遂北遁，此詐也。且亟檄陝西守臣謹備之，無墮其計。」

時方募兵，因敕翟鵬「徧諭大同三關之民，能斬敵首一級者，賞銀四十兩，所得人畜悉以予之。」

30 癸巳，禮部尚書嚴嵩加武英殿大學士，入閣預機務。

嵩自夏言罷後，上日益親信之。時上方修玄教，醮祀青詞，非嵩無當意者。嵩入閣，年已六十餘，不異少壯，朝夕直西苑板房，未嘗一歸洗沐，上益嘉其勤。而嵩無他才略，惟一意媚上，竊權罔利。上英察自信，果刑戮，頗護己短，嵩以此得因事激上怒，戕害人以成其私，誅斥者不可勝計云。

31 乙未，吏科都給事中沈良才等，【考異】據此，則良才前以夏言事不在貶黜十三人之列，其爲奪俸留用可知也。劾奏「大學士嚴嵩，貪汙奸諂，屢經論劾。一旦首膺簡命，恐失天下仰望之心。」嵩自陳乞休，不允。

32 是月，户部尚書李如圭罷，吏科給事中周怡劾之也。

時周府奏增禄米，如圭爲題覆，許之。怡劾其受周府之賂，詔令回籍聽勘。怡並劾提督團營、兵部尚書劉天和年老，天和乞休，許之，令馳驛歸。

33 九月庚申，巡按山西、御史童漢臣論劾吏部尚書許讚，以「山西寇患，臨事依違，至有經年不選正官。而其所選補者，又多不堪策勵之州佐縣貳。」並劾「嚴嵩貪惡，不堪輔臣之任。」于是嵩及讚上疏申辯，並乞罷黜，俱優詔慰留，不允。

34 癸亥，作雷壇，用真人陶仲文之請也。

仲文以玄教干上寵，因請建祐國康民雷壇于太液池西。而所司希上意，務爲弘侈，程工峻急。

工部員外郎劉魁欲諫，度必得重禍，先命家人鬻棺以待。乃上疏曰：「前營大享殿、大高元殿諸工，尚未告竣，内帑出入不支。而一役之費，動至億萬。土木衣文繡，工匠班朱紫，道流所居，擬于宫禁。國用已耗，民力已竭，而復爲此不經之事，非所以示天下後世。」上震怒，命杖于廷，錮之詔獄。

35 是月，以總督漕運、右都御史王杲爲户部尚書，李如圭罷。

上以邊備急務，命吏部速推大臣有才望者。部臣會推前工部尚書張潤、兵部尚書王廷相及杲，上特用杲。

劉天和既罷，兵部奏請推提督團營。上以提督官非祖宗舊制，罷之，仍命兵部兼督。

36 河道侍郎王以旂條治河四事。

先是總河、副都御史郭持平，「請濬孫繼口及扈運口、李景高口三河，使東由蕭、碭入徐濟運。」至是以旂復「請于孫繼口外别開一渠，洩水以濟徐、吕。」凡八月，三口工成。【考異】據明史河渠志，郭持平請濬孫繼口在是年之春。以旂復請别開一渠，同在一時，凡八月工成，故志中系之是年之秋。今據實録，在九月。以旂、持平皆被奬。遂召以旂還。

37 冬，十月，己卯，舉崇報歲成大典于大高元殿，遣成國公朱希忠行禮。並命停刑禁屠。

38 癸未，雪。百官表賀。

諭曰：「朕爲民祈禱，非梁武、宋徽之比。卿等宜益竭忠誠以邀天眷。」

39 戊子，免直隸、真定、保定等府被災税糧。

40 丁酉，上宿端妃曹氏宫，宫婢楊金英等謀逆，伺上熟睡，以組繫上項爲死結，得不殊。有張金蓮者，知事不就，走告皇后，后馳至解組，上得甦。

后立命內監張佐等捕宮人雜治，言王寧嬪實首謀，又言端妃亦預知。時上病悸不能言，后傳旨收端妃、寧嬪及金英等同謀者，不分首從，悉磔于市。仍剉尸梟示，並收斬其族屬十人，餘給付功臣家爲奴。

時諸婢爲謀已久，上幾危，中外震恐。次日，始知聖躬無恙，群心乃定。久之，上始知端妃冤甚，憫之。自是上移御西苑，不復還大內矣。

41 戊戌，巡按四川、御史謝瑜上疏言：「昔堯、舜誅四凶而天下服。今郭勛、胡守中，張瓚、嚴嵩，聖世之四凶也。陛下旬月之間，誅殛其二，天下翕然稱聖明矣。二凶尚存，何不放之流之，以全堯、舜之功！」並劾大學士翟鑾昔年行邊受餽遺事。疏入，不報。已，鑾因瑜言乞休，不允。而嚴嵩疏辯，以爲「臣雖不肖，何至儕之四凶之列！」上曰：「此中傷之計耳。」

同時，南京給事中王煜、御史陳繼等並劾「嵩子世蕃，招權納賄，將爲國禍。」嵩復疏辯求退，皆慰留不允。

42 是月，刑部尚書吳山罷。

時法司列上應決重囚，上以方修崇報大典，有礙行刑，因以奏決過期詰責。于是嚴嵩希旨論劾，山遂坐罷，改南京尚書聞淵代之。

兵部尚書張瓚卒。

43 十一月，丁未朔，以宮闈之變，遣官祭告天地、宗廟、社稷。輔臣嚴嵩，謂「事出倉猝，中外驚疑，更乞渙發綸音以安天下。」從之。

44 壬子，冬至，祀天于圜丘，命成國公朱希忠攝行。

45 是月，以都御史毛伯溫爲兵部尚書，仍兼督團營。

46 十二月，改南京兵部尚書熊浹爲兵部尚書兼都察院右都御史，掌院事，代毛伯溫也。時右都御史潘鑑，以採木赴四川，遂簡用浹。

47 是歲，免陝西、福建被災稅糧。

二十二年（癸卯、一五四三）

1 春，正月，丙午朔，日有食之。上御奉天殿受朝，免賀。賜百官節鈔，免宴。

2 甲寅，詔：「各撫、按等官通將所屬大小官員課第殿最，彙進揭帖，封送吏部，以備朝覲考察之黜陟。著爲令。」

3 辛酉，貴州銅仁平頭苗首龍子賢、鎮筸苗首龍桑科等作亂，流劫湖廣、麻陽等處。上以諸苗再叛，責激亂者，而起都御史萬鏜討之。

鏜未至，二苗已就撫。會麻陽知縣朱崇方以勘事取道辰溪，遇苗人，拘執之，收其所遺筐篚。苗憤甚，遂聚衆拒崇方，殺其從役，追至麻陽，圍之，遂劫掠巡司，鄉寨復叛。【考異】實録所載二苗再叛，即龍子賢、龍桑科也。明史土司傳以爲桑科先作亂，鏜討平之，未幾，龍子賢復叛，似誤也。傳中「諸苗再叛」之語，本據實録，其爲子賢、桑科明甚。且一爲平頭，一爲鎮筸，傳亦未析。其言「未幾子賢復叛」，蓋已降而復叛，傳亦少申敘，今據實録書之。

4 二月，丙申，七陵工成，奉安神位。上初欲親行，已而不果，乃遣英國公張溶、安平侯方鋭等分祭。【考異】明史本紀不具。明書則云「上如天壽山，五日乃還」，蓋據野史之誤也。證之實録，言「上初欲親往，不果行」，今據書之。

5 己亥，方士段朝用下獄，論死。

初，朝用術既敗。其所獻銀多出郭勛。勛既得罪，朝用執勛奴搒掠，且告曰：「歸語爾主，餽我金十萬，當爲免追贓。」勛不應，乃繫其奴，捶之至死。其家人上訴，朝用誣勛奴欲行刺，爲己所覺，邂逅致死。上怒朝用不悛，擅以私事殺人，下鎮撫司拷訊，具得其實。法司請加顯戮，没其妻子財産，從之。未幾，朝用瘐死獄中。

6 是月，改南京禮部尚書張璧爲禮部尚書。

7 三月，庚戌，復遣工部尚書樊繼祖採木于湖廣。

8 甲子，宣大總督翟鵬奏：「二鎮軍餉議發本色，而大同道路險遠，轉輸實難。乞將大同糧米盡留宣府以給客兵，將宣府糧草價銀移支大同，度彼此通融，兩鎮俱便。其宣府所留前米應發各城堡者，仍酌道里遠近，量予脚價，亦于客兵銀內動支，永爲定制。」從之。【考異】諸書皆系之正月，今據實録月日。

9 癸酉，奉安列聖神位，配祀大高元殿，遣成國公朱希忠祭告。

10 是春，諳達屢寇延綏諸邊。

時濟農即吉囊，見前。已死，諸子朗台吉等舊「朗」作「狼」。散處河西，勢既分，而諳達獨盛云。

11 夏，四月，庚辰，張璧至自南京。

嚴嵩請解部事，許之，仍賜之鈔幣、羊酒、御饌。

12 福建福州、興化、泉州、漳州四府地震。

13 乙未，安南都統使莫福海遣其宣撫同知阮典敬等謝恩修貢。

是時莫登庸已死，禮臣以「安南既黜王爵，則入貢官員非異時陪臣比，宜裁其賞賚。」上曰：「福海既納貢輸誠，其賚使宜如故，第賜宴稍減供饋耳。」

14 庚子，嚴嵩家起堂室，以尊藏宸翰爲名，奏乞賜額，詔賜堂曰「忠弼」，樓曰「瓊翰流輝」，供奉玄像曰「敕賜延恩之閣」。

15 六月，癸未，吏部奉詔裁革冗員，奏言：「各衙門官原係額設及隨事添設，各有職掌者，俱應存留。其添設官，獨户、工二部、欽天監、太醫院爲多。但今邊疆多事，廟工甫興，户、工二部難遽裁革。欽天監、太醫院當咨行禮部考選去留。南京並在外應裁官員，行南京吏部及各省撫、按官會議具奏。」詔從之，仍令查各衙門添注官見在員數以聞。

已而吏部查户、工二部、太常、太僕、鴻臚寺、尚寶司、中書科、順天府、上林院監、制敕誥敕房、文華、武英殿辦事各添注官員，具名數疏以進。上曰：「各官既有添注，每遇實缺，何乃不行推補，却往往別推，以致冗食者多。自今内外官遇有實缺，即以添注者補之，違者該部即時糾舉。著爲令。」

16 乙酉，虜駐套中。

先是，虜犯山西，率以四月出套東渡，時將近秋復入套，遣輕騎掠延綏中路等邊。守臣告急，以「本鎮守備單弱，乞量撥附近兵馬應援，或撤回本鎮游兵調赴山西者。」

兵部議，以「寇往來無定，調撤紛紜，兩無所濟。宜量摘發所調游兵一枝赴延綏，令總督楊守禮屯花馬池，別敕陝西巡撫屯固原，相與控扼險要，歸翟鵬節制。如山西無警，陝西當援，即以便宜先發後聞。再，千里徵兵，兵家所忌。近因山西然眉之急，故爲此被髮纓冠之計。若遂踵爲故常，不惟河東餽餉日難，且使河南精鋭日就消疲。宜諭鵬等嚴督宣大偏保鎮、巡諸臣，各將本鎮之兵及時蒐輯，務充原額以整秋防，免致紛紛徵調。」得旨，「如議」。

17 戊子，遣兵科給事中楊上林、河南道御史沈越清京衛、京營官軍力士、匠役冗濫者。先是詔裁中外冗食，兵部因條其所當革者數事，上乃別簡風力科、道官按疏稽覈，定其去留者以聞。

18 壬寅，下吏科給事中周怡于獄。【考異】明史周怡傳作「二十三年六月」，今據實録刊正。時許讚長吏部，而翟鑾、嚴嵩柄政，多所請託。郎中王與齡勸讚發之，嵩奏辯，上方眷嵩，切責讚，讚乃不敢言。

怡因上疏，力詆「二輔憑藉寵靈，恃恩修怨」。且言：「朝廷以禮讓爲先，而禮讓以大臣爲首。朝廷者萬方之所宗仰，大臣者群臣之所楷模。朝廷有違言之隙，則譏譖之釁開；大臣有動色之争，則攻擊之禍起。今嵩等在内閣則有違言失色，見陛下則有私陳背詆，是大臣已不和矣，又安望其率下事上也？」又言：「陛下日事禱祀而四方之水旱災傷未能消，歲開納銀之例而府藏未能實，蠲租之令數頒而百姓未能蘇，選將練士之命時下而邊境未能寧。所以然者，陛下焦勞于上而下無奉命之臣，凡所以利國家，惠民生，安邊徼者，曾無遠慮，惟知背公營私以市威福。嵩以盛氣陵轢百司，中外之臣，但知畏嵩而不畏陛下；翟鑾依違其間，苟取充位。今許讚以兩世居吏部，不敢復辨，其弱已甚。臣恐大小臣工，無復有直言敢諫者矣。」

疏入，上以「怡言諸臣不和，論非不正，然其本意直是謗訕。至其所論禱祠等事，咎在朕躬，何以不先言之？令具實對狀。」

怡復具疏請罪，詔杖之闕下，命如楊爵例，錮之詔獄。十三道御史徐宗魯等論救，皆坐奪俸。

19 是月，寇入湯站堡，指揮孫勝戰死。【考異】明史本紀不具，此據實錄增。

20 秋，七月，丙午，太白晝見。

21 時以久旱，上親禱雩壇。癸丑，大雨。百官表賀。學士費寀撰頌奏獻，優詔答之。

22 壬戌，免陝西被災稅糧。

23 戊辰，以踰月萬壽節，建大醮于朝天宮七日，以去年宮闈之變，謝神佑也。

24 八月，丙子，山東泰安知州馬逢伯獻瑞麥嘉禾。上曰：「禾麥之祥，民食所關。」命擇日奏謝于元極寶殿，獻于祖廟。

25 是月，寇以三萬騎犯延綏，自波羅響水堡深入，及綏德州，延綏游擊張鵬擊却之。寇引去，總兵官吴瑛等復追擊出塞，又敗之。【考異】明史本紀吴瑛敗敵事。明史稿言「寇入延綏，張鵬擊却之；吴瑛追擊，又敗之。」實録系奏捷于十月，據原疏則八月事，與明史稿同，今從之。

26 九月，丙午，行季秋大享禮于元極寶殿，命英國公張溶攝行。

27 庚戌，免浙江湖州等府被災税糧。

28 戊午，免應天等府被災税糧。

29 逮山東巡按御史葉經，嚴嵩以私憾搆之也。

初，嵩官禮部，以秦、晋二藩宗人襲封事受重賄，經奏劾之，嵩懼甚，力彌縫，得免。是科，山東進鄉試小録，上覽第五策防邊一問，語含譏諷。嵩乃嗾張璧等，謂「今歲虜未深入，輒以饜飽爲詞，請逮考試官周鑛等。」會經時爲監臨御史，嵩密言于上，謂「御史實主試事」，上乃降旨斥經狂悖，杖八十，黜爲民，創重卒。鑛及提調陳儒等皆謫官。嵩之借事激上怒以殺異己，自經始也。

先是，謝瑜劾嵩，見上。嵩以初得政，未敢顯爲擠陷，上雖譙讓瑜，未深罪也。自經之死，嵩益肆志報復，其後卒以大計囑主者黜瑜，遂除名。于是給事中王勰、沈良才、陳塏、御史喻時、陳紹及山西巡撫童漢臣、福建巡按何維柏等相繼得罪，皆與瑜先後劾嵩者也。

【考異】此據三編書之，蓋皆嵩殺經先後事，類書之。

三編發明曰：葉經初以秦、晉二藩受賄事劾嵩，嵩疏辯，遂付襲爵事于廷議而置嵩不問，朝廷固已失刑矣。越二年，嵩遂得挾宿憾害經，其爲報復，情亦顯然。而世宗不知，致嵩由此得以盡耡異己之人，流毒忠良，實自經始。姤之初六曰：「羸豕孚蹢躅。」程傳謂「羸弱之豕，其中心在乎蹢躅。雖陰微在下，而有漸盛害陽之象焉。」嵩之殺經，殆將嘗試其蹢躅之技乎！

30 冬，十月，壬申朔，上欲更新太廟，詔閣臣及禮、工部儒臣會議廟制。廷議，「睿宗、孝宗並居一廟，同爲昭」，上以諸臣不能竭忠任事，寢其議。已而左庶子江汝璧，請「遷皇考廟于穆首，以當將來世室，與成祖廟並峙。」禮部覆議，以「世室未至遞遷之期，未可預建。」于是議亦寢。

31 庚辰，免直隸真定等府被災税糧。

32 甲午，免河南開封等府被災税糧。

33 是月，朵顔三衛入寇昌平州北之墓田峪，殺守備陳舜。副總兵王繼祖赴援，斬三十餘級，乃退。【考異】明史本紀系朵顔入寇于是月，三編同。實録系之十一月乙卯，據奏報之月日也。原奏稱「前月」，今從之。

34 十一月，丙午，貴州道御史何贊言：「京師苦寒，小民凍餒枕藉，乞多方振救，並行江北諸郡，加惠以廣德意。」上曰：「今歲嚴寒，困窮可憫。所奏宜亟行之。仍行各省一體振恤。」

35 丁巳，冬至，祀天于圜丘，遣朱希忠攝行。罷慶成宴。

36 壬戌，上以諸臣議廟制之不協禮意，復命禮、工二部相度舊基，自東垣外拓至河溝僅八十丈有奇，規制陿隘，至是仍復前代同堂異室之制。

諭曰：「禮非天降，乃起人情。祖考列聖，歡聚一堂，斯實時義之順者。兹當建立新廟，仍復舊制。前爲太廟，後爲寢，又後爲祧，以藏遷主。定制，太祖居中，群廟分爲左右。每時祫祭享，奉太祖正位南向。而奉迎成祖及群廟及皇考睿宗神主，俱同堂而序祭。祭畢，奉列廟主歸寢。庶昭穆以明，世次不紊。」自是廟制始定。【考異】諸書皆系之二十四年太廟成下。明史禮志書于二十二年，據議建太廟之年月也。十月始詔廷臣會議，故志據之。證之實録，則定議在「十一月壬戌，上諭禮、工二部」云云，今據之。

37 十二月，甲戌，以冬月少雪，禱于雷殿，禁屠停刑六日，遣張溶等分祭朝天等宫廟。

38 上以採木工完，加湖廣採木工部尚書樊繼祖太子少保，川貴採木右都御史潘鑑爲工部尚書。召鑑還，解任院事。

39 乙亥，貴州叛苗平。都御史萬鏜奏「龍母叟罪大，宜置重典」，詔安置遼東。

40 乙酉，免蘇、松、常、鎮四府被災稅糧。

41 辛卯，雨雪。廷臣以上常露禱，各具疏表賀，上以非壇廟禮禱，却之。

42 是月，詔旌表山西孝子張鈞、烈婦白氏等凡十三人。

鈞，石州人。父赦，國子生，隱居州城北不仕。鈞以正德末舉于鄉，以親老亦不仕，讀書養親，遠近皆稱其孝。嘉靖二十年，諳達犯石州，鈞慮父遭難，自城中馳一騎赴救。寇至，射中其肩，裹創疾馳，至則父已遇害。鈞隕絶，盡舐父血，水漿不入口三日，不勝悲痛而卒。至是有司上其狀，詔特旌之。

是時殺掠甚慘，石州爲親死者十一人。其最著者張承相、于博、張永安云。

承相少孤，長爲諸生，養母二十餘年，以孝聞。寇至，負母出逃，爲所得，叩頭號泣，乞免其母。寇怒，並殺之，抱母首死。

博二歲而孤，奉母盡孝。寇抵城下，博方讀書城中，母居村舍，亟下城號泣求母。母已被執，遇于途，博取石奮擊寇，寇殺博，剖其心，母得逸去。年止十有八。

永安，石州吏也，父爲寇所逐，永安持梃追擊之，傷二賊，趣父逸去而身自衞之，被數十創死。

又有温繼宗者，沁州諸生，父卒，不能葬，日守柩哀（泫）〔泣〕。二十一年，寇入犯，或勸繼宗出城避難，以父殯不肯去。寇至，與叔父淵等擊傷一賊，中矢死柩旁。淵等皆死。同時婦女之死，最著者凡八人。

白氏，安勳妻也。寇至，從夫匿土穴。寇攻穴急，度不免，趣夫逸去。白遂被執，罵賊不屈，被十餘創死。

李氏，牛宗近妻也，居四塢村，家貧，隨夫傭作。寇至，走山谷中，爲所得。李伏夫身求代，賊並殺之山下。

吳氏，侯景儒妻也，寇至，見鄰婦被掠，度不免，乃推兩兒山下，自投溝水。賊曳出，載之馬上，吳自刑其面，不屈，遂被殺。

郭氏，喬甫妻也，母家富而夫甚貧，然奉其舅姑絶孝。賊至，亦不屈死。

李氏，典膳張環妾也，年老寡居。馮氏，張蘭妻也，年二十而寡，守志三十餘年。皆罵賊不屈死。

烈女賀氏，年十七未嫁。賊至，從父匿山洞，被執，罵賊死。

温氏，年十六，與母俱被虜。伏地不肯從賊死。

有司先後以聞，至是皆旌之。【考異】張鈞等五人，均見明史孝義傳。其白氏等八人，同時旌表，皆據實録旌表之年書之。

二十三年（甲辰、一五四四）

1 春，正月，庚子朔，上不視朝，文武百官及蕃使皆詣奉天門行禮。

2 丁未，總督宣大、侍郎翟鵬，以「邊報旁午，請調各鎮援兵。」兵部謂，「盡掣全陝、薊、遼之兵獨守宣大、山西，不知各鎮有警，何以待之？且望援之心重，則自勵之心輕。除延綏遊兵二枝外，餘皆不得徵調。」詔如部議。

3 丙寅，諳達犯黃崖口，官軍擊敗之。【考異】據明史本紀，寇犯黃崖口在正月丙寅。實録書于三月，據奏報之月日也。原奏稱寇犯在正月二十七日，是月庚子朔，丙寅正二十七日也，今從之。

4 二月，丙子，改巡撫山東、副都御史曾銑以原秩提督雁門關等處，兼巡撫山西。

5 戊寅，諳達又犯大水谷，官軍射死數人，遂退。【考異】原奏稱犯大水谷在二月初九日，即戊寅也。實録同，系之三月。今據本紀。

6 辛巳，太白晝見。

7 三月，癸丑，諳達復犯龍門所。

時宣府徵軍修築墩堡，寇以五百餘騎入，總兵官郤永等擊却之，追及慶陽口，禽斬二十七級。

8 丁巳，賜秦鳴雷等進士及第、出身有差。

9 夏，四月，禮、工二部方新太廟，左贊善郭希顔言：「周建四親廟，我太祖創造之初因之。今宜立太廟以祀太祖，立世室以祀成祖。成祖世室居左，其右則但立四親廟，祀皇高祖以下至皇考睿宗，而祧孝宗、武宗。」禮臣力斥其妄，上以「希顔所陳亦臣子之心，然廟制已定，毋庸更議。」于是論劾希顔之御史劉存德奪俸半年，希顔三月。

未幾，太僕寺丞吴寵復請更定廟制，上惡其瀆擾，詔：「自今有妄議廟制者罪之。」

10 五月，丙午，贈建州死事之都指揮趙奇、佟勳等。

初，寇以八百餘騎入犯鵶鶻關，提調都指揮康雲乘醉出堡，遇伏，敗死；奇、勳及把總王鎮往援，皆死之；我軍死者八十人，被殺者一百二十餘人。至是巡撫孫禬言：「雲使醉輕敵，死有餘辜。而奇等奮勇赴援，忠義可録。」詔奇、勳等三人各贈秩一級，予世襲。

11 六月，戊寅，免南直隸鳳陽府被災税糧。

12 丙申，禮部以淫雨不止，請行順天府祈禱。

13 秋，七月，庚子，以大理寺右丞朱方爲右僉都御史，整飭薊州邊備，兼巡撫順天。【考異】此據實録月日，爲朱方下獄張本。

14 甲子，免福建福、興、泉、漳四府被災税糧。

15 是月，諳達犯大同，總兵官周尚文戰于黑山，敗之。【考異】明史本紀系之是月，實録系之二十四年正月，巡按李天寵勘上大同斬虜功，原奏稱「二十三年七月」，與明史（今）〔合〕，蓋奏報在踰年也。今據本紀，不書日。

16 八月，壬申，西苑嘉禾生，一莖雙穗，凡六十有四，上以爲修玄之應。禮官因請表賀，許之。

17 癸酉，免畿内被災税糧。

18 甲午，翟鑾罷。

嚴嵩入閣，鑾以資地居其上，嵩惡之。會鑾子汝儉、汝孝，與其師崔奇勛、姻親焦清同舉進士，嵩遂屬給事中王交、王堯日劾其有弊。下吏部都察院會勘，鑾疏辯。上怒曰：「鑾被劾待勘，敢先瀆擾耶？二子縱有才，何至與其師並進！」遂勒鑾父子及奇勛、清並分考官編修彭鳳、歐陽晚俱爲民，而下主考江汝璧及鄉試主考秦鳴夏、浦應麟詔獄，杖六十，褫其官。

鑾自以行邊起用，通賄賂，得再柄政，聲譽日衰。至是復爲其子所累，訖不復振。踰三年卒。

19 是月，户部言：「江南災甚，請以應天等十一府州今年各項糧收事例銀兩與本處贓罰解邊餘銀俱糴穀備振。」並議應天巡撫丁汝夔所條振荒事宜，皆報可。

户部又言：「天下災傷過半，而太倉積貯糧米有餘。請將今年糧米四百萬石，徵本色七分，折色三分，以蘇民困。」詔俱從之。又以大同軍餉支用不給，敕户部預發明年年例銀六萬兩，以補官軍月餉之需。

20 九月，癸卯，免浙江被災税糧。

21 丙午，免畿内順天、永平二府被災税糧。

22 丁未，以吏部尚書許讚兼文淵閣大學士，禮部尚書張璧兼東閣大學士，並預機務。嚴嵩爲首輔，大權一歸之，讚、璧入閣，不得預票擬。讚常嘆曰：「何奪我吏部，使我旁睨人！」因屢乞休，不允。

23 壬子，以湖廣旱甚，户部請「發本省贓罰事例及雲南借用支剩等銀九萬七千八百餘兩，與預備倉穀、太和山香錢相兼備振，不足則量准兑軍糧米十萬石，照改兑支運事例折銀」，從之。

24 是月，晉嚴嵩兼吏部尚書、謹身殿大學士。改兵部尚書、掌都察院事熊浹爲吏部尚書。踰月，以總督漕運、副都御史周用爲都察院左都御史。

25 冬，十月，戊辰，免河南開封、衛輝等府被災秋糧。

26 甲戌，小王子等寇萬全右衛，【考異】是年入寇，明史本紀及韃靼傳皆作「小王子」。翟鵬傳作「諳達」，三編據之。今按是時北寇，自小王子外，諳達最强，或分道而入，或互爲聲援，一時邊諜往來，稱號不一。據實録所載，亦稱「小王子」，今據之，于小王子下加「等」字。總兵郤永不能禦，遂毁邊牆。乙亥，至順聖川。戊寅，掠蔚州，至完縣，京師戒嚴。

上命兵部議防守事宜，部臣請「敕宣、大二鎮力守三關，以遏敵内犯」，給事中戴夢桂請「敕翟鵬亟部宣府二枝兵馬赴京保衛，郤永部大同軍馬由紫荆關取道出城之南以遏其南下，周尚文領三關兵馬由倒馬關自西而東，王繼祖領薊州兵馬自東而西，以遏寇之左右。」詔：「兵部先檄二鎮士馬急赴畿輔，隨寇所在，分布截殺。一切機宜，審其緩急行之。」

27 乙酉，逮宣大總督翟鵬，巡撫薊州僉都御史朱方。

先是寇以春入，詔調各鎮兵至大同防秋，會寇退，方建議掣之。鵬在朔州聞警，夜半至馬邑調兵食，復趨渾源遣諸將遏敵。于是御史楊本深劾「鵬逗留，致震畿輔」，給事中戴夢桂亦劾「方掣兵太早，藉口惜費，使寇得以乘間深入。」上方倚鵬殄寇，所請無不應，聞之，大怒，立遣官械鵬及方至京師。而御史舒汀等復劾「兵部尚書毛伯温用職方郎中韓最議，朦朧題覆。況方建議撤薊州客兵，乃並宣、大二鎮客兵一律罷遣，則本兵之罪也。」詔「褫伯温職，杖最八十，戍極邊。」【考異】明史本紀、三編但記翟鵬、朱方坐逮事，不及兵部。據實録，伯温褫職同在一時，明史七卿表系之十月。今據伯温本傳增入。

28 以兵部侍郎張漢總督宣大，大理少卿郭宗皋巡撫薊州、順天；皆兼右僉都御史。

29 己丑，叛人王三伏誅。

王三者，大同左衞指揮王鐸之子也。鐸素與濟農通，即吉囊，譯見前。遣子三遺之酒物，濟農因留之，妻以部女，遂爲寇用，頻年入寇，皆三導之。至是爲大同順聖川卒劉玘所禽，並其黨三人。

巡按御史李天寵以聞，上大悦，命賞玘銀一千兩，加陞五級。三械繫至京師，命磔于市。

30 是月，以副都御史管大理寺事戴金爲兵部尚書，兼提督團營。

31 十一月，庚子，京師解嚴。

上以爲修玄獲神佑，歸功于真人陶仲文，特加仲文秩少師。

上自遭宮婢之變，移居西内，日求長生，郊廟不親，朝講盡廢，君臣不相接，獨仲文得時見，見輒賜坐，稱之爲師而不名。于是小人顧可學、盛端明、朱隆禧輩皆因緣以進。仲文前加保、傅，至是兼領三孤，前此未有也。

32 丙午，以獲叛人王三，遣官祭告南郊宗廟社稷。先是三至京師，禮部請擇日獻俘，上以爲非外寇之比，命已之。至是請修告謝禮，百官表賀，從之。

33 癸丑，免大同被災秋糧。

34 癸亥，冬至，祀天于圜丘，朱希忠攝行。

35 是月，翟鵬、朱方至京師，俱下詔獄拷訊。鵬坐永戍。以方情罪重，械至午門外杖八十，死。

鵬行至河西務，借宿民家，爲所窘，告之鈔關主事，杖之。民家訴之，廠衛以聞，復命逮至京師，瘐死獄中，人皆惜之。

36 十二月，丙子，振江西災。户部「請以正改兑米折銀備振，不足則以九江鈔關税銀、贛州鹽税銀撥給」，報可。

37 壬午，以兵部侍郎翁萬達兼右僉都御史，總督宣大。

先是，張漢代翟鵬暫蒞宣大，至是寇已出境，乃命萬達，而以漢專督畿輔、山東、河南諸軍。【考異】漢督畿輔、山東、河南諸軍事，見明史翟鵬附傳，爲明年漢下獄張本。

二十四年（乙巳、一五四五）

1 春，正月，乙未朔，上不視朝，文武百官仍于奉天門行慶賀禮。

2 乙巳，以恭録皇史宬所貯列祖御製文集及四書、五經、性理大全、二十一史等書成，自總裁監修官以下俱陞賞有差。

3 是月，上以春多疾疫，命施藥于朝天門外，溥濟貧民。吏部侍郎孫承恩言：「宣大、山西等處疲于征伐，疾疫尤多，請一體施濟」，詔「遣錦衣千户齎赴各邊，會同撫、按官立法給散，以廣同仁。」

4 閏月，戊辰，輔臣嚴嵩請「有宣召乞與成國公朱希忠、京山侯崔元並許讚、張璧偕入，如祖宗朝蹇、夏、三楊故事。」時嵩爲首輔，欲示厚同列，且塞言者意，因以顯夏言短。上雖不納，而心益喜嵩。

5 戊寅，太白晝見。

6 甲申，總督陜西三邊張珩、總兵官仇鸞，夷「去年十一月追寇于永昌，斬其酋朗台吉。」即狼台吉，見前卷，濟農子也。下兵部議，以「奏捷夸張，且朗台吉首級未有明驗。而疏内敘功，鸞兄弟與其掾史家丁皆預焉。」因劾「鸞妄奏希恩，請下巡按御史詳覈」，不聽。詔陞珩右都御史，加鸞太子太保。

7 是月，兵部尚書戴金罷。

先是刑科給事中張永明，劾「金嘗爲巡鹽御史加增餘鹽羨銀，沮壞邊計，不宜更主部事」，金疏辯乞休，不允。至是給事中楊上林復劾「金器小才偏，不堪重任」，得旨，「令金致仕。」改南京吏部尚書唐龍爲兵部尚書，龍未至，命兵部侍郎路迎暫署部事。【考異】罷戴金，任唐龍，俱在是月。明史七卿表系龍任于正月，金罷于閏月，誤也。證之實録，張永明劾金在正月，金請致仕不允，閏月，復爲楊上林所劾，乃罷，今從之。

8 二月，甲午，逮總督直隸、河南、山東、兵部侍郎張漢于獄。

漢嘗條陳選將、練兵、信賞、必罰四事，且請「申嚴軍令，大將得專殺偏裨，而總督亦得斬大將。如此則人知退怯必死，自争赴敵。」上不欲假臣下權，惡之。兵部言「漢老邊事，言皆可用」，上令再議。部臣乃言「漢議皆當，惟專殺大將一事，與會典成制有違」，上姑報可。至是以考察拾遺、都給事中盧勳等劾「漢剛愎自用」，遂命錦衣官械繫下詔獄，謫戍鎮西衛。

後數年，邊警，御史陳九德薦漢，上怒，斥九德爲民。漢居戍所二十年卒。【考異】明史本紀于是年三月壬午。今據明實録，系之二月甲午，逮在先也。惟漢是時已改督畿輔、山東、河南軍務，故實録據書之，與明史本傳同，本紀仍作「總督宣大」，誤也，今刊正。

9 壬寅，以順天永平府屬饑，發通州倉粳米萬七百石、太倉銀二千兩振之。

10 戊申，詔：「天下有司招撫流民復業，給牛具種子，有能開墾閒田者，蠲賦十年」，從山東巡按、御史劉廷儀議也。

11 三月，丙寅，復以保定府饑，發臨清廣積倉銀萬一千兩振之。【考異】三編目中作「一千兩」，脱「萬」字，今據實録補。

12 己卯，以風沙日作，二麥失滋，諭禮部擇日祈禱。

13 癸未，應天等府十一州縣相繼告饑，詔撫、按官督有司以南京諸司及後湖庫貯無礙銀錢分振之。

14 夏，四月，丙申，上禱雨于神祇壇，命百官齋戒修省。

諭户部諸臣曰：「今歲以來，天時少順，若有旱火之慮，所應振恤諸務宜亟行之。」又詔曰：「近來水旱災傷，皆由官不得人，甚至貪殘害民，致干和氣，令撫、按具奏處治。」

15 陞尚寶司少卿嚴世蕃爲太常寺少卿，掌尚寶司事。時嚴嵩請爲其子改别職，遂命兼官。

16 戊申，贈去年十月宣府死事指揮李彬，從勘事給事中何雲雁之請也。

17 五月，壬戌朔，日有食之。

18 甲子，南京考功郎中薛應旂調外任。

時常州知府符驗以考察降調，福建道御史桂榮訟其寃，因劾「應旂常州人，恣行胸臆，敢爲報復。其所考察，多非在任之人。乞復符驗職，罷斥應旂。」上以「考察重典，不容輕變，以起後來援引救護之端，驗仍依原議降調。惟被黜人員，多係陞遷事故去任之人，前有旨禁革此弊，而部、院全不遵守，聊取塞責。」乃置部、院不問而特謫應旂。

初，嚴嵩入閣，南京給事中王煜首劾之，言者踵至。會大計京官，嵩令所私尚寶丞諸傑移書應旂使黜煜，應旂執傑使，欲以聞，南京尚書張潤止之。而傑先爲南京御史，有貪聲，潤及都御史王以旂並黜之。至是榮希嵩指劾應旂，並及潤、以旂等。嵩之逞私憾報復，皆此類也。【考異】據實録，但及符驗被劾，桂榮論救，因劾應旂降調事。至應旂執諸傑使及傑爲張潤、王以旂所黜，皆見紀事本末。今證之實録，言「應旂調外任，張潤、王以旂姑不查究」，是紀事本末必有所據，而實録不詳也。然潤是時以憂去，以旂任都御史在二十六年，似非一時事，蓋亦牽連並書耳。

19 戊子，免山東濟南等五府被災夏稅。

20 六月，壬辰朔，新太廟成。禮部奏上奉安神主儀注，先期祭告，從之。

貴州道御史周冕言：「大典初成，皇上宜于奉安之日，秋祭之期，親致孝享，上以對越祖考，下以儀刑百辟。不宜更遣官代攝，以負神人之望。」疏入，上怒，命錦衣衛執送鎮撫司拷訊。

21 庚申，以太廟成，遣官祭告南北郊社稷。

22 是夏，免畿輔、山西、陝西被災税糧。

23 秋，七月，辛酉朔，奉安太祖、列聖神主于太廟，遣成國公朱希忠、大學士嚴嵩行禮。

先是禮部尚書費寀等，以太廟安神，請定位次，上曰：「太祖居中，則左右之次定。」乃定左四序成、宣、憲、睿，右四序仁、英、孝、武，皆南向，德、懿、熙、仁四祖爲祧廟，亦南向。于是奉睿宗于太廟之左第四序，躋武宗上，而罷特廟之祀。

24 壬戌，禮成，頒詔天下，赦徒罪以下。文武百官皆于奉天門上表稱賀。

25 是月，以新太廟成，自内閣六部以下皆陞賞賜蔭有差。

初，工部匠作官郭文英，積功陞至工部侍郎，廕其子文思院副使。至是以廟工，加恩再陞俸級。文英復以蔭子請，准授其子鴻臚寺序班。于是給事中張元忠劾奏，「文英徒以繩墨斧斤奔走冬官之府，既帶俸竊銜，仍復瀆請恩蔭。此于國體名器，所關非細。」上不悦，曰：「名器固不可濫，工役亦需得人，何至遽壞國體！有再論者罪之。」

26 致仕謹身殿大學士毛紀卒。

紀歷仕四朝，守正不阿。以明倫大典成，追論奪官，後數年，遇恩詔敘復。嘉靖二十一年，年八十，撫、按以聞，詔遣官存問，再賜夫廩。至是卒。贈太保，謚文簡。

27 八月，壬辰，以萬壽節，加嚴嵩少師。又欲加真人陶仲文伯爵，仲文疏辭。請贈蔭，許之，詔追贈其三代，給與誥命，蔭其孫入國子監。于是嵩亦三上疏請辭少師，皆許之。【考異】嚴嵩先以太廟成加太子太師，至是復加少師，俱見明史宰輔表。據實録，言「嵩三上疏辭免少師，許之」。陶仲文辭伯爵，證以是年十二月夏言至，始同加少師，則八月之辭是也。今據實録。陞通政使顧可學爲工部尚書，帶俸，皆以供奉玄教陞賞云。

28 辛丑，大享殿成。

禮部請行秋享于新殿，上命是秋仍于元極寶殿行禮。自是，歲遣官行之以爲常。

29 壬寅，釋御史楊爵、給事中周怡、工部員外郎劉魁于獄，赦其罪，放還原籍。時上惑于卟仙，會有神降卟言三人冤，立出之。未幾，尚書熊浹言卟仙之妄，上怒曰：「我固知釋爵，諸妄言歸過者紛至矣。」復令東廠追執之。

爵抵家甫十日，校尉至，與共麥飯畢，即就道。尉請處置家事，爵呼其妻告之，去竟不顧。魁未抵家，緹騎先至，繫其弟以行。魁在道聞之，趣就獄。于是與怡三人復繫之詔獄三年。【考異】事見明史爵等本傳。實録言嚴嵩請并赦劉魁而不及卟仙事，疑修實録者諱之也，今據本傳書之。「卟」傳作「乩」，「乩」即「卟」之俗字，說文作「卟」，云，「卜以問疑也。書云稽疑。」據此，則「卟」與「稽」同。蓋古文尚書字，後遂從俗作「乩」耳。諸書作「箕」（宇）〔字〕，尤誤，今訂正。

30 丙午，詔瘞京城九門暴骸。

31 庚戌，寇犯遼東松子嶺。瀋陽守備張文瀚死之。久之，御史劉廷儀始發其事，並劾巡撫都御史盧蕙、總兵官趙國忠等。上以蕙視事未久，宥之。【考異】據明史本紀系之是月庚戌。實録系之十一月，據廷儀劾奏也。原奏稱「八月二十日」，是月辛卯朔，蓋本紀據入寇之日也，今從之。

32 是月，寇犯大同中路，總兵官張達拒却之。又犯鵓鴿峪，參將張鳳率指揮劉欽、千户李瓚及生員王邦直等各殊死戰。鳳挺先陷陣，中流矢死。欽等與其所部將士二十八人皆戰没。

邦直，河南人。先是詔求天下武力之士，邦直應募。至宣府鵓鴿之戰，我軍寡不敵衆。守者趣之，且激邦直曰：「若素以勇聞，奈何見敵不殺？」邦直恥之，大呼入陣，奮大刀殺數十人，力竭死。邊人壯而哀之。【考異】明史韃靼傳書于是年之秋，實録書于九月，原奏稱八月，是九月乃奏報之月也。今據原疏，系之八月下。

33 張璧卒。

璧在位無所表見。入閣後，以廟工加太子太保。尋病瘧，不能視事，遂卒。

34 九月，庚午，以南畿、江西、湖廣、河南所屬州縣旱災，所有税糧悉改徵折色。

35 丁丑，起原任大學士夏言復故官。

嚴嵩既柄政，許讚數求罷。會張璧死，上微覺嵩横，乃起言，並賜手敕趣之行。

36 楚王世子英燿，以弑父事發伏誅。

英燿，王顯榕長子也，性淫惡。烝楚王宫人，又使卒劉金納妓别館。王知之，欲罪金，金遂勸英燿謀逆。會是年元夕，張燈置酒享王，别宴王弟武岡王顯槐于西室。酒半，金等從坐後以銅瓜擊王，中腦立斃。顯槐奔救被傷，得免。英燿徙王尸宫中，以中風報。

王從者抉門出告變，撫、按官以聞。上命駙馬都尉鄔景和等往鞫，得實，逮至京師。至是遣官告太廟，磔英燿于市，焚尸揚灰。逆黨悉伏誅。【考異】英燿弑父事，諸書或系之正月，據弑逆之月日。或系之五月，據詔逮之月日也。是月丁丑伏誅，見實録。三編書之九月，與實録同。惟此係正月元夕事，故明書于正月己酉。而明史傳作十八日，未知何據。

37 冬，十月，庚子，免山西大同税糧。

38 十一月，戊辰，冬至，祀天于圜丘，朱希忠攝行。

39 癸酉，巡按、御史賈太亨言：「今年河決，南入鳳陽，沿河諸縣，議徙五河蒙城避之，而臨淮當祖陵形勝，不可徙。請敕河臣亟濬碭山河道，引入二洪以殺南注之勢。」從之。

40 辛巳，大學士許讚、吏部尚書熊浹皆罷。

讚居吏部，以發嚴嵩事受詰責，自是懾嵩不敢抗，亦頗以賄聞。及翟鑾罷，嵩以讚柔和易制，引之入閣。而讚恥不預票擬，屢疏乞休。至是復以老請，上責其忘君愛身，遂落職閒住。

浹以諫卟仙事忤上意，以事再奪俸，不自安，遂稱病乞休。上大怒，褫職爲民。【考異】明史本紀，「是月辛巳，許讚罷。」又七卿表，浹于十一月罷爲民。證之實録，二人罷皆同日，今據之。

41 壬午，有客星出天棓，入箕宿，越三日，轉東北行，踰月始没。

42 癸未，以雹災，免宣府諸衛及直隸保安州税糧。

43 是月，寇犯榆林，官軍擊却之，追至塞外，斬首七十餘級。

44 十二月，甲午，祈雪。

45 戊申，夏言至京師，復入閣。

言自罷歸後，每遇元旦聖壽，必上表賀，稱「草土臣」，上亦漸憐之。至是召還，盡復少師諸官階，亦加嚴嵩少師，若與言並者。言至，直陵嵩出其上，凡所批答，略不顧嵩，嵩噤不敢吐一語，而銜之次骨。自是二人之隙大起。【考異】嵩加少師在是時，實録及明史言、嵩二人傳皆同。惟嵩傳言「加嵩少師以慰之」言傳則言「加嵩少師，若與之並者。」據此，則嵩八月辭少師，至是始受也。宰輔表遂誤入之七月，今刊正之。

46 是月，改兵部尚書唐龍爲吏部尚書，陞兵部侍郎路迎爲兵部尚書，兼提督團營。

47 贈正德間死事之主簿賈得山。

初，正德六年，流賊劉六等攻西平，知縣王佐率本邑義民禦之。得山以義民攝主簿，督城中兵力戰三日夜，殺賊數百人。城陷，得山與佐俱没于賊，一門遇害者三十七人。至是有司上其事，得旨追贈，仍從祀王佐祠。【考異】王佐死事在正德六年，見明史忠義傳。賈得山追贈在後，史軼之，今據實録補。

二十五年（丙午、一五四六）

1 春，正月，己未朔，上出御奉天殿，文武群臣及蕃使行慶賀禮。罷群臣宴，賜節鈔。是日，雪，廷臣皆表賀。

2 丙戌，謫降貴州道御史周冕。

初，皇太子年十歲，禮部尚書費寀等上冠讀禮儀，因言：「古制，文王十二而冠，成王十五而冠。今皇太子尚幼，且暫停冠禮，先以童服出閣講讀。」上令緩之。至是冕復請東宫出閣，引賈誼保傅篇，謂「天下之本繫于太子，太子之善在于早諭教與選左右，乞早賜施行。」上怒，以「典禮自上出，冕奏瀆，令降邊方雜職，有再言者加罪之。」乃謫冕雲南典史。

3 二月，丙申，總督宣大、侍郎翁萬達奏：「濟農子駐牧河西，諳達引兵渡河。除調客兵應援外，請募山東長鎗手三千以備山險。」兵部議：「三千之數，但取長鎗，不無老弱充數。且調延綏游兵二枝，寧夏、固原、遼東游兵各一枝，務滿三千人。期以五月初旬赴宣大聽候調遣。」詔從之。

4 是月，翁萬達奏「請修築邊牆，議自大同東路陽和口至宣府西陽河，須工費銀二十九萬」，上已許之。兵部撓其議，以「大同舊有二邊，不當復于邊內築牆」，上不聽。乃自大同東路天城、陽和、開山口諸處，爲牆百二十八里，堡七，墩臺百五十四。宣府西路西陽河、洗馬林、張家口諸處，爲牆六十四里，敵臺十，斬崖削坡五十里。工五十餘日成，進萬達右都御史。

5 三月，庚申，謫巡按湖廣、御史包節戍邊。初，承天守衛太監廖彬，擅作威福，節欲以法繩之，而語先泄。斌乃(仍)〔伺〕節謁陵，獻膳，遽使撤去，而詭稱節麾出之，復劾「節不以正旦謁陵，次日始至。」上怒節欺慢不敬，遂坐謫。

6 戊辰，四川白草番亂，攻陷平番堡，殺百户耿爵，流劫村寨，副總兵高岡鳳不能禦。

刑科給事中諸葛峴，薦「何卿前鎮松潘有威望」。時以北警，召卿入衛，至是命卿充總兵官，仍鎮松潘，討之。

7 庚辰，以應天等十一府旱災，詔留解京銀三萬兩振之，從巡撫應天歐陽必進之請也。尋又以淮揚災重，詔發兩淮運司餘銀二萬五千兩振恤竈丁，從巡鹽御史劉存德之請也。

8 夏，四月，乙未，以提督雁門關、巡撫山西、兵部侍郎曾銑總督陝西三邊軍務。

先是上已起用前總督兩廣、尚書張經，旋爲給事中劉起宗所劾。上以「經簡自廷推，已有成命」，下廷臣議。兵部尚書唐龍執奏經可任，上以經既論劾，令更推可用者，乃以命銑。

9 五月，戊辰，諳達復遣使詣大同塞求貢。

自龍大有誘殺石天爵，事見二十一年。寇頻年入犯，信使不通。會玉林衛百户楊威爲寇所掠，詭言能定貢市。諳達乃遣使三人，並釋威還，請「自議和後牧馬塞外，不敢侵擾。」行至雙廟山墩，墩卒納之。適總兵巡邊家丁董寶等狃天爵前事，復殺之，以首功報。

總督翁萬達言：「北敵弘治前歲入貢，疆埸稍寧。自虞臺嶺之戰，我師覆敗，寇漸輕中國，侵犯四十餘年。石天爵之事，臣嘗痛邊臣失計。今復通款，即不許，宜善爲諭遣，誘而殺之，此何理也！請亟誅寶等，榜示塞上，明告以朝廷德意，解其蓄怨搆兵之謀。」

上不聽。

10 是月，工部尚書甘爲霖罷，以南京都御史王以旂代之。

11 六月，甲辰，寇犯宣府，千户汪洪戰死。

12 是月，給事中何光裕，劾「兵部尚書路迎，怠廢戎務。」疏甫下，迎輒投劾乞休；上責令陳狀，迎言「臣才不勝任，以亟賜罷歸爲幸。」上怒，令革職閒住。改禮部尚書管通政司事陳經于兵部。

時吏部先推侍郎萬鏜、韓邦奇，繼推尚書王（果）〔杲〕等，上俱不允，特旨用經。給事中宋伊，言「經小心退抑，僅能自守，非折衝禦侮之材。」上以經用出自特簡，責伊妄奏。經尋疏辭，不允。【考異】路迎之罷，陳經之代，明史七卿表系之六月。實録既書之于五月辛亥，又書之于六月癸巳，蓋傳寫重複也。今據明史七卿表，不書日。

13 秋，七月，丁卯，免河南被災夏税。

14 戊辰，翁萬達復上言：「諳達再三陳款，持有番文印信。並據降人言，虜性貪利，入寇則利在部落，通貢則利在酋長。迹其所請之急，意在利吾賞賚耳。使處之當而不拂其情，可以及時撫定。否則旦夕之變，不無可虞。臣職守封疆，惟知戰守，貢亦備，不貢亦備，時時戒嚴，似無可乘之隙。」

疏入，兵部及科臣皆疑敵情多詐。會巡撫郭宗皋奏稱「寇已祭旗，請亟發京營人馬策應。」兵部復言，「寇入犯以牽我師，求貢以緩我備，宜行邊臣悉心戰守，毋墮彼計中。」于是通貢議復寢。

15 癸酉，諭禮部：「今年夏末秋初，醴泉出承華殿。雖不可恃以自怠，亦不可不敬謝。其自二十五日至于八月望，諸司停常封奏事。」自是遇慶賀齋祀，輒停封奏以爲常。

16 是月，薊州巡撫郭宗皋奏報，「寇四十萬在宣府獨石，欲東西分犯。」已，侍郎翁萬達奏，「寇于七月十一日犯宣府北路，龍門所守備陳勳死于陣。」萬達又奏，「七月中，寇以十餘萬騎由寧塞營入犯保安，西掠慶陽、環縣等處，指揮崔桂死于陣。總督三邊侍郎曾銑率參將李珍等出塞，直擣敵巢于馬梁山後，斬首百餘級而還。」

捷聞，巡按御史盛唐言：「寇深入幾及千里，駐內地且半月，慶陽一帶，斷絕人烟。幸陰雨浹旬，泥陷馬滑，弓膠弦解。又以慶陽山路深峻，寇乃殺諜者自引去，未可以爲銑功。」上以銑、唐所奏功罪各別，遣御史勘實以行賞罰。

【考異】明史本紀，是月，諳達犯延安、慶陽，不及犯宣府事。證之實録，犯宣府在八月，延安、慶陽在十月，皆奏報之月日也。原奏一稱「七月十一日」，一稱「七月中」，今據之。崔桂死事、據實録增。

17 吏部尚書唐龍罷。

龍居官著勞績，及長吏部，每事咨僚佐，年老多疾，輒爲所欺。御史陳九德，劾前選郎高簡罔上行私，並論龍衰暮。乃下簡詔獄；龍引疾，未報。科臣復論簡，詔杖六十遣戍，黜龍爲民。龍時已有疾，輿出國門卒。龍故與嚴嵩善，其罷也，實夏言主之云。

18 改左都御史周用爲吏部尚書，以南京兵部尚書宋景爲左都御史。

19 八月，癸巳，以萬壽，加輔臣夏言正一品俸，嚴嵩特進光禄大夫。又加封真人陶仲文爲「神霄紫府闡範保國弘烈宣教正法通真忠孝秉一真人」，掌道教事，給誥印。陞帶俸尚書盛端明、顧可學俱爲禮部尚書。

20 戊戌，南方有流星，大如椀，赤色，光大，起自中天，西南行至近濁。

21 是月，京師淫雨，詔修九門城垣。

22 九月，己卯，免南直隸鳳、淮、揚三府披災税糧。

23 寇以七十餘騎自義州、清河入犯錦義，參將周益昌禦之。明日，復以萬餘騎至，益昌被圍，指揮鍾世威率所部及游擊武鏜并力攻之，益昌奪圍出，寇尋去。【考異】明史本紀不具，據實録系之十月。據遼東巡撫奏報，在九月二十五日。是月乙卯朔，今據之。

24 是月，寇犯寧夏。

25 冬，十月，丁亥，寇犯清平堡，游擊高極遇伏死，亡士卒十五人，創二十二人，寇亦引去。

總督、侍郎曾銑請嚴邊將失律罪，兵部議從之。【考異】明史本紀書寇犯清平堡于是月丁亥，實録書于十二月，原奏稱「十月初三日」，蓋奏報在後也。是月乙卯朔，與本紀合，今據之。

26 癸巳，代府奉國將軍充灼謀反伏誅。

初，充灼以劫奪大同知府財物坐奪禄，心懷怨望，乃結昌化五府宗室及大同奸人張文博等，謀引寇圍大同，約爲内應。總督宣大翁萬達獲其僞書、旗幟以聞，命械充灼等至京師，司禮監、錦衣衛會科、道官鞫訊得實；充灼首倡逆謀，磔于市。諸宗室從逆者及文博等凡三十人，俱依謀反律棄市。

27 甲午，故建昌侯張延齡決于西市，胡守中亦伏誅。

28 十一月，己未，總督宣大翁萬達奏，「請自今各邊有妄殺降人冒功者，按實後不必解京，許巡按、御史于秋後就地梟首示衆，以杜奸人玩法之心。」刑部覆議，從之。

29 癸酉，冬至，祀天于圜丘，朱希忠攝行。

上久不御朝賀，禮部費宷等希指上言：「積雪初霽，天氣凝寒，冬至朝賀，有煩聖躬。請如昨歲例，廷臣各具朝服于奉天門行禮。」上以爲忠，報可。一時朝論薄之。

30 十二月，庚子，總督三邊曾銑建復河套議。

銑素以功名自喜，及總督三邊，感上知遇，益圖報稱。念寇居河套久，終爲邊患，乃會巡撫謝蘭、張問行等上疏，略曰：「寇據河套，侵擾邊鄙將百年，孝宗欲復而不能，武宗欲征而不果。使濟農據爲巢穴，出套則寇宣大、三關以震畿輔，入套則寇延、寧、甘、固以擾關中，深山大川，勢顧在敵而不在我。封疆之臣，曾無有以收復爲陛下言者。蓋軍興，重務也，小有挫失，媒孽踵至，鼎鑊刀鋸，面背森然。臣非不知兵凶戰危，而枕戈汗馬，切齒痛心有日矣。竊嘗計之，秋高馬肥，弓欠勁利，彼聚而攻，我散而守，則彼勝。冬深水枯，馬無宿槀，春寒陰雨，壤無燥土，彼勢漸弱，我乘其弊，則中國勝。臣請以銳卒六萬，益以山東鎗手二千，每當春夏交，攜五十日餉，水陸交進，直擣其巢。材官騶發，礮火雷激，則寇不能支。此一勞永逸之策，萬世社稷所賴也。」遂條八議以進。

是時銑與延寧撫臣欲西自定邊營、東至黃甫川一千五百里，築邊牆禦寇，請帑金數十萬，期三年畢功。

疏並下兵部，部臣難之，請令諸鎮文武將吏協議。詔報曰：「寇據套爲中國患久矣。朕宵旰念之，邊臣無分主憂者。今銑倡恢復議甚壯，其令銑與諸鎮臣悉心上方略，予修邊費二十萬。」于是銑鋭意行之。

31 乙巳，延綏巡撫張問行罷。

曾銑既建復套之議，諸巡撫皆難之，問行與謝蘭及寧夏巡撫王邦瑞等遷延不應。銑怒，請于上，上爲責讓諸撫臣。于是問行引疾乞休，上以「延緩有事之秋，託疾規避」，斥爲民，調山西巡撫楊守謙代之。【考異】據實録，銑會謝蘭、張問行等具奏，而三編目中亦有「偕奏」之語。惟明史銑傳謂「銑既上疏，諸撫臣久不會奏」，似銑上疏時問行等未嘗會銜也。然問行引疾，必銑咨照時許之會奏，既知其難，是以求罷，實録下文以爲「遷延不應」者似得之。今參傳中語，而易去「久不會奏」四字。

32 丁未，免河南歸德、開封等府被災税糧。又振陝西被寇軍民，從巡按、御史盛唐之請也。

33 是歲，土爾番求通貢。

時莽蘇爾死，子沙嗣，而其弟瑪哈穆舊作馬黑麻。亦稱蘇爾坦，即速壇，譯見前卷。分據哈密。已而兄弟仇殺，瑪哈穆乃結婚衛拉特以抗其兄，且墾田沙州，謀入犯。其部下來告，瑪哈穆乃叩關復求内地安置。邊臣諭還故土，仍許其貢。

明年，定令五歲一貢，而貢期如制，來使益多；終嘉靖之世，番文至二百四十八道，朝廷輒羈縻之。

明通鑑卷五十九

紀五十九 起彊圉協洽（丁未），盡上章掩茂（庚戌），凡四年。

江西永寧知縣當塗夏燮編輯

世宗肅皇帝

嘉靖二十六年（丁未、一五四七）

1 春，正月，甲寅朔，不御殿，百官于奉天門行禮。

2 初，楊守謙巡撫山西，上言：「偏頭老營堡二所，餘地千九百餘頃，請興舉營田，堪以內省京運，外資防守。」且舉副使張鎬爲提調，以本官兼攝。上以爲忠，詔行之。至是守謙移撫延綏，仍請久任鎬終其事，鎬卒成之。詔以其法行之九邊。

3 是月，吏部尚書周用卒，改刑部尚書聞淵于吏部。踰月，以南京刑部尚書屠僑代淵爲刑部尚書。

4 寇犯永昌，總兵蕭漢敗績，總督曾銑奏請逮問。

5 二月，總督宣大都御史翁萬達，會宣大、山西鎮、巡官議上邊防修守事宜，復請帑銀六十萬兩，修大同西路、宣府東路邊牆凡八百里，詔許之。

時曾銑建復套之議，輔臣夏言實主之。萬達數以通貢議請，不許。其在邊也，上以其更事久，深倚之，所請無不從，獨言諳達事與上意左。上既力絀貢議，乃以復套事行邊臣議之。

萬達議曰：「河套本中國故壤，成祖三犁王庭，殘其部落，舍黃河，衞東勝，後又撤東勝地以就延綏，套地遂淪失。然正統、弘治間，我未守，彼亦未取，乃因循畫地而守，遂捐天險，失沃野之利。弘治前，我猶歲搜套，後乃任彼出入，盤據其中，畜牧生養，譬之爲家成業久矣。

今欲一舉復之，提軍深入，山川之險易，塗徑之迂直，水草之有無，皆未熟知。我馬出塞三日已疲，彼騎一呼可集。我軍數萬衆，緩行則持重，疾行趨利則輜重在後，即得小利，歸師尚艱，倘失嚮導，全軍殆矣。彼遷徙遠近靡常，一戰之後，或保聚，或佯遁，犄角時動，壁壘相持，已離復合，終不渡河。我軍于此，戰耶？退耶？兩相持耶？數萬（山）〔衆出〕塞，亦必數萬衆援之，又須兼通餉道，是皆至難而不可任者也。

夫馳擊者彼所長，守險者我所便。弓矢利馳擊，火器利守險，舍火器守險，與之馳擊于黃沙白草間，大非計也。議者徒見近時擣巢恒獲首功，然擣巢因其近塞，勝則倏歸，舉足南向即家門。若復套，則深入其地，後援不繼，事勢迥殊。若令彼有其隙，我乘其敝，從而圖之，未嘗不可。今塞下喘息未定，邊卒創夷未起，橫挑强寇以事非常，竊所不解也。」

時上方嚮銑議，不省。

6 都御史宋景卒，改工部尚書王以旂代之，以工部侍郎文明爲尚書代以旂。

7 三月，庚午，賜李春芳等進士及第、出身有差。

8 上以久旱，禱雨于宮中。

己卯，大雨。詔舉醮謝典，停封止刑三日。

9 夏，四月，丙戌，逮巡撫山西、都御史孫繼魯下詔獄。

先是總督翁萬達議撤山西內邊兵，并力守大同外邊，詔從之。會繼魯代楊守謙撫山西，抗章言：「紫荆、居庸、山海諸關，東枕溟渤；雁門、寧武、偏頭諸關，西據黃河；天設重險以藩衛國家，豈可聚師曠野，洞開重門以延敵？夫紫荆諸關之拱護京師，與雁門諸關之屏蔽全晋，一也。今議者不撤紫荆以并守宣府，豈可獨撤雁門以并守大同耶？況自偏頭、寧武、雁門東抵平硎關，爲山西長邊；自右衛雙溝墩至東陽河鎮口臺，爲大同長邊；自丫角山至雙溝百四十里，爲大同緊邊；自丫角山至老牛灣百四十里，爲山西緊邊。論長邊則大同爲急，山西差緩，論緊邊則均爲最急，此皆密邇河套。譬之門闥，山西守左，大同守右。山西并力守左，尚不能支，又安能分力以守大同之右？近年寇不敢犯山西内郡者，以三關備嚴故也；使三關將士遠離堡戍，欲其不侵犯難矣。全師在外，强寇内侵，即紫荆、倒馬諸關不將徒守哉！」

萬達聞之，不悦，上疏言：「增兵擺邊，始於近歲，與額設守邊者不同。繼魯乃以危言相恐，復遺臣書，言『往歲建雲中議，宰執幾不免；近年撤各路兵，督撫業蒙罪』，其詆排如此。今防秋已逼，乞別調繼魯；否則早罷臣，無誤邊事。」

兵部是繼魯言，上不從。下廷議，廷臣請如萬達言。上方倚萬達，怒繼魯騰私書引往事議君上，而夏言亦惡繼魯，不爲地，遂逮下詔獄，疽發於項，瘐死。

繼魯耿介，所至以清節聞，然好剛使氣，爲巡撫僅四月，遽以非罪死，論者惜之。

10 乙巳，四川白草番平。

總兵官何卿至鎮，會巡撫張時徹議，分所部兵爲三哨，更調馬湖及建昌諸衛土兵助之。生禽首惡數人，斬首六百九十三，克番寨四十七，毀碉房四千八百七十餘，獲牛馬器械儲積以萬計。

白草爲四川東路生羌，最强，至是悉平之。于是松潘、威茂間，終嘉靖世，邊境稍寧，卿之功爲多云。【考異】明史四川土司傳言「斬首九百七十餘級」，與實録小異。其白草爲四川東路生羌，亦見傳中，今參實録書之。

11 己酉，諳達復求貢。

總督翁萬達，以「邊牆之役，版築方興，宜羈縻使毋侵擾。」時上方趣曾銑出塞，不允。

12 五月，總督三邊曾銑襲套寇，敗之。

先是，銑以初春出塞掩擊，敗還，匿不以聞。至是復選鋭卒擊之，斬首二十七級，生禽一人，餘斃于矢石者甚衆，獲馬牛駝器械以千計。寇移帳漸北，間以輕騎入掠，銑復督諸軍驅之，遂遠徙不敢近塞。

捷聞，陞銑俸一級，賜銀幣。銑復列上諸臣功罪，論功則參將李珍、韓欽爲最。又請恤陣亡之千户鄭稍、百户徐相，皆從之。

銑又奏，「邊方守令，所繫甚重，乞于進士、舉人、監生内選年力精鋭材幹强敏者銓補，稱職者特加奬擢。仍慎選監司以爲表率，勒限到任以豫秋防。」上是其言，詔兩廣、四川、雲、貴邊方皆用此例。【考異】明史銑傳書于奏復套之前，今據實録系之五月，據奏報月日也。三編言「銑以初春出塞掩擊，敗還不以聞」，疑在蕭漢敗績之前後間事。

13 六月，戊戌，免南直隸鳳陽、揚州、淮安三府被災夏稅。

14 庚子，曾銑奏「延寧寇警，議調莊浪魯經兵三千，暫駐蘭州適中之地以備應援，而甘肅總兵仇鸞及巡撫楊博，以本鎮兵寡爲詞，不聽調遣。」上曰：「孫繼魯首肆阻撓，鸞復效尤，何以一事權而申軍令！」詔奪鸞禄米半年，博亦停俸三月。

15 是月，諳達諸酋與小王子有隙，小王子欲寇遼東，諳達以其謀來告，請與中國夾攻之，且以此立信，爲通貢地。翁萬達以屢奉嚴旨，不敢輒爲請求，乃于請催撫臣赴鎮奏中及之，亦不省。

16 秋，七月，丙辰，河決山東曹縣，水入城二尺，漫金鄉、魚臺、定陶、城武，衝穀亭，漂没廬舍，人民死者甚衆。工科都給事中劉天直劾河道都御史詹瀚，詔巡按御史查勘以聞。

17 丁巳，改巡撫南贛、汀、漳、都御史朱紈巡撫浙江，兼管福建福、興、漳、泉、建寧五府海道。

初，日本以嘉靖二十三年來貢，部臣以其未及期，且無表文，却之。其人利互市，留海濱不去，而內地奸人利其交易，商富豪貴爭趨之，沿海遂有倭患。

先是六月，巡按御史楊九澤言：「浙江寧、紹、台、温皆濱海，界連福建之福、興、漳、泉諸郡。雖有巡海副使、備倭都指揮，而海寇出入無常，兩地官弁不能通攝，制禦爲難。

請如往例，特遣巡視重臣，盡統海濱諸郡，庶事權一而威令易行。」廷議善之，遂以命紈。

【考異】紀事本末、昭代典則皆系倭寇于二十五年，蓋自二十三年入貢未去也。明史日本傳系楊九澤上書于是年之六月，朱紈傳巡撫浙江在七月，皆據實録。惟諸書皆云「兼福、興、泉、漳等處」，證之日本傳，則兼建寧爲五府也，今據日本傳增。

18 是月，陝西澄城麻陂山、界牌嶺晝夜吼數日，山忽中斷，移走東西三里，南北五里。

19 八月，丙戌，免陝西被災税糧。

20 是月，兵部尚書陳經罷。

經以七月秩滿，加太子少保。未幾，南京給事中張思誠、御史宋治各劾其庸鄙不職，遂令致仕，給驛歸。【考異】明史七卿表，經以七月加太子少保，致仕。證之實録，則加宫銜在七月，致仕在八月，今據實録。

21 罷禮部侍郎許成名、崔桐、少詹事王用賓、黄佐。

先是吏部左侍郎缺，例用翰林資深者推補。尚書聞淵，初擬成名，桐忿争，乃並舍之而用祭酒王道。未幾，道卒，淵仍擬桐及佐名上。給事中呂時中言：「桐始以與成名争，舍之而用道。今復用桐，是賞争也，何以抑躁競？」給事中徐霈、御史艾朴又言：「桐與成名訴争成隙，而用賓、佐復從中覬覦。宜俱釋勿用，而別選雅望者。」上是之，乃有是命。仍奪淵俸半年。

22 九月，己未，免南直隸徐、沛、蕭、宿、五河、虹各州縣被災秋糧。

23 戊辰，免江西撫州、吉安、瑞、袁、臨五府被災税糧。

24 户部尚書王杲罷。

先是禮科給事中馬錫，劾「杲與巡倉御史艾朴私受兩淮運司解官黄正大賄，勒管庫員外郎余善繼私納低銀」，上怒，下杲鎮撫司究問。杲奏辯，請與該科面質，不省。

尋户科給事中厲汝進等奏：「近日交通關節，自杲外如太常少卿嚴世蕃、順天府丞胡奎、總督尚書王暐等，皆有踪跡，宜盡法窮治。」嚴嵩上疏自理，言「欲污衊臣，故借臣子世蕃肆其巧詆。」上益怒，執汝進至闕下，杖八十，會奏之給事中查秉彝、徐養正、劉禄，杖六十，俱降邊方雜職。杲、朴從重發極邊衛充軍。杲竟卒于戍所。

25 是月，以湖廣、貴州苗連年行劫，虜參將楊欽，殺沅州衛百户陳恩等，湖廣都御史姜儀上章自劾，請與貴州巡撫王學益訂期進剿。上以「苗寇播惡，屢敕二省協剿，而學益愆期玩寇，令巡按官據實參奏，逮京重治。」

26 改左都御史王以旂爲兵部尚書，兼督團營。改刑部尚書屠僑爲左都御史。以南京户部尚書夏邦謨爲户部尚書。

27 閏月，丙午，振成都饑。

28 是月，以總督漕運兼巡撫鳳陽右都御史喻茂堅爲刑部尚書，代屠僑也。

29 冬，十月，甲寅，免畿内被災税糧。

30 丙辰，巡撫延綏都御史楊守謙言：「激勸軍士在重賞。令甲，『斬一首者陞一級，不願者予白金三十兩，』賞未免薄。又文移察勘，動涉歲時，以故士心不勸。近宣大事棘，請加賞格，倍增其數，鎮、巡官驗明即給。蓋增級襲廕，有官者利之，窮卒覬賞而已。」

兵部以爲然，定「斬首一級者，予五十兩。著爲令。」守謙以前山西修邊功，增俸一級，賜金幣有加。「請給新設游兵月餉，發倉儲貸饑卒。」皆報許。

31 是月，湖廣道試御史陳其學劾錦衣衛掌事、都督同知陸炳。

先是炳以「京師流寓人多，恐潛藏奸宄，乞行禁戢」，從之。至是其學劾「炳肆行威福，矯下逐客之令」，又以鹽法劾「炳與京山侯崔元加抽病民，且受奸商徐二請託，請一并究治。」詔「執二下鎮撫司拷訊，炳與元各對狀。」尋炳等引罪，竟宥勿問。

32 十一月，己卯，冬至，祀天于圜丘，朱希忠攝行。

33 壬午，大内火。釋前御史楊爵等三人于獄。

是夜，大高元殿災。上禱于露臺，火光中若有呼三人忠臣者，立傳詔釋爵，並給事中周怡、員外劉魁。

爵等再下獄，桎梏加嚴，飲食屢絕，會有天幸，得不死。

爵歸二年，一日晨起，大鳥集于舍，爵曰：「伯起之祥至矣。」果三日卒。隆慶初，贈光禄卿，謚忠介。

爵之初入獄也，上令東廠伺爵言動，五日一奏，校尉周宣稍左右之，輒受譴。其再至，治廠事太監徐府奏報，上以密諭不宜宣，亦重得罪。先後繫七年，日與怡、魁切劘講論，忘其困。所著周易辨說、中庸解，則獄中作也。【考異】實録但書釋爵，不及怡、魁，亦不言空中神降事，今據明史爵本傳書之。

34 乙未，皇后方氏崩。

詔曰：「皇后比救朕危，奉天濟難。其以元后禮，令禮部議喪儀。」

35 是月，總督三邊曾銑會同撫、按官疏陳邊務十八事，曰「恢復河套；修築邊牆；選擇將材；簡練士卒；買補馬贏；進兵機宜；轉運糧餉；申明賞罰；兼備舟車；多置火器；招降用間；審度時勢；防守河套；營田儲蓄。」及「明職事；息訛言；寬文法；處孳畜。」又上營陣八圖，曰立營總圖及遇敵駐戰、選鋒車戰、騎兵迎戰、步兵搏戰、行營進攻、變營長驅、獲功收兵各圖。上覽而嘉之，下兵部會廷臣集議，皆言「銑先後所上方略，俱可施行。」上乃下銑前後諸疏，令廷臣定策以聞。

36 巡撫浙閩朱紈既至，討覆鼎山賊，平之。

會日本遣使周良等復先期求貢，用舟四、人六百泊海外，以待明年貢期。守臣沮之，則以風爲解。至是事聞，上以「先期非制，且人船踰額，敕守臣勒回。」

37 十二月，辛酉，逮甘肅總兵官仇鸞。

鸞在邊久，貪縱酷虐，恣爲不法，總督曾銑劾其不聽調遣，詔「姑奪俸，令按臣查覈以聞。」鸞知不可掩，益狂悖無顧忌，銑復上疏劾鸞不法數事。上大怒，命錦衣差官校械繫來京師鞫治。

38 戊辰，册謚大行皇后曰孝烈皇后。

39 乙亥，倭犯寧波、台州，大肆殺掠，官軍莫有禦者。巡按御史裴紳以聞，詔逮分守參議郭世威等，令所司嚴備之。【考異】實録但云海寇，故明史本紀據之。證之日本傳，即倭也，今據傳書之。

二十七年（戊申、一五四八）

1 春，正月，戊寅朔，不御殿。百官朝賀如前例。

2 癸未，夏言罷，並逮陝西三邊侍郎曾銑。

言素以經濟自許，思建立不世功，會銑請復河套，遂贊決焉。初，江都人蘇綱者，言繼妻父也，雅與銑善，爲延譽于言，言遂密疏薦之，謂群臣無如銑忠者。銑鳩兵繕塞，數破敵，上亦雅嚮之，令言擬旨優獎者再。銑益鋭志出師，條上方略，廷議一如銑言。及是上下銑議于九卿科道，覆奏甫上，上意忽中變，諭輔臣曰：「今征逐河套，不知出師果有名否？兵食果有餘，成功可必否？一銑何足言，如生民荼毒何！」嚴嵩知上意，遂極言「河套必不可復」，廷臣王以旂等亦如嵩指，盡反前議。于是嵩力攻言，謂「向擬旨褒銑，臣皆不預聞。」言大懼，謝罪，且言「嵩初並無異議，今胡乃盡諉于臣！」而上已入嵩譖，怒不可解，乃遣錦衣官校逮銑，而盡奪言官階，令致仕。

初，言再召，陵嵩甚，而海内士大夫方怨嵩貪忮，謂言能壓制之，深以爲快。而言以廢棄久，務張權；唐龍之罷，高簡之戍，許成名、崔桐、王用賓、黄佐之斥逐，以及王（果）〔杲〕、孫繼魯之獄，皆言主之，以上事皆見前。朝士因之失望。

最後御史陳其學劾崔元、陸炳，亦見前。言擬旨令陳狀。二人懼，皆造言請死，炳長跽，乃得解。于是二人日與嵩比而搆言，言未之悟也。上數使小内豎詣言所，言傲岸奴視之；及詣嵩，嵩必延坐，親納金錢袖中；以故日譽嵩而短言。言進青詞晚失上指，嵩愈精治其事，由是嵩益被寵而言眷漸移。至是嵩復從中搆之，以至于敗。

上既譴言，復以科、道官無一人論言者，命錦衣官悉逮至，杖之于廷，各奪俸四月。【考異】據明史陸炳傳，言「炳驟貴，能得夏言、嚴嵩歡，言故暱炳。一日，御史劾炳諸不法事，言即擬旨逮問。炳窘，行三千金求解不得，長跪泣謝罪乃已。」證之實録，「御史陳其學劾炳鹽法事，詔責炳陳狀，炳等引罪乃已。」核與言本傳合，並無逮問之語，今仍據夏言傳書之。

3 己亥，振陝西饑。

時鞏昌、漢中二府大饑，鳳翔府陽汧縣爲水所没。巡撫謝蘭以聞，詔「發太倉銀五萬兩于鞏、漢充振，徙汧陽縣治于城東三里外，並蠲衝決地租三千石。」

4 是月，改王以旂兼都察院右都御史，總督三邊，以南京户部尚書趙廷瑞爲兵部尚書。先是兵部缺，推總督倉場户部尚書劉儲秀。儲秀上疏辭謝，且力贊復套之議，上怒，遂坐免。

5 總督河道都御史詹瀚，以「河決曹縣，請于趙皮寨等處多穿支河，修築堤岸，以捍水患」，從之。

6 寇犯廣寧，參將閻振死之。【考異】明史本紀作「把都兒」，實録稱「永寧酋」，今從明史稿書寇。實録系之二月，蓋奏報月日也，今據原奏。

7 二月，癸丑，作永陵。

時大行皇后將葬，上以陵名未定，下禮官議。于是尚書費寀言：「太祖葬孝慈皇后于孝陵，成祖葬仁孝皇后于長陵，皆命名在先，卜葬在後，載之實録中。」上乃自定孝烈皇后陵曰永陵，命朱希忠告太廟。

8 三月，癸巳，殺總督陝西三邊、侍郎曾銑，並逮致仕尚書夏言。

銑既就逮，上初無意殺之。會仇鸞爲銑所劾，逮問入獄，嚴嵩欲以陷銑者並及言，乃代鸞獄中草疏，誣「銑掩敗不聞，侵尅軍餉鉅萬，遣其子曾淳屬所親蘇綱賂當塗。」其言絶無左驗，而上深入其説，立下淳、綱詔獄。于是給事中齊譽等見上怒銑甚，疏稱「法司議銑罪，律無正條，且比守邊將帥失陷城寨者論斬。」上責譽黨奸避事，鐫級，調外任。法司見上必欲依正條，乃當銑交結近侍律斬，妻子流二千里，決不待時。報可，即日斬銑西市。銑既没，家無餘貲，妻子狼狽遠徙，天下聞而冤之。

時夏言罷歸，方抵通州。上既誅銑，即遣官校逮言。言聞逮，大驚墮車，曰：「噫，吾死矣！」自是嵩搆之益急。

9 癸卯，釋仇鸞于獄。

嚴嵩以鸞發曾銑邊事，德之；鸞復厚賄嵩，相爲表裏。久之，恃上寵，復陵嵩出其上，以及于敗。

10 夏，四月，丁未，夏言逮至京，下鎮撫司拷訊。

言上疏訟曰：「臣之罪釁，起自讎家，恐一旦死于斧鉞之下，不能自明。今幸一見天日，瀝血上前，雖死不恨。往者曾銑倡議復套，仇鸞未嘗執以爲非。既而上意欲罷兵，敕諭未行而鸞疏已至。此明係在京大臣爲之代撰，藉鸞口以陷臣，肆意詆誣，茫無證據。天威在上，仇口在旁，臣不自言，誰復爲臣言者！」又言：「嵩靜言庸違似共工，謙恭下士似王莽，父子弄權似司馬懿。在内諸臣受其牢籠，在外諸臣受其箝制，皆知有嵩，不知有陛下。臣生死係嵩掌握，惟歸命聖慈，曲賜保全！」凡再疏入，皆不省。

獄具，刑部尚書喻茂堅、都御史屠僑等議：「言罪當死；惟直侍多年，效有勞勩，據律宜在議能議貴之條。」上切責茂堅等，奪其俸，猶及言前不帶香冠事。于是言竟坐與銑交通律論斬，繫獄待決。【考異】諸書皆系之十月殺言之下。證之實録，言以四月丁未至，獄具即在是時，蓋曾銑決不待時，言俟秋決，故以十月誅也。明史言傳謂「言逮至京師，再疏訟冤」，實録但載其前疏，而「劾嵩靜言庸違」以下，似係再上之疏，今據本傳連書之。

11 丁巳，太白晝見。

12 是月，直隸巡按、御史吴相言：「邊兵戍守之勞，鋒鏑之憂，既無恒産，而所得月餉，不才將領又從而朘削之。彼朝夕自救之不暇，何暇禦寇！臣以爲各邊民田，自原額糧畝外，餘者尚多，宜下所司勘實，給軍佃種，寬其租庸。其無餘田者，許軍民以附邊屯田參伍爲業。」部議從之。

13 五月，丙戌，葬孝烈皇后于永陵。

14 是月，寇犯宣府，官軍敗績。【考異】實録系奏至于七月，據原奏稱「五月」，今從之。

15 六月，丁未，湖、貴苗亂，貴州巡撫李義壯以聞。

初，湖、貴間有山曰蜡爾，諸苗居之。東屬鎮溪千户所筸子坪長官司，隸湖廣；西屬銅仁、平頭二長官司，隸貴州；北接四川酉陽；廣袤數百里。諸苗數反，官兵不能制，萬鏜征之四年不能克，乃授其魁龍許保冠帶；湖苗漸息，而貴苗反如故。鏜班師，許保及其黨吴黑苗復亂。義壯請設總督，節制三省，兵部議從之。

初，張岳總督兩廣，平連山賊李金及賀縣賊倪仲亮等，蒞鎮四年，巨寇悉平，召拜兵部侍郎。至是命以右都御史充湖廣、貴州、四川總督，三省鎮、巡官皆聽節制。

16 戊申，日本貢使周良等六百餘人，駕海舟百餘艘入浙江界，求請詣闕朝貢。巡撫朱紈以聞，禮部議：「舊例，貢以十年爲期，來者無得踰百人，舟無得過三艘。今舟數人數皆數倍于前，宜令仍循十八年例，起送五十人赴京，餘留嘉賓館，量加犒賞，諭令歸國。若互市防守事宜，在紈善處之。」報可。

17 秋，七月，甲戌，詔改巡撫浙閩等處爲巡視，從御史周亮、給事中葉鏜之請也。

初，明祖定制，片板不許入海。承平久，奸民闌出入，勾倭人及佛郎機諸國入互市，閩人李光頭，歙人許棟，踞寧波之雙嶼，爲之主司其質契，勢家護持之，漳、泉爲多，或與通婚姻。假濟渡爲名，造雙桅大船，運載違禁物，將吏不敢詰也。或負其直，棟等即誘之攻剽，負直者脅將吏捕逐之，泄師期令去，期他日償，他日至，負如初，倭大怨恨，益與棟等合。而浙、閩海防久隳，戰船哨船，十存一二；漳、泉巡檢司弓兵，舊額二千五百餘，僅存千人。倭剽掠輒得志，益無所忌，來者接踵。

紈巡海道，採僉事項高及士民言，謂「不革渡船，則海道不可清；不嚴保甲，則海防不可復；」上疏具列其狀。于是革渡船，嚴保甲，搜捕奸民。閩人資衣食於海，驟失重利，雖士大夫家亦不便也，欲沮壞之。

紈既至，平覆鼎山賊。踰年，將進攻雙嶼，使副使柯喬、都指揮盧鏜會兵由海門進，而倭使周良已先期至。紈度不可却，録其船，延良入寧波賓館防範之，計不得行。

是年夏，四月，鏜遇賊于九山洋，俘日本國人稽天等，許棟亦就禽，棟黨汪直等收餘衆遁，鏜築（塞）〔寨〕雙嶼而還。番舶後至者不得入，分泊南麂、礁門、青山諸島。勢家既失利，言被禽者皆良民，因脅有司引輕比律；紈上疏，請悉以便宜行戮，執法既堅，勢家益懼。

會周良安插已定，閩人林懋和爲主客司，宣言宜發回其使；紈力争之，且曰：「去外國盜易，去中國盜難；去中國瀕海之盜猶易，去中國衣冠之盜尤難。」閩、浙人咸惡之，而閩尤甚。

亮，閩産也，至是與鏜上言：「紈以一人兼轄二省，遥駐福建。而倭夷入貢者艤舟浙江海口，紈一身奔命，已不能及。今閩浙設有海道專司，苟得其人，不必更用都御史。」部議竟從之，乃復巡視舊例。自是事權不一，紈遂不得行其志，卒以此得罪。【考異】朱紈授浙江巡撫在二十六年七月，平覆鼎山賊即在是年，雙嶼之役在二十七年四月，改巡視即在其後。明史紈傳所載年月，皆與實録合。諸書記倭事，前後參錯，今悉據明史朱紈、日本兩傳，參實録書之。

18 丙子，免南直隸鳳陽府被災州縣税糧。

19 戊寅，京師地震，順天、保定二府俱震。詔以災重，遣官祭告郊廟、社稷。

20 庚子，西苑進嘉穀，遣官薦于太廟，百官俱于奉天門稱賀。

21 八月，癸丑，京師復震，遼東廣寧衛、山東登州府同日地震，祭告如初，仍敕「百官修省，各條時政得失以聞。」踰月，京師復地震有聲。【考異】明史本紀，京師地震，但書于七月，五行志則並載八月京師地震。三編地震目中，又據實録增入「九月京師復震有聲」語，今據之。

22 丁巳，諳達犯大同，指揮顧相等死之。寇攻大同邊牆不克，退犯五堡，總兵周尚文追敗之于次野口。

23 九月，辛巳，免淮、鳳、揚、徐被災税糧。

24 壬午，寇犯宣府東路，深入永寧、懷來等處，畿輔震動。

是役也，守備魯承恩等死之，官軍敗績。寇屠堡數百，殺掠人民數萬。懷、永之間，流血成川，積尸滿野。詔逮總兵趙卿等。【考異】寇犯大同于八月，犯宣府于九月，月日皆見明史本紀。實録書于明年正、二月，據勘報功罪之月日也。原奏一稱「八月終」，一稱「九月初十日」。九月癸酉朔，壬午正初十日也。今據明史。

25 乙未，免陝西被災税糧。

26 是月，逮參將李珍等。

上既誅曾銑，怒不已，遣給事申价等往勘冒功通賄狀。珍起自徒中，爲銑録用，功最多；至是价等希指劾「珍與指揮田世威、郭震爲銑爪牙」，遂坐逮，連及巡撫謝蘭、張問行、御史盛唐，皆貶黜。又請勒曾淳、蘇綱贓，恤陣亡軍士及居民被難者。銑嘗檄府衛銀三萬兩製軍仗，亦責償于淳。既下獄，酷刑拷珍，令實剋餉行賂事。珍幾死，卒不承，淳用是得免。踰年，珍竟論死，世威、震坐謫戍。

27 冬，十月，癸卯，殺前大學士夏言。

言既下獄，嚴嵩數以邊警激上曰：「此夏言、曾銑開邊釁，故報復耳。」上不悟，然尚無意殺言。會有蜚語聞禁中，謂「言怨望訕上」，上怒，趣命決于西市。或曰，「蜚語即嵩所搆，」或曰，「嵩以災異，密疏引漢誅翟方進故事，上意遂決，」然其事祕，世莫得知也。言既誅，妻蘇氏流廣西，從子主事克承、從孫尚寶丞朝慶皆坐削籍。言强直自遂，初與嵩共事，輒遇事裁抑之，世多稱言。及大用後，頗修恩怨，物議遂不悉協。及嵩擠言至死，專權黷賄，禍及天下，久乃多惜言者。隆慶初，其家上書白冤狀，詔復其官，賜祭葬，謚文愍。【考異】此據明史言傳，而嚴嵩以蜚語及災異搆言二事，參實録書之。

28 丙辰，寇入隆慶八達嶺，距天壽山僅七十餘里。巡按御史王應鍾聞警，夜馳赴昌平。時守臣俱不設備，應鍾怒，執守陵諸軍校鞭之，寇尋退。應鍾劾奏守備石美中等，並及提督太監王敏；敏亦劾「應鍾乘夜突至，未謁陵而先鞭撻戍卒，不敬。」詔以應鍾有功免究，美中革任，敏亦降級閒住。【考異】明史稿，寇犯隆慶在是月丙辰，據實録也。明史本紀統系之九月，所謂「深入永寧、懷來、隆慶等處」是也。今據史稿分書之。

29 十一月，甲戌，免山東被災税糧。

30 丙子，詔議孝烈皇后祔廟，既而罷之。

先是部臣以后喪且期年，神主宜祔享，乃援孝潔皇后故事，請權祔奉先殿東夾室。上曰：「非正也，可即祔太廟。」于是輔臣嚴嵩等「請設位于太廟東皇妣睿皇后之次，後寢藏主，則設幄于憲廟皇祖妣之右，以從祔于祖姑之義。」上曰：「安有享從此而藏彼之禮？其祧仁宗，祔以新序，即朕位次，勿得亂禮。」嵩曰：「祔新序，非臣下所敢言。」上命「姑已之，且俟再朞以聞。」

31 甲申，冬至，祀天于圜丘，朱希忠攝行。

32 丙戌，太白晝見，凡十日。

33 乙未，順天府密雲縣進生沙金五十兩，詔入內庫，仍行各撫、按官多方採獻。

34 十二月，禮部尚書費寀卒。

二十八年（己酉、一五四九）

1 春，正月，壬申朔，不御殿，百官慶賀如前例。

2 是月，寇犯永昌鎮羌，官軍擊却之。

3 二月，乙巳，振陝西饑，發太倉銀四萬兩，並蠲臨洮、鞏昌等府州縣稅糧。

4 辛亥，以南京吏部尚書張治爲禮部尚書兼文淵閣大學士，國子監祭酒李本爲少詹事兼翰林學士，入内閣，並預機務。

自夏言得罪後，嚴嵩獨相且年餘矣。至是治、本皆以疏遠入閣，益不敢預可否，嘿嘿而已。

5 壬子，諳達入寇宣府滴水崖，指揮董暘、把總江瀚、唐臣、張淮等皆戰死，全軍覆焉。寇遂東犯永寧，關南大震。

乙卯，總兵周尚文率大同兵萬騎至南路，禦于曹家莊，大敗之，斬其酋四。會翁萬達自懷來赴援，鼓譟而東。寇知大兵衆，謀東走。丙辰，宣府總兵趙國忠又敗之于大滹沱，寇狼狽夜遁。

是役也，戰功爲數年之最，而尚文功尤多。捷聞，加太保兼太子太傅，自萬達以下皆陞賞有差。【考異】明史本紀月日皆據實録，惟「董暘」，本紀作「董賜」，誤也，今據三編。又據實録增入死事之唐臣、張淮二人，又有赴援之延綏游擊徐仁、保定都指揮陳機、達官楊璋、軍門指揮白欽等，附識之。

6 是月，以吏部侍郎徐階爲禮部尚書。

初，費寀卒，以孫承恩代，尋被劾免，陞階代之。

7 三月，辛未朔，日有食之。

8 乙酉，皇太子冠。越二日丁亥，薨。

9 是春，巡視浙閩朱紈疏言：「臣整頓海防，稍有次第，而御史周亮欲侵削臣權，致屬吏莫肯用命。」已，又陳「明國是、正憲體、定紀綱、扼要害、除禍本、重斷決」六事，語多憤激。而中朝士大夫先入浙、閩人言，亦有不悦紈者。

先是紈討閩海之賊，連戰三月，大破之。而是時浙人通番出入于寧波定海間，閩人通番出入于漳州浯嶼間，紈以爲「非嚴禁通番，則沿海無寧日。」會是年三月，佛郎機國人行劫至詔安，紈遣副使柯喬、都指揮盧鏜，捕獲通番渠首李光頭等九十六人，紈以便宜立決之于演武場。具狀聞，語復侵諸勢家。未幾而劾者踵至矣。【考異】諸書記倭寇事，皆無月日，而其敘改巡視于詔安之役以後，尤誤也。惟明史朱紈本傳書改巡視于去年，捕通番九十六人于是年，皆與實録合。實録雖據奏報，月分參差，而所書詔安之捷，部議謂「賊發于二月而奏報于三月，非臨陣之比。」據此，則明史紈傳書詔安之捷于三月者是也。紈以四月被劾，亦見實録，今分書之。

10 夏，四月，庚戌，朱紈捷奏至，部臣請下巡按勘覈。御史陳九德，劾「紈不俟奏覆，擅專刑戮，請治紈罪」，並逮柯喬、盧鏜。下兵部會三法司雜議，僉以「紈不俟得旨行刑，及喬、鏜等率請正法，皆不得爲無過。然事難遥度，請遣風力憲臣往按之。」乃遣給事中杜汝楨往會巡按、御史陳宗夔勘實以聞，並令紈罷職待勘。

11 是月，兵部尚書趙廷瑞以疾罷，陞兵部侍郎范鏓代之。鏓疏辭忤旨，黜爲民。

12 諳達等復犯永昌鎮羌，參將蔡勳等擊退。

總督宣、大翁萬達言：「是年春，寇犯宣府，射書入我營中，言求貢不得，當以秋間大舉入邊，直犯畿輔。臣閲其言詞桀驁，頗肆要挾，與數年前遣使情狀殊異。」上命「整秋防以俟，勿墮敵計中」，未幾，竟如其言。

13 五月，己卯，禮科給事中沈束以請卹總兵官下獄。

初，總兵周尚文，以戰功擢都督同知兼僉後府事。時嚴嵩爲禮部尚書，子世蕃官後府都事，驕蹇不法，尚文面叱，將劾奏之，嵩謝，得免，調世蕃治中以避尚文，遂銜之。其後尚文歷功加至太保，嵩謀傾陷之，而連年諳達寇邊，上方倚以抗强敵，故讒不得入。至是春曹家莊之役，録功，兼太子太傅，賜賚有加。

未幾卒。嵩欲格其恤典不予，束乃上言：「尚文爲將，忠義自許。邇者寇騎深入，聞警疾馳，奮勇先登，多所殺獲，此亦一時奇功也，宜加封爵延子孫。又如董暘、江瀚，攖北寇之鋒，遏南奔之勢，援兵不至，繼之以死，雖已廟祀，宜加賜祭以彰死事。今當事之臣，任意予奪，冒濫者倖恩，忠勤者捐棄，何以鼓士氣而激軍心？」疏入，上大怒，詔廷杖，錮之詔獄，遂長繫。

尚文卹典卒不行。穆宗立，始贈太傅，謚武襄。

14 是月，召翁萬達還，任兵部尚書。

15 六月，日本國復求貢，許之。

16 秋，七月，乙亥，總督湖、貴、四川、都御史張岳言：「貴州諸苗旋撫旋叛，湖苗因之貳心，若貴苗不誅，則湖苗之撫不固」，因條上會兵討苗事宜，期以八月集兵會剿，詔以便宜行之。

17 庚寅，免河南、陝西被災夏税。

18 是月，浙江海盜起，寇浙東。

初，祖制設浙江市舶提舉司，中官主之，駐寧波，海船至則平其直，制馭之權恒在上。及上撤天下鎮守中官，并市舶司罷之，而濱海奸人遂專其利。初猶市商主之，及通番禁嚴，遂移之貴官家，復屢負其直，倭使互市者留海濱，輒喪其資，不得返國，大恨。而大奸若汪直、徐海、陳東等，遂窟其中，以内地不得逞，悉逸海島爲主謀。倭聽指揮，相煽入寇，而海中巨盜，亦襲倭服飾旂號，分艘掠内地。

自朱紈至，始稍稍治之。紈既罷，海禁益弛，亂滋甚。時海上承平日久，民不知兵，聞警則竄走一空。終嘉靖之世，遂無寧歲。【考異】明史本紀、明史稿皆作「海賊」，蓋是時倭寇既起，通番奸人率假其名以掠財物，其實不盡倭寇也。實録亦言「諸奸勾引島夷及海中巨盜，所在劫掠，乘汛登岸，動以倭賊爲名，其實真倭無幾也。」故今仍據海盜之文書之。○是年浙東之役，據明史日本傳，起自貴官家負直不予，激之入寇。而據實録所載，言「海上之事，初起于内地奸商汪直、徐海等，常闌出中國財物，與番客市易，皆主于餘姚謝氏。久之，謝氏頗抑其直。諸奸索之急，謝氏度負多不能償，則以言嚇之曰：『吾將首汝于官。』諸奸既恨且懼，乃糾合徒黨及番客，夜劫謝氏，火其居，殺男女數十人，大掠而去。縣官倉皇申聞上司，輒云倭人入寇」云云。此與明史所載大略相同，而謝氏即所稱「貴官家」者，始也商負其直，及移之豪貴，則並倭與商而吞噬之。故倭寇之來，以南始，以商終，汪直、徐海之等，皆奸商也。並附識之。

19 八月，己亥，詔「户部覈天下出納之數以聞」。

是時邊供繁費，加以土木禱祠之役，月無虚日。帑藏匱竭，司農百計生財，甚至變賣寺田，收贖軍罪，猶不能給，乃遣部使者括逋賦。百姓嗸嗸，海内騷動。給事中張秉壺以爲言。

于是户部覆議：「天下財賦，每年實徵起存之例，夏税、秋糧、馬草、屯田、地租、食鹽、錢鈔、税課、鹽課、門攤之類，各有定數。成化以前，各邊寧謐，百費省約，一歲出入，沛然有餘。今則不然。京、通倉糧歲入三百七十萬石，嘉靖十年以前，每歲軍匠支米二百八十萬石，廩中常餘八九年之積。十年以後，歲支加至五百三十七萬石，抵今所儲僅餘四年。太倉銀庫歲入二百萬兩，先年各邊額用，一年大約所出一百三十三萬，常餘六十七萬。嘉靖八年以前，内庫積有四百餘萬，外庫積有一百餘萬。近歲來除進用、修邊、給賞、賑災諸項外，一年大約所出三百四十七萬，視之歲入，常多一百四十七萬。及今不爲之所，年復一年，將至不可措手矣。且今生財之道既竭，計惟節用。請敕中外諸臣就職論事，專意清理，務求節財助邊。仍令兩京户部并工部、太僕、光禄及各直省司、府、衛、所以及遼、薊、宣、大、陝西諸邊，每歲終將一年出納錢穀修成會計録，分爲四目：一曰歲徵，如府庫監局倉場額派錢穀幾何；一曰歲收，如收過本年、先年額徵錢糧完欠幾何；一曰歲支，如本年用過各項錢糧于歲派額數增減相多幾何；一曰歲儲，如本年支剩存積錢糧幾何；務令簡明，以爲通融撙節之計。」從之。【考異】三編系之七月下，今據實録月日。

乙卯，寇犯大同。

先是寇入大城，在大同之東，官兵守之，不能入，寇佯西北去。至是乘官兵懈，復由松樹墩毁牆入大同右衛及平虜、威遠等處，凡攻毁堡寨村莊五十餘，戕殺官軍三千五百餘人。

兵部言：「邊臣報大同修築牆垣可恃以守，一旦復毁垣衝入，宜治其罪。」詔巡按御史勘實以聞。【考異】明史本紀不具，史稿系之是月乙卯。證之實録，原奏稱「八月初十日，寇犯大城，在大同之東，官兵守之，不得入，寇佯西北去。我兵遂懈。十八日，寇復由松樹墩掘牆而入」云云。是月戊戌朔，初十日丁未，十八日乙卯，史稿月日蓋據實録也，今從之。

21 九月，戊辰，寇復以餘騎犯榆林，參將劉繼先等擊却之。

22 庚辰，免浙江嘉、湖二府被災秋糧。

23 壬午，諳達復犯大同，總兵陳鳳等擊却之。

24 是月，朵顔三衛導北寇犯遼東，入沙河堡，守將張景福死之。

初，詔罷三衛馬市，並新設木市亦罷之。自此三衛數爲韃靼嚮導，而朵顔部下哈舟兒、陳通事實主之。二人皆中國人被虜，遂爲之用。【考異】明史本紀，「是月，朵顔三衛犯遼東」，明史稿則以寇書之。證之明史三衛傳，蓋三衛導韃靼入寇也。實録系奏報于十一月，原奏稱「九月」，並張景福之死俱見九月奏中。惟三衛傳誤列之二十一年之秋，蓋連罷馬市書之，未及分析耳。又據實録，死事之員尚有百户陳策、李松，附識于此。

25 吏部尚書聞淵引年致仕，刑部尚書喻茂堅引疾致仕，皆許之。改户部尚書夏邦謨于吏部。

26 冬，十月，辛丑，免順天、河間、保定、真定、大名五府被災州縣税糧。

27 是月，以吏部左侍郎潘潢爲户部尚書。兵部尚書翁萬達以憂去，陞吏部右侍郎丁汝夔代之。改南京〔刑部〕尚書劉訒爲刑部尚書。

28 十一月，甲申，孝烈皇后神主祔太廟。

是時上欲祧仁宗，設新序，以廷臣執奏，乃命藏孝烈神主于皇妣獻皇后之側。

29 乙酉，太白晝見，凡五日。

30 己丑，冬至，祀天于圜丘，朱希忠攝行。

31 乙未，免湖廣沔陽、荊門等被災州縣秋糧。

32 是月，工部尚書文明卒。

33 十二月，以提督倉場、侍郎李士翺爲工部尚書。

二十九年（庚戌、一五五〇）

1 春，正月，丙寅朔，不御殿。

2 癸未，山東蓋州等衛地震，有聲如雷，踰月乃止。【考異】明史五行志佚，三編據實録增，今從之。

3 二月，宣府諜報，寇移帳駐威寧海子；已，復報寇朔州。兵部議：「寇入宣府，則衝黄花、白馬、古北等隘。今日廟謨所當先定者，惟亟備薊鎮，屏蔽京師。請發河間兵一枝駐密雲，保定兵一枝駐通州，俱聽薊州撫、鎮節制。」從之。

4 三月，乙丑，禮部以亢旱，請行順天府祈雨。上曰：「去冬無雪，今春不雨已百五十日，其亟行之毋忽。」

辛未，上躬禱雨于禁中。

5 壬午，賜唐汝楫等進士及第、出身有差。

6 是月，貴州苗賊龍許保襲思南府之印江縣，執知縣徐文伯及石阡推官鄧本忠以去。

初，王學益、李義壯相繼巡撫貴州，皆主撫議以附嚴嵩。張岳至，集兩省官議，皆言「撫之無益，不如以兵戍守之，使毋出掠可也。」未幾，許保猖獗，岳坐奪俸，乃決計討之，大集土、漢官兵，期以秋舉。

7 廣東黎賊平。

初，瓊州五指諸山黎賊，剽掠崖州等處，僞置總兵，攻圍城邑。是年之春，提督兩廣、侍郎歐陽必進會剿，前後禽斬首從賊五千餘名，遂平之。

奏言：「瓊州孤懸海外，地大且遠，非一副使所能彈壓。請增設分守一人于儋州，參將一人于崖州，而復設守備一人于瓊州。」部議以「分守官不便，第設參將，擇知兵者任之。」乃以欽州守備俞大猷充右參將，鎮守儋、崖。

8 夏，四月，己亥，以久旱，遣官祭告郊廟，並敕群臣修省。

9 辛亥，下河南巡撫都御史胡纘宗于獄，刑部尚書劉訒坐免。

初，上幸承天，纘宗撫河南，迎駕時，有河間人王聯，任陽武知縣，纘宗嘗以事笞之，尋爲巡按御史陶欽夔劾罷。聯素凶狡，嘗毆其父良論死，久之以良請出獄，復坐殺人，求解不得。知上喜告訐，乃摭纘宗迎駕詩中「穆王八駿」語爲謗詛，言「纘宗命己刊布不從，乃屬欽夔論黜，羅織成大辟，」遂以去年長至日，令其子詐爲常朝官，闌入闕門訟冤。凡所不悦，若副都御史劉隅，給事中鮑道明，御史胡植、馮章、張洽，參議朱鴻漸以及知府項喬、賈應春等百十人，悉搆入之。上大怒，立遣官捕纘宗等下詔獄，命訒會法司嚴訊。訒等盡得其誣罔狀，仍坐聯死，當其子詐冒朝官律論斬，而爲纘宗等乞宥。上既從法司奏，坐聯父子辟，而心嗛纘宗，多所詰讓，復下禮部都察院參議，嚴嵩爲之解。會京師災異數見，上以咨陶仲文，仲文對言：「慮有冤獄，得雨方解。」上稍動，乃從輕典革纘宗職，杖四十，訒坐市恩，亦除名。法司正、貳停半歲俸，郎官承問者悉下詔獄。嵩以對制平獄有功，令兼支大學士俸。嵩辭，乃允。

時法司率骫法徇上意，稍執正，譴責隨至。訒于是獄獨持法，故身雖黜而時論多之。

【考異】此據明史劉訒傳。傳言冬至日遣子訟冤，是纘宗之逮在去年，至是下獄。實録系之是月辛亥，今據之。傳言「穆王八駿」語，見之實録，則「穆王八駿空飛電，湘竹英皇淚不磨」之句，據此，則帝之譴纘宗，非無自也。此等不祥之語，傳布在外，有似謗詛，王聯之訐，其亦纘宗有以自取之乎！

10 癸丑，大雨。百官稱賀，優詔答之。

11 壬戌，封陶仲文爲恭誠伯，以禱雨、平獄功也。給事中張秉壼，劾「仲文貪天之功以爲己力」，于是仲文疏辭，不允。【考異】明史本紀及恩澤表，仲文封伯在八月丙寅，證之實録，在是月壬戌，若八月丙寅，則以萬壽節加禄米也。明書亦系之四月。

12 是月，河決入淮，逼泗州祖陵。總漕副都御史龔輝，巡按御史史載德，請「開直河口以通下流，築二陳莊、劉家溝二口以防衝決」，從之，仍遣官修治陵寢。

13 五月，辛卯，重修大明會典成。

14 是月，改李士翱于刑部，以户部侍郎胡松爲工部尚書。

15 六月，戊申，太白晝見。連日陰雲，凡晝見者七日。

16 丁巳，免畿南及山東被災州縣夏税。

17 戊午，諳達寇大同。

時諳達移駐威寧海子，勢將南下，乃由墩口潰牆而入，悉精兵伏林箐中，而以羸師往來誘我。總兵官張達意輕之，兵未合，遽率麾下馳擊之，伏發，圍之數匝，達馬蹶，遂遇害。副總兵林椿，方擊餘騎于彌陀山，聞達被圍，亟引兵西救。會矢下如雨，椿亦中流矢，死之。

達、椿皆驍勇善戰，寇得二將首，輒引去。

18 閏月，乙丑，免山西平陽、潞安、太原等府被災夏稅。

19 大同敗問至，上以張達、林椿忠勇遇害，俱加贈賜諡。

時咸寧侯仇鸞坐廢家居，以賄嚴世蕃，屬之兵部，薦其謀勇可任，即日復太子太保，充總兵官，鎮守大同，以署都指揮僉事徐珏副之，俱令星馳赴鎮。

20 戊辰，免河南被災夏稅。

21 癸酉，逮總督宣大侍郎郭宗皋、巡撫大同都御史陳耀。

先是大同之敗，宗皋、耀各奏言「張達、林椿雖敗于陣，而寇亦旋退。」給事中唐禹，言「達、椿效死先登，全軍陷没，獨達二子張世傑、張俊以血戰潰圍得出。此數十年邊關未有之大衄。而宗皋等不自席藁待罪，乃敢蔓語彌縫，冀逃罪譴，死何以見達、椿，生何以謝二子？乞明示賞罰以昭激勸。」上以禹奏公平，賜達二子同蔭。命錦衣官校械繫宗皋、耀，既至，命各杖于廷。耀死杖下，宗皋謫戍邊。

22 丙子，起復翁萬達總督宣大，閒住都御史趙錦巡撫大同。萬達家廣東，未至，遣侍郎蘇祐攝其事。

23 戊子，免南直隸被災夏稅。

24 己丑，免畿内被災夏税。

25 秋，七月，戊申，諳達自威寧移駐斷頭山，並調集套虜，聚衆十餘萬，謀深入關南。宣大守臣以聞，詔戒嚴防禦。

26 壬子，逮巡視浙閩、都御史朱紈並副使柯喬、都指揮盧鏜等。

紈既罷職聽勘，給事中杜汝楨、巡按御史陳宗夔勘上，悉如陳九德言，遂坐逮。方按問，趣紈對簿，紈聞之，慷慨流涕曰：「吾貧且病，又負氣不能相下。縱天子不欲死我，閩、浙人必殺我。吾自決之，不須人也。」製壙志，作絶命詞，仰藥死。鏜、喬等皆論死，繫按察司獄。

自紈死，並巡視亦罷不設，中外諸臣自此搖手不敢言海禁事。

27 己未，免陝西西安等八府被災州縣夏税。

28 是月，户部尚書潘潢，以議邊餉忤旨調南京，改李士翱于户部，以南京兵部侍郎顧應祥爲刑部尚書。

29 八月，甲子，諳達犯宣府，不克。

先是諳達大舉入寇，將擁衆窺大同。時仇鸞方受命蒞鎮，惶懼無策，其廝養時義、侯榮者，説鸞曰：「勿憂，吾爲主解之。」乃爲鸞持重賂賂諳達，令移寇他塞，毋犯大同。

諳達受貨幣，遺之傳箭以爲信，而與之盟，遂東去。及至宣府，有備不得入，遂寇薊鎮。

己巳，寇自獨石邊外東行至大興州，去古北口百七十里，仇鸞知之，率所部馳至居庸關南。而順天巡撫王汝孝駐薊州，誤聽諜者，謂寇向西北。兵部尚書丁汝夔信之，請敕鸞還備大同，匆東。未幾，興州報至，始命鸞壁居庸，汝孝守薊州。

30 乙亥，寇果循潮河川南下至古北口，遂擁衆薄關城，總兵官羅希韓、盧鉞不能却。

丁丑，寇攻古北口，以數千騎繞牆而軍，汝孝悉衆出，發火礮矢石攻之。寇乃陽督兵綴薊師，而别遣精騎從間道潰牆而入，薊鎮兵大潰。寇遂由石匣營達密雲，轉掠懷柔，圍順義城，聞保定兵駐城内，乃解而南，于是益謀内犯矣。

31 戊寅，寇至通州。

先是寇將南下，巡按順天御史王忬聞報，度官軍弱，無能禦者。夜，草疏言：「潮河川有徑道，一日夜可達通州。敵兵剽悍若風雨，而古北口距京師僅七舍，漫衍無衞戍瞭望，神京陵寢萬一蕩摇，事繫非小。請速集廷臣議戰守策。」而身出駐通州，召吏民，給兵仗，聽約束，收漕舟艤潞河西，匆使爲敵用。事甫畢，而夜半敵兵果至通州，阻白河不得渡，營于河東二十里，分兵剽昌平，犯諸陵，殺掠不可勝計。京師戒嚴。

32 詔「檄諸鎮兵勤王」。分遣文武大臣各九人守京城九門，定西侯蔣傅、兵部侍郎王邦瑞總督之，而以錦衣都督陸炳、禮部侍郎王用賓及給事、御史各四人，巡視皇城四門。詔「大小文臣知兵者，許尚書丁汝夔委用。」于是汝夔條上八事，「請列正兵四營于城外四隅，奇兵九營于九門外，近郊正兵營各一萬，奇兵營各六千。急遣大臣二人經略通州、涿州，且釋罪廢諸將，使立功贖罪」，上悉從之。

然是時所籍皆虛數，禁軍册籍尤缺額，僅四、五萬，又半役內外提督、大臣家，不歸伍者；在伍者半皆老弱，涕泣不敢前。倉猝從武庫索甲仗，主庫太監勒常例不時發，久之不能軍。詔「城中居民及四方入應武舉者，悉登陴守，命都御史商大節率五城御史統之」，又懸賞格募壯士。軍事益旁午。

33 己卯，寇營白河東，分遣游騎四掠，去都城僅三十里。

時仇鸞率副總兵徐珏、游擊張騰等自居庸至通州，營于河西，保定巡撫楊守謙、副將朱楫等營于東直門外，各路援兵頗集。

議者率謂「城外有邊兵足恃，城內虛，宜移京軍入備內釁。」于是侍郎王邦瑞「請以巡捕官軍營東、西長安街」，而尚書丁汝夔亦「量請掣兵入，營十王府慶壽寺前」，從之。

34 辛巳，寇自通州渡河而西，前鋒七百騎駐安定門外教場。壬午，薄都城，分掠西山、黄村、沙河、大、小榆河，畿甸大震。

初，寇薄通州，城中所遣偵卒出城不數里，道遇傷者輒奔還，妄言誑汝夔，既而言不讎，汝夔弗罪也；募他卒偵之，亦如前；以故敵之衆寡遠近皆不得知。成國公朱希忠掌城中營務，恐以兵少獲譴，乃東西抽掣爲掩飾計，士疲不得息，出怨言，而調者不得主名，則争詈汝夔。仇鸞兵無紀律，掠民間，上方嚮鸞，戒勿治，汝夔亦容忍之，以故軍民益解體。

上見諸鎮兵先後至，無統攝，而中官陸炳等争譽鸞，乃拜鸞爲平虜大將軍，節制諸路兵馬；進楊守謙兵部左侍郎，提督軍務。【考異】明史本紀，「壬午，薄都城，拜仇鸞爲平虜大將軍。」又丁汝夔傳言「辛巳，寇前鋒駐安定門外教場，明日，薄都城」，皆據實録日分。惟仇鸞始以賄嚴世蕃總督宣大，實録不具，三編蓋據紀事本末書之。若陸炳等請以鸞節制各路兵馬，具見實録，今參書之。

35 是日，上御西苑，召嚴嵩、徐階入議軍事。

會寇至東直門，執御廄中官八人去，不殺；諳達踞坐帳中，語曰：「若歸見天子，好爲我致書！」乃以謾語求入貢，解送歸，嵩等既入，上出書示之，嵩曰：「此禮部事。」復以問階，階曰：「寇深矣！不許恐激之怒；許則彼厚要我。請遣使者紿緩之，我得益爲備。援兵集，寇且走。」上稱善者再。

階出，傳上諭集廷臣議。國子監司業趙貞吉抗言曰：「此不必議。後生懦夫，闇于事勢，見寇急而許之入貢，何異城下之盟！」又曰：「今朝廷所急在收攝人心，若使追論周尚文之功，釋沈束于獄，則寇退易易耳。」

上遣中使往覘會議，聞貞吉言而心壯之，宣入左順門問計。貞吉「請宣諭諸軍，懸賞格以激士氣」，從之。擢貞吉左諭德兼河南道監察御史，並給賞軍銀五萬兩，令隨宜區處。

36 癸未，上御奉天殿。

先是，各路援兵至，詔兵部覈數賞賚。而勤王兵先後至者五六萬人，皆聞變即赴，未齎糗糧。及制下犒師，牛酒無所出，越二三日，援軍始得數餅餌，益饑疲不任戰。

上久不視朝，軍事無由面白，吏部尚書夏邦謨等，「請上躬御正朝，延見廷臣，以振威武，從民望」，禮部尚書徐階復固請。是日，文武昧爽集闕下，日晡，上始出御殿，不發一詞，但諭「階奉敕至午門集廷臣切責」而已。上以「本兵舉措周章，令吏部別推曾歷邊方，嫻將略者」，部臣以都御史楊守禮名上。于是丁汝夔不自安，乃請躬督諸將出城禦寇，以侍郎孫應奎專督軍餉。

37 甲申，寇退。

先是上趣諸將戰甚急，丁汝夔以咨嚴嵩，嵩曰：「塞上敗，可掩也；失利輦下，上無不知，誰執其咎？寇飽，自颺去耳。」汝夔遂承嵩指，戒諸將勿輕舉。楊守謙以孤軍薄寇營，而陣無後繼，亦不敢戰，于是皆堅壁不發一矢，輒以汝夔及守謙爲詞。

寇遂燬城外廬舍，火光燭天。城之西北隅，内臣園宅在焉，環泣上前曰：「將帥爲文臣制，故寇得縱横至此。」上怒甚，命逮丁汝夔、楊守謙于午門外廷鞫。

寇掠内地凡八日，本無意攻城，且所虜獲已過望，遂整輜重趨白羊口去。

38 逮副都御史王儀。

初，王忬自通州告急請援，詔儀率兵二千往。至是忬奏「儀縱士卒虐大同軍」。——大同軍者，仇鸞兵也。——儀坐逮，乃超擢忬右僉都御史代之。

39 丙戌，京師解嚴。

侍郎王邦瑞，「請躡寇歸路擊之。」時京師大雨彌日，京畿千里之内，泥淖竟尺。諭德趙貞吉奉使勞軍，趣仇鸞乘雨襲寇，不應；又犒賞及鸞軍，亦不受。貞吉見寇已引去，計無所出，乃賫敕徧諭城外諸營而還。上怒其處分未當，輕率復命，又追論其訟周尚文、沈束爲代人懷怨，乃命杖五十，謫荔波典史。

先是貞吉廷議罷，盛氣謁嚴嵩，嵩不見，貞吉怒，叱門者。會世蕃趨入，顧謂貞吉曰：「公休矣！天下事當徐議之。」貞吉愈怒，罵曰：「汝權門犬，何知天下事！」嵩父子銜之，卒得罪。

40 丁亥，仇鸞敗績于昌平。

時寇以白羊口道狹，恐我軍邀襲，乃取昌平東北古北口舊路出。鸞軍猝與之遇，敵縱騎蹂擊，殺傷千餘人，鸞幾爲所獲，被救得免。敵遂長驅至天壽山，總兵官趙國忠列陣紅門前，不敢入，遂循潮河川舊道去。【考異】明史本紀書仇鸞敗績于白羊口，此微誤。蓋寇以白羊口路狹，恐爲官軍所邀，乃改道取昌平東北古北口舊路，鸞軍遇之而敗。是鸞之敗乃在昌平至古北口之路，非白羊口也。明史稿記寇至白羊口于甲申，正改道至昌平之前四日，此與實録合，今悉據書之。

41 殺兵部尚書丁汝夔、侍郎楊守謙。

時法司坐汝夔守備不設，守謙失誤軍機律，俱秋後處決。上以「汝夔罔上毒民，守謙黨同坐視，皆死有餘辜」，趣命即日斬于市。汝夔仍梟示，妻子流三千里。以刑部侍郎彭黯、左都御史屠僑、大理寺卿沈良才議獄遲緩，各杖四十，降俸五等。刑科張侃等循故事覆奏，各杖五十，斥侃爲民。

初，上欲行大誅以懲後，汝夔窘，求救于輔臣嚴嵩，嵩曰：「我在，必不令公死。」及見上怒甚，竟不敢言，汝夔臨死，始知爲嵩所賣。

守謙臨刑，慨然曰：「臣以勤王反獲罪。讒賊之口，實蔽聖聰。皇天后土，知臣此心，死何恨！」

守謙在邊，得將士心，位至開府，清廉如寒士。然性遲重，客有勸之戰者，應曰：「周亞夫何人乎？」客曰：「公誤矣，今日安得比漢法？」守謙不納，竟得罪。邊陲吏士聞守謙死，無不流涕。

42 是月，户部尚書李士翱以各營軍餉不時給，被劾罷。時侍郎孫應奎暫攝户部事，踰二月，始代之。【考異】士翱以八月革職，九月始罷。明史七卿表系之是月，今從之。

43 九月，辛卯朔，諳達悉衆出塞，由石城匣及張家、古北等口而去。仇鸞掩敗不聞，令諸將收斬遺尸，得八十餘級。捷上，優詔答之，尋加太保，賜金幣。

44 詔「振畿内被寇之民，並蠲免税糧，令户部覈實以聞。」已而順天府尹郭鋆「請于傷重之各州縣，先蠲免而後查覈」，報可。又敕「京師城外及薊州、昌平等處廣瘞暴骸。」

45 乙未，罷團營，復三大營舊制。諳達之内犯也，兵部覈營伍，不及五、六萬人，驅之出城，皆流涕不敢前，諸將領亦相顧失色。至是丁汝夔既誅，輔臣嚴嵩請振刷以圖善後。

時吏部侍郎王邦瑞攝兵部，【考異】明史七卿表，兵部尚書丁汝夔誅，召翁萬達，未至罷。十一月，王邦瑞任兵部尚書。證之明史邦瑞本傳，「邦瑞始以兵部侍郎改吏部，及諳達犯都城，命邦瑞總督九門。及汝夔下獄，乃命邦瑞攝其事。」據此，則邦瑞初以吏侍總督九門，節制京軍，迨汝夔下獄，始攝兵部兼督團營，而本職仍係吏部。直至復三大營舊制，始改邦瑞爲兵部侍郎。又兩月，翁萬達不至，乃以邦瑞任之。諸書或言吏部，或言兵部，未經分析，又有徑作尚書者，今據兵志所載附識之。因言：「國初京營禁旅，不減七、八十萬。自三大營變爲十二團營，又變爲兩官廳，寖不如初，然額軍尚三十八萬有奇。今營政廢弛，見籍至十四萬，而操練者不過五、六萬，支糧則有，調遣則無。比寇騎深入，戰守俱困，此其弊不在逃亡而在占役，不在軍士而在將領。蓋提督以下諸官，多世胄紈袴，平時占役營軍，率以空名支餉，臨操則集市人呼舞博笑而已。乞遣官精覈。」

上是其言，下兵部議，「悉罷團營兩官廳，復三大營舊制。設總督京營戎政一員，以武臣爲之，協理京營戎政一員，以文臣爲之。」時上方嚮用仇鸞，乃以爲總督京營戎政，復改邦瑞爲兵部左侍郎，專督營務。

丁酉，邦瑞復條上興革六事，中言「宦官典兵，古今大患，請盡撤提督、監鎗中官」，報可。

戊申，免畿輔被災税糧。

47 壬子，廢鄭王厚烷爲庶人。

厚烷、仁宗子，鄭靖王瞻埈之裔孫也。初，上修齋醮，諸王爭遣使進香，厚烷獨不遣。前年七月，上書請上修德講學，因進居敬、窮理、克己、存誠四箴，演連珠十章，以神仙土木爲規諫，語切直。上怒，下其使者于獄。

至是宗室有孟津王見濍子祐橏，規復郡王爵，怨厚烷不爲奏，乃乘上怒，摭厚烷四十罪，以叛逆告。詔駙馬中官往勘無驗，乃傅會其所建宮室名號擬乘輿爲大不敬。遂削爵，錮之鳳陽高牆。【考異】據實録所載厚烷得罪，多勘奏中文致語，今悉據明史諸王傳書之。

48 乙卯，免山西被災夏税。

49 是月，詔起復翁萬達回部管事，蘇祐總督宣大。

50 冬，十月，壬申，免畿内、河南、南畿被災秋糧。

51 甲戌，大學士張治卒。

時輔臣多贊玄修，治不自得，悒悒而病。及卒，上不悦，賜謚文隱。隆慶改元，更謚文毅。

52 辛巳，下刑部郎中徐學詩于獄。

時方寇退，詔廷臣陳制敵之策，諸臣多掇細事以應。學詩憤然曰：「大奸柄國，亂之本也；亂本不除，能攘外患哉！」

即疏劾嚴嵩，略曰：「外攘之備，在于內治；內治之要，在于端本。今大學士嵩，輔政十載，奸貪日甚；內結勳貴，外比群臣；文武遷除，悉要厚賄；致此輩掊克軍民，釀成寇患。國事至此，猶復敢謬引佳兵不祥之説以謾清問。近因都城有警，密輸財賄南還，大車數十乘，樓船十餘艘，水陸載道，駭人耳目。又納奪職總兵官李鳳鳴二千金，使鎮薊州；受老廢總兵官郭琮三千金，使督漕運。舉朝莫不歎憤，而無一人敢言之者，誠以內外盤結，上下比周，積久勢成。而其子世蕃，又凶狡成性，擅執父權；凡諸司章奏，必先關白，然後上聞，掩罪飾非，乘機搆隙。故凡論之者，雖不能顯禍之于正言直指之時，莫不假事因人，陰禍之于遷除考察之際，天下痛心，視爲鬼蜮。伏願陛下罷嵩父子，別簡忠良，則內治既清，外患自寧矣。」

上覽疏，頗感動。方士陶仲文密言：「嵩孤立盡忠，學詩特爲所私修隙耳。」上於是發怒，下學詩詔獄，削其籍。【考異】徐學詩下獄，明史本紀不具。原修三編及輯覽皆系之九月，重修三編據實録改入十月，又簽明係十月辛巳，敘于張治卒之下，今據之。

53 甲申，巡視京營兵部主事申旞，劾「仇鸞恃寵弄權，更張營政。」鸞疏辯，謂：「旞意不過侵官攬權，束縛臣等，使不得行事耳。且京營巡視官，近已添設科、道二員，今益之主事，又以兵部之勢臨之，臣等懼罪之不暇，何暇禦敵！」詔下燧鎮撫司拷訊，遂罷京營巡視官。

時鸞請「駐師宣、大間，整飭兵甲，俟冬月大舉以雪國恥。」已，又請「廣集兵糧，以明年大舉北征」，上皆從之。

54 十一月，癸巳，分遣御史魏謙吉等選邊軍入衛。

先是仇鸞總戎政，請「調宣大、延綏各邊兵更番入衛，分隸京營。」下兵部議，「各邊均屬重地，使患在心腹，則肢體固輕，若盡撤藩籬，則堂奥之守何賴？今不權時勢，輒行調取，命使四出，非計之得也。」鸞固執前議，上特許之。乃詔選各邊兵六萬八千人與京軍雜練，復令京營將領分練邊兵。自是塞上有警，邊將不得徵調，邊事日壞矣。

55 甲午，冬至，祀天于圜丘，朱希忠攝行。

56 壬寅，祧仁宗，祔孝烈皇后于太廟。

時上終欲祔孝烈入廟，而自爲一世，復下禮部議。尚書徐階抗言：「女后無先入廟者，宜祀之奉先殿。」禮科給事中楊思忠亦以爲然。上大怒，階等皇恐謝罪。

會孝烈忌日，請祭，上曰：「孝烈繼后，所奉者又入繼之君，忌不祭亦可。」于是階等上祧祔儀注如上指，而祔孝烈于太廟之第九室。

57 辛亥，免浙江、四川被災稅糧。

58 是月，陞侍郎王邦瑞爲兵部尚書。

先是起復翁萬達，未至，上以問嚴嵩，嵩言「寇患方殷，諸臣不無觀望」，上怒，遂罷之，于是邦瑞始受代。

未幾，萬達至，降兵部侍郎兼右僉都御史，守易州。

59 十二月，丙寅，兵部尚書王邦瑞條上安攘十二事。

時仇鸞搆邦瑞于上，上眷漸移。會鸞奏革薊州總兵官李鳳鳴、大同總兵官徐珏任，而薦京營副將成勳代鳳鳴，密雲副將徐仁代珏，旨從中下，兵部不預聞。邦瑞因言：「朝廷易置將帥，必采之公卿，斷自宸衷，所以慎防杜漸，示臣下不敢專也。且京營大將與列鎮將不相統攝，何緣京營乃黜陟各鎮！今曲徇鸞請，臣恐九邊將帥悉奔走託附，非國之福也。」上不悅，下旨譙讓。于是鸞益憾之。

60 是歲，元江土舍那鑑作亂，殺雲南左布政使徐樾。

初，那鑑殺其姪土知府那憲，奪其印，巡撫應大猷以聞，詔黔國公沐朝弼討之。朝弼會副使李維、參政胡堯時等，集土、漢兵分五哨，破之于木龍寨。那鑑勢蹙，遣人詣南羡監督王養浩所乞降。

會檝督餉至南羡，以那鑑計窮求款，信之，令面縛出城來降。左右謂「夷詐不可信」，檝不聽，至期，率百人往城下受降。鑑縱象馬夷兵突出衝之，檝及左右皆死焉。

事聞，上切責朝弼、養浩等，各帶罪捕賊。

明通鑑卷六十

江西永寧知縣當塗夏燮編輯

紀六十起重光大淵獻（辛亥），盡閼逢攝提格（甲寅），凡四年。

世宗肅皇帝

嘉靖三十年（辛亥、一五五一）

1 春，正月，己丑朔，不御殿。

2 辛卯，大風揚塵蔽天，晝晦。

3 辛丑，謫錦衣衛經歷會稽沈鍊於邊。

初，趙貞吉請勿許諳達求貢，廷臣無敢是貞吉者，鍊獨大言以爲是，吏部尚書夏邦謨目之曰：「若何官？」鍊曰：「錦衣經歷沈鍊也。大臣不言，故小吏言之。」鍊憤國無人，致寇猖獗。「請以萬騎護陵寢，萬騎護通州軍儲，合勤王師十餘萬擊其惰歸，可大得志。」上不省。

時嚴嵩用事，邊臣爭致賄遺，及失事懼罪，益輦金賄嵩，鍊時時扼腕。一日，從尚寶丞張遜業飲，酒半及嵩，因慷慨詈駡，流涕交頤。

遂上疏曰：「昨歲諳達犯順，陛下欲乘時北伐，此文武群臣所共當戮力者也。然制敵必先廟算，廟算必先爲天下除奸邪，然後外寇可平。今大學士嵩，當主憂臣辱之時，不聞延訪賢豪，咨詢方略，惟與子世蕃規圖自便。忠謀則多方沮之，諂諛則曲意引之。要賄鬻官，沽恩結客。朝廷賞一人，曰『由我賞之』，罰一人，曰『由我罰之』，人皆伺嚴氏之愛惡而不知朝廷之恩威，尚忍言哉！姑舉其罪之大者言之：納將帥之賄以啓邊陲之釁，一也；受諸王餽遺，每事陰爲之地，二也；攬御史之權，雖州縣小吏，亦皆貨取，致官方大壞，三也；索撫按之歲例，致有司遞相承奉，而閭閻之財日削，四也；陰制諫官，俾不敢直言，五也；妬賢嫉能，一忤其意，必致之死，六也；縱子受財，斂怨天下，七也；運財還家，月無虛日，致道途驛騷，八也；久居政府，擅寵害政，九也；不能協謀天討，上貽君父憂，十也。」因併論吏部尚書夏邦謨諂諛黷貨狀，請均罷斥以謝天下。上大怒，搒之數十，謫佃保安。

4 二月，己未，禮部尚書徐階請早建儲，立太子。不允。

5 戊辰，兵部尚書王邦瑞罷。

初，仇鸞聲言大舉擣巢，「請廣集兵糧以備北征，命户部遣使盡括南都及各省布政司儲積，且督歷年逋賦」，又欲罷薊鎮邊牆，邦瑞皆以爲不可。鸞銜甚，益搆之於上。會邦瑞復陳安攘大計凡五事，末言：「京師之大防在薊州，薊鎮修邊牆，爲禦寇第一義。頃因甲可乙否，遂棄而不舉。敵之窺伺無時，邊兵豈可常調？」

疏入，上怒其摭拾虚詞，責令自陳狀。邦瑞引罪，詔落職，以冠帶辦事。居數日，邦瑞因考察自陳，竟除名，以兵部侍郎趙錦代之。於是鸞益横。

6 是月，吏部尚書夏邦謨、工部尚書胡松俱以考察罷。刑部尚書顧應祥改南京。

7 三月，壬辰，宣大督撫奏：「諳達自去冬叩宣府求貢，廷議不許。入春以來，復遣其子托克托舊作脱脱。貢馬求款，並乞開西北馬市。【考異】三編作「小王子托克托」。按實録及明史韃靼傳，皆言「諳達遣其子托克托」，又據三編武英殿底本，亦云「諳達義子托克托」，今據之。惟小王子與諳達爲叔姪，互相争雄，未必有同貢之事，今並「小王子」三字亦删之。邊臣請許之。」

下兵部議，仇鸞會兵部尚書趙錦等言：「永樂、成化間，皆常設馬市於遼東，以待海西三衞之衆。今仿其例，與諳達約，永不犯塞，許於大同五堡邊外，每歲春秋兩市，以邊馬易中國貨物，簡練習邊事之文職大臣領之。」

疏入，上意未決，以問嚴嵩，嵩謂「邊臣計慮周詳，用以緩彼之入，修我之備，事屬可行。」詔「亟取侍郎史道來京，令以原職兼僉都御史，前赴大同經略邊事。」

8 癸卯，兵部主事、署員外郎容城楊繼盛聞開馬市，以爲讎恥未雪，示弱辱國，乃抗疏陳十不可、五謬。

其略曰：「互市者，和親之別名也。諳達蹂躪我陵寢，虔劉我赤子，大讎也；今不惟不能聲罪致討，而反與之爲和議之事，此忘天下之大讎，一不可也。

下詔北伐，日夜征繕兵食，乃翻然有開馬市之議，則平日所以選將練兵者爲何？此失天下之信義，二不可也。

堂堂中國，而爲此市易之事，此損國家之重威，三不可也。

海内豪傑爭磨礪待試，今馬市一開，忘赤子之讎，厭兵甲之用。異日復欲號召，誰肯興起！此隳豪傑效用之志，四不可也。

使邊鎮將帥日弛封守之防，益滋偷安之氣。廢弛既久，一旦有急，何以整頓？此懈天下修武之心，五不可也。

邊卒私通境外，例率裁禁。今馬市一開，則彼之交通者，乃王法所不禁，將來勾引之禍，可勝言乎！此開邊方私通之漸，六不可也。

盜賊伏莽，畏國家之威而不敢動也。今馬市一開，則彼皆以爲天下兵威已弱，睥睨之變必開，此起百姓不靖之漸，七不可也。

諳達往歲深入，乘我無備故也。今備之一歲，以互市終，彼謂國有人乎！此長敵人輕中國之心，八不可也。

或諳達負約不至，至矣，或陰謀伏兵突入，或今日市，明日復寇，或以下馬索上直，是我不能羈縻乎彼，而彼反得愚弄夫我矣。此墮諳達狡詐之計，九不可也。

以馬與銀數計之，每年市馬約數十萬匹，四、五年間須得馬數百萬匹，每年約用銀數百萬兩，四、五年間須費銀數千萬兩，永久之計，將安在乎！此財與馬兩難相繼，十不可也。

議者曰：『吾外爲市以羈縻之，而内修我甲兵』，此一謬也。夫寇欲無厭，其以釁終明甚。苟内修武備，安事羈縻！

又曰：『吾因市以益吾馬，』此二謬也。夫和則不戰，馬將安用？且彼安肯以自乘之良馬而市於我乎！不過瘦弱不堪之物，不服水草，將不日俱斃而已。

又曰：『市而已，彼且入貢』，此三謬也。夫貢之賞不貲，是名美而實大損也。市馬則獲小利而無名，開貢則雖有名而費大。市馬固不可許，貢亦豈可哉？

又曰：『諳達利我市，必無失信』，此四謬也。吾之市能盡給其衆乎？能信不給者之無入掠乎？縱使少有覊縻，不過暫保一、二年無事耳，不知二、三年之後，將何如處之哉？

又曰：『佳兵不祥，』此五謬也。敵加己而應之，何佳也？人身四支皆癱疽，毒日內攻，而憚藥石，可乎？

此蓋必有爲陛下主其事者，故公卿大夫知而莫爲一言。宜奮獨斷，悉按諸言互市者。」

疏入，上頗心動，下鸞等會議。鸞攘臂詈曰：「豎子目不睹寇，宜其易之！」諸大臣遂言「遣官已行，勢難中止。」上尚猶豫。鸞復進密疏，乃下繼盛錦衣獄，敲搒一百，貶狄道縣典史。

9 丁未，免昌平、順義、懷柔、密雲去年被寇秋糧。【考異】明史本紀不具，史稿系之是月壬午。壬午乃四月日分，非三月。證之實録，乃是月丁未，今從之。

10 是月，以吏部侍郎李默爲本部尚書，南京禮部尚書萬鏜爲刑部尚書，南京右都御史歐陽必進爲工部尚書。

11 夏，四月，庚午，貴州銅仁叛苗龍許保、吳黑苗等攻破思州，執知府李允簡，中途釋之歸，允簡竟死。巡按御史董威以聞。

初，總督三省張岳奏：「自舉兵以來，未閱四月，禽斬賊一千八百有奇，惟賊首龍許保未獲。」至是許保、黑苗復要結殘苗七、八千人，扮永、保二司兵衣甲出哨者，遂入之。嚴嵩奏：「岳言湖苗聽撫，而許保仍在湖苗寨中，與之攻劫思州，請逮治岳。」徐階持不可。乃奪岳右都御史，仍以侍郎銜戴罪任事。

12 庚辰，振畿內保定等六府饑。

13 壬午，下左副都御史商大節於獄。

大節經略京城內外，爲仇鸞所制，乃上言：「臣初無重兵，而鸞督京營，分布人馬，但留營軍柔脆者防守九門，而自以精鋭五萬中途截掠。一旦寇至，以一隊衝鸞軍，又以一隊趨京師，在鸞則進退無據，在京師則救援無兵。昨年之事，爲鑒不遠。且臣奉命所得節制者，參將麻宗等及巡捕官軍耳，鸞又任意分調，不令臣知。一旦姦宄竊發，倉猝之間，束手坐困。請敕兵部詳議，或從敕諭所開載，或從仇鸞所分布。麻宗諸人，或屬之臣，或屬之鸞，或屬之兵部。其修築城堡，操練兵馬，所需糧餉，應屬何人，乞早賜裁斷以便遵行。」

疏入，上怒其當秋防在邇，諉過避難，命錦衣衛械送鎮撫司杖訊。法司希指，當大節失誤軍機論斬，嚴嵩爲之申請，不許。

明年，鸞誅，大節故部曲數百人伏闕訟冤，兵部侍郎張時徹等言：「大節爲逆鸞掣肘以抵於法，乞順群情宥之。」上怒，鐫時徹二秩。又明年，竟卒于獄。【考異】明史本紀系大節下獄于是月壬午，史稿系之辛未，蓋明史據實録改，今從之。

14 丙戌，開馬市于大同鎮羌堡，諳達之衆共易馬二千七百餘匹。

御史喻時言：「寇欲無厭，餌之以利，終非長策。乃侍郎史道，往踰旬月，各鎮邊防，未聞經理。敵情詭詐，惟有備者無患耳，乞敕各巡鎮官早爲區處。」疏入，報聞。

15 五月，乙巳，侍郎史道奏大同馬市竣。仇鸞請加賞賚以堅其嚮化之心，並請開市宣府，如大同例，從之。

初，鸞大言北征，其實駑怯畏寇，潛遣人持貨幣與諳達結好。馬市之開，蓋鸞授意使請之也。

16 庚戌，宣府開馬市於新開堡、巴圖台吉等五部，共易馬二千餘匹。

17 六月，壬戌，史道奏獲妖人蕭芹、喬源等。

芹、源素持白蓮教，出入邊境，與北寇通。至是諜報寇入大同右衛，詰之諳達，則以芹、源等誘致爲詞。道恐敗和議，乃執妖黨五十餘人並芹、源妻子；然芹、源皆潛寇寨中，索之不得，詔懸賞格購之。

18 乙亥，貴州苗平。

先是賊破思州，復糾諸寨殘苗攻石阡府，張岳率總兵沈希儀、石邦憲等屢敗之。岳徧搜山箐，餘賊懼，乃縛許保並思州印以獻，湖廣兵亦破禽首惡李通海等。岳以捷聞，請檻許保至京，詔就地梟示。

而是時吴黑苗未獲，嚴世蕃督趣之。未幾，邦憲竟得黑苗以獻。自是苗患乃息。岳卒于沅州。喪歸，沅人迎哭者不絕。以敘功復右都御史，贈太子少保，謚襄惠。

19 秋，七月，癸巳，諳達執蕭芹等以獻。芹匿寇中，詭稱有術墮城，寇試之不驗，遂獻之。詔侍郎史道檻送法司獄，尋伏誅。

上嘉諸臣功，加鸞太子太傅，道兵部尚書。

20 八月，壬戌，召侍郎史道還。

初，馬市既開，議以邊馬易中國緞匹。至是諳達以執送妖人蕭芹等，因言彼國富者能以馬易帛，貧者唯有牛羊，請易菽粟。道以上聞，並請許之，廷議不可。會宣大總督蘇祐等言：「彼之牛羊衆，而塞下之粟以備軍士餉需，不可許。」上詢之嚴嵩，嵩忮鸞寵，因言：「今日徵兵四集，正宜決意戰守。若任其要挾，祇以示弱。」上然之，乃罷道領馬市事。

21 九月，乙未，京師地震有聲，詔修省三日。

22 戊戌，都給事中何光裕、御史龔愷等，劾奏「史道任馬市之責，不能宣布恩威以弭寇患，乃敢曲爲陳請。馬市開矣，即欲易米穀；米穀不許，又欲請封號。且彼意在要乞，而道以爲謝恩。無厭之請，惟命是從。以致人懷兩可之疑，士無必戰之志。亟宜罷黜，以爲謀國不忠者戒。」

疏入，上謂「史道業已召回，諸臣逆探朝廷意指，且欲藉以論仇鸞」，詔「光裕、愷各廷杖八十，餘俱奪俸。」

23 是月，免南畿、江西、湖廣被災稅糧。

24 冬，十月，己巳，總督薊遼侍郎何棟，禽獲朵顔逆酋哈舟兒、陳通事于白馬等關，詔檻送京師，磔于市，仍祭告郊廟。

25 是月，免畿内及山東、山西、貴州被災稅糧。

26 吏部尚書李默，以會推遼東巡撫忤旨，被劾罷，改刑部尚書萬鏜代之。

27 十一月，庚寅，以獲哈舟兒等功，加仇鸞、何棟及閣部嚴嵩、徐階等陞銜。

28 己亥，冬至，祀天于圜丘，張溶攝行。

29 是月，陞吏部侍郎應大猷爲刑部尚書。

30 十二月，以入冬無雪，上親禱于齋壇。乙丑，雪，廷臣上表稱賀，優詔答之。

31 是冬，諳達數犯大同邊塞。

初，史道還京師，寇欲牛羊易穀豆者，久不得命，遂分道肆掠無虛日。十一月間，大入邊三次，搶虜人畜甚衆。邊臣遣人詰問，則曰：「諸部貧者無所得食，禁之不可。中國法雖嚴，能禁民間無盜竊耶？我自不犯，焉能禁部下之不爲盜也！」及十二月，諳達之衆與別部争市，奪其馬匹，掠人口而去。

事聞，上以非時開市，詰責巡撫何思等，下巡按御史勘狀。會諳達又遣人以馬三百餘匹求互市，請駐牧弘賜堡，御史李逢時，以非時，叱之去，逮諸通事于獄。于是諳達縱部下入掠，攻堡殺人，數日之間，凡三犯雙溝、團山及張家堡，官軍數敗。

事聞，廷議咸追咎馬市非計。仇鸞慮見譴，上疏「請選死士萬人以待，如寇入犯，且令薊鎮古北口諸將縱之南下，臣當率士死戰，而別出精兵擣其巢。内外夾攻，寇不足平也。」又言：「臣欲開馬市，實陰修邊備。而内外諸臣計欲殺臣，乃故弛備以招寇，欲其早負市約而因以中臣。」

疏入，兵部尚書趙錦言：「畿輔重地，豈可縱之深入！即使聚而殲旃，而震驚内地，摇動根本，所喪固已多矣。況我軍積弱之後，雖嚴法重賞以驅之戰，猶恐不前，而可預令以勿遏乎？」上是其言，仍敕鸞加意防邊。

是時鸞實無意討賊，第爲大言以自解。而輔臣嚴嵩，見上寵信深，亦欲因事間之，乃請「覈鸞用兵以來各項糧餉帑銀，令户、工二部籍其出入以聞。」【考異】明史本紀系寇犯大同于十一月，紀事本末記三犯大同于十二月。證之實録，皆以正月奏報，而原奏所稱，十一月三犯，十二月亦三犯。其入犯之本末，諸書多不具，今據實録原奏書之。

32 是歲，户部通計京、邊歲用至五百九十五萬，尚書孫應奎蒿目無策，乃議於南畿、浙江等州縣增賦百二十萬。——加派于是始。嗣後京、邊歲用，多者過五百萬，少者亦三百餘萬，歲入不能充歲出之半。由是度支爲一切之法，其箕斂、財賄、題增、派括、贓贖、算税契、折民壯、提編、均徭、推廣事例興焉。其初亦賴以濟匱，久之諸所灌輸益少。又四方多事，有司往往爲其地奏留或請免，浙、直以備倭，川、貴以採木，山、陝、宣、大以兵荒，不惟停格軍興所徵發，即歲額二百萬且虧其三之一。而内廷之賞給，齋殿之經營，宮中夜半出片紙，吏雖急，無敢延頃刻者。

三十一年（壬子、一五五二）

1 春，正月，甲申朔，不御殿。

2 丙戌，太白晝見，凡十一日。

3 丁亥，諳達犯大同。壬辰，掠威遠城。甲午，入弘賜堡。

巡按御史李逢時言：「諳達于歲初擁衆入犯，可見馬市之羈縻難恃。今日之計，惟大集兵馬，一意討伐。宜行各邊臣合兵征剿，仍敕京營大將仇鸞訓練甲兵，專事征進，勿再隱忍顧忌，釀成大患。」詔下其章于戎政、兵部。

4 辛丑，寇復犯大同，上曰：「此平日恃和不戒，爲敵所窺耳。」于是仇鸞内不自安，請率京營出邊。

5 是月，户、工二部奉旨奏上各邊軍餉用銀實數。户部奏：「自二十九年十月至于是月，所入正税加賦餘鹽五百萬有奇，外項搜括四百餘萬，計九百九十餘萬。所出自年例各邊主客兵銀二百八十萬外，新增軍餉二百四十五萬有奇，及修邊、振恤諸費共八百餘萬。」工部奏：「計工食料價銀共三十四萬五千兩。」上以「費用過多，其中必有虛冒侵尅者」，乃分遣給事中王國禎、御史徐紳等各勘實參劾以聞。

6 二月，癸丑，振宣、大饑。

時二鎮大饑，人相食，兵部請量借軍餉銀振濟。詔督餉侍郎馬坤往，仍發庫錢二十萬，坤請加給十萬，報可。

7 丁巳，寇復犯弘賜堡。

辛酉，掠懷仁川，指揮僉事王恭率兵禦于平川墩，不克，死之。

乙丑，復犯平虜堡。

時總督蘇祐奏敵兵三萬，上趣兵部遣人馳視，還報「寇前後無過二千騎」，乃以偵報不實切責祐等。又聞恭戰死甚烈，逮參將孫麒、游擊劉潭。寇且犯且請開市，無敢應者。至是復遣使來，詔斬之大同市，梟首各鎮，遂罷大同馬市。【考異】明史本紀，「是月辛酉，掠懷仁川，王恭戰死。」據實録，寇以初五日復犯弘賜堡，初九日掠懷仁川，十三日犯平虜堡，係兵部遣人馳視還報寇犯月日，見原奏中。是月癸丑朔，辛酉初九日，乙丑十三日。王恭之死，據原奏，係寇掠懷仁，恭敗績于平川，今據原奏書之。

8 己巳，建内府營。上以營制既定，命改舊内教場爲之，以操練内侍。

三編發明曰：明之末造，營務盡領于中官，而宿衛禁軍之制漸就隳廢。史稱内臣之勢，惟嘉靖時爲少殺，乃忽創爲内府營以練諸内侍，實則懲于庚戌之變，京兵不足禦敵，而爲此苟且之計。夫兵之怯弱，由于將帥非人，改弦而更張之，豈無良法？

區區内侍，即使簡練有方，又豈足以厚拱衛而備寇警？徒使閹侍習兵，貽患來世。厥後魏忠賢遂有内操之事，蓋實託（明）〔昉〕于此。作法于涼，弊將若之何！

9 三月，癸未朔，裕王、景王冠。

10 戊子，詔仇鸞率師赴大同。

時代府饒陽王奏言：「國家與虜爲市，本一時羈縻之術。乃總兵徐仁，自以和戎無事，平時侵尅軍餉，戰守不設，猝遇寇至，一籌莫施，輒稱疾求避。巡撫何思，復以游言誑闕下銀幣，遣使絡驛在道。副總兵王懷邦，爲寇所禽，投賄乃免。邇日諸酋往來，且禁士卒毋殺，殺者如殺人之罪。至使右衛懷仁東至陽城、天和間，烟塵四起，淫掠萬狀，將來地方，莫知終極。乞陛下亟垂省問，以拯北門切膚之災。」上怒，命逮仁下詔獄，思、懷邦罷任聽勘。改駐守昌平、都御史於敖巡撫大同，副總兵孫時雍暫攝大同總兵事。

11 辛卯，以禮部尚書徐階兼東閣大學士，預機務。

初，階掌禮部事，撰青詞獨稱旨，屢與閣臣同召直無逸殿，並賜飛魚服及上方珍饌、上尊無虚日。廷推吏部尚書，不聽，不欲階去左右也。嚴嵩仇夏言，置之死，而階爲言所薦，嵩以是忌之。及階以請立太子拂上意，復以冠婚請先裕王，後景王，上皆不懌。嵩因謂階可間也，中傷之百方。一日，嵩獨召對，語及階，徐曰：「階所乏非才，但多二心耳。」

蓋指請立太子事也。階危甚，度未可與争，乃謹事嵩，而益精治齋詞迎上意，左右亦多爲地者。上怒漸解，尋加少保，遂入閣。

時上起前禮部侍郎歐陽德爲禮部尚書。德守制，令服闋赴任。仍命階掌禮部事。

12 夏，四月，乙卯，仇鸞敗績于鎮川堡。

鸞率師出塞，行二百餘里，遇伏于貓兒莊，我軍陣亡二百餘人，傷二百十二人，失馬二百餘匹。

鸞報斬首五級，獲寇馬三十匹，請賞，上姑許之，自是知鸞不足恃矣。【考異】鸞敗績于鎮川堡，明史本紀不具。三編目中書之。據實録，鸞奏報四月初三日。是月癸丑朔，乙卯即初三日也。

13 丙寅，寇以二萬餘騎犯遼東塞，圍百户常禄、指揮姚大謨、劉棟、劉啓基等于三道溝，四人皆戰没。備禦指揮王相赴援，大戰于寺兒山，殺傷相當，敵引去。千户葉廷瑞率百人助相，明日，相裹創，復邀敵于蠟黎山，殊死鬥，矢竭，遂與麾下將士三百人皆死之。廷瑞被創死復蘇。敵亦尋退。【考異】王相死見明史本紀，常禄等四人之死見韃靼傳，諸書皆不載，今據增。又三百人中有指揮張策、百户陳克政、胡鎮三人姓名，見實録，附記之。

是役也，寇謀犯錦義，偵知有備，乃乘虛突入遼東前屯。時守兵不過四百人，而赴援者皆觀望不至。

朝廷聞相之死，深爲嘆異，故恤典亟下。而廷瑞已報遇害，絶而復蘇，遂並賞功之典亦不及云。

14 丙子，倭寇浙江，大掠舟山、象山等處，復登岸流劫温、台、寧、紹間。台州知事武暐追之于釣魚嶺，力戰死。浙東騷動。【考異】武暐之死，紀事本末系之是月温、台之役下。據明史忠義傳，乃台州知事戰死於釣魚嶺，今參書之。

15 五月，甲申，召仇鸞還。時諳達糾各部及朵顔三衛之衆，出没塞上，勢張甚，諸邊相繼告急。而自馬市既開，邊牆爲寇壞者十之五六，鸞恇怯無計，乃請以七月防秋之際，調宣、大二鎮選兵分布于保安、懷來間，以衞畿輔。

兵部議：「宣、大爲京師門户，未有門户不守，而堂宇能固者。且合二鎮之兵力以自守，猶恐不足，一旦簡其精鋭，留其羸弱，則門户必不能支，必待其深入而後圖之，晚矣。」上深然之，乃敕鸞暫還京師議事。

16 丙午，寇以八百騎圍陝西紅城等堡，越二日乃退。

17 戊申，倭寇浙江黄巖縣，陷之，縱掠城中，七日乃去。

18 是月，户部尚書孫應奎被劾，改南京工部。

19 六月，己未，免南畿被災夏税。

20 是月，仇鸞復請調固原、寧夏、甘肅每鎮新兵三千人，延綏二千人入衛，不許。

21 以户部侍郎方鈍爲本部尚書。

先是孫應奎罷，以兵部侍郎韓士英代之，未至，爲南京科道官所劾，遂不用。至是復以命鈍。

22 秋，七月，丙申，免陝西被災夏税。

23 壬寅，以倭警，命巡撫山東、都御史王忬巡視浙江兼轄福建濱海諸府。

自朱紈罷後，巡撫並巡視官不設者四年，倭患益熾。于是給事中王國禎、御史朱瑞登交章言：「海氛不靖，自裁革巡視後，三省軍民無所鈐轄。雖設有海道副使，而權輕不便行事，往往狼狽失職，請復設都御史便。」吏部議：「既設巡視，必當兼總督、巡撫，使之節制諸軍，方可責其成功。」上從其言，且令暫復巡視，遂以命忬。

初，國初沿海要地，建衛所，設戰船，董以都司、巡視、副使等官，控制周密。迨承平久，船敝伍虚，及遇警，乃備漁船以資哨守。兵非素練，船非專業，見寇舶至，輒望風逃匿，以故賊帆所指，無不殘破。忬至，乃任參將俞大猷、湯克寬爲心膂，分隸諸將，布列沿海各鎮堡，嚴督防禦。

而是時内地居民，勾引嚮導，益以大奸汪直、徐海之等爲之主謀，遂至不可撲滅云。

【考異】諸書多系王忬任巡撫于是月，三編牽連前後書之，然亦不言先命忬爲巡視官。惟明史紀事本末與明史本紀皆作巡視，證之忬傳，蓋始命忬巡視，明年始以王國禎請改巡撫也。實録亦云，「上命且設巡視。其兼管巡撫，俟賊平議處」，今分書之。

24 是月，寇犯薊州。仇鸞病疽甚，疏請輿疾赴軍，詔止之。【考異】明史本紀不具。語見紀事本末。證之實録，八月己未，收仇鸞大將軍印綬，以薊州告急也。實録並書之己未下。今從紀事本末，爲下文收鸞印綬張本。

25 八月，己未，兵部尚書趙錦言：「强寇壓境，大將乃安危所繫，而仇鸞病不能軍，使寇得志，長驅南下，貽患非細，臣願親往代鸞。」上以本兵未可遽出，乃詔鸞納還大將軍印綬，命侍郎蔣應奎暫掌戎政。

26 壬戌，仇鸞死。

鸞病甚，猶戀大將印不肯上。會大學士徐階密疏發鸞罪狀，詔收其兵。鸞大恚恨，疽益劇，遂死。

初，鸞與嚴嵩約爲父子，已，鸞挾寇得專寵，嵩浸惡之，乃密疏毀鸞。鸞亦陳嵩、世蕃貪横狀，上稍疏嵩，嵩入直，不召者數日，至在第中父子對泣。時陸炳掌錦衣，方與鸞爭寵，嵩乃結炳共圖鸞。會鸞病死，炳盡發其通虜納賄狀，上大怒，命炳會三法司（提元）〔擬，于〕是法司奏「鸞謀反，律當追戮。」乙亥，詔暴鸞罪，追戮其尸，傳首九邊，其黨時義、侯榮等皆伏誅。

27 戊寅，命豐城侯李熙總督京營戎政。

28 己卯，諳達犯大同，尋由紅土堡出邊。

29 九月，庚辰朔，寇自弘賜堡復出，三萬騎潰牆入，散掠大同左右及安東十七衞，尋自鎮川堡遁。復以萬餘騎入犯平虜衞，仍散掠朔、應、山陰、馬邑地方。【考異】明史本紀統系之前月己卯，蓋八月己卯晦，九月庚辰朔。實録分書之，原奏謂「八、九月間三犯大同」是也。今據實録。

30 癸未，以仇鸞誅，遣官祭告郊廟，頒詔中外。

31 免畿内被災夏稅，河南被災秋糧。

32 乙酉，寇分犯山西三關。壬辰，犯寧夏。

33 丁酉，河決徐州房村集，至邳州新安，運道淤阻五十里。詔「督理河、漕大臣先議通運船，以次塞決疏淺，命條列次第以聞。」

時總河、副都御史曾鈞上治河方略，言：「自劉伶臺至赤晏廟凡八十里，乃黄河下流，淤沙壅塞，疏濬宜先。次則草灣老黄河口，宜築長堤以防衝激。並增築高家堰長堤及新莊諸閘甃石，以遏横流。」從之。

34 庚子，兵部侍郎蔣應奎、左通政唐國卿，爲其子以邊功請陞賞。給事中凌汝志，言

「二臣身爲大臣，冒功壟斷。」下兵部覆議，如汝志言。上怒，命錦衣衛逮應奎、國卿，杖之闕下，黜爲民。【考異】「國卿」，實録作「國相」，今據明史本紀。

35 癸卯，罷各邊馬市。

先是大同馬市罷，邊臣以宣府守約，仍互市不絶。至是寇益驕，開市次日，即肆掠不已。巡按御史蔡朴以聞，上惡之，詔：「各邊馬市悉行禁止，有敢建言開市者斬！」

36 是月，免山西旱災、南畿水災秋糧，仍振濟鳳陽、淮安、揚州、徐州各被災州縣。

37 刑部尚書應大猷被劾罷，以侍郎何鰲代之。

38 是秋，宣大總督蘇祐等遣兵追寇出塞，行三日，遇寇于涼城，轉戰二百里，把總劉欽、旗牌范世傑死之，士卒亡者二百人。

御史蔡朴上言狀，詔贈恤欽等。【考異】明史紀事本末系之十月，蓋蔡朴奏至月日也。實録系之是年八月，是時蘇祐等見上方怒仇鸞，不以聞，故朴劾之，今據書于是秋之下。紀事本末作「劉欽等七人」，今據實録。

39 冬，十月，癸丑，歐陽德至任。徐階解掌禮部事。

40 戊午，南京御史京山王宗茂，到官甫三月，即上疏劾嚴嵩，略曰：「嵩本邪諂之徒，寡廉鮮恥，久持國柄，作福作威，薄海内外，罔不怨恨。如吏、兵二部每選請屬二十人，人索賄數百金，任自擇善地。至文武將吏，盡出其門。此嵩負國之罪一也。

任私人萬宷爲考功郎，凡外官遷擢，不察其行能，不計其資歷，唯賄是問，致端方之士不得爲國家用。此嵩負國之罪二也。

往歲遭人論劾，潛輸家資南返，輦載珍寶，不可數計，金銀人物多高二三尺者，下至溺器亦金銀爲之，不知陛下宫中亦有此器否耶？此嵩負國之罪三也。

廣市良田，遍于江西數郡，又于府第之後積石爲大坎，實以金銀珍玩，爲子孫百世計，而國計民瘼，漫不措懷。此嵩負國之罪四也。

畜家奴五百餘人，往來京邸，所至騷擾驛傳，虐害居民，長吏皆怨怒而不敢言。此嵩負國之罪五也。

陛下所食大官之饌不數品，而嵩則窮極珍錯，殊方異産，莫不畢致，是九州萬國之待嵩，有甚于陛下。此嵩負國之罪六也。

往歲寇迫京畿，正上下憂懼之日，而嵩貪肆益甚。致民俗歌謡，遍于京師，達于沙漠。海内百姓，莫不祝天以冀其早亡，嵩尚恬不知止。此嵩負國之罪七也。

募朝士爲乾兒義子至三十餘輩，若尹耕、梁紹儒，早已敗露。此輩實衣冠之盜，而皆爲之爪牙，助其虐焰，致朝廷恩威不出于陛下。此嵩負國之罪八也。

夫天下之所恃以爲安者，財也，兵也。不才之文吏以賂而出其門，則必剥民之財，民奈何不困！不才之武將以賂而出其門，則必尅軍之餉，兵奈何不疲！邇者四方地震，其占爲臣下專權。試問今日之專權者，寧有出于嵩右乎？陛下之帑藏，不足支諸邊一年之費，而嵩所蓄積可贍儲數年。與其開賣官鬻爵之令以助邊，盍去此蠹國害民之賊，籍其家以紓國患也！」

疏至，通政司趙文華密以示嵩，留數日始上，嵩得預爲地，遂以誣詆大臣謫平陽縣丞。

方宗茂上疏，自謂必死，及得貶，恬然出都。到官半歲，以母憂歸。嵩無以釋憾，奪其父橋官，橋悒悒卒。

嵩既罷相，宗茂亦卒。隆慶初，贈光禄少卿。

41 己未，兵部尚書趙錦罷。

初，錦自大同巡撫召入本兵，仇鸞有力焉。其後議分團營，開馬市，錦亦贊成之。既，見邊事日非，鸞敗狀露，乃稍持兩端以自解。至是鸞誅，給事中郭鑰追論錦黨鸞事，上是之，詔謫口外爲民。

42 己巳，小王子寇遼東，錦州指揮柏鳳、千户張勇、程世禄等死之。寇殺掠千餘人，尋引去。

時諳達犯邊屢得志，故小王子亦乘間内犯云。【考異】明史本紀不具，史稿但云「寇犯遼東」，證之實録，乃小王子，非諳達也。明史韃靼傳但書明年寇宣府、赤城事，今據實録增。

43 是月，免畿内水災及江西旱災税糧。

44 十一月，乙酉，冬至，祀天于圜丘，朱希忠攝行。

45 是月，兵部尚書翁萬達卒。

先是趙錦罷，上以萬達久歷兵事召之，未至而卒。初，庚戌之變，上趣召萬達，久且至，至則嚴嵩以謁謝遲媒孽之，遂坐廢，悒悒而卒。隆慶初，追謚襄毅。

萬達在邊久，南北征討，所計畫深遠周詳，無不措之有功，守之可久。駕馭將士，能盡其才而得其死力。嘉靖中葉以後邊臣，首屈一指云。

46 十二月，丁巳，下光禄寺少卿馬從謙于錦衣衛獄。

時提督光禄寺中官杜泰，乾没歲鉅萬，爲從謙奏發，泰因誣從謙誹謗。巡視給事中孫允中、御史狄斯彬，劾泰如從謙言。上方惡人言齋醮，而從謙奏頗及之，怒，下從謙及泰詔獄。所司言誹謗無左證，上益怒，下從謙法司，以允中、斯彬黨庇，謫邊方雜職。法司擬從謙戍遠邊，上命廷杖八十，戍烟瘴，竟死杖下，而泰以能發謗臣罪宥之。久之，光祿寺災，上曰：「此馬從謙餘孼所致耳。」隆慶初，卹先朝建言杖死諸臣，中官追恨從謙，沮之。給事中王治、御史龐尚鵬力爭，詔以從謙所犯比子駡父，終不許。

47 是月，工科給事中李用敬奏開膠、萊新河，其略言：「膠、萊新河，在海運舊道西，王獻鑿馬家壕，導張魯、白現諸河水益之。今淮舟直抵麻灣，即新河南口也，從海倉直抵天津，即新河北口也。南北三百餘里，潮水深入，中有九穴，潮大，沽河皆可引濟。其當疏濬者百餘里耳，宜急開通。」給事中賀涇、御史何廷鈺亦以爲請。詔廷鈺會山東撫、按官行視，既而以估費浩繁報罷。王獻請鑿馬家壕，在十九年，詳志中。

三十二年（癸丑、一五五三）

1 春，正月，戊寅朔，日有食之，陰雲不見。有頃，大雪，百官救護，罷朝賀。越日，仍朝服行禮于奉天門如初。

三編發明曰：史書日食陰雲不見多矣。日食有常度，而陰雲遮蔽止于一方，所謂不見者，獨京師不見耳。宋紹興三十一年正月朔，太史奏日當食不食，然當時猶以日食免朝，讀史者韙焉。嘉靖惑于瑞應，惟以粉飾治象爲心。一時諸臣，迎合意旨，紛紛諱飾，具表稱賀，導諛貢媚，相習成風，幾不可勝責。至因表賀之故奏謝郊廟，則是愚人而并以愚神，其誰欺，欺天乎！

2 己卯，遣刑部侍郎吴鵬振淮、徐水災。

時河決徐州，凡淹没十七州縣。户部請發淮、徐等倉存留米麥及運司餘鹽銀兩，遣大臣往振，乃以命鵬，並敕巡撫及河道官，「急將黄河下流設法疏濬，使水歸故道，以蘇民困。」

3 庚辰，逮禮科都給事中楊思忠，于午門外杖之百，罷爲民。

初，思忠議孝烈皇后不宜祔廟，上銜之，後吏部屢以資序擬陞，不許。至是科臣表賀正旦，上摘其表中「元禧申錫」一語，以爲不順，遂坐罷，科臣悉奪俸。

4 庚子，下兵部員外郎楊繼盛于獄。

初，上既誅仇鸞，罷馬市，乃思繼盛言，自典史四遷至兵部員外郎。時嚴嵩方用事，恨鸞初凌己，善繼盛首攻鸞，欲驟貴之，復改兵部武選司。而繼盛惡嵩甚于鸞，且念起謫籍，思所以報國。抵任甫一月，即草奏劾嵩。

齋三日，乃上奏曰：「臣孤直罪臣，蒙天地恩，超擢不次，夙夜祇懼，思圖報稱，蓋未有急于請誅賊臣者也。請以嚴嵩十大罪爲陛下陳之：

祖宗罷丞相，設閣臣，備顧問，視制草而已。嵩乃儼然以丞相自居，百官奔走請命，直房如市，無丞相名而有丞相權。是壞祖宗之成法，大罪一。

陛下用一人，嵩曰『我薦也』；斥一人，曰『此非我所親』；陛下宥一人，嵩曰『我救也』；罰一人，曰『此得罪于我』。伺陛下喜怒以恣威福。是竊君上之大權，大罪二。

陛下有善政，嵩必令子世蕃告人曰：『主上不及此，我議而成之。』欲天下以陛下之善盡歸于嵩。是掩君上之治功，大罪三。

陛下令嵩票擬，蓋其職也，嵩何取而令世蕃代之？題疏方上，天語已傳，故京師有『大丞相、小丞相』之謠。是縱姦子之僭竊，大罪四。

嚴效忠、嚴鵠，乳臭子耳，未嘗一涉行伍，皆以軍功官錦衣。兩廣將帥歐陽必進、陳圭，俱以私黨躐府部。是冒朝廷之軍功，大罪五。

逆鸞下獄，賄世蕃三千金，嵩即薦爲大將。已，知陛下疑鸞，乃互相排詆以泯前迹。是引悖逆之姦臣，大罪六。

諳達深入，擊其惰歸，大機也，嵩戒丁汝夔勿戰。是誤國家之軍機，大罪七。

郎中徐學詩、給事中厲汝進，俱以劾嵩削籍。內外之臣，中傷者何可勝計！是專黜陟之大柄，大罪八。

文武遷擢，但論金之多寡。將弁惟賄嵩，不得不朘削士卒；有司惟賄嵩，不得不掊克百姓，毒流海内，患起域中。是失天下之人心，大罪九。

自嵩用事，風俗大變。賄賂者薦及盜跖；疎拙者黜逮夷、齊；守法度者爲迂滯；巧彌縫者爲才能。是敝天下之風俗，大罪十。

嵩有是十罪，而又濟之以五奸：以左右侍從之能察意旨也，厚賄結納，得備聞宮中言動，是陛下之左右，皆賊嵩之間諜。以通政司之主出納也，以趙文華爲使，凡有疏至，必先送嵩閱竟，然後入御，是陛下之喉舌，乃賊嵩之鷹犬。畏廠衛之緝訪也，即令子世蕃結爲婚姻，是陛下之爪牙，皆賊嵩之瓜葛。畏科道之多言也，非其私屬，不得與臺諫，有所愛憎，即授之論刺，是陛下之耳目，皆賊嵩之奴隸。懼部寺之猶有人也，擇有才望者羅致門下，聯絡盤結，深根固蔕。是陛下之臣工，皆賊嵩之心膂。陛下奈何愛一賊臣而使百萬蒼生斃于塗炭哉！

願陛下聽臣之言，察嵩之奸，或召問二王，或詢諸閣臣。重則置之憲典以正國法，輕則諭令致仕以全國體。」

疏入，上已怒。嵩見「召問二王」語，喜，謂可指此爲罪，密搆于上。上益大怒，下繼盛詔獄，詰「何故引二王？」繼盛曰：「非二王，誰不懾嵩者？」獄上，杖之百，移刑部定罪。

侍郎王學益，嵩黨也，欲坐繼盛詐傳親王令旨絞；郎中史朝賓持之，嵩謫之外。于是尚書何鰲竟如嵩指成獄。

時繼盛下獄將杖，或遺之蚺蛇膽，却之，曰：「椒山自有膽，何蚺蛇爲！」——椒山，繼盛別號也。——及入獄，創甚，夜半而蘇，碎甆盌，手割腐肉，肉盡，筋挂膜，復手截去。獄卒執燈顫欲墜，繼盛意氣自若。

5 是月，以兵部侍郎聶豹爲本部尚書。

6 二月，癸亥，工部尚書歐陽必進奏辨楊繼盛所論嚴效忠冒功事，詔兵部核覆。

于是武選司署郎中周冕言：「臣奉詔檢嘉靖二十七年通政司狀：『嚴效忠時年十六，因武會試未第，咨送兩廣軍門聽用。未及年餘，總兵官陳圭、都御史歐陽必進奏黎賊平，遣效忠報捷，授錦衣衞試所鎮撫。未踰月，嚴鵠言：『兄效忠曾斬首七級，并功加賞，應得署副千户。今效忠身抱痼疾，鵠請代職。』

臣心疑其僞，方將覈實以聞，嵩子世蕃，乃自創一稾，屬臣依違題覆。臣觀其稾，率誕謾舛戾。如效忠曾中武舉，何初無本籍起送文牒，今又稱民人而不言武舉？如效忠果鵠之兄，世蕃之子，則世蕃數子俱幼，未有名效忠者。如效忠果斬首七級，則當時狀稱年止十六，豈能赴戰？何軍門諸將俱未聞斬獲功，獨宰相一孫乃驍勇冠三軍？如曰『效忠對敵，脛臂受創』，計臨陣及差委相去未一月，何以萬里軍情，即能馳報？如曰『效忠到京，以創甚疾故』，何以鵠代職之日，止告不能受職？如曰『效忠鎮撫當代』，則奏捷功止及身，例無傳襲。如曰『效忠功當并論，例先奏請』，何止用通狀而逼令司官奉行？

臣悉心廉訪，初未有名效忠者赴軍門聽用；鵠亦非效忠親弟，其姓名乃詭設；首級亦要買，非有纖毫實跡。必進既嵩鄉曲，圭又世蕃姻親，依阿朋比，共爲欺罔。且累朝以來，未聞有宰相之子孫送軍門報效者。乞特賜究正，使天下曉然知朝廷有不可倖之功，不可犯之法。」

疏入，下冕詔獄拷訊，斥爲民。

7 丙寅，倭寇温州，參將湯克寬等率舟師破之，俘十一人，斬獲二十八級。

巡視王忬請定海防賞格四事，部議從之。【考異】明史本紀作「是月甲子」，史稿作「丙寅」，與實録同。此奏報月日，故先後稍異。

8 戊辰，以陸炳發仇鸞密謀功，加少保兼太子太傅，歲支伯爵禄。

9 己巳，以大同被寇，又連歲饑饉，遣給事中徐綱勘實振之。

10 辛未，太白晝見，凡四日。

11 壬申，寇犯宣府新開口，參將史略禦之，敗没，寇亦引去。

12 是月，徐、邳復決。

初，督漕都御史應檟，請開三里溝新河口以利漕運。及曾鈞論治河方略，則請開老河口，暫閉新口。至是挑濬將訖工，一夕，水湧復淤。上用嚴嵩言，遣官祭河神。侍郎吴鵬等謂「三里溝新開河口迎納泗水清流，可以避黄河之衝，宜建閘以時啓閉。」從之。

13 三月，丁丑，振陝西饑，詔發本省布政司倉穀，復以本省開納事例銀佐之。

14 辛巳，寇犯延綏，攻墩臺，副總兵李梅出禦之，戰没。官軍死者四十八人，傷者一百二十九人。【考異】諸書及三編皆作「諳達」。明史本紀作「吉能」，即吉囊，亦諳達糾之也。今以寇書之。

15 壬午，遣兵部侍郎楊博以右僉都御史巡邊。

16 甲申，振山東饑，詔發臨清倉粟，以泰山香錢佐之。

17 丁亥，巡按雲貴御史趙錦馳疏劾嚴嵩，略曰：「臣伏見日食元旦，變異非常，又山東、徐、淮，仍歲大水，四方頻地震，災不虚生。

昔太祖高皇帝罷丞相，散其權于諸司，爲後世慮至深遠。今之内閣，無宰相名而有其實，非高皇帝本意。

今嚴嵩怙寵張威，竊權縱欲，事無巨細，罔不自專，人有違忤，必中以禍，百司望風惕息。天下事未聞朝廷，先以聞政府，白事之官班候于其門，請求之賂輻輳于其室。銓司黜陟，本兵用舍，莫不承其意旨。邊臣失事，率朘削軍資，納賕嵩所，無功可以受賞，有罪可以逭誅。至宗藩勳戚之襲封，文武大臣之贈謚，其遲速予奪，一視賂之厚薄。以至希寵干進之徒，妄自貶損，稱號不倫，廉恥掃地，有不忍言者。

自庚戌之後，陛下嘗募天下武勇以足兵，竭天下財力以給餉，搜天下遺逸以任將，而封疆之臣，卒未有爲陛下寬宵旰憂者。蓋緣權臣行私，將吏風靡，以掊克爲務，以營競爲能。致朝廷之上，用者不賢，賢者不用，賞不當功，罰不當罪。財用已竭而外患未見底寧，民困已極而内變又虞將作。願陛下立斥罷嵩，以應天變。」

會周冕以爭冒功事下獄，而錦疏適至，上震怒，謂「錦欺天謗君，」遣使逮錦下詔獄拷訊，搒四十，斥爲民。

18 甲午，賜陳謹等進士及第、出身有差。

19 甲辰，諳達犯宣府深井堡，副總兵郭都戰没，官兵傷者甚衆。

御史蔡朴以聞，詔切責蘇祐及巡撫劉璽，「其失事之總兵官吳鼎，發軍門取死罪狀，令戴罪立功。」都所賜卹典，一如張達例。

20 閏月，乙丑，築京師外城。

初，嘉靖二十一年，邊報日至，都御史毛伯温等，言「古者有城必有郭，宜築外城。」下户、工二部議，以時絀停止。至是給事中朱伯辰復言：「高皇帝定鼎金陵，于時即築外城，聖慮弘遠，蓋爲萬年計也。文皇帝移都北平，密邇邊塞，顧有城無郭者，則締造方始，未暇盡制耳。臣竊見城外居民繁夥，無慮數十萬户，且四方萬國商旅貨賄所集，不宜無以圉之。矧今邊報屢警，不可不爲及時之圖。臣嘗履行四郊，咸有土城故址，環繞周規，可百二十餘里。若仍其舊貫，增卑培薄，補缺續斷，即可事半而功倍矣。」

疏入，詔工部相度。外城周圍共七十餘里，擇以是日興工，命錦衣都督總督京營戎政平江伯陳圭等董其役。【考異】原修三編及輯覽系之三十一年十月。重修三編據實録參之日下舊聞、春明夢餘録，乃三十二年閏三月事。明史地理志作「嘉靖二十三年」，蓋「三」「二」字倒誤也，今從之。實録「閏三月十九日興工」，即乙丑也，今據興工日分。

21 甲戌，海賊汪直糾群盜勾集各島倭夷，大舉入寇，連艦百餘艘，蔽海而至，自台、寧、嘉、湖以及蘇、松，至于淮北，濱海數千里同時告警。

22 乙亥，倭攻破浙江昌國衛，屯踞凡五日，參將俞大猷以舟師攻之，始去。

23 是月，釋前福建副使柯喬于獄。

24 夏，四月，丙子朔，以久旱，禱雨于内殿，停刑禁屠六日。

25 戊子，倭犯太倉州，攻城不克，分衆四掠。復有他舟載倭四十人，突至浙江乍浦所，遂及平朔、海鹽、海寧之境，肆其焚掠，官兵前後遇之輒敗。凡殺指揮四，把總一，千户一，百户六，縣丞一，所傷官軍數百人。凡十六日，始徜徉奪舟去。

26 癸巳，倭攻上海縣，破之。丁酉，分掠江陰縣。

王忬請釋指揮盧鏜于獄，尋復條上海防八事，俱從之。【考異】明史日本傳，「是月犯太倉，破上海，掠江陰，攻乍浦，」皆與實録合。今據實録日分書之，疑亦奏報月日也。

27 五月，己酉，倭寇海鹽。參將湯克寬等守城，寇四門攻之，不克，焚城樓及城外民舍數百間而去。

28 癸丑，倭寇復入上海，燒劫縣市，知縣喻顯科逃匿。指揮武尚文與戰于市中，不克，與縣丞宋鼇俱死之。賊屯城中凡七日，焚官民廬舍而去。【考異】四、五兩月，倭兩入上海。武尚文等之死，從信録系之四月，今據實録，在五月再入上海時。「宋」，沈氏作「宗」。

29 壬戌，倭攻浙江乍浦所，陷之，尋去，流劫海上。參將湯克寬等追圍之于獨山，斬首千餘，餘衆浮海東遁。

30 諳達五百餘騎犯遼東榆林堡，官軍擊却之，追奔四十里。

31 庚午，南京兵科給事中賀涇言：「倭寇泊守寶山，據海爲險，乘風肆虐。竊以留都根本重地，實密邇海洋。其鎮江、京口，爲江、淮之咽喉，瓜步、儀真，爲漕運之門户，宜仿嘉靖八、九等年例，添設總兵官駐劄鎮江，俾整飭上下江洋，總制淮海，並轄蘇、松諸郡。」兵部議從之，詔暫設副總兵提督海防，以参將湯克寬任之。

32 六月，丁丑，南京科道祁清、徐栻等各奏言：「今天下被災之地，不獨山東、徐、邳爲然。若南畿、山西、陝西、湖廣、浙江，水旱頻仍，非破格蠲振，不足以甦民困。乃京師之帑藏既虚，各省之搜括已竭，額外之徵求未已，軍需之供億尤繁，工作之役頻興，挑河之費日廣。司農懍懍，朝不給夕，蠲振之費，將何所取？臣等計無所出，且請于汰冗費，省繁文，加意撙節。」疏下户部議，部臣亦以「度支之煩，實無餘裕以佐百姓之急，惟通行各省撫按官斟處而已。」

33 是夏，寇犯甘肅及大同，守將禦之輒敗，邊報日急。而朵顔三衞之衆，挾以恐愒中國，索賞不及，守臣請留山海税銀佐之。諸夷驕肆，中國遣卒入塞，輒捕而束縛之，以叩關取贖，諸將校苟幸無事，每斂軍資賄之去。

巡按御史以聞，上欲閉關以絶之，兵部奏「請令該將領于撫賞時宣布朝廷恩威以諭之。」然是時諳達、小王子之等，已擁衆集邊塞，謀大舉矣。

34 秋，七月，乙巳，宣府、薊鎮守臣，各報諳達將入寇，兵部議。「薊州密邇京師，備豫宜急，乞令提督時陳統入衞兵分布昌平、懷柔、順義等處，遏其自古北口入犯之路。仍簡京營及入衞邊兵，九門列營以備戰守。」——懲庚戌之變也。

35 戊申，巡撫應天都御史彭黯，巡視浙閩都御史王忬，各以倭寇出境浮海東遁聞。倭自閏三月登岸，至六月中，温、台、寧、紹、杭、嘉、蘇、湖、揚、淮十郡各州、縣、衞、所，被其攻破焚掠者凡二十餘，留内地三月，飽而去。

忬奏「將士逐燬其船五十餘艘」，于是先所奪文武將吏俸皆得復。又請「築嘉善、崇德、桐鄉、德清、慈谿、奉化、象山諸縣城，而恤諸府被寇之民」，詔皆從之。已，給事中王國禎，請改敕「加忬巡撫銜以重事權」，亦從之。

時國禎上善後三事，末言奬才傑：「訪得入寇之初，凡守土諸臣，無不心喪膽落，相率奔逃。而松陽知縣羅拱辰，六合知縣董邦政，乃能以孤軍當勍敵，立有戰功，宜趣擢用之沿海地方，以資激勸。」詔：「拱辰、邦政，俱添註浙江按察司僉事。」

36 丁巳，諳達糾諸部入寇，分道由大同弘賜堡等邊入。戊午，合衆下渾源州，東犯靈邱、廣昌等處。

37 己巳，寇散略峪南溝等處，急攻插箭、浮圖等峪，皆在廣昌之東南，于是關南大震。

38 庚午，河南柘城盜師尚詔作亂，陷歸德府。尚詔本鹽徒，以私販作奸，剽掠遠近，官軍不能制。前巡撫謝存儒，苟幸無事，假以總保長，令總諸鎮民捕盜。尚詔肆爲威虐，守臣欲誅之，遂反。結劇盜數千，薄歸德城，其黨啓門納之，乃劫獄囚，掠帑藏去。越日，復攻破柘城、鹿邑等縣。巡按、御史霍冀以聞，詔河南撫、按官督官軍討之。【考異】明史本紀系之是月庚午。實録系之八月丙戌，蓋奏報之月日也。原奏稱「七月二十六日陷歸德，次日陷柘城、鹿邑」。是月乙巳朔，庚午正二十六日也。三編系之九月，據平賊之月日牽連並記耳。

39 辛未，固原游擊陳鳳，寧夏游擊朱玉，率兵赴援紫荆關。時寇方越浮圖峪而南，鳳、玉夾擊之，追及于三家村，大戰竟日，敵大敗。壬申，寇自廣昌之石門峽、大金井等處北遁。是役也，寇氛甚惡，中外戒嚴。上以鳳、玉等力戰退敵，大悦，不俟勘報，輒陞二人署都督僉事，並賜金幣。

40 八月，乙亥，寇分兵東犯蔚州，西掠代州及繁畤等處。

41 丙子，小王子寇宣府，由獨石入犯赤城、滴水崖等處，攻毁屯堡，焚掠四日，驅所掠人畜而去。

42 己卯，吏部尚書萬鏜罷，兵科給事中朱伯辰黜爲民。

先是撫治鄖陽都御史員缺，吏部會推通政趙文華，伯辰奏劾「文華邪媚奔競，寵賂日彰，不宜復玷臺憲」，有旨令别推。于是文華上言：「通政一官，例不推外。鏜意在出臣，又嗛所親論劾，期必去臣而後快。」又劾鏜前進尚書考滿不及俸爲欺罔。時文華爲嚴嵩所庇，遂激上怒，罷鏜，並伯辰黜之，文華供職如故。

43 丙戌，寇駐鄜、延。二十日，延、慶諸州縣屠掠幾徧，乃移營中部以瞰涇原。會霖雨連日夜，乃引去。

44 丙申，河南賊師尚詔攻圍太康縣，官兵與戰于鄢陵，敗績。

45 戊戌，免山東被災稅糧，並命有司振之。

46 初，廣西桂林、平樂猺、獞踞險肆亂，殺知縣張士毅，傷百户曹恩，焚劫歲無虚月。詔提督兩廣、侍郎應檟督兵進勦，至是平之，凡禽斬四百八十四人，俘獲男婦三百四十餘人。

捷聞，賜檟蔭一子入監讀書，餘論功給賞有差。

47 庚子，贈卹浙江被倭死事指揮陳善道、把總馬呈圖及千、百户、典史等官十九人，從巡安御史趙炳然之請也。

48 辛丑，官軍擊河南賊于霍山，前鋒被賊圍，後軍無敢進者。副使曹邦輔挺刃驅之，斬其最後者，士卒競進，賊遂潰，斬首四百餘級。賊由西華奔入太康，勢復振。

49 是月，復起李默爲吏部尚書。

50 九月，丙午，諳達自大同平虜衛入犯山西神池、利民等堡，巡撫、都御史趙時春率馬步軍禦于廣武。諜報「敵二十餘騎去此僅兩舍，疾掩之，可敗也。」時春擐甲欲馳，總兵李淶止之，不可；尋遇敵于大蟲嶺，伏寇四起，淶曰：「公速去，吾死于此矣。」時春棄衆而奔，寇追之，淶等殊死遮鬥。須臾，敵騎益衆，淶與其子松及大同參將馮恩等皆力戰死，全軍覆没。時春投一墩，守哨卒以繩引之上，得免。寇尋引去。【考異】李淶、馮恩戰死，見明史本紀。從信録言「淶與其子松死之」。證之實録，又有游擊李桂、神池守備孔賓、偏頭守備高廷、太原指揮陳金、中軍尹忠、把總俞輝六人，皆力戰死之，蓋是時全軍皆没也。又諸邊奏卹有陣亡千總李時、（表）〔袁〕鐕、土官蕭文見、鎮撫張第、史書等，地方月日皆無考，附識之。

51 河南賊師尚詔引衆自永城而東，掠宿州，欲乘虛襲鳳陽，取高牆罪宗奉之。官兵追及于五河縣，破其水陸各營，賊遂四散不能軍。

52 辛酉，以諳達寇退，告謝郊廟，邊臣文武皆陞賞有差。先是宣大巡按、御史毛鵬言：「寇自七月十六日入境，至八月七日始去，此指寇入大同至山西之役。以二十餘萬之衆，經二十餘日之久，地方遭其屠戮搶掠，殆已無餘。總督蘇祐、總兵李淶等，合營廣昌，爲寇衝擊；而大同總兵吴瑛壁黄土溝，宣府總兵劉大章壁黑石嶺，皆閉壘觀望，莫敢犄角，致寇長驅入山西，荼毒之慘，殆不忍言。及寇飽欲而還，捷書連上，其敗喪則減百而爲一，斬獲則增十而爲千，效尤欺罔，因循不改，將不知疆事所終矣。」

已，山西巡按御史李一翰，劾「巡撫趙時春玩寇無謀，以兵予敵；繫時之創夷未復，西路之潰敗繼聞；大將騈亡，匹騎不返。乞行逮問，治以軍法。」

時上方喜于寇退，兵部因希指言：「寇入雖不無虜掠，而諸臣力戰，所殺傷過當，俾之失利引去，實上天眷佑，陛下威靈所致。請擇日告廟，論功行賞。」詔如議行。部臣復請「以告祭之次日，百官賀捷于奉天門外」，命已之。

53 癸亥，河南諸軍分道追賊于蒙城、商邱等處，斬獲有名賊首多人，師尚詔乃棄軍械，變服遁去。

54 是月，免南畿、河南被災税糧。

55 冬，十月，甲戌，振河南、山東饑。

户部以「兩省歲荒盜起，請發臨清倉米七萬石，以二萬石自衞河達衞輝，振河南，以四萬石振山東，仍敕撫、按官出官銀數萬兩，于鄰近州縣糴粟振民，及立均糴之法以平時值」，從之。

會吏部侍郎程文德上言：「今直隸、河南、山東、徐、邳、淮、揚等處方數千里，水災異常，民不聊生，流離載道，言官陳振恤，未見旦夕亟行。臣聞救荒莫便乎近其人，莫不便乎拘以常格。請于兩直隸二省，各遣行人齎詔諭宣布德意，慰拊顛連，令各州縣自爲振給，聽其便宜處置。凡官帑、官廩、贖納、勸借，苟可以濟民者，概不限制。又，近日户部申明開納事例，亦暫許本地上納，隨其所有粟黍麥菽之積，可救饑者，皆得輸官計直，視其合例者，官爲請部劄而授之。自撫、按以下，凡諸常事，悉暫停輟，一意振恤，督責諸守令夙夜從事。仍令造册登記全活之數，定爲等則，以課殿最。」疏入，下部議行。

56 己卯，副總兵湯克寬督兵擊倭于南沙，敗績。

倭自東遁，江上稍寧，惟崇明南沙泊失風倭三百人，舟壞不能去，克寬及僉事任環列兵守之。至是與戰，不利，亡卒四百餘人。【考異】據明史紀事本末書崇明南沙之役，言「任環所率新募兵三百人，皆勵以必死，相守不下，賊潛出没，環常夜追之，出其前後。有宰夫佩恐有失，衣環衣，介馬而馳。環被追急，遇死士以死捍環。環被傷，舁之至水濱，梁已徹丈餘，超而過，遂得免。宰夫留禦，死焉，環求其首，爲流涕，親酹之。」按宰夫佩不知何人，而明史環傳亦有「宰夫捍環出，死之，」之語，疑據野史，附識于此。

57 免畿内被災秋糧，仍發京、通二倉米三萬石振順天府，臨、德二倉米三萬石振保定諸府，各以本處贓罰銀佐之。

58 免浙江被災被寇秋糧，其海鹽、平湖二縣各兑運米准折銀徵解，仍命有司發倉粟振之。

59 戊子，倭寇移舟泊寶山，湯克寬引舟師追擊之，及于高家嘴。【考異】實録及紀事本末皆作「高家嘴」。明史日本傳「高」作「南」，疑誤字。 毁其舟，斬首七十三級。

60 戊戌，上以各省災傷甚，民多入京求食，一時米價騰貴，命煮粥給錢以振之。輔臣嚴嵩請發太倉米數萬石平糶。上又曰：「荒年餓莩，必有斃諸途者。」乃敕户部「行五城御史及在外撫、按官各督率有司查視瘞之。」又令「太倉出糶之米，于十萬石内分四萬石，委官運赴城門外各廠，每早召集軍民，人給米一升；俾沾實惠。」

61 庚子，河南賊平。時官軍獲師尚詔于山東莘縣，詔即所在斬之。賊起四十餘日，破府一，州二，縣八，屠戮十餘萬人，三省大震。

62 辛丑，京師外城成。

63 是月，有倭舟失風，漂至興化府南日寨，登岸流劫，殺千户葉巨卿、百户張養正等。【考異】張養正死事，據王忬奏中增。 指揮張棟督舟師衝擊，倭走據山，知府董士弘糾民兵會棟等合圍殲之。

是時海洋島岸，有真倭阻風不獲歸者，有沿海居民自江南歸候來歲倭至者。未幾，南日寨復有三舟登岸，士弘擊之，引去，禽賊數人，皆倭也。比泉州舟師攻賊于石堋澳、深泥灣等處，凡再戰，禽賊四十餘人，則皆浙之臨海，閩之漳州，粵東之揭陽人，蓋真倭僅十之三而已。

64 十一月，甲辰，諭工部鑄洪武至正德九號錢，每號百萬錠，嘉靖錢千萬錠，每錠五千文。

先是民間行濫惡錢，率以三、四十文當銀一分。後益雜鉛錫，薄劣無形製，至以六、七十文當一文，翦楮夾其中不可辨。于是給事中李用敬，「請以制錢與前代雜錢相兼行，上品者俱七文當銀一分，餘視錢高下分爲三等，下者二十一文當銀一分。私造濫惡錢，悉禁不行，犯者置之法」，從之。

而是時稅課抽分諸廠，專收嘉靖制錢，民苦錢少。乃用嚴嵩等議，「發內庫新舊錢八千一百萬文，折給俸糧」，又令「通行歷代錢，有以新、舊錢及銅銷爲造像製器之用者，按盜鑄律論罪。」

65 庚戌，冬至，祀天于圜丘，朱希忠攝行。

66 是月，倭自崇明逸至常熟，擾及上海，復流劫南匯所、吴淞江所及嘉定地方，凡十九日始去。

67 十二月，乙亥，嚴嵩言：「户、工二部，覈計鑄錢一千九百萬錠，需工料銀三千二百八十二萬七百七十兩有奇。今户部太倉庫貯銀僅一百五十三萬六千兩，已不敷京、邊歲用之數；工部節愼庫貯銀僅七十萬，盡數鑄錢，尚不及十分之一；行之各省，又恐擾民。今時值災荒，無從籌措。請嘉靖通寶量爲依式製造，陸續進用。」從之。

68 是月，蠲蘇、松、常、鎮四府被寇者積逋，自嘉靖二十七年至三十一年悉停徵，從應天巡撫彭黯之請也。

69 是歲，雲南元江平。

初，元江土舍那鑑之亂，踰年，沐朝弼集土、漢兵會監督王養浩攻之，賊大敗，鑑乞降。會瘴毒起，大兵復撤。上怒，責以剋期進剿。

會新授雲南巡撫鮑象賢至鎮，調集土、漢兵七萬人，廣集糧運，期分哨進兵元江，爲必取計，那鑑懼，伏藥死。象賢檄百户汪輔入城撫諭其衆，禽其賊首之戕那憲、殺徐樾者，皆斬其首以獻，遂平之。

三十三年（甲寅、一五五四）

1 春，正月，壬寅朔，不御殿。

2 杖六科給事中張思静等于廷，各四十，以元旦賀表中失擡「萬壽」字故也。

三編御批曰：嘉靖酷待言官，力加摧抑，錮獄杖死者接踵于廷，已非政體。至賀表違式，其事尤微，何亦重加譴責！蓋自嚴嵩柄用，群臣異論紛如，嘉靖聽嵩之慫恿，蓄怒以待者已久。而衆喙仍然不已，則益務先事施威，欲以怵其心而箝厥口耳。爾時臺諫陳言，固不必盡中事理。而嘉靖藉端抒憤，至以元日盡撻科臣，乖妄更甚矣！

3 壬子，康妃杜氏薨。妃，裕王母也。時王已成婚，詔主其喪。遵孝慈録，斬衰三年，以日易月，二十七日而除。

4 戊辰，倭自太倉南沙潰圍出，轉掠蘇、松各州縣。賊據南沙五閲月，官軍列艦于海口，圍之數重，不能破。軍中疾疫作，乃開壁西南陬，賊遂逸出。

5 二月，庚辰，倭寇松江府，官軍敗績，縣丞劉東陽死之。【考異】東陽之死，明史本紀不具，見從信録。證之實録，是也，今據增。

是月，詔贈卹河南死事歸德府檢校董綸、舉人陳聞詩。

初，師尚詔入歸德，知府及守衞官皆遁。綸率民兵巷戰，被執，垂死猶手刃數賊，妻賈及童僕皆從死。

聞詩，柘城人，舉于鄉。以親老絶意仕進，親没，居喪哀毁。賊陷歸德，聞其名，欲劫爲帥。已，陷柘城，擁之至，誘説百端，聞詩不屈，乃引其家數人斬之，曰：「不從，滅爾族。」聞詩紿曰：「必欲吾行，毋殺人，毋縱火。」賊許諾，擁以行。聞詩遂不食，至鹿邑自經死。

至是有司以聞，詔贈綸歸德同知，聞詩鳳陽同知，並立祠死所。【考異】事具明史忠義傳。實録所載，蓋追贈月日也。「綸」，傳作「倫」。

7 三月，甲辰，以南京兵部侍郎屠大山兼僉都御史，巡撫應天，提督軍務。

時應天巡撫彭黯丁憂，尋被劾罷。初以江西布政使陳洙代之，上令再推忠謹可任者。會吏部尚書李默言：「蘇松巡撫所轄一十二府州，地遠不便兼轄。況當軍興之際，調兵轉餉，難責一人，請增設提督軍務大臣一員，專責剿賊，而令巡撫專督軍餉。」兵部言：「兵糧兩分，行事不便，不若依近年浙江添設提督軍務都御史例，令提督、巡撫合爲一人，以專責任。」上然之，乃令洙别用，而改大山于應天。——巡撫之兼提督，自大山始也。

8 戊申，復議錢法。

時方嚴私造濫惡之禁，而民間行用小錢已久，驟革之頗稱不便。又出內庫錢給文武官俸，不論新舊美惡，悉以七文折算；諸以俸錢市易者，悉以七文抑勒予民，民亦騷然。屬連歲大祲，四方流民就食京師，死者相枕藉，論者謂錢法不通所致。

于是御史何廷鈺奏「請許民用小錢，以六十文當銀一分。」户部尚書方鈍、郎中劉爾牧皆執不可，廷鈺因訐奏「爾牧謗及朝廷，用財如泥沙，蓋斥齋醮也。」並及鈍。上大怒，命廷杖爾牧一百，黜爲民，鈍姑貸之。

因略采廷鈺議，令民自便。仍定嘉靖制錢七文當銀一分，洪武等號十文，前代三十文。時小錢以初禁之嚴，竟不復用，而民間乃競私鑄嘉靖錢，與制錢通行矣。

9 壬戌，倭分掠蘇、松等處，湯克寬逆戰于採淘港，斬首八百餘級。

時克寬以南沙縱賊罪奪官，戴罪剿賊，乃以通泰參將解仁道代之。尋王忬復薦克寬爲浙西參將。

10 乙丑，倭自蘇、松掠民舟入海趨江北，登岸薄通、泰等城，焚掠各鹽場，餘衆有剽入青、徐界者，山東震動。【考異】諸書皆系之三月，實録書是月乙丑。而明史本紀誤入乙丑于二月下，二月無乙丑，蓋乙丑上脱「三月」二字耳，今刊改。

11 是月，倭復寇浙江寧波之普陀山，參將俞大猷率將士攻之。半登，賊突出，官兵敗績，陣亡武舉火斌等三百人。【考異】見明史俞大猷傳。傳書三十三年，實録系之三月之末，蓋與蘇、松入寇之倭爲兩事也。明史本紀不載，今據增。

12 倭之掠蘇、松也，有莒州人孫鏜，商販吴、越間，倭擾松江，鏜謁郡守，請輸貲佐軍。守薦之參政翁大立，試以雙刀，若飛躍，遂録爲士兵。擊走倭，出參將任環于圍中，遣人還莒括家貲，悉召里兒爲爪牙，吴中倚鏜若長城。倭舟渡泖湝，鏜突出，酣戰竟日，援兵不至，還至石湖橋，半渡遇伏，中刃墮水死。

踰年，巡按御史孫慎以聞，與同時陣亡之巡檢李叢禄、千户董元俱賜贈蔭。【考異】孫鏜死事，見明史忠義傳。據實録三十四年孫慎請卹奏中，自鏜以下凡三人。奏稱「三十三年蘇松之役」，今據書之。李叢禄、董元陣亡，同在一奏中，並録之。

13 禮部尚書歐陽德卒，陞吏部侍郎王用賓代之。

14 夏，四月，甲戌，以今春雨澤少，雷未發聲，遣官祭告各壇廟，停常封九日。詔「發京、通二倉米振順天府屬饑民，其流民就食者振以粥。」

15 乙亥，都城内外大疫，命「太醫院給醫藥，户部發米五千石振粥，死者令官民收瘗之。」【考異】見明史五行志。實録作「成都」，誤也。蓋「都城」二字倒寫，又誤「城」爲「成」耳。

是日，始雷。

16 倭犯嘉興，參將盧鏜等禦之，稍却。次日，復戰于孟宗【考異】實録「宗」作「家」，疑「宗」字是也。堰，伏發，殺官軍四百人，溺死五百人，都司周應禎、指揮李元聿、千户薛綱、宗應瀾等俱死之。【考異】周應禎死見明史本紀，李元聿死見從信録，餘二人據實録增入。又據實録，與周應禎等同請卹者，有百户梁喻、趙軒、朱璽等，其陣亡地方月日無考，並附識之。

17 戊寅，倭寇嘉善，陷之。辛巳，復攻嘉興，副使陳宗夔率兵禦却之，焚其舟，賊遁入乍浦，尋掠海寧等縣。

18 壬午，倭攻通州，揚州千户洪岱，中所千户文昌齡，泰州所千户王烈，督兵赴援，遇賊于西門外三里橋，力戰，俱死之。

19 乙酉，倭夜襲崇明，陷焉，知縣唐一岑死之。一岑建新城，議徙居之，爲千户高才、翟欽所沮。至是倭突入，一岑且戰且詈，遂被殺。

20 甲午，諳達寇宣府，潰牆，大掠去。

21 五月，壬寅，倭自崇明薄蘇州，大掠至崑山，百户劉愛臣死之。【考異】據實録增。丁未，犯崇德。

22 丁巳，給事中王國禎等，以「倭寇猖獗，逼近留都，請設總督大臣督理南直隸、浙江、山東、兩廣、福建等處軍務，俾調兵餉，得以便宜從事。」

先是南京兵部尚書張經言：「洪武間，以倭寇不靖，命信國公湯和經略海防，凡閩、浙濱海之區，陸有城守，水有戰船，故百餘年來，寇不爲害。其後法弛弊生，軍士有納料放班之弊，于是强富者放遣，老弱者充役，戰船損壞，亦棄不修，以致寇得而入。請行各巡撫嚴督所屬，預集兵船以守要害，追捕納料軍士以實行伍，清理積歲料銀以造戰船。」朝議是之。至是廷臣交薦，乃以命經。

23 癸亥，彗星見北斗天權星旁。踰月，西北行，犯文昌，入近濁，凡二十七日而滅。

24 是月，給事中王國禎，言招撫降賊非計。

是時有議招汪直之等，故國禎言「脅從之賊猶可撫，而賊首必不可撫。降一汪直，未必不生一汪直，是賞以勸惡也。」上從之，然猶敕張經等：「剿撫並行，毋誤事機。」

25 六月，癸酉，諳達犯大同。

時總兵官岳懋巡邊，遇寇于五堡，迎擊之，深入陷伏中，遂力戰死焉。指揮僉事薛泰突圍出，聞懋被戕，復冒陣入，死之。

事聞，贈懋、泰官。懋賜謚立祠如張達例，泰祔祀懋祠。【考異】諸書不載薛泰從死事。實録于明年追贈泰官，始及其陣亡之本末。今據增。

26 己丑，逮宣大總督蘇祐，大同巡撫侯鉞，以岳懋敗没故也。

尋以刑部侍郎陳儒兼僉都御史，振恤大同軍士，户部發太倉銀十萬兩給之。

27 壬辰，擢徐州兵備副使李天寵以僉都御史巡撫浙江，代王忬也。

時上已命張經總督南直隸、浙、閩等凡六省，專任剿倭事。會宣大告警，乃改忬右副都御史，巡撫大同。而浙設巡撫如舊制，乃以命天寵。

忬受巡撫浙閩之命，方視師閩中，而賊復大至，犯浙江，盧鏜等頻失利，御史趙炳然請逮治，上特宥之。然忬在浙閩，嚴偵哨，謹斥堠，起用盧鏜及薦擢湯克寬、俞大猷之等，後皆爲名將。至是去，而海上復騷然矣。

28 戊戌，以京師霪雨，漂没民居，詔户部發銀振濟，工部濬渠洩水。

29 是月，倭自蘇州轉掠嘉興，都指揮夏光禦之，背王江涇而陣，倭鼓譟而前，官軍大潰，光中流矢溺死。

事聞，贈都指揮同知，立祠祀之。【考異】嘉興之掠，明史本紀不具。明史稿系之是月甲申，見實録，今從之。

30 秋，七月，丙午，蘇州倭寇流劫至嘉善，將趨吴淞江出海，參將俞大猷邀擊，敗之于吴淞所，禽七人，斬首二十三級。

31 是月，總督張經「請調廣西狼、土兵五千人，至蘇、浙等處禦倭」，從之。

32 上崇奉玄修益篤，以贊玄勳戚惟朱希忠一人，特命駙馬都尉鄔景和、安平伯方承裕同入直西内。又于輔臣嚴嵩外，特命吏部尚書李默、禮部尚書王用賓及左都督陸炳皆入直，復以侍郎程文德、閔如霖、郭朴、吴山供撰青詞。

景和以不諳玄理辭，上不悦，遂罷入直；已而賚在直諸臣，景和猶預焉，景和辭免，且言：「臣願洗心滌慮，效馬革裹屍之報。」上怒其怨訕，出不祥語，黜爲民。

33 八月，癸未，倭自嘉興還屯採淘港、柘林等處，進攻嘉定縣城。會山東募兵，參將李逢時、許國，以山東民鎗手六千人至，與賊遇于新涇橋。逢時率麾下先進，敗之，賊退據羅店，官兵追及之，斬八十餘級。

已而國恨逢時與同事不約己，乃别從間道擊賊。庚寅，復戰，追至採淘港，乘勝深入，伏起，大潰，指揮劉勇等死之。【考異】明史本紀「八月癸未，倭犯嘉定，官軍敗之。庚寅復戰，敗績。」庚寅之敗，即許國追至採淘港之役也，今據本紀分記之。又據實録，採淘陣亡，自劉勇外，有千户孫升、胡應麒、鎮撫李繼教、義勇官徐荼等，並附記之。

34 乙未，諳達犯宣府。

35 九月，戊申，免山東東昌、兖州二府被災稅糧。

36 下工部侍郎談相于獄。

先是相丁憂，乞假歸葬，上諭以事畢亟返。既而相屢稱病，請緩期，上怒其違命，命錦衣衛送法司論斬，相竟死獄中。

37 乙卯，倭以七十餘人犯海門縣，焚舟登岸，淮揚兵備副使張景賢禦之于呂泗場，盡殲其衆。

38 己未，諳達入寇平虜城，至山西，官兵擊走之。乙丑，犯潮河川。丁卯，掠古北口。

39 免湖廣被災稅糧。

40 是月，工部尚書歐陽必進以憂去，陞刑部侍郎吴鵬代之。

41 冬，十月，己巳，寇攻薊鎮牆，百道並進，總督楊博，總兵周益昌，率軍士擐甲登陴，宿止古北口垣上，寇攻之，不克。

時上遣廠、衛卒校往詗之，歸報將士據牆守禦狀，上喜，遣官奬犒，並賜博、益昌各服色衣一襲。

42 庚午，寇北遁，關南解嚴。

是時寇薄牆，攻四晝夜不克，退屯古城川。次日，復南旋，駐虎頭山，夜，火滿野，連亘數十里。楊博募死士執鋭潛入敵營，中夜齊發，寇驚擾，至旦乃解去。【考異】明史本紀，「九月丁卯諳達犯古北口，總督楊博禦却之。」史稿，「十月庚午，寇犯薊州，楊博禦却之。」證之實録，寇以九月晦掠古北口，遂攻薊州，十月庚午始退，所謂「攻四晝夜」者是也。今分書之。

43 乙亥，倭犯海門健跳所。

44 辛巳，改張經爲右都御史兼兵部侍郎，專辦討賊。以南京吏部尚書周延代經爲兵部尚書，參贊機務。

時倭二萬餘據柘林、川沙窪，其黨方踵至。經日選將練兵，爲擣巢計，以江、浙、山東兵屢敗，欲俟狼、土兵至用之。

于是給事中李用敬，劾其縱賊誤國四事，下兵部議，「經本以南京參贊之職節制東吴，内外掣肘，不便行事。乞量改一官，專以平寇爲務；其參贊之任，更遣一人代之」，遂有是命。【考異】經授侍郎，據實録在是月。明史本傳系之十一月，據命下之月日也。又經前授總督，仍用南京兵部尚書原銜，至此始命周延代之。本傳言「五月命經總督，解部務」，與後改兵部侍郎矛盾矣。證之實録，授經總督有「不妨部務」之語，是解部務在十月也，今據實録。

45 十一月，乙卯，冬至，祀天于圜丘，朱希忠攝行。

46 壬戌，倭自柘林分掠嘉、湖二府，都指揮劉恩敗之于嘉興縣，賊遂攻嘉興府。

47 是月，兵部尚書聶豹等彙奏薊鎮及山西、宣大各守臣所上禦寇功次，詔邊臣楊博以下，閣部嚴嵩、豹以下，俱陞賞有差。

48 十二月，壬申，以冬深無雪，遣文武大臣英國公張溶等祭禱各宫廟。是日，禮部彙奏天下災異，乃敕廷臣以禱雪之日爲始，各青衣視事，修省九日。

癸未，復以禱雪不應，命百官齋戒，停常封三日。

49 是月，倭寇圍嘉興，不克，遂分刧秀水、歸安，巡撫李天寵遣副使陳宗夔、都指揮劉恩禦之，戰不利。會百户賴榮華統福兵六百人至，鼓行直前，賊却，斂兵登舟，榮華乘勝薄之，中礮死。【考異】賴榮華死見明史李天寵附傳，從信録系之是年十二月。證之胡宗憲明年二月勘上去年十二月嘉湖禦倭功罪，榮華之死即在流刧秀水、歸安時，與從信録月分合。至榮華死事本末，具見原奏中，今據書之。尋掠嘉善，知縣鄧植棄城走。